제6판

교육과정론

교육과정론

제6판

오만록 저

ONLINE
RESOURCES

동문사

머리말

지난 [제5판]은 이전 버전에 비해 내용을 다소 줄여 2부 6장으로 편성하였다. 즉, [제4판]의 주된 부분이었던 '우리나라 교육과정'(교육과정의 변천, 현행 교육과정)에 대한 논의는 생략하는 대신, 그 내용을 저자가 운영하는 웹사이트(www.welfare5.com)의 Online Resources 게시판에 탑재함으로써 필요에 따라 관련 강의와 학습에 활용할 수 있도록 조치하였다. 또한, 교육과정 이론 및 운영에 관한 최근의 관점과 흐름에 관한 논의를 반영하고자 노력하였다. 이번의 [제6판]은 내용구성에 있어 이전과 다름이 없으나, 표현이 어색한 문맥들과 오자들을 바로 잡았으며, 최근의 관점을 반영하여 일부 내용을 첨삭하고 기존 그림자료들도 수정·보완하였다. 아울러 이에 발맞추어 새로 전면 보완한 강의용 PPT자료는 주별·차시별로 명확히 구분하였으며, 단원이나 소단원 및 단원 간 관련성을 도식적으로 구조화하여 각각 앞부분에 함축적으로 나타냄으로써 해당 내용들의 전체적 구조를 쉽게 파악하도록 조치하였다. 또한, 각 차시마다 말미에 정리내용을 간략하나마 제시하였으며, 특히 본 교재에 포함되지 않은 다수의 관련 시각자료들(일부 영문자료)도 대폭 포함시킴으로써 보충 및 심화학습이 원활히 이루어질 수 있도록 조치하였다.

교육학의 다양한 분야 중에서 교육과정(curriculum)은 가장 중핵적인 분야라고 할 수 있다. 교육의 본질이 인간의 성장·발달을 돕는 데 있는 만큼 이러한 조력활동이 체계적으로 실행되는 데 필요한 일련의 교육활동 전반의 운영(개발·실행·평가)에 관한 계획 및 실천에 관한 설계도가 바로 교육과정이기 때문이다. 교육과정이 학교현장에서 특정의 목적과 목표를 달성하기 위한 구체적인 교육내용과 교수-학습지도 및 그 성과의 확인방안을 개발·실행·평가하는 일련의 활동에 대한 로드맵(road-map)이기에 이를 어떻게 구성하느냐에 따라 교육활동의 구체적인 모습과 그 결과는 달라지게 된다. 그러므로 좋은 교육을 실천하기 위해서는 교육과정을 잘 개발하고, 이를 토대로 일련의 교육활동을 효율적으로 실행하며, 그 과정(process) 및 결과(outcomes)에 대한 평가를 실행하여 그에 근거한 후속적인 개선활동을 펼치는 데 많은 관심을 가져야 한다.

교육은 누구를 대상으로 실천되느냐에 따라 그 목적, 내용, 방법, 평가 등이 달라지지만, 일단 이에 관한 기본계획은 사전에 잘 수립되어야 한다. 예비교사들이 양질의 교육과정을 개발하고, 이를 효율적으로 실행하며, 그 과정 및 결과를 제대로 평가하기 위해서는 관련 지식과 이론들을 폭넓게 섭렵하고, 그 운영의 실제에 관한 역량을 키워야 한다.

이러한 맥락에서 본서는 교육과정 운영의 이론과 실제에 관하여 체계적으로 논의하였는데, 그 내용구성은 크게 두 부분으로 구분된다. 먼저, 제1부(교육과정 기초이론)에서는 교육과정의 본질로서 교육과정의 의미와 성격 및 구성요소, 교육과정의 이론모형, 교육과정의 유형에 관하여 논의하였다. 이어, 본서의 핵심부분인 제2부(교육과정의 운영)에서는 교육과정의 개발과 실행 및 평가에 관하여 최근의 이론과 경향을 적극 반영하여 체계적으로 논의하였다.

본서를 집필하는 데 있어 중점을 둔 사항들은 다음과 같다. 첫째, 교육과정에 관한 전반적인 지식과 이론들을 체계적으로 논의하고자 하였으며, 특히 이들 간의 유기적 관련성을 제시하고자 노력하였다.

둘째, 교육과정 운영의 실제에 대하여 심도 있게 논의하면서, 그 하위영역인 교육과정의 개발·실행·평가를 상호 유기적으로 관련지어 탐색하였다. 즉, 교육과정의 4대 구성요소인 교육목적의 설정, 교육내용의 선정 및 조직, 교수-학습지도, 평가에 관한 이론과 실제를 유기적으로 연계시켜 논의하였다. 특히, 평가에 관한 기초뿐만 아니라 교육과정 및 수업에 관한 평가에 관하여 자세하게 논의함으로써 교육평가에 관한 소양과 전문성을 두루 갖추도록 하였다.

셋째, 학교중심 교육과정의 자율적 운영에 대한 관심과 실천이 강조되고 있는 추세에 발맞추어 교사에 의한 교육과정의 재구성, 즉 통합교육과정의 운영에 관한 이론과 실제에 관하여 논의함으로써 예비교사들로 하여금 교사주도의 교육과정 운영(통합교육과정 운영)에 관한 역량을 개발하도록 힘썼다.

넷째, 교육과정에 관한 기초내용에서부터 고등내용에 이르기까지 폭넓게 다루었으나, 지면관계상 논의하지 못한 내용들은 저자가 운영하는 웹사이트(www.welfare5.com)의 Online Resources 게시판의 '교육과정론' 자료실에 탑재함으로써 심화 연구와 학습의 기회를 제공하였다.

[제6판] 출간을 앞두고 아쉬움이 남지만, 독자분들의 귀한 의견들을 모아 추후 더 나은 개정판을 출간하고자 한다. 끝으로, 인용자료를 제공해 주신 여러분들께 감사를 드리며, 특히 고려대학교 석·박사과정 지도교수님으로 저자가 학문의 길로 잘 진입하도록 따뜻한 마음으로 인도해 주셨고 은퇴하신 후에는 횡성에서 전원생활을 즐기고 계시는 전성연 교수님께 이 책을 바칩니다. 아울러, 출판에 도움을 주신 동문사 관계자 여러분들께 깊은 감사를 드립니다.

2021년 2월
오 만 록

차 례

CHAPTER 03 교육과정의 유형 59

PART II 교육과정의 운영

CHAPTER 04 교육과정의 개발

CHAPTER 05 교육과정의 실행

[Online Resources 목차]

PART I

교육과정의 기초이론

CHAPTER 01 교육과정의 본질

CHAPTER 02 교육과정의 이론모형

CHAPTER 03 교육과정의 유형

01 CHAPTER

교육과정의 본질

1. 교육과정의 의미

교육과정에 대한 개념 규정은 관점에 따라 다양하게 이루어질 수 있다. 그러므로 교육과정의 의미를 몇 마디로 설명하기란 쉽지 않다. 여기에서는 교육과정의 의미를 ① 일반적 의미, ② 어원적 의미, ③ 사상적 배경에 따른 의미, ④ 개념모형에 따른 의미 등으로 구분하여 살펴보기로 한다.

1) 일반적 의미

'교육과정'에 대한 일반적 의미는 크게 넓은 의미(광의)와 좁은 의미(협의)로 구분하여 살펴볼 수 있다.

먼저, 넓은 의미로 보면 교육과정은 ① 특정의 교육목적(목표)을 설정하고, ② 이를 달성하는 데 필요한 교육내용(학습경험)을 선정·조직한 후, ③ 이를 근간으로 교과지도활동(교수-학습지도활동)과 생활지도·상담활동을 전개한 다음, ④ 그 목적의 달성도를 확인·반성하기 위한 교육평가를 언제 어디서 어떻게 행할 것인가에 대한 종합적인 계획이라고 말할 수 있다. 즉, 교육과정은 특정의 교육활동을 통하여 형성하고자 하는 바의 인간상을 학생들이 갖추도록 하기 위한 학교와 교사의 조직적인 교육활동계획을 지칭하는 것으로, ① 교육목적(목표)의 설정, ② 교육내용의 선정·조직, ③ 지도활동(교수-학습지도 및 생활지도·상담), ④ 교육평가 등으로 세분할 수 있다. 이는 결코 문서상의 조목을 의미하는 것이 아니라 역동성을 가진 일련의 제반 교육활동들에 관한 체계적인 계획 그 자체를 말한다.

한편, 좁은 의미에서 보면 교육과정은 설정된 교육목적(목표)을 달성하는데 필요한 교육내용(contents)만을 지칭한다. 이러한 시각에서 보면 교육과정은 '교과과정'으로 표현되는 경우가 많다.

2) 어원적 의미

교육과정은 영어로 커리큘럼(curriculum)인데, 이는 라틴어의 쿠레레(currere)에서 유래된 것으로서 동사로 '달린다'라는 뜻이며, 명사로는 '달리는 경주코스'(race course; 走路)란 뜻으로, 말이나 사람이 뛰는 코스라는 의미이다. 이는 교육활동에 관련지어 볼 때 '학습코스'(course of study)란 말과 같은 뜻으로 사용된다. 따라서 주로(走路)는 '학습코스'이며, 경주 자체는 '학습내용 그 자체'를 의미한다. 다시 말하면, 이것은 학생이 일정한 교육목적이나 목표를 달성하기 위해서 밟아나가는 학습과정을 의미하는데, 이 과정에는 내용이 반드시 수반되므로 이것은 학생이 '경험하는 학습내용' 자체를 지칭한다.

3) 사상적 배경에 따른 의미

사상적 배경에 따른 교육과정의 의미는 다각도로 살펴볼 수 있으나, 그 의미는 크게 다섯 가지의 사상적 관점에서 정리해 볼 수 있다(오만록, 2002).

첫째, 전통적 교육사상의 관점은 교육목적을 '지식의 습득'에 두므로 1930년대 초반까지 교육과정은 '교수요목'(教授要目; course of study)으로 간주되었다. 이는 문화유산 중에서 학문영역(교과영역)별로 취사선택한 지식체계로서, '교과중심 교육과정'의 형태를 띤다. 교사의 입장에서 보면 학생들을 가르칠 교수내용이며, 학생의 입장에서 보면 학습해 나가야 할 학습내용이 된다.

둘째, 진보주의 교육사상의 관점은 교육목적을 '전인의 양성 또는 현실생활에의 적응'에 두므로 교육과정은 '학교와 교사의 지도하에서 학생들이 가지게 되는 모든 경험'으로 규정해야 한다고 보았다. 다시 말하면, 1930년 후반대부터 1950년대까지는 학생들이 학교와 교사의 계획과 지도 아래서 갖게 되는 모든 경험을 교육과정이라고 간주하기에 '경험중심 교육과정'의 형태를 중시한다.

셋째, 본질주의 교육사상(엄격히 말하면, 신본질주의 교육사상)의 관점은 교육목적을 '탐구능력의 배양'에 두기에 교육과정은 교과단위별로 엄선된 핵심개념과 원리 및 법칙으로 구성하되, 이들을 학생들이 능동적인 탐구과정을 통해 깨닫도록 하는 데 중점을 둔다. 이러한 형태의 교육과정을 '학문중심 교육과정'이라고 명명한다.

옛 소련의 1957년 스푸트니크(Sputnik) 인공위성의 발사로 인하여 미국에서는 진보주의 교육사상에 대한 비판이 1960년대 이후 더욱 거세지게 되어 학문중심 교육과정이 대두되었는데, 여기에서의 교육과정은 각 교과의 기본구조, 즉 '지식의 구조'라고 규정되었다. 교육은 잡다한 지식을 학생들에게 전달하여 암기하도록 하는 것이 아니라, 각 교과의 기본구조(구조화된 일련의 지식체계)인 지식의 구조(핵심개념 · 원리 · 법칙)를 발견(탐구)하여 학습하는 과정 자체로 보아야 한다는 것이 바로 브루너(Bruner)의 주장이었다. 따라서 학교에서는 각 학문(교과)에 내재된 고유한 지적 구조가 무엇인지를 밝혀, 그것을 아동들이 탐구하도록 가르치는 것이 무엇보다 중요하다. 이러한 입장을 취하는 관점은 뒤에서 논의할 예정인 개념적 경험주의(conceptual empiricism)라고 명명되는데, 여기에는 브루너 이외에도 슈왑(Schwab), 뷰챰(Beauchamp), 존슨(Johnson) 등의 학자들이 포함된다.

넷째, 1970년대부터 출현한 인본주의 교육사상의 관점은 교육목적을 '자아실현'에 두기 때문에 교육과정은 개개인의 성장 · 발달에 적합한 다양한 경험으로 개념화되었다. 1970년대에 들어 인간중심 교육이 강조되기 시작하면서 교육과정에 대한 관점이 바뀌게 되었는데, 교육과정은 '학생들이 학교생활을 하는 동안에 가지게 되는 모든 경험'이라고 규정된다. 따라서 여기에는 '표면적 교육과정'(공식적 교육과정)과 '잠재적 교육과정'(비공식적 교육과정) 모두가 포함된다. 그러므로 인본주의 교육사상은 후술할 '재개념주의 교육사상'과 함께 교육과정의 의미를 가장 광범위하게 규정하고 있다고 볼 수 있다.

다섯째, 1970년대 후반부터 재개념주의 교육사상의 관점은 교육목적을 '다양하고 조화로운 발달을 이룬 자율적이며 책임감이 강한 인간의 육성'에 두므로 교육과정은 이전과는 다르게 재개념화되어야 한다고 역설한다. 이로써 이전과 다른 시각의 교육과정의 개념화가 이루어지기 시작되었는데, 여기에서 교육과정은 '학생이 학교생활을 하는 동안에 갖게 되는 삶에 대한 자서전적 해석과 전망'이라고 재개념화(reconceptualization)되었다. 이는 '재개념주의 교육과정'이라고 명명되며, 이러한 입장을 취하는 관점을 재개념주의

(reconceptualism)라고 부른다.

파이나(Pinar)와 그루멧(Grumet) 등의 재개념주의자들은 재건주의(개조주의) 교육사상가인 카운츠(Counts), 러그(Rugg) 등의 철학과 사회적 활동주의에 그 이론적 토대를 두고 있는데, 이들은 공통적으로 다 같이 ① 종래의 전통적인 교육과정이론, 특히 보비트(Bobbitt)와 타일러(Tyler) 등의 교육과정이론(Tylerian 전통주의)을 비판하면서 교육과정에 대한 과학적·합리적 관점에 반대하고, ② 교육과정연구에 대한 새로운 접근방법으로서 다학문적 접근(현상학·해석학 포함)을 시도하며, ③ 사회적·역사적·정치적·도덕적·주관적·맥락적(상황적)·이데올로기적 접근을 지향하고자 한다. 보비트나 타일러 등의 전통적 교육과정 패러다임이 교육과정의 '개발'에 주된 관심을 가진 반면, 재개념주의 교육과정이론가인 파이나는 새로운 교육과정의 탐구에서는 다학문적인 관점에서 교육과정의 '이해'에 중점을 두어야 한다고 보았다.

이처럼 재개념주의자들은 교육과정에 대한 재개념화를 체계적으로 시도하였는데, 이는 교육과정연구의 전통적 패러다임(paradigm)을 비판하는 것으로부터 시작되었다. 이들은 교육과정에 대한 전통적 패러다임이 간과하거나, 미처 다루지 못한 부분을 부각시키려고 노력하였는데, 재개념주의적 접근은 교육과정연구에 대한 확실한 하나의 대안이 될 수 있다. 전통적인 교육과정이론에서 교육과정의 의미를 '학생이 학교에 다니면서 학습하는 내용'으로 규정한 것과는 대조적으로 재개념주의 교육과정이론에서는 앞에서 언급한 바와 같이, 교육과정의 의미를 학습자가 겪게 되는 개인적 경험의 측면에 중점을 두어 '학생이 학교생활을 하는 동안에 갖게 되는 삶에 대한 자서전적 해석과 전망'이라고 규정한다. ① 학생들은 왜, 어떻게 지금의 자신으로 성장하였는지를 성찰하면서, ② 현상학적이고 해석학적인 관점에서 끊임없이 자신의 삶에 대한 자서전적인 해석(설명)을 시도하며, ③ 자신의 삶에 대해 전망을 해보아야 한다.

이러한 재개념주의 교육과정연구의 의도와 접근방법은 전통적 교육과정연구와는 대립되는 것으로 비추어질 수 있으나, 이는 전통적 교육과정연구와 서로 대립적인 관계라기보다는 상호보완적인 입장을 취하고 있다고 보아야 할 것이다.

전통적 교육과정 개발모형의 대표자인 타일러는 ① 학습자에 대한 연구, ② 동시대 생활에 대한 연구, ③ 교과전문가로부터의 제안 등을 원천으로 삼아 일단 잠정적인 교육목표를 설정한 다음, 여기에 ④ 철학의 활용, ⑤ 학습심리학의 활용을 통하여 최종적으로 의미 있고 타당한 교육목표를 설정하여야 한다고 주장하였다. 이어, 이러한 교육목표를 효과적으로 달성하기 위해 학습자가 배워야 할 학습경험(교육내용)을 선정·조직하여 이를 전개해야 하며, 끝으로 학습결과에 대한 평가가 이루어져야 한다고 주장하였다(pp.99~101 참조). 이러한 타일러 모형은 ① 교육목표의 설정·진술을 명확하게 하는 지침을 제공했다는 점, ② 평가를 교육과정의 일부로 보았다는 점, ③ 교육목표와 평가의 관계를 매우 밀접하게 연결시켰다는 점 등에서 공헌점을 찾을 수 있다.

그러나 재개념주의자들에 의해 타일러 모형은 ① 일련의 과정이 지나치게 직선적이어서 선형적인 성격이 너무 짙고, ② 사회나 문화 및 경제적인 여러 요인들을 역동적으로 반영하지 못함으로써 탈사회성을 가질 뿐만 아니라, ③ 탈역사성·탈정치성·탈도덕성·객관성·탈맥락성·탈이데올로기성을 가진 폐쇄적이고 미시적인 모형이라는 비판을 받고 있다. 또한, ④ 교육과정, 특히 교육목표나 내용의 포괄적인 '가치'에 관하여 구체적으로 시사점을 주지 못하며, ⑤ 교육과정을 학교 내부에서 일어난 활동으로만 국한시킴으로써 학교와 보다 넓은 사회와의 관계 속에서 나타나는 문제들을 제대로 파악하지 못한다는 제한점을 갖는다고 지적받고 있다.

따라서 재개념주의자들은 교육과정을 보다 넓은 사회구조와 질서 속에 놓고 거시적으로 파악할 필요가 있다고 역설하면서, 사회계층 간·남녀 간 등의 갈등이나 사회불안정·불균형 또는 사회변혁 등의 사회문제나 이슈들을 교육내용으로 다루어야 한다고 주장하였다. 이들은 교실행동을 사회·경제·정치적 기능으로까지 확대하여 교육과정을 이해하여야 하며, 그렇기 때문에 교육과정을 지식, 문화, 권력, 사회체제 등과 관련지어 재개념화 해야 한다고 보고 있다(pp.42~45 참조 : '전통적 교육과정'에 대한 4대 비판).

그리고 재개념주의자들은 교육과정에 대한 연구방법으로서 자연과학이나 경험적인 방법과 같은 양적 연구방법(이는 객관적인 실증적 연구방법을 지칭하는 것으로, '질적 연구방법'과 대비됨)을 채택하기보다는 현상학, 해석학, 실존주의, 정신분석학, 지식사회학, 신마르크스주의, 구조주의 등에서 제안하는 방법론인 질적 연구방법을 선호한다. 또한, 표면적 교육과정뿐만 아니라 교사의 인성특성, 교수방법, 평가형태, 교실생활 속에 내재된 잠재적 교육과정까지를 연구주제로 다루고자 한다(표면적 교육과정 및 잠재적 교육과정 : pp.85~88 참조).

이상과 같은 점들을 종합해보면 재개념주의 교육과정의 관점은 포스트모더니즘(postmodernism) 교육사상과 상통한다고 볼 수 있다.

ONLINE RESOURCES

① 현상학, ② 해석학, ③ 실존주의, ④ 정신분석학, ⑤ 지식사회학, ⑥ 신마르크스주의, ⑦ 구조주의, ⑧ 질적 연구방법, ⑨ '포스트모더니즘 교육사상' 및 '포스트모더니즘 담론과 교육과정 논의의 쟁점'에 관한 자료가 필요할 경우 저자가 운영하는 웹사이트(welfare5.com)의 Online Resources 게시판을 통하여 다운을 받기 바랍니다('교육과정론'의 Online Resources 01 자료).

4) 개념모형에 따른 의미

지금까지 살펴본 바와 같이 오늘날의 교육과정의 의미는 단일개념이라기보다는 복합개념이라고 볼 수 있다. 즉, 오늘날의 교육과정의 의미에는 교과중심 교육과정·경험중심 교육과정·학문중심 교육과정·인간중심 교육과정 등의 의미가 혼합되어 있으며, 또한 교육과정의 실체를 보아도 문서와 경험 모두가 교육과정의 의미로 파악되고 있다.

따라서 오늘날 교육과정의 의미는 단순하지 않으며, 관점이나 학파에 따라 그 정의도 상이하다. 그러므로 교육과정의 의미를 국가 및 사회·학교·교실 등의 수준별 또는 교육활동의 전개과정별로 개념모형화하여 논의해 볼 필요도 있다. 이러한 시도는 여러 학자들에 의해 이루어졌는데, 여기에서는 굳래드(Goodlad, 1963)의 개념모형, 김호권(1994)의 개념모형, 이영덕(1981)의 개념모형에 대하여 살펴보기로 한다.

먼저, 굳래드(Goodlad, 1963)는 교육과정 결정자의 수준을 학습자와의 거리라는 관점에서 다음과 같이 세 가지로 분류하여 교육과정의 개념을 정리하였다.

① **사회적 수준(societal level)의 교육과정** : 이 교육과정의 결정은 중앙정부(교육부)나 지방정부(교육청)의 교육전문가나 입법가가 행한다.
② **기관수준(institutional level)의 교육과정** : 이 교육과정의 결정은 학교의 행정가(교장)의 지도하에서 전교직원이 행한다.
③ **수업수준(instructional level)의 교육과정** : 이 교육과정의 결정은 특정 학습자집단을 지도하는 교사 개인이나 교사팀이 행한다.

위와 같은 수준별 교육과정의 개념은 교육과정모형의 정립에 많은 시사점을 주고 있다.

한편, 김호권(1994)은 교육과정의 개념을 시간계열적 관점에서 세 가지 수준으로 정의하였는데, 그것은 '공약된 목표(규범)로서의 교육과정', '수업 속에 반영된 교육과정', '학습결과(학습성과)로서의 교육과정'이다.

① **공약된 목표(규범)로서의 교육과정**: 이는 '의도된 교육과정'을 말한다. 교육부 고시나 학교 또는 교사에 의해 '계획된 교육과정'이 이에 해당한다고 볼 수 있다.

② **수업 속에 반영된 교육과정**: 이는 '전개된 교육과정'을 가리킨다. 공약된 목표(규범)로서 교육과정은 어차피 교육현장의 교사에 의하여 재해석되고, 그의 수업행위 속에서 재현되지 않으면 안 된다. 따라서 여기에서는 교사와 학생들 간의 상호작용에 의한 교수-학습활동이 강조되는데, 이는 '실행된 교육과정'이라고 볼 수 있다.

③ **학습결과(학습성과)로서의 교육과정**: 이는 '실현된 교육과정'으로서, 수업을 통하여 학생들에 의해 실제로 '성취된 교육과정'을 말한다. 학생들의 학습능력 및 경험배경이나 교육적 필요에는 커다란 개인차가 있다는 점을 고려할 때 동일한 교육과정에 의하여 전개된 동일한 수업조건 속에서도 우리는 천차만별의 교육과정을 기대할 수밖에 없다. 잠재적 교육과정도 바로 이러한 수준의 교육과정의 존재와 중요성을 시사하고 있다.

이러한 세 수준의 교육과정을 도식해 보면 [그림 1-1]과 같다.

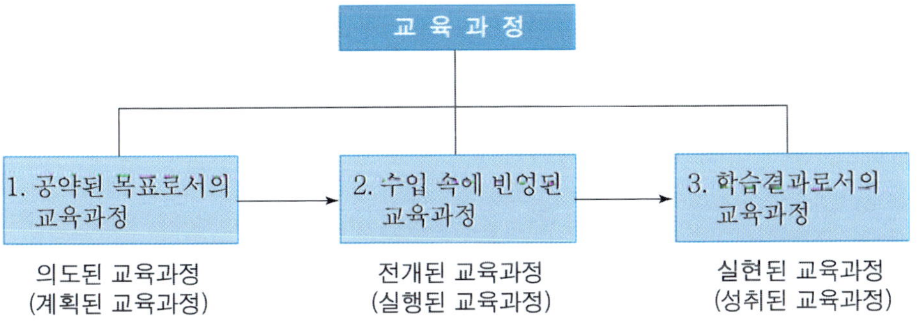

| 그림 1-1 | 교육과정의 세 수준

끝으로, 이영덕(1981)은 교육과정 개념의 변천과 위에서 제시한 교육과정의 개념들을 기초로 하여 교육과정의 개념모형을 정립하였는데, 그에 의하면 교육과정은 세 수준으로 분류된다.

① **국가 및 사회적 수준의 교육과정** : 이는 국가 및 사회가 학생들에게 특정의 교육목적달성을 위하여 무엇을 가르칠 것인지에 대한 일련의 의사결정을 해놓은 문서를 말한다. 이 수준 교육과정의 구체적 실례로는 교육부 고시의 교육과정, 교과서, 교사용 지도서 등을 들 수 있다. 이 수준의 교육과정은 문서화되어 있는 것이 그 특징이라고 할 수 있다.

② **교사수준의 교육과정** : 이는 교사가 어떤 목적을 위하여 무엇을 가르치려고 하는지 또는 가르치고 있는지와 관계가 있다. 이 수준의 교육과정에서 강조하고 있는 것은 교육과정의 결정자가 교사라는 점이다. 국가 및 사회적 수준의 교육과정이 아무리 잘 마련되어 있다 하더라도 교사가 교육현장에서 그대로 가르치지 않으면 그것은 사문화된다. 따라서 국가 및 사회적 수준의 교육과정을 개정할 경우 이것은 교사의 현직교육(연수)과 관련을 맺을 때 참다운 의미의 개정이 되는 것이다. 즉, 교사가 달라져야 교육과정이 달라졌다고 할 수 있으므로 교육과정 개정에 있어서의 현직교육은 매우 중요하다. 이 수준의 교육과정은 교사가 만든 문서와 수업행동을 포함한다. 그 예로서 수업의 연간·월간·주간계획, 단원계획, 교수-학습과정안(이상은 문서) 및 교사가 실제로 가르치는 행위(수업활동)를 들 수 있다.

③ **학생수준의 교육과정** : 이는 학생들이 학교생활을 하는 동안에 가지는 경험의 총체(모든 경험)를 말한다. 이 수준의 교육과정은 바로 교육과정의 종착점이 된다. 교사수준의 교육과정이 아무리 의도적으로 가르쳐도 학생들이 과연 교사가 의도한 경험을 가지게 될지는 모를 일이다. 따라서 이 수준의 교육과정을 교육과정의 종착점으로 볼 수 있다. 이 수준의 교육과정의 특징은 교육과정을 학생의 경험 자체로 본다는 점이다. 따라서 학생수준의 교육과정에서는 교육과정의 개별성을 인정한다. 또한, 경험의 총체라는 말에는 두 가지의 뜻이 내포되어 있는데, 그 하나는 학교나 교사의 의도에 의하여 나타나는 경험을 말하며, 다른 하나는 학교나 교사가 의도한 바 없지만 학생들이 학교생활을 하는 가운데 은연중에 가지게 되는 경험을 말한다. 전자는 '표면적 교육과정'을 뜻하며, 후자는 '잠재적 교육과정'을 뜻한다.

이상과 같은 교육과정을 수준별로 정리해 볼 수 있는데, 이러한 세 가지 수준의 교육과정은 다음과 같이 설명될 수 있다.

- **A 수준** : 국가 및 사회적 수준의 교육과정으로서, 이는 대체로 문서화 되어 있으며, 국가수준 또는 지역수준에서 계획된 것으로 '의도된 교육과정'을 말한다.
- **B 수준** : 교사수준의 교육과정으로서, 이는 문서를 경험으로 옮겨놓는 과정을 말하는 것으로 교사에 의해 '전개된 교육과정'을 말한다.
- **C 수준** : 학생수준의 교육과정으로서, 이는 학생의 경험을 말하는 것으로 학생에 의해 '성취된 교육과정'을 말한다.

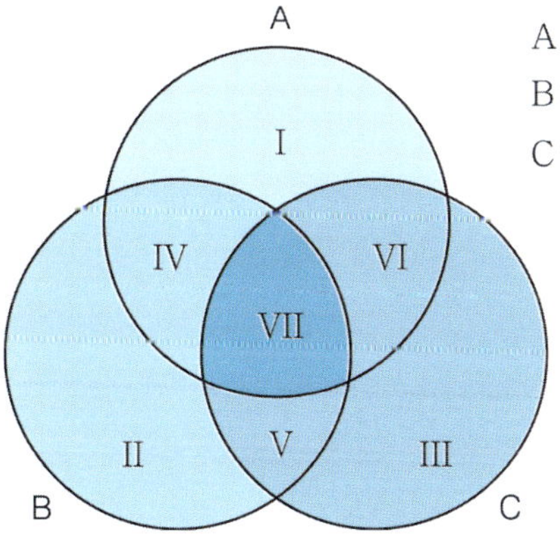

| 그림 1-2 | **교육과정의 수준 간 관련성**

이와 같은 수준들 간의 관련성에 따라 교육과정의 개념을 다음과 같이 정리할 수 있다.

- **영역 Ⅰ** : 국가 및 사회적 수준에서 학생들에게 가르치기를 원했으나, 교사가 가르친 바 없고, 따라서 학생도 배우지 않은 경우이다. 교육부 고시의 교육과정은 개정되었으나, 교사에 대한 현직교육이 따르지 못하는 경우에 이러한 현상이 나타날 가능성이 있다.
- **영역 Ⅱ** : 국가 및 사회에서는 가르치려고 의도한 바 없었으나, 사회변화나 학문발전에 따라 교사가 독자적으로 가르쳤지만 학생들은 학습한 바 없는 것을 말한다.
- **영역 Ⅲ** : 국가 및 사회나 교사가 학생들에게 가르치려고 한 바 없었으나, 학교생활을 하는 동안에 학생들이 은연중 또는 독자적으로 학습하는 경우에 해당되는데, 이 중 학생들이 은연중에 가지게 되는 경험을 '잠재적 교육과정'이라고 지칭한다.
- **영역 Ⅳ** : 국가 및 사회적 수준에서 가르치도록 되어 있어 교사가 가르쳤

지만, 학생들의 경험 속에는 침투하지 못한 경우이다.

- **영역 Ⅴ** : 국가 및 사회적 수준에서는 가르치려고 하지 않았으나, 교사가 중요하다고 생각하여 가르쳤고 학생도 이를 배운 경우이다.
- **영역 Ⅵ** : 국가 및 사회적 수준에서 가르치도록 정해져 있는데도 교사수준에서는 가르치지 않았으나, 학생들이 배우는 경우이다.
- **영역 Ⅶ** : 가장 이상적인 상태로서 세 가지 수준 간의 일치가 이루어지는 경우로 삼위일체가 이루어질 때 나타나는 교육과정이다.

| 표 1-1 | 수준과 영역에 따른 교육과정의 다양한 개념

수준 / 영역	A	B	C	비 고
Ⅰ	○	×	×	좋지 않은 상태
Ⅱ	×	○	×	좋지 않은 상태
Ⅲ	×	×	○	약간 좋은 상태(잠재적 교육과정 포함)
Ⅳ	○	○	×	좋지 않은 상태
Ⅴ	×	○	○	약간 좋은 상태
Ⅵ	○	×	○	약간 좋은 상태
Ⅶ	○	○	○	이상적인 상태

이상에서 국가 및 사회적 수준·교사수준·학생수준 교육과정 간의 관계양상에 따른 일곱 가지 개념에 관하여 살펴보았다. 이 중 가장 이상적인 상태는 Ⅶ 영역이므로 이와 같은 상태의 교육과정이 최대한 효율적으로 실현되도록 국가 및 학교당국 및 교사들은 본연의 소임과 역할을 충분히 수행해야 한다.

2. 교육과정의 성격

현대 교육과정의 의미는 종래의 '교과과정'이라는 좁은 개념에서 '교육과정'이라는 개념으로 확장되었는데, 이는 곧 교육과정이 갖는 성격의 변화를 잘 나타내고 있다. 현대 교육과정의 일반적 성격이 종전의 일부 지배층을 위한 교육과정에서 대중을 위한 교육과정으로, 그리고 지식인의 양성을 위한 교육과정으로부터 생활인의 양성을 위한 교육과정으로 전환되었다. 이에 따라 과거의 이론적 지식중심 교육과정에서 생활중심의 교육과정으로, 교재의 계획에 초점을 두던 교육과정에서 생활의 설계에 중점을 두는 교육과정으로 변화되었다.

현대 교육과정은 개인과 사회 및 국가의 실질적인 발전에 도움을 주기 위해서는 포괄성·수단성·사회성·개별화·생활중심성·통합화·지역화·가변성·민주화(자율화)·과학화 등의 성격(특성)을 가져야 한다.

1) 포괄성

교육과정은 가능한 한 넓고 포괄적인 성격을 가져야 한다. 종래의 교육과정은 주로 '교과과정'(교과지도계획)에 편중되었으나, 현대에 있어서는 학교의 전체 교육계획으로서 학교생활의 모든 영역을 포함하는 '교육과정'으로 구성되어야 한다. 교육과정은 교사와 학생이 행하는 활동의 전체이고, 거기에는 생활 그 자체와 같은 넓이가 반영되어야 한다.

2) 수단성

교육과정은 어디까지나 교육목적을 달성하기 위한 수단이 되어야 한다. 따라서 교육이념이나 교육목적이 어디까지나 교육과정에 잘 반영되어야 하며, 교육목적·목표의 변화에 따라 교육과정도 적절하게 변화되어야 한다.

3) 사회성

교육과정은 사회적 요구와 필요를 충족시키는 것이어야 한다. 교육은 개인들의 사회화를 촉진시키는 의도적인 활동이다. 즉, 개인들이 사회에 보다 잘 적응하고, 나아가 그 사회를 더욱 발전시킬 수 있는 자질을 갖추도록 돕는다. 교육은 바로 사회의 유지 및 발전을 위해 반드시 실천되어야 할 하나의 사회적 기능이라고 할 수 있다. 이렇게 본다면 교육은 사회의 세만 실태에 민감해야 하며, 이를 토대로 그 사회의 각계각층에서 생활하게 될 인간의 양성에 도움이 될 교육과정을 마련해야 한다.

4) 개별화

교육과정은 학생들의 개인차를 고려하여 구성되고 실행되어야 한다. 민주사회에서는 각 개인이 스스로의 인격적 특성을 계발할 권리를 가지고 있으므로 교육은 사회인으로서의 특성을 갖추게 함과 동시에 각 개인의 흥미와 능력 등에 따른 개인차를 고려해야 한다. 따라서 교육과정은 각 학생들이 그들의 개성과 능력에 따라 다양하게 구성되며 개별화 교육활동이 실천되어야 하고, 이러한 과정을 통하여 학생들의 창의성도 계발되도록 지도해야 한다.

모든 학생들에게 동일한 형태의 학습을 강요하는 것은 그들의 개성을 무시하는 교육이 되므로 학생들의 잠재력을 계발하고, 그들의 관심과 흥미를 불러일으켜 창의성을 계발하기 위해서는 교육과정의 개별화는 필수적인 조건이 된다. 이는 교육과정이 추구해야 하는 중요한 문제가 아닐 수 없다.

5) 생활중심성

교육과정은 학생들의 생활(경험)을 중심으로 구성되고 실행되어야 한다. 이때의 생활에는 현재와 미래뿐만 아니라 과거의 생활도 포함되지만, 무엇보다도 현재의 생활과 관련된 교육내용을 마련함으로써 추상적인 경험이 아닌 실질적인 경험(체험)중심의 교육활동을 전개해야 한다.

6) 통합화

먼저, 교육과정은 학생들의 다양한 흥미들을 고려하여 구성되며, 자발적인 학습활동이 이루어지도록 마련되어야 하는데, 이를 위해 통합적인 교육과정의 운영이 요구된다. 여기에는 교과의 통합적 운영, 교과활동과 교과외 활동의 조화적 운영, 창의적 체험활동의 강화, 표면적 교육과정과 잠재적 교육과정의 조화 등이 포함된다. 교육과정의 통합화(종합화)는 교육에 있어서 분과주의를 지양할 뿐만 아니라 학생의 인지적·정의적·심리운동적 영역(기능적 영역)의 조화로운 전인적 성장·발달을 동시에 가능하게 한다.

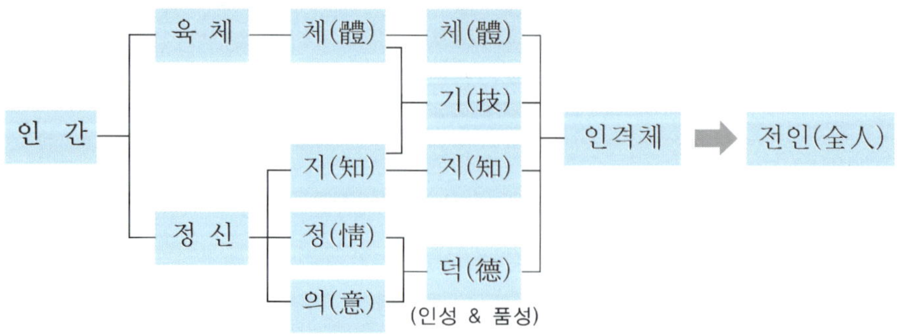

| 그림 1-3 | 전인의 의미

한편, 교육과정의 개발(계획)과 운영에 관련되는 여러 기관들, 예를 들면 중앙정부 및 지방정부, 지역사회 내의 유관기관, 각급학교들은 물론, 관련 인사들 간의 상호 연계와 협력체계에 의해 교육과정이 실천되어야 한다. 교육과정 개발과 운영의 효과성과 효율성(능률성)을 높이기 위해서는 관련기관 및 인사들 간에 통합적 협력체계(예: 유치원 교육과정과 초등학교 교육과정 간의 연계)가 적극 가동되어야 하기 때문이다.

7) 지역화

교육과정은 모든 지역이나 학교에서 동일할 수 없다. 각 지역이나 학교는 제각기 다른 환경여건과 특성 및 요구를 가지고 있으므로 당연히 교육의 실제는 달라져야 한다. 따라서 교육과정은 중앙통제적이며, 일률적인 구성에서 벗어나 각 지역사회와 학교의 특성을 고려하여 구성되고 실행되어야 한다. 특히, 최근 들어 강조되고 있는 교육과정의 지역화는 중앙정부의 획일적이고 일률적인 교육과정의 구성과 운영 및 관리에서 벗어나, 해당 지역사회와 학교 및 학생의 다양한 특성을 고려하여 운영·관리함으로써 교육의 효과성과 효율성(능률성)을 제고시키고자 한다.

8) 가변성

교육과정은 고정되고 불변하는 것으로 인정하기보다는 시대나 사회 등의 상황변화와 학생 및 학부모들의 요구에 따라 부단히 재검토되고 개정되어야 한다. 현대와 같이 끊임없는 진보와 발전이 급속히 이루어지는 시대에는 더더욱 교육과정의 혁신이 계속적으로 요구된다. 학생들이 이러한 사회변화에 쉽게 적응하고 생활의 필요에 적응해 나가도록 돕기 위해서는 교육과정이 부단히 변화되어야 한다. 이러한 맥락에서 우리나라 교육과정의 개편도 그 주기가 점차 더 짧아지고 있다.

9) 민주화(자율화)

교육은 특정계층이나 집단을 위한 것이 아니므로 그에 관한 결정과 실행에는 모든 관련자들이 함께 참여하여야 한다. 그러므로 교육과정은 민주적인 협의과정에 의하여 계획되고 실행되어야 한다. 즉, 교육과정에 대한 계획과 운영에 있어 관련자들의 의견들이 마땅히 충분히 반영되어야 한다.

10) 과학화

교육과정은 학습자에 대한 연구뿐만 아니라 교육과정 자체에 대한 과학적 접근이 이루어져야 한다. 먼저, 교육과정은 어디까지나 학습자의 성장과 발달을 촉진하기 위한 것이 되어야 하므로 학습자들에 대한 연구를 통해 그들의 흥미, 요구, 능력, 준비도, 학습양식, 개인차 등에 대한 과학적 이해를 바탕으로 마련되어야 한다. 교육의 효과는 학습자들에 의해 나타나므로 교육과정이 학습자들에게 적합하게 구성되어야 한다. 그리고 이러한 연구를 토대로 교육목적·교육내용·교육방법(교수-학습지도)·교육평가가 논리적 체계성을 갖추는 등의 과학적 접근이 취해져야 한다.

3. 교육과정의 구성요소

1) 교육과정 구성요소의 의미

특정의 교육활동을 통하여 형성하고자 하는 바의 인간상을 갖추도록 학생을 돕기 위한 학교와 교사의 조직적인 활동계획에 포함되는 요소는 매우 다양하고 복잡하다. 그러나 교육과정의 구성요소를 크게 분류하면 ① 목적(목표) 설정, ② 내용 선정·조직, ③ 지도(교과지도 및 생활지도·상담), ④ 평가 등으로 범주화될 수 있다.

첫째의 구성요소는 목적(목표) 설정인데, 이는 일련의 교육활동을 통해서 학생이 성취해야 할 행동특성을 확인하고, 이를 구체적이고 행동적인 용어로 진술하는 것을 말한다. 둘째의 구성요소는 내용 선정·조직인데, 먼저 내용의 선정은 설정된 목적을 효과적으로 달성할 수 있을 것이라고 생각되는 통일적이며 가치 있는 학습경험을 선정하는 것으로 학습범위 결정을 말하며 그리고 내용의 조직은 선정된 내용을 학습자의 학습활동에 적절하도록 배열하는 것을 말한다. 셋째의 구성요소는 지도(교과지도 및 생활지도·상담)인데, 이는 교사의 교수활동에 의해 학생들이 실제로 가지게 되는 학습활동(경험과정)을 말한다. 이는 실제로 전개되는 교수-학습활동이기 때문에 여기에서는 관련되는 다양한 요인의 상호작용적 관계를 의미 있게 통정하는 종합적 사고체계가 필요하다. 넷째의 구성요소는 평가인데, 이는 학생들의 목적달성도를 확인하고 교사의 교수활동을 포함한 교육과정 전반을 점검·반성하여 추후 교육활동의 개선을 위한 자료를 수집하는 활동을 지칭한다.

2) 교육과정 구성요소 간의 관계

교육과정의 계획과 운영은 가설적인 신념으로부터 출발하므로 타당성을 검증하고 개선책을 찾는 데 요구되는 경험적인 자료는 지도활동이 진행되는 과정에서 그리고 활동이 종결된 후 평가활동을 통해 확보할 수 있다.

앞에서 언급한 바와 같이, 교육과정의 구성요소는 목적 설정, 내용 선정·조직, 지도(교과지도 및 생활지도·상담), 평가 등의 네 가지로 분류되는데, [그림 1-4]에서 보는 바와 같이 각 요소들은 각각 개별적인 것이 아니라 순환적인 관계 또는 상호작용적인 관계를 취할 수 있다(Zais, 1976). 이 중에서 상호작용적 관계모형이 더 바람직하다고 볼 수 있다. 순환적 관계모형에서는 목적 설정에서 출발하여 내용 선정·조직, 지도, 평가 등의 과정으로, 다시 후속적인 목적 설정으로 돌아가는 일관성 있는 순환을 강조하는데, 이러한 교육과정의 실행체계는 단지 일련의 교육활동의 직선적인 전개과정만을 강조하여 상호작용적이면서 역동적인 교육활동의 실천을 불가능하게 하므로 제반 상황들과 맥락을 융통성 있게 고려하기 어렵다. 그러므로 교육과정의 구성요소들은 상호작용적인 관계를 유지하여야만 그때그때 적절한 조치를 취할 수 있으므로 교육의 성과를 보다 높일 수 있다.

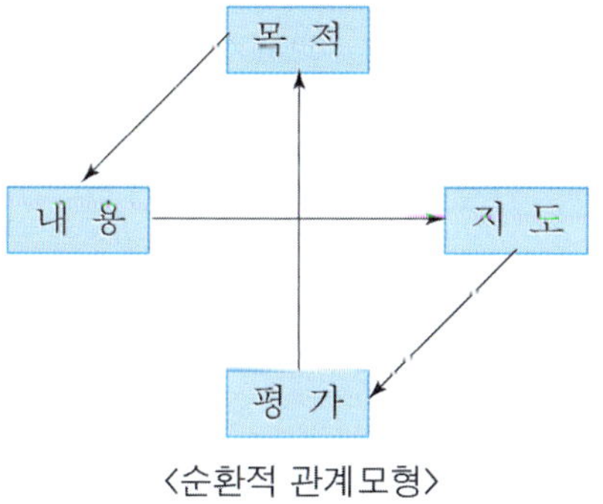

〈순환적 관계모형〉

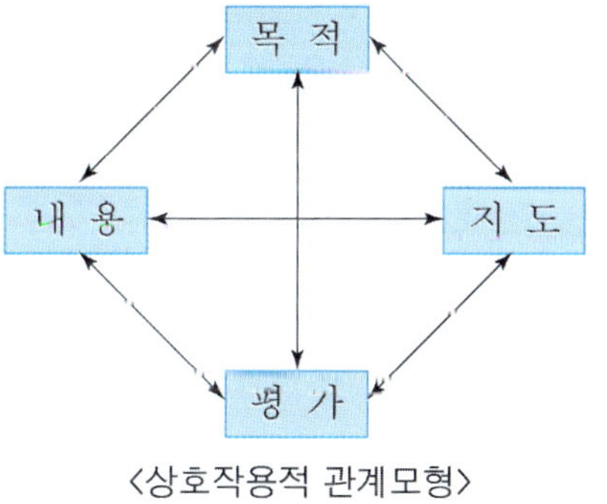

〈상호작용적 관계모형〉

| 그림 1-4 | 교육과정 구성요소의 관계모형

(1) 순환적 관계모형

순환적 관계모형은 목적 설정에서 출발하여 내용 선정·조직, 지도, 평가 등으로, 여기서 다시 후속적인 목적 설정으로 연결되는 일련의 과정을 순환적으로 반복하는 형태를 말한다. 여기에서는 교육이 의도적이고 계획적인 활동인 한 학생들의 학습경험에 직결된 내용과 지도는 어디까지나 설정된 목적에 의해서 통제되어야 하고, 평가도 그 목적을 기준으로 성취정도를 확인하여야 한다는 입장을 강조한다. 이러한 관점은 타일러(Tyler) 계열의 교육과정모형(전통적 교육과정모형)에서 지지되고 있다.

그러나 이와 같은 개념화는 일련의 교육활동을 그저 직선적이고 폐쇄적으로 전개해 나가도록 유도할 뿐만 아니라, 교육현실을 제대로 반영하지 못하고 있다고 볼 수 있다. 순환적 관계모형은 먼저 교육활동의 전개를 순차적 과정(serial process)으로만 간주하기 때문에 상황논리(맥락논리)를 적용하지 못하므로 기계적이고 고정적인 교육활동을 실행할 수밖에 없다. 또한, 교육현장에서 실제로 목적과 구체적인 관련 없이 내용을 선정하고 조직하는 일, 목적에 대한 깊은 고려 없이 교과서를 채택하는 일, 목적이 속속들이 반영되어 있어야 할 내용의 성격과는 무관한 지도방법을 적용하는 일, 목적의 타당성을 고려함 없이 평가하고 학생을 판정하는 일, 평가의 결과가 후속적인 교육활동에 활용되지 않는 일 등이 흔히 관찰된다.

(2) 상호작용적 관계모형

교육과정의 구성요소인 목적 설정, 내용 선정·조직, 지도, 평가가 순환적 일관성만을 가지게 되면 교육과정의 실행체계가 완벽할 수 없다. 각 요소들은 순환적 일관성과 동시에 상호작용적 관계를 취하여야 한다(Zais, 1976).

첫째 요소인 '목적 설정'은 교육과정의 출발점을 이루고 내용 선정·조직과 지도 및 평가에 계속적인 작용을 하면서도, 가르칠 내용의 특수한 성격과 지도활동이 전개될 상황과 긴밀한 대화를 해야 한다. 이때 가르칠 내용은 목적 설정을 위한 주요한 기초자원의 역할을 하기도 하고, 지도활동은 목적의 타당성을 검증해 줄 준거의 역할도 한다. 또한, 목적 그 자체는 평가계획 및 실시의 주된 기준이 되면서, 동시에 평가를 통해 얻어진 자료는 후속적인 목적 설정에 대한 자료로 활용된다. 그러므로 목적과 기타 요소들 간의 관계는 정적인 것이라기보다는 동적인 성격을 가진다. 즉, 이미 설정된 목적은 내용 선정

· 조직, 지도, 평가의 전 과정에 의해서 계속 재확인 · 세분화 되고 재해석 · 수정되어야 한다.

둘째 요소인 '내용 선정 · 조직'이 갖는 기타 요소들 간의 관계도 마찬가지이다. 내용의 성격 여하는 지도의 구상에 중요한 영향을 미치며, 또한 평가의 실제에도 변화를 주게 된다. 역으로, 지도에 관한 원리와 조건 등을 충분히 고려하지 않고는 효과적인 내용 선성 · 소직이 가능하지 않다. 그리고 학생이 실제로 가져야 할 그리고 갖게 될 학습경험의 성격과 경험과정에 대한 정확한 통찰 없이 내용이 결정된다면 그 내용의 타당성은 확보되기 힘들다. 아무리 학문적으로 또는 현실적으로 중요시되는 내용이라고 해도 학습자의 지적 수준이나 문화배경과 너무 거리가 멀고, 잘 학습되지 못하면 그 내용은 학생에게 타당한 것이 될 수 없다. 또한, 평가활동도 내용과의 긴밀한 관련성 하에서 이루어져야 하며, 그 결과는 내용에 관한 탐색에 유용한 길잡이 역할을 해야 한다.

셋째 요소인 '지도'도 기타 요소들과 유기적인 역동성을 가져야 한다. 그래야만 효율적인 교과지도 및 생활지도 · 상담이 전개될 수 있고, 따라서 전반적인 교육활동의 효과성과 효율성(능률성)이 증진된다.

넷째 요소인 '평가'도 기타 요소들과 유기적인 상호작용적 관계를 유지하여야 한다. 이러한 역동적인 관계는 곧 목적의 달성도를 높이고, 교육의 질적 향상도 가능하게 해준다.

결론적으로 교육과정의 구성요소들 간의 관계양상을 순환적 모형으로 개념화하느냐, 상호작용적 모형으로 개념화하느냐에 따라 교육활동의 실제는 사뭇 달라진다. 순환적 관계모형보다는 상호작용적 관계모형이 교육활동의 실제를 잘 반영할 뿐만 아니라, 교육의 성과를 보다 높이는 데 도움이 된다.

더 읽을 자료

▶ 교육과정의 기초이론(심리학적 기초, 철학 및 역사적 기초, 사회학적 기초)

ONLINE RESOURCES

교육과정의 기초이론(심리학적 기초, 철학 및 역사적 기초, 사회학적 기초)에 관하여 자세하게 논의한 자료가 필요할 경우 저자가 운영하는 웹사이트(welfare5.com)의 Online Resources 게시판을 통하여 다운을 받기 바랍니다('교육과정론'의 Online Resources 02 자료).

<자료 목차>

1. 심리학적 기초
   1) 발달과업이론
      (1) 영아기 및 유아기의 발달과업
      (2) 아동기의 발달과업
      (3) 청소년기의 발달과업
      (4) 성인초기의 발달과업
      (5) 성인중기의 발달과업
      (6) 성인후기의 발달과업
   2) 인지발달이론
      (1) 피아제(Piaget)의 인지발달이론
      (2) 비고츠키(Vygotsky)의 인지발달이론
   3) 학습이론
      (1) 행동주의 학습이론
      (2) 인지주의 학습이론
      (3) 인본주의 학습이론
2. 철학 및 역사적 기초
   1) 과학적 실증주의 교육사상
   2) 진보주의 교육사상
   3) 본질주의 교육사상
   4) 항존주의 교육사상
   5) 재건주의 교육사상
   6) 이상주의 교육사상
   7) 현실주의 교육사상
   8) 자유주의 교육사상
   9) 실존주의 교육사상
   10) 분석철학 교육사상
   11) 비판이론 교육사상
   12) 포스트모더니즘 교육사상
3. 사회학적 기초
   1) 거시적 이론 : 기능이론과 갈등이론
   2) 미시적 이론 : 해석학적 이론과 신교육사회학

02 CHAPTER

교육과정의 이론모형

교육과정이 교육학의 한 전문분야로서 체계적이고도 전문적인 연구가 시작된 것은 1920년경부터라고 할 수 있다. 이 시기를 교육과정의 탄생시기로 잡는 것은 보비트(Bobbitt)가 『교육과정』(*The Curriculum*, 1918)이라는 책을 출판한 데에서 비롯되었고(pp.55~56, p.99 참조), 또한 이때 교육과정에 대한 연구가 본격적으로 시작되었기 때문이다. 물론, 이전에도 '무엇을 가르칠 것인가'에 관한 논의나 연구가 없었던 것은 아니다. 1902년에는 듀이(Dewey)에 의해 『아동과 교육과정』(*The Child and Curriculum*)이 집필되면서, 아동의 흥미와 요구를 반영한 실생활중심의 '경험중심 교육과정'이 주창되었다.

이에 앞서 19세기 말에는 영국의 공리주의 철학자이자, 과학적 실증주의 교육사상가인 스펜서(Spencer)에 의해 현대적인 의미의 '교육과정'에 대한 주장이 제시되었는데, 그가 이러한 주장을 펼친 이유는 바로 지식의 폭발적인 증가 때문이었다. BC 4세기경부터 최초의 형식적인 지식이라고 할 수 있는 '철학'이 발달한 이래, 그 뒤 16~17세기에는 새로운 지식탐구의 수단인 과학적 탐구방법이 생겨나 '자연과학'이 발달하였다. 새롭게 탄생한 과학적 탐구방법은 그 후 자연과학뿐만 아니라 인문과학 및 사회과학에도 영향을 미침으로써 수많은 학문영역(교과영역)이 생겨나게 되었다. 이와 같은 새로운 학문과 지식의 증가는 자연히 학교에서 가르쳐야 할 교육내용을 증가시켰다. 이러한 학문과 지식은 처음에는 대부분이 학교의 교과로 채택되었다. 특히, 백과전서주의(범주지주의)는 학교가 모든 지식을 다 가르쳐야 한다고 주장하였다.

그러나 19세기 초 그리스어와 라틴어 그리고 수사학, 대수, 기하, 천문학 등을 중심으로 이루어져 있던 교과는 19세기 말 학문의 분화와 발달로 인하여 그 수가 점차 늘어나게 되었다. 특히, 자연과학과 사회과학의 발달은 학교에서 화학, 생물학, 물리학, 세계사, 정치·경제, 농업 등의 교과를 탄생시켰다. 그러나 그 후 계속된 학문의 분화와 발달은 더 이상 모든 지식을 학교에서 가르칠 수 없게 만들었다. 이러한 상황은 "무엇이 보다 중요한 지식이고, 학교는 어떤 지식을 가르쳐야 하는가?"라는 선택의 문제를 제기하도록 만들었다. 이러한 문제는 최초의 '교육과정'과 관련된 질문으로서, 교육과정에 관한 체계적인 논의를 불러일으켰고, 교육학의 전문적인 연구영역의 하나로서 '교육과정' 분야의 탄생을 예고하였다.

이러한 질문에 일찍이 관심을 가진 사람이 바로 앞에서 언급한 19세기 말의 스펜서(Spencer)이다. 그는 '어떤 지식이 가장 가치 있는 지식인가?'에 관하여 논의하면서, '무엇을 가르칠 것인가'에 관한 교육내용의 선정준거에 대하여 문제를 제기하였다. 그의 이러한 문제의 제기는 현대적인 의미의 최초의 교육과정 관련 물음이라고 할 수 있는데, 그는 1861년 출간된 『어떤 지식이 가장 가치 있는가?』(*What Knowledge Is of Most Worth*?)라는 저서에서 이 문제를 제기하였다. 이 책에서 그는 교육목적을 '완전한 생활을 준비시키는 것'에 두면서, 이러한 목적을 달성하는 데 필요한 교육내용으로는 유용하고 가치 있는 지식을 가르칠 것을 제안하였다. 그는 그동안 고전어(그리스어와 라틴어)와 7자유교과(seven liberal arts; 문법, 수사학, 논리학, 산수, 기하, 천문학, 음악)를 중심으로 암기식 교육이 이루어지는 것을 비판하면서, 그러한 교육은 단지 장식에 불과하다고 주장하였다. 따라서 그는 무엇을 가르칠 것인가에 대한 선택의 기준이 어디까지나 교육목적인 '완전한 생활의 준비'에 두어야 한다고 주장하였다. 그는 완전한 생활을 준비시키는 교과로서 '과학'이 가장 중요한 교과임을 강조하면서, 완전한 생활의 준비에 필요한 지식으로 다음과 같은 다섯 가지 영역을 제안하였다.

첫째는 자기보존에 직접적으로 필요한 지식으로서 생명의 안전과 건강에 관련된 지식인 생리학·위생학을 들었으며, 둘째는 자기보존에 간접적으로 필요한 지식으로서 의식주 등의 생활필수품의 확보와 관련된 지식인 과학(물리학·화학·생물·지질학·천문학)·수학 등의 자연과학과 인간사회의 원리를 알게 하는 사회학·윤리학·논리학 등의 사회과학을 들었다. 셋째는 자녀의 양육과 교육에 필요한 지식으로서 심리학·가사·육아법 등을 들었으며, 넷째는 사회적·정치적 생활과 의무와 책임 수행에 필요한 지식으로서 역사·공민 등을 들었으며, 다섯째는 개인적인 취미와 기호를 만족시켜주는 여가생활에 필요한 지식으로서 문학, 미술, 음악 등을 들었다.

한편, 교육과정의 이론에 대한 분류는 역사적인 순서에 따라 구분하는 것이 가장 일반적인 방법으로 교육과정의 유형을 교과중심 교육과정, 경험중심 교육과정, 중핵 교육과정, 학문중심 교육과정, 인간중심 교육과정 등으로 분류하는 것은 바로 역사적인 구분방법을 따른 것이다. 이에 관해서는 제3장(교육과정의 유형)에서 자세하게 논의하기로 한다.

여기에서는 교육과정의 이론모형으로서 ① 접근방법에 따른 분류(목표중심 모형, 내용중심 모형), ② 파이나(Pinar)의 분류(전통주의, 개념적 경험주의, 재개념주의), ③ 슈버트(Schubert)의 분류(경험·분석적 패러다임, 해석학적 패러다임, 비판적 패러다임), ④ 아이스너(Eisner) 등의 분류(학문적 합리주의 교육과정, 인지개발에 중점을 두는 교육과정, 개인적 적절성을 강조하는 교육과정, 사회적응과 개조를 강조하는 교육과정, 공학으로서의 교육과정), ⑤ 크리바드(Kliebard)의 분류(인문주의적 관점, 사회적 효율성을 추구하는 관점, 아동중심주의적 관점, 사회개혁적 관점) 등에 관하여 차례대로 논의하기로 한다.

1. 접근방법에 따른 이론모형

교육과정의 이론모형은 교육목표의 설정을 중심으로 접근하느냐, 가르칠 교육내용으로서의 지식을 중심으로 접근하느냐에 따라 크게 ① 목표중심 모형, ② 내용중심 모형으로 분류할 수 있다.

1) 목표중심 모형

교육과정이론들 가운데 지금까지 학교교육에 가장 많은 영향력을 행사해 온 이론은 보비트(Bobbitt, 1918; 1924 : pp.55~56, p.99 참조)로부터 시작하여 타일러(Tyler, 1949 : pp.99～101 참조), 타바(Taba, 1962 : pp.101～102 참조)에 이르러 완성된 교육과정이론인데, 이를 '목표중심 모형'이라고 한다. 이를 목표중심 모형이라고 부르는 이유는 교육과정을 개발하는 데 있어 가장 우선적으로 고려하는 것이 바로 교육목표 설정이기 때문이다. 특히, 타일러의 교육과정 모형은 가장 대표적인 목표중심 모형인데, 여기에서의 '교육목표 설정'은 그 다음의 절차인 '학습경험(교육내용) 선정', '학습경험(교육내용) 조직, '평가'의 출발점이자 절대적인 준거가 된다. 이어, 타바(Taba, 1962)는 이러한 타일러의 4단계 모형을 보다 세분화하여 7단계 모형을 제안하였다.

이러한 목표중심 모형은 행동주의 심리학의 영향을 많이 받았는데, 행동주의는 학습을 행동 변화로 보고, 그 변화가 어떻게 이루어지는가를 설명하고자 한다. 특정의 학습이 이루어지기 위해서는 무엇보다도 어떤 행동 변화를 이루고자 하는지에 대한 목표가 분명하게 설정되어야 하고, 이어 그 변화를 가장 효과적으로 이룰 수 있는 수단(방법)을 강구해야 한다.

2) 내용중심 모형

내용중심 모형은 가르칠 내용(지식이나 의미)에 대한 탐구를 통하여, 즉 지식·의미의 본질과 그것이 갖는 교육적 가치에 대한 검토를 토대로 적절한 내용을 가르치는 것을 중요하게 여기는 교육과정이론을 말하는데, 이 이론의 대표적인 학자는 ① 브루너(Bruner, 1960), ② 피닉스(Phenix, 1964), ③ 피터스와 허스트(Peters & Hirst, 1970), ④ 브로우디(Broudy, 1972) 등을 중심으로 하는 학문중심 교육과정 이론가들이다. 이들은 지식이나 의미를 보다 철저히 가르치고자 한다. 따라서 지식이나 의미의 성격과 본질을 우선적으로 이해하고, 이를 토대로 교육과정을 결정하는 데 중점을 둔다.

먼저 브루너(Bruner, 1960)는 교육이란 잡다한 지식을 학생들에게 전달하기보다는 그들이 발견학습과정을 통하여 각 교과의 핵심개념과 원리 및 법칙을 탐구하도록 돕는 것이라고 규정하면서, 따라서 교육과정은 '지식의 구조'(핵심개념 · 원리 · 법칙)가 되어야 한다고 주장하였다.

그리고 피닉스(Phenix, 1964)는 인간이 본질적으로 의미를 창조하고 표현하는 존재라고 규정하고, 우리가 현재 가지고 있는 의미는 바로 역사를 통하여 발견하고 창조하고 표현한 의미의 총합이라고 규정하면서, '의미'란 바로 인류가 지금까지 꾸준히 정련해 내려온 사고의 규칙이나 원리 혹은 탐구의 방법이라고 정의하였다. 그리고 교육이란 갖가지 근본적인 의미를 탐구 · 이해 · 학습하는 과정이라고 규정하면서, 지금까지 축적해 온 의미들을 학습에 편리하도록 논리적 구조가 비슷한 것끼리 묶어 여섯 가지 의미영역(상징적 의미, 경험적 의미, 심미적 의미, 실존적 의미, 윤리적 의미, 총괄적 의미)으로 범주화하였다.

- **상징적 의미** : 의미에 대한 의사소통의 수단이 되는 것이 이에 해당된다. 여기에는 사람이 의미를 다른 사람에게 표현하고 다른 사람에 의해서 표현된 의미를 이해하는 도구로서 만들어낸 기호체제가 포함된다. 예를 들면, 표정, 몸짓, 언어, 관습, 의식 등과 같은 것들과 수학적 기호(상징)가 이에 포함된다. 이는 여타 모든 영역의 의미를 표현하는 수단(도구)의 역할을 한다.
- **경험적 의미** : 생물학 · 물리학 · 화학 · 지구과학 등의 '자연과학'과 정치학 · 경제학 · 사회학 등의 '사회과학'이 여기에 포함된다. 이러한 영역의 의미는 자연현상과 사회현상에 관한 사실을 기초로 일반적 법칙은 물론, 그 법칙으로 다른 모든 현상을 설명하게 된다. 이들은 모두 체계화된 방법론적인 규칙의 지배를 받게 된다.
- **심미적 의미** : 문학, 미술, 음악, 무용 등이 이에 포함된다. 이 영역의 의미는 사람들의 주관적 느낌을 창의적으로 표현한 것으로서, 세계에 대한 미적 감각을 표현한다.
- **실존적 의미(관계적 의미)** : 사람과 사람과의 만남에 의해서 형성되는 인간관계를 통하여 실존적 자각과 통찰 및 공감을 얻게 되는데, 이러한 자각과 통찰 및 공감은 사람이 살아가는 데 필요불가결한 의미를 갖게 된다. 개인의 세계관과 인간실존 등을 다루는 철학, 심리학, 문학, 종교 등이 이에 속한다.
- **윤리적 의미** : 도덕적 당위와 그에 따른 행위의 규칙 등이 이 영역에 포함되는데, 도덕적 당위성과 도덕적 행위규칙은 개인의 자유, 책임, 의도적 결정 등을 기초로 성립한다. 윤리학과 도덕이 여기에 포함된다.
- **총괄적 의미** : 종합적이고 통합적인 안목에 대한 분야로서 역사, 종교, 철학 등이 여기에 포함된다. 역사는 과거에 일어났던 일이나 사건에 비추어 의미를 파악 · 해석하고, 종교는 인간의 궁극적인 의미를 초월자에게서 구하며, 철학은 다른 영역의 의미를 명료화 · 평가 · 조정한다. 이 의미영역은 바로 앞의 다섯 가지 의미의 영역을 상호 관련지어 하나의 짜임새 있는 전체로 통합하는 데 관심을 갖는다.

한편, 피터스와 허스트(Peters & Hirst, 1970)는 지식의 형식이란 인류가 역사를 통하여 축적해 온 합리적 이해의 여러 형식이라고 주장하면서, 교육의 목적은 지식의 형식(forms of knowledge)을 통한 마음의 개발(합리적인 정신개발)에 있다고 주장하였다. 특히, 피터스(Peters, 1967)는 인간다운 생활이란 단순히 생활의 즉각적인 필요를 충족시키면서 사는 것을 의미하는 것이 아니라, 학문에 의하여 도야된 눈으로 형상을 '보면서' 사는 생활을 의미한다고 주장하였다. 그에 의하면, 교육은 지식의 형식이라는 공적 전통 또는 공적 유산에 사람들을 입문시킴으로써 그 전통과 유산이 다음 세대로 계속 이어져 나가도록 하는, 종족적 수준에서 전개되는 활동이다. 피터스와 허스트는 지식의 형식을 ① 논리학과 수학, ② 자연과학, ③ 인간과학, ④ 역사, ⑤ 종교, ⑥ 문학과 예술, ⑦ 철학, ⑧ 도덕(윤리) 등의 여덟 가지 영역으로 분류하였다.

- **논리학과 수학** : 일반적이고 추상적인 관계들을 도출하는 개념들을 포함한다. 공리체계 안에서의 연역은 진리를 위한 고유한 검증방식이다. '공리'(公利)란 논리학과 수학에서 증명이 필요 없는 자명한 진리로서, 다른 명제를 증명하는 전제가 된다.
- **자연과학** : 감각기관을 통한 관찰을 근거로 확보되는 증거들을 말한다. 관찰에 의해서 가설은 입증되기도 하고 부정되기도 한다.
- **인간과학** : 믿음, 결심, 의도, 바람, 행동, 희망, 즐거움과 같은 개념은 개인의 내적인 경험이자 지식이다. 이들 개념은 자연과학에서처럼 직접적인 방법으로 감각기관에 의해서 관찰되어 이해할 수 있는 것이 아니다. 심리학을 포함하여 정치학, 경제학, 사회학, 행정학, 교육학, 인류학 등이 이에 해당한다.
- **역 사** : 오랜 기간에 걸쳐 축적되어 왔으며, 현재까지도 지속되어 내려오는 전통적인 형식의 지식으로, 이러한 영역의 지식에 대한 검증은 다른 형태의 방식으로 바뀔 수 없다.
- **종 교** : 객관적인 근거에 상관 없는 신앙적 신념과 주장이 이에 해당되는데, 이를 단순히 무시할 수 없다는 것은 확실하다.
- **문학과 예술** : 상징적인 표현의 형식을 사용하여 창작의 결과(성과)를 묘사한 것으로, 이는 언어적인 표현에만 국한되는 것이 아니라 그림, 소리, 물체 등 다양한 방식을 통해 표현된다.
- **철 학** : 유일하게 2차적인 개념(의미)들을 포함하는 것으로, 다른 지식들

이 갖는 객관적인 근거를 본질적으로 이해하기 위해 인간을 포함한 우주 만물에 대하여 통합적이고 형이상학적인 탐구의 결과를 표현한 것을 말한다. 다시 말하면, 객관적으로 존재하는 우주만물의 본질이나 성격, 즉 객관적인 근거라고 할 수 있는 1차적인 개념(의미)을 기반으로 종합적이고 사변적인 탐구를 통해 포괄적이고 주관적 관점인 2차적인 개념(의미)을 규명하는 지식의 형식이 바로 '철학'이다.

- **도덕(윤리)** : '~을 해야 한다, 옳지 못함, 의무' 등과 같은 개념을 포함한다. 행동이나 상태가 이러한 용어로 이해되는 경우 윤리적 판단이 가미된다고 할 수 있다. 윤리적 판단에 대한 객관성은 오래된 논쟁거리이며 아직까지 해결되지 않은 문제이다.

끝으로, 브로우디(Broudy, 1972)는 과거의 지역자치사회(communal society)로부터 대중사회(mass society)로의 변화는 되돌릴 수 없는 대세로 파악하면서, 이러한 사회에 적응하도록 하기 위해서는 일반공통 교육과정(common general curriculum)을 가르칠 것을 주장하였는데, 여기에서 '일반'이라는 용어는 어느 특정한 생활영역이나 직업분야에 관계없이 넓은 범위에 걸쳐 적용되는 교육내용이라는 의미를 담고 있으며, '공통'이라는 용어는 학생 개개인의 요구(필요)나 배경에 관계없이 누구나 배워야 하는 내용이라는 의미를 갖는다. 한편, 브로우디에 의하면, 학교교육의 용도는 재생적·연상적·응용적·해석적 용도 등으로 분류될 수 있는데, 이 중에서도 '해석적 용도'가 가장 중요하다. 그 이유는 먼저 사태를 해석하지 않고서는 그 무엇도 재생, 연상, 응용할 수 없기 때문이다.

2. 파이나(Pinar)가 분류한 이론모형

1970년대 들어 교육과정 재개념주의자들이 등장하면서 자신들의 관점을 기존의 교육과정과 구분하기 위해서 교육과정이론을 새롭게 분류하는 시도들이 나타났는데, 가장 대표적인 분류는 파이나(Pinar, 1975)에 의한 것이다. 그는 당시까지의 교육과정이론을 ① 전통주의(traditionalism), ② 개념적 경험주의(conceptual-empiricism), ③ 재개념주의(reconceptualism)의 세 모형으로 구분하였다.

1) 전통주의(traditionalism)

전통주의의 대표적 학자에는 앞서 언급한 보비트(Bobbitt, 1918; 1924: pp. 55~56, p.99 참조), 타일러(Tyler, 1949 : pp.99~101 참조), 타바(Taba, 1962 : p.101~102 참조)인데, 이외에도 스미스와 스탠리 및 쇼레스(Smith, Stanley & Shores, 1957), 세일러와 알렉산더 및 루이스(Saylor, Alexander & Lewis, 1981 : pp.143~144 참조) 등 타일러의 영향을 받은 이론가들이 포함된다.

전통주의는 교육과정이론 자체의 개발보다는 학교와 교실에서 나타나는 실제적 상황에 더 많은 관심을 갖고 실천지향적이며 실제 교육에 도움을 줄 수 있는 교육과정 개발에 보다 중점을 두었다. 그럴 수밖에 없는 것은 타일러 당시의 교육과정 연구가 주로 전직교사들에 의해서 이루어졌기 때문이다.

전통주의자들은 교육과정 개발에 있어 성취지향적이며 탈역사적인 접근을 취했으며, 행동주의 심리학의 영향을 받았다. 또한, 1920년대 당시 미국의 산업분야 경영이론인 '과학적 관리론'(Taylor, 1911: p.55 참조)을 교육과정분야에 도입하여 합리성과 효율성을 강조하는 기술공학적 접근방식을 택했으며, 교육효과를 극대화하기 위한 투입-산출모형을 채택하였다. 여기에서는 교육목적을 행동의 변화에 두고, 겉으로 드러나는 관찰 가능한 행동위주의 교육목표 진술을 무엇보다도 중요시하는데, 이는 학습경험(교육내용)의 선정 및 조직은 물론, 객관적인 평가를 위해서도 매우 중요하다.

2) 개념적 경험주의(conceptual-empiricism)

사회과학이 발달하면서 그것이 교육에 미친 영향력은 점차 증가하였다. 사실 교육에 관한 연구는 사회과학의 연구와 여러 면에서 유사하다. 교육과정분야에서의 개념적 경험주의의 출현과 발달은 이러한 현상의 한 가지 실례라고 볼 수 있다. 교육학은 하나의 독립된 학문이라기보다는 주변의 여러 학문과 관련하여 탐구되어야 한다는 관점이 이 개념적 경험주의자들의 주장에 잘 나타난다. 이들은 사회과학자들이 활용하고 있는 '개념적'이고 '경험적'이라는 용어를 사용하고 있기 때문에 개념적 경험주의라고 불린다.

개념적 경험주의가 갖는 관심은 사회과학의 방법론적 특징인 가설의 설정과 검증에 있는데, 대표적인 연구로는 포스너(Posner, 1982)의 '내용계열화의 원리를 위한 범주화 도식'을 들 수 있으며, 이 논문의 머리말에는 가설형성, 자료수집, 해석 등에 의존하는 사회과학적 관점이 잘 드러나 있다.

개념적 경험주의는 또한 자연과학적인 사고방식에 따라 교육과정을 전개할 것을 주장하며, 자연과학에 기초한 접근방식과 탐구방법을 채택하면서, 경험론적 방법을 교육과정에 적용시키는 데 주력하였다. 따라서 이는 실증적인 과학적 연구에 기초를 두고 개념을 체계적으로 정립시키고 있다. 또한, 교육현상을 설명하는 데 있어서 자연과학적 방법을 그대로 사용하여 수량화하고 법칙(사실)을 찾아 기술하고 설명하며, 예언하고 통제하고자 노력한다.

1957년 옛 소련의 인공위성 스푸트니크(Sputnik) 발사 이후 미국의 교육개혁을 이끈 교육과정이론가들이 바로 개념적 경험주의에 속한다. 교육은 죽은 지식과 잡다한 정보를 전달하는 것이 아니라 과정(process) 자체로 보아야 한다는 것이 그들의 생각이다. 이들은 각각의 학문(교과)에 내재한 고유한 구조가 무엇인지를 밝혀낼 것을 강조한다. 이러한 주장에 기초하여 각 교과의 기본구조인 '지식의 구조'(핵심개념 · 원리 · 법칙)에 대한 발견(탐구)과정을 통하여 학습활동을 전개하도록 돕는 많은 프로젝트들이 개발되었는데, 이러한 입장을 취하는 학자에는 브루너(Bruner, 1960), 슈왑(Schwab, 1971), 월커(Walker, 1971), 뷰챔(Beauchamp, 1981) 등이 포함된다. 이러한 개념적 경험주의의 관점은 전통주의의 견해와 다소 다르기는 하지만, 타일러학파의 전통적인 견해들을 실질적으로 크게 변화시키지는 못했다.

3) 재개념주의(reconceptualism)

1970년대 당시 미국의 교육과정분야에서는 하나의 운동이라고 부를 수 있는 현상이 일어나고 있었는데, 이 운동이 바로 재개념주의 교육과정이론이다. 교육과정 재개념화로 불리는 이 운동은 과거와 현재의 교육과정연구에 대한 반발로서 시작되었다. 즉, 기존의 교육과정이론에 대한 비판적 시각은 1970년대 초부터 나타나기 시작하는데, 여기에서는 교육과정에 대한 접근으로서 전통주의와 개념적 경험주의가 다루는 영역이 너무 제한적이며, 그 탐구방법도 적절하지 않다고 비판하면서, 교육과정에 대한 재개념화가 필요하다는 입장을 취한다. 먼저 이들은 이전의 교육과정 연구에서 무시되었거나 간과되어 온 부분을 들추어내고, 또한 새로운 시각으로 분석하면서 날카로운 비판을 가하는 한편, 매우 다양한 연구방법과 접근방식을 시도하였다. 그리고 이들은 실존주의, 현상학, 정신분석학 등에 기초를 두고 현상학적인 연구방법과 사회비판적인 접근을 취하였다. 이들은 주로 주관적인 질적 연구방법을 사용하였는데, 여기에서는 대안적인 교육과정모형을 개발하기보다는 교육과정 자체를 이해하는 데 중점을 둔다.

특히, 교육과정 재개념주의자들 중에서 교육과정 사회학자라고 불리는 사람들은 학교교육이 일종의 사회적 과정에 속하기 때문에 학교교육이 권력이나 이데올로기와 관련짓지 않고는 존재할 수 없다고 주장하였다. 이들은 학교교육에 대한 다학문적 접근(현상학·해석학 포함)을 시도하는 동시에 사회적·역사적·정치적·도덕적·주관적·맥락적(상황적)·이데올로기적 분석을 통해 그 본질을 밝히고자 노력하였다. 이들은 과거의 교육과정이 개인차나 사회계층 등의 문제를 전혀 고려하지 않았다는 사실을 비판하였다. 특히 지루(Giroux, 1981)는 교실 안에서 이루어지는 삶의 과정 속에서 얽히고설킨 관계를 통하여 문화적 가치, 사회적 관계, 삶의 의미 등이 어떻게 창출되는지를 검토해야 한다고 주장하였다.

재개념주의자들이 전통적 교육과정(넓게 말하면, 전통적 교육)에 대하여 가하고 있는 비판들은 크게 네 가지로 구분되는데, 이는 곧 ① 역사적 비판 : '탈역사성'에 대한 비판, ② 미학적–철학적 비판 : '기초교과(주지교과) 편중'에 대한 비판, ③ 정신분석학적 비판 : '비인간화·소외·정신황폐화'에 대한 비판, ④ 사회적–정치적 비판 : '사회불평등 재생산'에 대한 비판 등으로 명명된다.

(1) 역사적 비판 : '탈역사성' 에 대한 비판

재개념주의자들은 전통적 교육과정모형을 단지 기술공학적 모형으로 규정하면서, 이 모형이 탈역사적인 입장을 취하는 데 대하여 비판을 가함과 동시에, 합의하는 바를 무비판적으로 수용하는 접근방식을 취하는 데 대해서도 부정적인 입장을 취한다. 교육목표를 엄격한 순서에 입각하여 명확하고 단순하게 설정하는 것은 교육목표를 정의하는 과정이 곧 역사적이라는 사실을 간과하는 것이다. 재개념주의자들에 의하면, 교육목표의 설정은 끊임없는 논쟁을 거쳐 과거–현재–미래의 관계 속에서 이루어져야 한다. 지나치게 미래에 초점을 맞추어 교육목표를 설정하는 것은 현재를 모호하게 만들 뿐만 아니라 종종 과거를 잊는 결과를 초래한다고 비판한다. 즉, 미래지향적인 교육목표의 설정에서는 학생들이 생활해 온 과거와 현재를 소홀하게 여기기 때문에 과거-현재-미래의 관계를 제대로 다루지 못한다는 것이다. 전통적인 교육과정모형에서처럼 미래에 성취할 교육목표를 사전에 결정해 놓는 것은 기술공학적 과정에서 발생하는데, 이렇게 되면 교육은 미래의 목표달성에만 치중하므로 종종 과거를 잊는 결과를 초래함으로써 탈역사성을 범하기 쉽다. 따라서 재개념주의자들은 교육목표를 결정하는 것은 마치 과거와 미래를 연결하는 가교를 탐색하는 것과 같은 것이 되어야 한다고 생각한다. 교육목표의 결정은 과거와 미래를 일방적으로 지속시키거나 중단하는 어느 한편에서 이루어지기보다는 균형이 확립되는 수준에서 이루어져야 한다. 그리고 이것은 어디까지나 역사적 흐름 속에서의 사회적 실체를 감안하여야 한다.

이러한 재개념주의자들의 전통적 교육과정이론에 대한 '역사적 비판'(역사적 접근)은 재개념주의 교육과정 탐구의 중요한 부분을 차지하고 있는데, 이러한 비판을 주도하고 있는 학자는 프랭크린(Franklin, 1975), 애플(Apple, 1979), 크리바드(Kliebard, 1986) 등이다.

(2) 미학적-철학적 비판 : '기초교과(주지교과) 편중'에 대한 비판

개념주의자들은 현재 사용되고 있는 교육과정에 관한 개념들이 적절하지 못하다고 비판한다. 전통적인 교육과정연구에서 사용되는 많은 개념들은 인간의 정신세계보다는 기술세계를 다루는 데 초점이 맞추어져 있으므로 교육과정 본연의 의미가 퇴색되어, 결국 교육을 본연의 가치와 의미로부터 이탈되게 하고 있다는 것이다. 이러한 부적절성은 바로 교육이 지나치게 목표지향적이 되게 하며, 학습은 단지 인간의 기번적 속성에만 초점이 맞추어지게 된다. 재개념주의자들은 교수-학습과정이 오로지 심리학적인 용어로만 설명되는 것에 대해서도 비판한다. 이들에 의하면, 전통적인 교수 및 학습 관련용어들이 주로 행동주의 심리학에 뿌리를 두고 있으며, 외형적인 행동변화에 초점이 맞추어져 있는데, 이는 결국 교수-학습이 이루어지는 상황(조건)과 유형만을 설명해 줄 뿐 창의적인 인간으로서나 초월적인 존재로서의 인간을 육성하는 데에는 많은 도움을 주지 못한다.

따라서 재개념주의자들에 의하면, 교수-학습의 과정은 단순히 목표와 방법을 연결하는 기계적이고 공학적인 관계가 아니라, 개인적인 의미의 형성을 통한 보다 미학적이고 실존적인 창조과정이 되어야 한다. 여기에서 '의미'는 이미 주어지는 것을 발견하는 것이 아니라, 개인 스스로 구성하는 것이라는 뜻을 함축하고 있다. 또한, 국가경쟁력 강화라는 차원에서 예외 없이 기초교과(주지교과)에 지나치게 중점을 두면서 음악이나 미술과 같은 예술교과를 소홀히 다루거나 아예 제외시키는 현실을 적극적으로 비판한다. 즉, 이들은 학생들이 소위 주지교과를 모두 배우고 난 다음, 여가를 이용하여 예술교과를 재미로 배운다고 생각하는 풍토를 비판하며, 특히 질적인 사유와 다양한 세계에 대한 인식의 중요성을 역설하면서 학교교육에서의 예술교과의 가치를 적극적으로 인정해야 한다고 주장한다.

이러한 재개념주의자들의 전통적 교육과정이론에 대한 '미학적-철학적 비판'(미학적-철학적 접근)은 교육과정의 탐구에 있어 교육목표 달성 및 학습활동의 전개로부터 질적 교육활동 및 의미 형성으로 관심을 변화시키게 하였는데, 이러한 비판을 주도한 학자로는 휴브너(Huebner, 1967), 맥도날드(MacDonald, 1975), 그린(Greene, 1978) 등을 들 수 있다.

(3) 정신분석학적 비판 : '비인간화·소외·정신황폐화'에 대한 비판

재개념주의자들은 기존 학교교육으로 인한 비인간화현상과 소외현상, 그리고 정신의 황폐화현상을 비판하면서, 학생들이 그로부터 받게 되는 정신병리적인 결과를 신랄하게 지적한다. 학교교육은 학생들을 강압적으로 통제하고 기존의 가치관을 일방적으로 주입시켜 그들을 비인간화시킨다는 것이다. 그리고 전통적인 주지교과중심의 교육활동에 적응해 나가지 못한 학생들은 학교와 학급 및 교사로부터 당연한 인격적 존중과 관심 및 애정을 받지 못하는 서글픈 소외를 겪게 됨으로써 결국 인격적 상실과 파괴를 경험하게 된다는 것이다. 전통적인 교육과정체제에 의한 교육을 받게 되면 졸업장과 자격증과 같은 스펙(spec : 이는 '설명서' 또는 '명세서'라는 의미의 specification이라는 단어를 축약하여 표현한 것으로, 자본주의사회나 직장에서 지나치게 요구하는 소위 '개인의 능력을 객관적·수량적으로 증명할 수 있는 평가지수'를 지칭함)은 얻게 되지만 비인간화·소외·정신의 황폐화를 겪게 되며, 학식은 쌓지만 인간성은 조각나게 된다.

이러한 재개념주의자들의 전통적인 교육과정이론에 대한 '정신분석학적 비판'(정신분석학적 접근)은 인본주의 교육학자와 급진적인 비판론자들의 주장과 맥을 같이 하는데, 이러한 비판으로 인하여 교육과정의 탐구관심을 학습결과나 학업성취에만 두는 경향에서 벗어나게 되었다. 이러한 입장을 대변하는 학자는 파이나(Pinar, 1975), 그루멧(Grumet, 1980) 등이다.

(4) 사회적-정치적 비판 : '사회불평등 재생산'에 대한 비판

재개념주의자들은 기존의 학교교육이 불평등하고 정의롭지 못한 현재의 사회체제를 정당화(사회불평등 재생산)하는 데 기여하고 있다고 비판한다. 불평등하고 정의롭지 못한 사회체제를 정당화하는 학교교육은 특정 교육과정(지배계층이나 상류계층에 적합한 교육과정)을 통하여 은연중에 이루어지는 경우가 대부분인데, 이러한 과정을 통하여 대부분의 학생들은 결국 자신의 요구나 바람과 무관한 가치관이나 지식을 무비판적으로 받아들이게 된다고 단정하면서, 특히 기존의 교육과정을 '문화적 재생산의 도구'라고 비판한다. 그런데 이러한 현상은 비단 교육과정 때문만은 아니며, 심지어는 시험방법에 의해서도 이루어지는데, 이는 바로 지배계층(기득권자들)의 이해관계 때문에 일어난다.

이러한 재개념주의자들의 전통적인 교육과정이론에 대한 '사회적-정치적 비판'(사회적-정치적 접근)은 신마르크스주의(갈등이론)에 의한 비판에 이론적 기반을 두고 있는데, 이는 앞에서 언급한 세 가지 비판보다 더 광범위하고 훨씬 강하게 이루어지고 있는 것이 특징이다. 이러한 비판에서는 교육과정의 사회적-정치적 성격을 파헤치고, 그 기능을 탐구하는 것이 특징이다. 이는 교육과정이론가들의 관점을 교육과정계획에 관한 종래의 미시적 접근으로부터 교육과정과 이데올로기의 관계성이라는 거시적 접근으로 확장시키는 데 결정적인 영향을 미쳤다. 그리고 거시적 관점에서 교육과정이 개발과정과 실제에 관련된 사회적-정치적 의미를 탐색하는 데 관심을 갖게 하였다. 이러한 비판을 주도하는 학자는 애플(Apple, 1979)과 지루(Giroux, 1981) 등이다.

3. 슈버트(Schubert)가 분류한 이론모형

파이나(Pinar, 1975)가 교육과정의 이론모형을 세 범주(전통주의, 개념적 경험주의, 재개념주의)로 분류한 것처럼, 슈버트(Schubert, 1986)는 하버마스

(Habermas)의 비판이론을 토대로 교육과정 이론모형을 ① 경험·분석적 패러다임, ② 해석학적 패러다임, ③ 비판적 패러다임의 세 범주로 분류하였다.

비판이론의 대표적인 학자인 하버마스가 자신의 저서 『지식과 인간의 관심』(Knowledge and Human Interest, 1971)에서 논의한 '실증주의', '해석학', '비판이론'의 관점을 살펴보면 다음과 같다.

첫째, 하버마스는 '실증주의'(과학주의, 경험주의)에 대하여 부정적인 입장을 취하면서, 그 한계점을 지적하였다. 그는 실증주의가 삶의 목적보다는 오히려 수단에 주의를 기울이며, 그 관심사는 예언과 통제에 있다고 주장하였다. 과학주의가 자연계를 물화(物化)하고 그 법칙을 발견하거나 탐구하여, 결국 그것을 지배하는 것과 마찬가지로, 실증주의 또한 사회를 보다 효과적으로 예언·통제하기 위해서 사회를 물화하고 인간행위에 관한 보편적인 법칙을 탐구하는 데 집중한다는 것이다. 실증주의에 대한 이와 같은 하버마스의 비판은 바로 과학적 지식이 객관적이고 우월하다는 견해의 근거를 무너뜨리는 결과를 가져왔다.

둘째, 하버마스는 '해석학'에 대해서도 부정적인 입장을 취하면서, 그 한계점을 지적하였다. 해석학은 인간의 상호작용에 대한 이해와 설명을 다루는데, 여기에서는 글로 쓰인 언어이든, 말로 표현된 언어이든 간에 언어에 대한 해석에 중점을 둔다. 그는 언어란 결국 사회적 과정에 의존할 수밖에 없으며, 권력을 합리화·정당화시키는 데 잘못 이용되기도 하고, 권력이 조직적으로 의사소통을 왜곡시키기도 한다고 주장하면서, 해석학의 한계점을 지적하고 그 기능에 대하여 비판적인 입장을 취하였다.

셋째, 하버마스는 '실증주의'와 '해석학'에 대한 비판을 바탕으로 제3의 사회적 사고방식인 '비판이론'을 도출하였는데, 여기에서의 비판의 대상은 현대사회의 문제들, 예컨대 사회적 기형·불평등·갈등·부정의 등을 비판의 대상으로 삼으며, 비판의 목적은 이를 개선·해결하는 데 두고, 사회문제들의 근본적인 원인은 개인에게 있다기보다는 불합리하고 불공정한 사회체제로부터 기인한다고 전제한다. 그럼에도 불구하고 역설적이긴 하지만, 비판이론은 사회체제가 변화해도 인간이 변화하지 않으면 사회는 근본적으로 달라질 수 없다고 전제하면서, '새로운 인간'으로의 변화를 요구한다. 즉, 비판이론은 개인들이 철두철미한 사회적 존재로 변화되어야만 이 사회문제들에 대하여 많은 관심을 가지며, 그 해결방안들을 적극적으로 강구함으로써 결국 사회의 발전에 기여할 수 있기 때문이다.

비판이론의 관점에서 보면, 기존의 학교는 개인으로 하여금 인간다운 삶을 영위하도록 도와주기보다는 오히려 개인의 의식구조, 가치관, 태도 등을 왜곡하고 속박하는 역할을 수행하고 있어 학교교육은 인간다운 삶을 왜곡하는 메커니즘으로 작용하고 있다. 따라서 비판이론에서는 합리적 행위의 구사와 자기반성 및 자기결정과정에 작용하는 '이성' 그 자체의 필요성과 역할에 대하여 관심을 집중한다.

그런데 하버마스가 강조하는 '이성'은 각 개인들이 여러 목소리를 내면서도 통일된 하나로서의 이성이다. 그는 지나친 이성중심주의를 비판하면서, 포스트모더니즘과는 달리 철학적·정치적 계몽이 계속되어야 한다고 주장하였다. 그러므로 그가 강조하는 이성은 바로 '의사소통적 이성'이라고 볼 수 있는데, 이는 개인들이 서로의 주장을 듣고 논증함으로써 '나'와 '너' 사이의 의견 차이를 좁혀 사회문제와 갈등을 해결하려는 이성이며, 이것은 곧 행위이므로 '의사소통행위'인 것이다. 따라서 그는 이러한 이성을 토대로 사회구성원들이 강제 없는 자유로운 토론과 대화에 의한 사회적 합의가 형성되는 상황이 조성되어야 한다고 주장하면서, 이를 '이상적 담화상황'(ISS : Ideal Speech Situation)이라고 명명하고, 이때 형성되는 합의는 바로 '진리'가 된다고 주장하였다.

개인들은 '이성'에 의한 자기성찰과 의사소통(대화)을 통해 사회의 왜곡과 기형을 인식하고 폭로하며, 제거할 수 있다고 주장하는 비판이론은 인간해방적인 성격을 갖는다. 즉, 비판이론은 인간해방을 추구하는데, 이를 위해서 권력과 권위 그리고 자유의 본질과 한계에 관하여 탐구함으로써 개인으로 하여금 어떻게 하면 보다 많은 자율성을 확보할 수 있을 것인가에 대한 통찰력을 갖도록 도와준다. 비판이론은 비단 사회구성원들을 계몽하는 것만이 아니라 그 결과로서 인간을 실질적으로 해방시키는 데까지 관심을 갖는다.

이처럼 비판이론은 인간해방의 실질적인 실현을 지향하기 때문에 그 실천을 위한 접근으로서 이론–실제, 수단–목적, 사고–행위, 사실–가치, 이성–감성 등의 통합체 형성에도 기여하고 있다.

ONLINE RESOURCES

'비판이론 교육사상'에 관하여 자세하게 논의한 자료가 필요할 경우 저자가 운영하는 웹사이트(welfare5.com)의 Online Resources 게시판을 통하여 다운을 받기 바랍니다('교육과정론'의 Online Resources 03 자료).

하버마스의 논의를 바탕으로 슈버트가 분류한 교육과정 이론모형으로서 ① 경험·분석적 패러다임, ② 해석학적 패러다임, ③ 비판적 패러다임에 관하여 논의하면 다음과 같다.

1) 경험 · 분석적 패러다임

경험·분석적 패러다임은 파이나(Pinar, 1975)가 분류한 기준에 따르면 보비트(Bobbitt)와 타일러(Tyler)로 대표되는 '전통주의'와 유사한데, 여기에서 인간은 자신이 가진 이성과 합리성을 바탕으로 의사결정을 하고 행동하는 합리적인 존재로서, 합리적 과정을 통하여 교육과정 개발과 운영에 관한 합리적인 결정을 내릴 수 있다고 전제된다. 경험·분석적 패러다임은 이론적 근거를 행동주의와 테일러(Taylor, 1911)의 과학적 관리론에 두면서, 기술공학적인 접근에 의해 전체 교육과정이 설계되고 운영되는 과정에서의 합리성과 효율성을 높이는 데 최대의 관심을 갖는다.

경험·분석적 패러다임에서는 교육효과를 극대화하기 위한 투입–산출모형에 근거하여 학교와 교실의 실제 상황에 관심을 갖고 실천적이며 실제 교육에 도움을 줄 수 있는 교육과정 개발과 실천에 역점을 두기에 이러한 접근은 현장개선지향적이고 가치중립적이며, 탈역사적·객관적·과학적·실증적·기술공학적인 성격을 갖는다. 여기에서는 교육과정의 궁극적인 목적을 행동의 변화에 두기 때문에 교육목표 설정, 교육내용 선정 및 조직, 교수-학습활동 전개, 학습결과 평가 등의 순서로 이루어지는 교육과정 개발·운영체제의 합리성과 효율성을 제고하는 데 중점을 두며, 가치중립적인 입장을 취하기 때문에 그 접근에 있어 가치판단을 유보하는 경우가 많다.

경험·분석적 패러다임을 취하는 교육과정이론의 대표적인 학자로는 보비트(Bobbitt, 1918; 1924)와 타일러(Tyler, 1949; 1958) 및 타바(Taba, 1962) 등을 들 수 있다.

2) 해석학적 패러다임

해석학적 패러다임은 진보주의 교육운동에 그 근원을 두고 있는 것으로, 교육과정의 본질을 탐구하는 데 있어 역사적·철학적·정치적·주관적 관점을 지향한다. 따라서 사회관계망 속에서의 인간의 존엄과 삶의 의미를 새롭게 규명하고 해석하는 데 주된 관심을 갖는데, 여기에서 교육과정이란 단순히 목표와 방법을 연결하는 기술공학적인 활동이 아니라, 개인적인 의미의 형성을 돕는 보다 실존적이고 창조적인 활동으로 규정된다. 해석학적 패러다임은 교육현장에서 실제적으로 이루어지고 있는 상호작용의 관련요인들을 밝히는 데 많은 관심을 갖는다. 즉, 교육현장에서 일어나는 활동들을 생생하게 역동적으로 파악하고, 각각의 상황에 적합한 방법을 탐구하여 최적의 해결을 시도하는 데 중점을 둔다.

해석학적 패러다임은 교육과정을 개발하는 데 있어 누가 참여하고, 어떤 접근과 절차를 거쳐야 하는지, 그 과정에 영향을 미치는 요인들은 무엇이고, 그리고 각 요인들 간의 이해관계나 갈등을 어떻게 조정할 것인가 등에 많은 관심을 갖는다. 이러한 접근을 취하는 대표적인 학자로는 슈왑(Schwab, 1971)과 그린(Greene, 1978) 등을 들 수 있는데, 특히 그린은 실존적 사고를 교육과정 탐구에 적용하였다.

3) 비판적 패러다임

비판적 패러다임(자아반성적 접근, 자아각성적 접근)은 현상학, 실존주의, 신마르크스주의, 재개념주의 등에 이론적 토대를 두면서, 특히 비판이론의 관점을 지향한다. 여기에서는 개개인으로 하여금 자기책임을 통감하면서, 진정한 삶의 의미와 가치를 깨닫게 하는 인간해방지향적 접근을 취함으로써 '해석학적 패러다임'을 넘어 자기각성을 통하여 사회경제적 계층과 이데올로기에 의해 부과된 불합리한 제약 등을 극복(초월)하고, 자신을 성찰(반성)함으로써 진정한 본연의 삶의 의미와 가치를 더욱 높여갈 수 있는 능력을 부여하는 교육과정이야말로 진정한 의미를 갖는다고 역설한다.

이러한 입장을 취하는 학자들은 자아반성적인(자아각성적인) 인간해방이라는 궁극적인 목적을 지향하며, 인간을 자유롭게 할 수 있는 교육과정 개발에 역점을 둔다. 대표자는 일리치(Illich, 1970), 라이머(Reimer, 1971), 프레이리(Freire, 1973)이다.

지금까지의 논의를 바탕으로 '경험·분석적 패러다임'과 '해석학적 패러다임' 및 '비판적 패러다임'의 주된 관심과 특징 및 대표자를 정리하여 제시하면 <표 2-1>과 같다.

| 표 2-1 | 경험 · 분석적 패러다임과 해석학적 패러다임 및 비판적 패러다임 비교

비 교	경험·분석적 패러다임	해석학적 패러다임	비판적 패러다임
관 심	합리성과 효율성	인간 간의 상호작용	개인의 가치와 의미
특 징	•'기술공학적 접근'을 취함 •'행동주의'와 '과학적 관리론'에 이론적 토대를 두고, 교육효과를 극대화하기 위한 투입-산출 모형에 중점을 둠 •교육의 궁극적인 목적을 행동의 변화에 둠 •경험적으로 검증가능한 법칙과 같은 명제를 중시함 •객관화시킬 수 있는 지식을 중시함 •통제와 확실성의 원리를 강조함 •사회실재를 있는 그대로 수용함 •교육과정 개발·운영에 있어 현장개선지향적이고 가치중립적이며, 탈역사적·객관적·과학적·기술공학적인 입장을 취함	•'해석학적 접근'을 취함 •사회관계망 속에서의 인간의 존엄과 삶의 의미를 규명·해석하는 데 중점을 둠 •인간 간의 이해와 의사소통의 상호작용을 강조함 •인간을 지식의 능동적 창출자로 간주함 •일상생활관계 속에 내재되어 있는 가정과 의미를 탐색함 •지식은 역사적·정치적·사회적 맥락에서 공유되고 주관적으로 구성되는 것으로 간주함 •언어의 명료한 사용과 구사를 통한 의미전달을 중시함 •교육과정은 단순히 목표와 방법을 연결하는 기술공학적인 활동이 아니라, 개인적인 의미의 형성을 돕는 보다 창조적인 활동이라고 간주함 •교육과정 탐구에 있어 역사적·철학적·정치적·주관적 관점을 지향함	•'자기성찰적 접근'을 취함 •이데올로기에 대한 합리적인 비판과 인간해방 실천의 필요성을 강조함 •개인에 대한 억압과 지배를 반대함 •개인들에게 부과된 불합리한 제약을 초월(극복)할 수 있는 능력 부여에 중점을 둠 •자아각성적인 인간해방이라는 궁극적인 목적을 지향함 •허위의식에 대한 감수성을 중시하며, 이를 극명하게 들추어내야 한다고 역설함 •왜곡된 개념과 부당한 가치를 문제로서 부각시킴 •교육과정에 대한 현상학적·실존주의적·사회비판적·인간해방지향적 접근을 취함 •교육과정은 자기각성과 성찰을 통하여 불합리한 제약을 극복하고, 진정한 본연의 삶의 의미와 가치를 깨닫는 능력을 갖도록 돕는 것이 본연의 임무임
대표자	•보비트(Bobbitt, 1918; 1924) •타일러(Tyler, 1949; 1958) •타바(Taba, 1962)	•슈왑(Schwab, 1971) •그린(Greene, 1978)	•일리치(Illich, 1970) •라이머(Reimer, 1971) •프레이리(Freire, 1973)

4. 아이즈너(Eisner) 등이 분류한 이론모형

아이즈너(Eisner) 등(1974)은 교육과정의 유형을 분류하는 데 있어 크게 두 가지 방법을 제시하였다. 하나는 구성상의 이론적인 배경을 중심으로 분류하는 방법이고, 다른 하나는 실제로 그것이 어떻게 교육현장에서 구체화되어 나타나고 있는지의 실제적인 실행사태를 중심으로 분류하는 방법이다.

이 중 구성상의 이론적인 배경을 중심으로 교육과정이론을 분류하면 ① 학문적 합리주의 교육과정(교과중심 교육과정), ② 인지개발에 중점을 두는 교육과정(학문중심 교육과정), ③ 개인적 적절성을 강조하는 교육과정(인본주의 교육과정), ④ 사회적응과 개조를 강조하는 교육과정(재건주의 교육과정), ⑤ 공학으로서의 교육과정(기술로서의 교육과정) 등의 다섯 가지로 분류할 수 있다.

이는 맥나일(McNeil, 1965)이 교육과정을 교과중심 교육과정, 인본주의 교육과정, 재건주의 교육과정, 공학으로서의 교육과정으로 구분한 분류체계에 아이즈너가 제안한 '인지개발에 중점을 두는 교육과정'을 더하여 분류한 것이다. 이후 아이즈너(Eisner, 1994a)는 특히 인지와 교육과정의 관련성에 관하여 보다 심도 있는 논의를 전개하였다.

1) 학문적 합리주의 교육과정

학문적 합리주의(academic rationalism; 합리적 이성주의) 교육과정(교과중심 교육과정)은 교육과정이론 중에서 가장 오래되고 가장 기초적인 교육과정 유형이다. 여기에서의 학교교육의 중요한 기능은 공부할 만한 가치가 있는 교과를 가르쳐서 학습자들의 지적 능력을 개발하는 데 있다. 학교교육은 사회적 요구나 개인적 감정에 초점을 맞추어서는 안 된다. 학교가 사회나 개인의 요구에 맞추어서 사회적응의 문제에 관심을 두게 되면 학습자는 학문에 대한 연구를 통하여 지적 능력을 연마하는 기회를 갖지 못하기 때문이다.

학문적 합리주의 교육과정에 관한 관점은 허친스(Hutchins, 1936)가 대표적이다. 그는 인문교육(교양교육)에 중점을 두어야 한다고 수상하면서, 인문교육은 바로 자유교과(liberal arts; 인문교과)에 대한 훈련과 인간에게 활력을 불어넣었던 위대한 사상에 대한 이해에 중점을 두는 것으로, 스스로 생각할 수 있는 능력, 즉 이성의 계발에 목표를 두어야 한다고 주장하였다. 학문적 합리주의자들은 이성을 계발하는 적절한 교육방법은 토의, 분석·비교를 통한 변증법적 토론, 고전의 탐독 등이라고 주장한다. 특히, 허친스 등은 144권의 고전(Great Books)을 선정하여 이것을 1년에 16권씩 9년에 걸쳐 완독할 것을 학생들에게 권장하였다.

이러한 학문적 합리주의 교육과정의 관점은 허친스 이외에도 앞에서 논의한 피닉스(Phenix, 1964), 피터스와 허스트(Peters & Hirst, 1970), 브로우디(Broudy, 1972) 등에 의해서도 부각되었다.

2) 인지개발에 중점을 두는 교육과정

인지개발(development of cognition)에 중점을 두는 교육과정(학문중심 교육과정)은 학습자의 인지적 과정을 발달시키는 데 초점을 둔다. 이에 따르면 학교의 중요한 기능은 첫째, 학습하는 방법을 학습하도록 도와주는 것이고, 둘째, 학생들이 지니고 있는 다양한 지적 기능을 활용하고 신장시킬 수 있는 기회를 제공하는 것이다. 학교는 단순히 지식을 전달하여 정보를 습득하는 데 치중해서는 안 된다. 지식이 폭발적으로 증가하고 변화해 가는 오늘날과 같은 세상에서는 단순히 지식만을 전달하기보다는 항상 새롭게 변화하는 상황에서 발생하는 문제들을 처리하고 해결할 수 있는 인지적 능력을 개발시켜야 한다. 따라서 교육과정은 가르칠 내용보다는 인지적 과정에 초점을 두어야 하고, 학습지도방법은 지식을 단순히 전달하는 것이 아니라, 학생들로 하여금 발견(탐구)하는 방법을 학습하도록 돕는 것이어야 한다.

이러한 인지개발에 중점을 둔 대표적인 교육과정이론은 '발견학습법'을 제안한 브루너(Bruner, 1960)의 학문중심 교육과정이론이다.

3) 개인적 적절성을 강조하는 교육과정

개인적 적절성(personal relevance; 개인적 타당성)을 강조하는 교육과정(인간중심 교육과정)은 개인적인 의미의 중요성을 강조한다. 학교의 주요임무는 개인적 의미와 가치를 높일 수 있는 교육과정을 개발하여 실행하는 것이다. 인간은 태어날 때부터 주변과의 끊임없는 능동적 상호작용을 통하여 자신을 계발해 나간다. 그러므로 학교나 교사는 그들이 계속적인 성장과 발달을 이어나갈 수 있도록 돕는 풍부한 자료들을 제공해 주어야 한다.

개인적 적절성을 강조하는 교육과정은 학생 개개인을 고려하지 않는 전통적인 교육과정에 대한 대안으로 제기되었다. 전통적인 교육과정은 누구에게나 교육적으로 가치 있을 것이라고 판단되는 내용을 선정하여 그것을 가르치는 데 중점을 두는데, 이는 교육적으로 두 가지 좋지 않은 결과를 가져왔다. 첫째, 그것은 학생과 실질적인 관련성이 없다는 것이고, 둘째, 그것은 개개의 학생들에게 중요한 의미를 갖는 학습기회를 충분히 제공하지 못하기 때문에 학생 개개인의 특성을 개발하는 데 실패한다는 것이다.

개인적 적절성을 강조하는 교육과정을 대표하는 학자는 인간중심 교육과정 이론가인 닐(Neill, 1960)과 홀트(Holt, 1976) 등인데, 이들은 학생 각자에게 적절한 교육프로그램을 제공해야 한다고 주장한다.

4) 사회적응과 개조를 강조하는 교육과정

사회적응과 개조(social adaptation and social reconstruction)를 강조하는 교육과정(재건주의 교육과정)은 사회에 대한 분석을 통하여 교육과정의 목적과 내용을 설정하고자 한다. 이러한 교육과정이론가들에 의하면, 학교는 본질적으로 사회의 이익을 위하여 존재한다. 이러한 유형에 속하는 교육과정은 크게 두 가지로 구분할 수 있다.

첫째는, 사회가 가장 필요로 하는 것을 찾아내어 그것을 중심으로 교육과정을 구성해야 한다는 '사회적응적 교육과정'인데, 이는 보수적인 성격이 강하며 학교의 역할은 현상을 유지하는 것으로 간주한다.

둘째는, 교육과정을 사회개조의 도구로 여기는 '사회개조적 교육과정'인데, 이러한 교육과정의 목적은 사회적응이 아니라 사회문제를 파악하고 이를 개선하는 것이다. 따라서 사회개혁을 강조하는 교육과정에서는 현재의 사회를 보다 나은 사회로 건설하고자 노력한다.

사회적응적 교육과정과 사회개조적 교육과정은 학교가 사회에 기여하고자 하는 방향에서는 차이가 있지만, 교육과정을 설정하는 데 기준을 사회에 둔다는 점에서는 공통적이다. 이러한 교육과정을 대표하는 학자에는 듀이(Dewey, 1902; 1938), 브라멜드(Brameld, 1956) 등이 포함된다.

5) 공학으로서의 교육과정

공학으로서의 교육과정(curriculum as technology : 기술로서의 교육과정)

은 앞의 것들이 규범적인 것과는 달리, 교육과정의 구성이 본질적으로 공학적인 기술을 토대로 이루어지는 것으로 간주한다. 즉, 일단 교육목표가 설정되면 그 목표를 효과적으로 달성하기 위해서 어떤 수단을 강구해야 하는가의 문제를 다룬다. 이러한 교육과정이론에서는 먼저 목표 자체의 설정도 중요시하지만, 이를 관찰 및 측정 가능한 행위동사를 활용하여 진술(표현)하는 것이 중요하다. 이어, 목표가 설정·진술된 다음에는 그 달성에 필요한 교육내용의 선정 및 조직이 이루어져야 하고, 교육내용의 전개와 학습결과의 평가에 관한 결정도 뒤따라야 한다.

이러한 교육과정을 대표하는 학자에는 보비트(Bobbitt, 1918; 1924), 타일러(Tyler, 1949; 1958), 타바(Taba, 1962) 등이 포함되는데, 이들은 교육목표를 달성하기 위한 가장 효과적인 수단을 강구하는 데 많은 관심을 기울인다.

5. 크리바드(Kliebard)가 분류한 이론모형

크리바드(Kliebard, 1986)는 교육과정의 목적에 있어 그 주안점을 어디에 두느냐에 따라 ① 인문주의적 관점, ② 사회적 효율성을 추구하는 관점, ③ 아동중심주의적 관점, ④ 사회개혁적 관점으로 구분될 수 있다고 주장하였다.

1) 인문주의적 관점

교육과정에 대한 '인문주의적 관점'은 과거의 전통적인 인문교과중심 교육과정을 지지하는 입장으로, 교육과정에 있어 인문학적 지식과 전통적 가치 및 문화의 전수를 강조하는 관점인데, 이는 특히 19세기에 주도적인 역할을 하였다. 인문주의자들(humanists)은 학생들에게 전통적인 인문교과를 가르쳐야 한다고 주장하였는데, 이의 대표적인 인물은 19세기의 페스탈로치(Pestalozzi), 프뢰벨(Fröbel), 헤르바르트(Herbart) 등의 전통적 인문주의자이며, 또한 1896년 35세의 나이로 하버드 대학의 총장으로 선출되어 40년간 그 직을 훌륭하게 수행한 엘리어트(Eliot)이다. 인문교과중심의 교육과정은 그 당시 진보주의 교육철학의 영향으로 많은 변화를 겪으면서도 여전히 중요한 교육과정으로 채택되었으며, 지금까지도 중요한 교육과정으로 인정되고 있다. 즉, 현재의 학교교육과정을 살펴보면 여전히 인문교과들이 많은 부분을 차지하고 있음을 확인할 수 있다.

2) 사회적 효율성을 추구하는 관점

사회적 효율성을 추구하는 관점은 교육목적을 '사회의 요구를 반영하여 성인생활을 준비시키는 것'에 둔 보비트(Bobbitt, 1918; 1924)가 그 대표자인데, 이는 20세기 초반부터 약 20여 년 동안 강조되었다. 이러한 관점은 학교가 사회적 효율성(능률성)을 교육과정에 그대로 적용하여 산업사회에서 필요로 하는 성인을 준비시킴으로써 사회적 효율성을 추구해야 한다는 입장이다. 20세기 초 산업이 발달하면서 합리성과 효율성을 강조하는 테일러(Taylor, 1911)의 '과학적 관리론'(Scientific Management Theory)이 채택되었는데, 이는 산업자본주의가 전개됨에 따라 일어난 일련의 공장생산과정과 기업경영의 과학화 내지 기술화 운동이라고 할 수 있다. 테일러는 작업의 기본요소를 찾아내어 근로자들에게 작업방법의 선택을 맡기는 대신에 기획이라는 관리기능을 통하여 작업을 확인·결정하고, 업무구분을 명확히 하여 특히 효율성(능률성)을 제고시키는 것 등을 기본원리로 과학적 관리운동을 전개하였다.

보비트는 이러한 시대적 분위기를 민감하게 포착하여 효율성을 강조하는 과학적 관리론의 관점을 그대로 교육과정에 적용하여 '교육과정의 과학적 운동'에 반영하였다. 그는 과거의 교육학자들이 철학과 심리학에만 의존하여 교육과정을 연구하였던 것을 비판하면서, 이와는 전혀 다른 새로운 방식으로 교육과정을 연구할 것을 제안하였다. 즉, 그는 기술공학적인 접근방법으로 교육과정 연구를 시도하였다. '효율성'을 강조하는 보비트는 특히 성인의 생활을 직접적으로 조사·분석하여, 모든 사람들의 공동관심사인 '항상적 생활사태'를 토대로 교육과정의 내용을 결정하는 '활동분석중심의 교육과정'을 제안하였다.

보비트는 교육과정의 개발은 다음과 같은 5단계를 거쳐 이루어져야 한다고 주장하였다. ① 성인생활을 검토하고, 이를 10가지 영역(언어활동·건강활동·시민활동·사교활동·여가활동·지적 활동·종교활동·결혼과 자녀교육의 양친활동·비전문적 또는 비직업적인 실제적 활동·직업활동)으로 구분한다(p.99 참조). 각각의 영역에 걸친 활동은 현재의 학생이 장차 성인이 되었을 때 종사해야 할 활동이기 때문에 교육을 통해 미리 준비시켜야 한다는 것이다. ② 직무분석을 실시해야 하는데, 앞 단계에서 구분한 각 영역에서 구체적으로 어떤 일(직무)을 수행해야 하는지를 분석한다. ③ 직무분석을 통해 얻은 자료로부터 교육목표들을 추출하는데, 여기에서는 특정 활동을 수행하는 데 필요한 능력들을 진술한 것으로부터 교육목표들을 도출하게 된다. ④ 추출된 교육목표들로부터 적절한 교육목표를 선택해야 하는데, 여기에서는 교육목표들의 목록으로부터 학생의 활동을 계획하는 데 유용한 교육목표를 선택해야 한다. ⑤ 세부계획을 수립하는데, 여기에서는 교육목표를 성취하는 데 필요한 구체적인 활동이나 경험 및 기회의 유형들을 결정해야 한다.

3) 아동중심주의적 관점

아동중심주의적 관점은 교육과정에 있어 아동의 발달과 요구를 강조하는 홀(Hall, 1907) 등 아동중심주의자들에 의해 주장된 관점으로, 주로 1920년대에 그 위력이 대단하였는데, 이는 아동연구에 기초하여 아동중심 교육과정(학습자중심 교육과정)을 구성해야 한다고 주장하는 입장이다. 이러한 관점은 20세기 초에 이루어진 교육과정의 개발과 연구에 가장 많은 영향을 미쳤는데, 아동중심주의자들은 지식중심이 아닌 학습자중심의 교육과정을 채택해야 한다고 주장하였다.

먼저, 아동중심주의적 교육과정에 가장 많은 영향을 미친 것은 진보주의 교육철학이라고 할 수 있는데, 이는 17세기 코메니우스(Comenius)로부터 시작하여 18세기 루소(Rousseau), 19세기 페스탈로치(Pestalozzi)와 프뢰벨(Fröbel) 및 헤르바르트(Herbart) 등으로 이어진 아동중심주의의 영향을 받았으며, 실용주의 철학에 기초를 둔 듀이(Dewey)의 진보주의 교육철학으로부터 결정적인 영향을 받았다고 할 수 있다.

또한, 아동중심주의적 교육과정은 그 당시 새롭게 이루어지기 시작한 아동연구(아동발달에 관한 연구)로부터도 영향을 받았는데, 그 대표적인 학자 홀(Hall)은 아동의 자연스러운 발달순서에 따라 교육과정을 결정할 것을 주장하였는데, 교육은 아동을 학교에 적응시키는 것이 아니라 오히려 그 반대로 학교가 아동에 맞추어야 하며, 아동의 요구와 흥미에 따라 교육과정을 결정해야 한다고 주장하였다.

4) 사회개혁적 관점

교육과정에 대한 '사회개혁적 관점'(사회개조적 관점)은 학교가 사회개혁을 주도할 수 있어야 한다는 점을 강조하는 입장으로, 이는 교육과정에 있어 학생들에게 사회정의와 평등에 대한 비전을 심어주고 사회를 개선시키려는 카운츠(Counts, 1934), 러그(Rugg, 1947), 브라멜드(Brameld, 1956) 등의 재건주의(개조주의) 교육사상가들에 의해 주도되었고, 1930년대에 미국 교육을 주도하였다. 그 당시 미국 사회는 인종차별, 사회계층 간의 갈등, 빈곤, 실업 문제 등의 사회적 문제들을 안고 있었으나, 당시 교육을 지배하고 있던 진보주의 교육철학은 이러한 문제에는 관심을 두지 않았다. 이러한 관점에서 카운츠와 러그 등 사회개혁주의자들(meliorists)은 사회문제에 관심을 갖고 사회개혁적 관점의 교육과정을 제안하였다. 특히, 러그는 학교교육이 사회의 실제적 문제를 해결하는 방향으로 교육과정을 조직하여 사회정의의 실현에 기여해야 한다고 주장하면서, 보비트(Bobbitt, 1918)의 사회적 효율성을 추구하는 교육과정은 사회의 현상유지에만 관심을 갖는다고 비판하였다. 그는 성인의 생활영역을 중심으로 하는 교육과정 대신에 현재 사회의 문제와 사회과학적 지식을 기초로 새로운 교육과정을 개발해야 한다고 주장하였다.

03 CHAPTER 교육과정의 유형

1. 교과중심 교육과정
2. 경험중심 교육과정
3. 중핵 교육과정
4. 학문중심 교육과정
5. 인간중심 교육과정
6. 영 교육과정
7. 표면적 교육과정과 잠재적 교육과정

학교가 출현한 고대 이래 그곳에서 가르치는 교육내용의 종류와 형태는 시대의 흐름에 따라 계속 변화 · 발달되어 왔다. 즉, 고대 그리스와 로마를 거쳐 중세시대에 이르기까지는 7자유학과(3학 : 문법 · 수사학 · 논리학, 4과 : 산수 · 기하 · 천문 · 음악)가 교육내용의 주축을 이루었고, 이어 르네상스시대에는 인문주의(humanism)와 합리주의(rationalism)에 토대를 둔 인문교과중심의 교육내용이 중시되었다. 그리고 17세기부터는 실학주의와 경험주의의 태동에 의해 실제적이고 실용적인 교과, 예컨대 자연과학 · 상업 · 외국어 · 역사 · 정치 · 법률 등 실생활에 필요한 교육내용이 강조되었으며, 19세기 말부터는 '교육과정' (curriculum)이라는 용어로 그에 대한 탐구가 본격적으로 이루어져 그에 관한 이론체계와 모형 및 갖가지 유형들이 많이 출현하였고, 아울러 이들의 학교현장 적용에 관한 노력이 강구되어 왔다.

학교교육의 핵심을 차지하는 '교육과정'의 유형(형태)을 20세기 초부터의 태동순서에 따라 나열하면 ① 교과중심 교육과정, ② 경험중심 교육과정, ③ 중핵 교육과정, ④ 학문중심 교육과정, ⑤ 인간중심 교육과정이다. 이들은 학교현장에 적용되면서 양질의 교육실천이라는 목적 아래 개인과 사회발전에 기여하면서도, 때에 따라 그 제한점이나 부작용에 의해 여러 문제점을 유발시키기도 하였다. 본 장에서는 이러한 교육과정의 유형들을 차례대로 논의해 보기로 한다.

한편, 교육과정에 관한 탐구가 더 심오해짐에 따라 새로운 교육과정의 형태에 대한 상정과 그 중요성에 대한 논의가 활발해지게 되었는데, 이러한 결과로 출현된 교육과정의 대표적인 유형이 바로 '영 교육과정', '표면적 교육과정과 잠재적 교육과정'이다. 따라서 여기에서는 이들에 대한 논의도 덧붙이기로 한다.

1. 교과중심 교육과정

1) 의 미

교과중심 교육과정은 교과의 내용체계를 존중하는 것으로, 학교와 교사의 지도 하에서 학생이 각 교과에 의해 배워나가는 일련의 내용체계를 말한다. 여기에서 교과란 역사의 흐름에 의해 누적된 문화유산 중에서 학생의 발달단계에 맞추어 취사선택한 내용체계(주로 지식체계)를 말한다.

이는 학교가 가르칠 지식과 정의(情意) 및 기능 등의 내용들을 하나의 단위(교과)로 범주화해 놓은 묶음을 지칭하는 것으로서, 오늘날 학교교육활동의 기본단위인 현대적인 통합적 의미의 '교과', 즉 넓은 의미의 교과와는 확연히 구별된다.

교과중심 교육과정은 '능력심리학'과 '형식도야이론'(능력연마이론)에 토대를 두고 있다.

■ **능력심리학**

전통적으로 교육에 있어 중요한 것은 '교육내용' 자체가 아니라, 교육내용을 통한 학습에 의해 획득되는 '능력'이라고 간주되어 왔다. 능력심리학은 인간의 마음(mind; 정신)이 다양한 과제들을 각각 해결하는 별개의 능력(faculty)들로 구성된 집합체이며, 분리된 능력들의 총합으로 간주한다. 즉, 마음에는 기억력, 추리력, 상상력 등을 담당하는 능력들이 별개로 존재한다고 전제한다. 이처럼 인간의 마음은 가정적 구성물로 이루어져 있다고 전제되기 때문에 실체적인 것은 아니라고 볼 수 있지만, 이러한 능력들을 각각 도야하는 활동이 곧 교육으로, 이는 바로 능력의 개발을 목적으로 삼으며 그 개발에 적합한 각각의 재료(교육내용 : 교과)가 필요하다고 본다.

■ 형식도야이론

하나의 근육이 단련되면 다른 근육의 발달로 확장될 수 있는 것처럼 인간의 기본능력인 심근(心筋), 즉 '이성'을 도야시키면 여타 주변능력의 발달로 확장(전이)될 수 있다고 전제하는데, 이를 일명 심근설(心筋說)이라고 명명한다. 전이현상을 인정하는 형식도야이론은 우리의 마음(정신)이란 지각, 기억, 상상, 추리, 감정, 의지 등과 같이 뚜렷이 구분되는 여섯 가지 능력으로 이루어져 있는데, 이러한 능력들은 우리 몸의 근육에 비유할 수 있는 것으로 마음의 근육인 심근에 해당한다[그림 3-1]. 여기에서 말하는 '형식'은 본질, 핵심구조, 근간의 의미로서 인간의 마음(정신)의 본질적인 핵심근간인 '심근'을 뜻하는 것으로, 이는 곧 특정 대상의 진위(眞僞), 선악(善惡), 옳고 그름, 미추(美醜)를 식별하는 능력인 이성(理性; reason)이라고 할 수 있다. 그러므로 형식도야란 여섯 가지 능력인 심근, 즉 이성을 연마하는 것을 지칭한다.

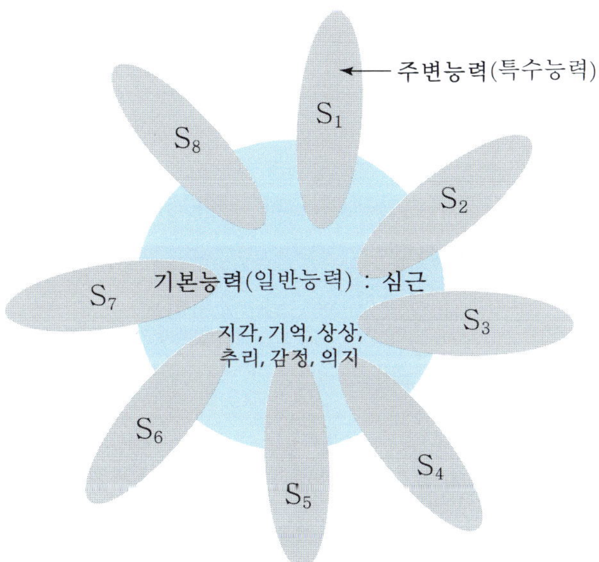

| 그림 3-1 | '형식도야이론'에서 전제하는 기본능력과 주변능력의 관계

교과중심 교육과정에서는 교육이란 심근(이성)을 연마(도야, 단련)하는 것으로 규정되는데, 이는 주로 전통적인 인문교과중심의 교육을 강조하는 학자들에 의해 적극 지지받고 있다. 형식도야이론에서는 특히 수학과 언어 관련 교과를 중요시하는데, 이러한 과목들을 가르치면 수리력뿐만 아니라 논리적 사고력, 표현력, 추리력, 판단력, 통합력 등 인간의 기본능력이 계발되고, 이러한 기본능력

은 다시 인접의 주변능력들을 계발시킨다고 믿기 때문이다. 이처럼 형식도야이론은 학습(훈련)의 전이효과를 절대시하므로 '실질도야이론'과 달리 학교에서 굳이 많은 교과가 아닌 소수 주요교과만을 가르쳐도 된다고 보며, 특히 학습의 '내용'보다 '과정'을 더 중요시한다. 내용(교과)은 단지 인간의 기본능력을 개발하는 도구에 불과하기에 이를 적극 수단으로 활용한 학습과정이 잘 진전되도록 촉진시켜야 하기 때문이다. 따라서 형식도야이론에서는 학습내용 자체의 암기나 습득이 아닌, 학습(훈련)의 과정을 통한 능력의 계발에 중점을 두는데, 특히 어려운 훈련(hard training)을 통한 학습활동의 필요성을 강조한다.

2) 특 징

① 교육내용은 사전에 계획되고 조직되는데, 여기에서는 각 교과가 갖는 고유의 논리체계에 따라 교육내용을 조직(배열)하는 '논리적 조직방법'을 활용한다.
② 학생들에게 일률적으로 동일한 교육내용이 제공되며, 학습활동은 한정된 교과영역 내에서만 이루어진다.
③ 지식의 습득에 중점을 둔다.
④ 주된 교육목적은 문화유산의 전달에 둔다.
⑤ 교사중심의 교육과정이다.
⑥ 설명위주의 교수방법(설명식 교수법, 강의법)이 주로 활용된다.

3) 유 형

① **분과교육과정(subject-matter curriculum)** : 분과교육과정은 한 과목을 다른 과목과 완전히 독립시켜 지식의 체계를 논리적으로 조직한 것이다. 그러므로 개개의 교과목은 종적 체계는 갖추고 있으나, 과목 간의 횡적 관련성은 거의 고려되지 않는다.
② **상관교육과정(correlated curriculum)** : 상관교육과정은 분과교육과정의 문제점을 보완하기 위하여 각 과목의 공통부분을 상호 관련짓거나 유사과목을 서로 연결시켜 구성한 교육과정을 말한다. 예를 들면, 국사과목의 일제강점기에 관한 내용과 국어과목의 독립선언문에 관한 내용을 관련지어 교육과정을 구성하는 것을 말한다.

③ **융합교육과정(fused curriculum)** : 융합교육과정은 상관교육과정에서 광역교육과정으로 이행되는 과정에서 나타난 것으로, 각 교과의 성질을 그대로 유지하면서 그 사이에 내용이나 성질 면에서 다수의 공통요인을 추출하여 교과를 재조직한 것을 말한다. 예를 들면, 동물과 식물을 합쳐서 생물과로 조직하는 것을 말한다.

④ **광역교육과정(broad field curriculum)** : 광역교육과정은 전통적인 교과목의 엄격한 한계를 제거하여, 보다 넓은 영역에서 관련 사실·원리 등을 조직하는 것이다. 예를 들면, 초등학교나 중학교에서 생물, 물리, 화학, 지구과학 등의 과목들을 통합하여 '과학과'로, 또는 역사, 지리, 사회생활, 문화 등의 과목들을 통합하여 '사회과'로 광역화하는 것을 말한다.

4) 장단점

(1) 장 점

① 교육내용의 조직이 논리적이고 체계적이다.
② 교육과정이 간단명료하여 알기 쉽다.
③ 교과의 가감, 교과서의 변경 등으로 교육과정의 개정이 용이하다.
④ 학습성과의 판정(평가)이 용이하고, 객관적인 측정이 가능하다.
⑤ 상급학교의 입학요건이 일반적으로 교과본위로 되어 있어 진학준비가 쉽다.
⑥ 교사와 학부모 및 학생에게 익숙하다.
⑦ 교육과정의 중앙집권적인 통제·관리가 용이하다.

(2) 단 점

① 비실용적인(이론적인) 지식전달에 중점이 주어지고, 언어주의에 빠지기 쉽다.
② 교사의 일방적인 설명에 의해서 교육활동이 이루어지기 때문에 학습이 활기가 없고, 가르치는 교재에 치중하게 됨으로써 학생의 자발적인 반응이나 참여가 어렵다.
③ 지식의 체계를 존중하고 교과의 내적인 적합성과 논리적인 일관성만을 중시하는 나머지, 학생의 요구나 입장이 무시되고 성인사회의 관점을

학생에게 강요하기 쉽다.

④ 학습지도가 일률적이고 주입식 수업이 되기 쉽기 때문에 민주적인 가치와 동떨어지기 쉽다.

⑤ 단편적이며 분과주의적인 교과조직에 치우치기 쉽고, 교과의 전체를 통합하는 전체적인 조직이 어렵다.

⑥ 학습내용이 학생의 현재 일상생활과 유리되기 쉽다.

2. 경험중심 교육과정

1) 의 미

경험중심 교육과정은 학습자의 흥미·요구·능력을 토대로 자발적 활동에서 생기는 경험의 체계를 중시하는 것으로, 이는 진보주의 교육사상을 반영한 교육과정이다. 여기에서는 교육내용을 주변 사회생활에서 찾으며, 그것을 조직하고 계통화하여 학습자에게 직접 경험하게 한다. 그러므로 이러한 교육과정은 교과중심 교육과정과는 상당히 다르다. 즉, ① 교과보다는 생활을, ② 지식보다는 행동을, ③ 분과보다는 통합을, ④ 미래생활의 준비보다는 현재생활에의 적응(충실)을, ⑤ 교사의 교수활동보다는 학습자의 학습활동을 중시하는 입장을 취한다. 이렇게 볼 때 경험중심 교육과정은 '학교나 교사의 지도하에서 학생들이 가지게 되는 모든 경험'으로 규정된다.

'학습자중심 교육'(아동중심 교육), '생활중심 교육', '경험중심 교육'을 표방하는 진보주의 교육철학자들은 듀이(Dewey)와 그의 추종자들에 의한 교육개혁운동을 실천하기 위하여 1919년 '진보주의 교육협회'(Progressive Education Association; PEA)를 결성하였다. 이 협회는 '교사중심'이 아닌 '학습자중심' 교육과정의 개발을 역설하였는데, 교육원리를 학습자의 자유, 흥미, 신체적 발달, 생활욕구 등에 두어야 한다고 주장하면서, 그것에 대한 과학적 연구의 필요성을 강조하였으며, 아울러 교육운동의 지도자적 역할을 진보주의 학교가 수행해야 한다고 주장하였다. 교육에 대한 이러한 관점은 문화유산과 체계적 지식을 중심으로 이루어진 종래의 교육과정인 '교과중심 교육과정'에서 탈피하여 교육과정의 중심축을 학습자에게로 이동하려는 데서 도출되었다.

한편, '진보주의 교육협회'는 교사중심(교과중심)으로부터 학습자중심으로의 교육과정 개혁이 초등학교수준에서는 잘 이루어진 반면, 중등학교수준에서의 변혁은 만족스럽지 못한 데 주목하면서, 그 원인으로 대학입시, 즉 대학의 여전한 전통적인 인문교과중심의 학생선발기준을 지목하였다. 이러한 학생선발기준이 중등학교의 교육과정을 지배하는 결과를 초래함으로써 중등학교수준에서의 진보주의 교육의 실천을 어렵게 만들었다는 것이다. '진보주의 교육협회'는 이러한 문제를 해결하기 위해서 중등학교와 대학 간의 연계위원회를 구성하였으며, 1933년에는 중등학교수준에서의 진보주의 교육의 실행가능성을 확인하기 위한 목적으로 실험연구형태의 '8년 연구'(The Eight-Year Study; 1933~1941)를 시작하였는데, 그 주도적인 역할은 타일러(Tyler)가 맡았다.

'8년 연구'에 참여한 대학들은 실험참여 고등학교의 졸업생들에 대하여 특정 교과의 이수여부를 입학사정자료로 삼지 않고, 그 교과에 대한 시험도 보지 않도록 결정하였는데, 이는 실험에 참여하는 고등학교들이 대학입시의 족쇄로부터 벗어나, 자유롭게 진보주의 교육과정을 운영할 수 있도록 하기 위해서이다.

연구의 결과, 진보주의적 교육을 받은 고등학교 졸업생들은 완화된 입학사정기준에 따라 대학입학을 허가받았는데, 이들의 대학성적은 월등히 우수하지는 않았지만 전통적인 중등학교 졸업생들과 비교해서 나쁜 것은 아니었다. 이러한 결과는 실험 목적의 달성에 있어서는 성공적이라고 할 수 있지만, 그리 만족할 만한 것은 아니었다. 표집 학생들의 대부분이 부유한 계층에 속해 있었다는 점과 명문 사립고등학교를 다녔다는 점을 고려해 볼 때 그들이 진보주의 실험학교에 다녔다는 사실과 관계없이 이미 대학진학을 할 수 있는 환경과 능력을 갖추었던 학생들이었다고 단정할 수 있기 때문이다.

그러나 '8년 연구'의 성과는 ① 중핵 교육과정의 개발, ② 교육과정 개발의 행동주의적 접근 수용, ③ 청소년욕구중심 교육과정의 탄생 등으로 나타났다.

첫째, '8년 연구'의 성과는 중핵 교육과정(core curriculum)의 개발로 나타났다. '8년 연구'는 교과중심 교육과정의 문제점을 극복하고자 하는 학습자중심의 교육과정을 개발하는 데 기여했으며, 사회적 효율성이라는 관점에서 전통적인 교과중심의 교육과정 중에서 일상생활에 활용되지 않은 역사, 대수, 외국어 등의 교과는 가르칠 필요가 없다고 생각하고, 직접적으로 실생활과 관련 있는 직업교육과 같은 교과들을 도입하였다. 어떤 학교에서는 개인생활 및 그와 사회생활과의 관계와 관련되는 교과를 도입하여, 이들 교과를 중핵 교육과정으로 개발하였다.

둘째, '8년 연구'의 성과는 교육과정 개발에 있어 행동주의적 접근의 수용으로 나타났다. 8년 연구에 의해 교육과정이란 인간행동의 변화를 추구하는 것이라는 관점이 부각되었으며, 교육과정 개발의 첫 단계에서는 목표가 구체적인 용어로 설정되어야 하고, 이후의 과정은 바로 그 목표의 달성이라는 관점에서 결정되어야 한다는 주장이 굳어지게 되었다. 이때 행동주의적 접근의 교육과정 개발이 더욱 부각된 것은 타일러(Tyler)가 8년 연구를 주도적으로 수행했기 때문이기도 하다.

셋째, '8년 연구'의 성과는 청소년욕구중심 교육과정의 탄생으로 나타났다. '8년 연구'에 의하여 중등교육활동은 그 대상인 청소년의 욕구를 확인하여, 이를 최대한 충족시키는 방향으로 실천되어야 한다는 점이 부각되었다.

ONLINE RESOURCES

'8년 연구'(The Eight-Year Study)에 관하여 더 자세하게 논의한 자료가 필요할 경우 저자가 운영하는 웹사이트(welfare5.com)의 Online Resources 게시판을 통하여 다운을 받기 바랍니다('교육과정론'의 Online Resources 04 자료).

한편, 진보주의 교육사상은 먼저 1929년에 시작된 경제공황을 계기로 점차 비판을 받게 되었다. 즉, 경제공황은 진보주의 교육에 심각한 반성을 촉구하였으며, 낙관적인 학생중심 교육으로부터 사회개혁을 지향하는 교육으로의 변화를 촉구하기에 이르렀다. 또한, 본질주의와 항존주의 교육사상의 도전을 받게 되었는데, 이들은 진보주의 교육으로 인한 ① 교육의 질 저하, ② 학력의 저하, ③ 교사의 지도성 상실(교사의 권위 추락), ④ 자유방임적 교실사태 초래(아동의 자유에 대한 지나친 허용), ⑤ 교육목적으로서 장래생활 준비의 결여 등을 들어 진보주의에 대하여 격렬한 비판을 가했다.

이에 그동안 진보주의 교육을 주도해 왔던 '진보주의 교육협회'는 1944년 스스로 그 역사적 소명을 다했음을 선언하면서, '미국교육협회'(National Education Association; NEA)로 개편되었다. 이후에도 진보주의 교육운동은 그런대로 그 명맥을 계속 유지하였으나, 1957년 옛 소련이 최초의 인공위성인 스푸트니크(Sputnik)를 우주에 발사한 사건을 계기로 진보주의 교육에 대한 비판이 본격적으로 논의되면서 그 위력은 많이 약화되었다.

2) 특 징

① **학습자의 자발적 학습활동 강조**: 학생의 흥미와 요구를 토대로 교육과정이 구성되고 그의 자발적인 활동을 강조한다. 그렇기 때문에 여기에서

는 무엇보다도 먼저 학생의 흥미나 요구, 경험적인 배경 등이 존중되고, 그에 의하여 자발적인 활동을 전개시킨다. 학습자에게 무엇을 어떻게 가르쳐야 할 것인가를 결정하는 데에는 항상 학습자의 측면이 고려된다.

② **학습자의 전인적 발달 중시** : 인간은 인지적 영역뿐만 아니라 정의적 영역 및 심리운동적 영역(기능적 영역)의 발달도 함께 이루어져야 한다. 주로 인지적인 면만 지나치게 강조하는 교과중심 교육과정에서는 학습자들이 이치를 알고 있으나 행동이 서툴며, 원리는 이해하고 있으나 그것을 실생활에 적용하는 데는 어려움을 느낀다. 따라서 이러한 교과중심 교육과정은 비실용적이고 언어주의적인 교육에 빠질 가능성이 있다. 이에 반하여 경험중심 교육과정에서는 학습자들이 아는 만큼의 마음가짐이 갖추어져 있는 인간을 형성하고자 한다.

③ **문제해결능력의 함양 강조** : 경험중심 교육과정에서는 논리적인 학문의 체계를 떠나 실제적인 생활의 장을 부여하고 생활과 결부시켜 문제를 올바르게 종합적으로 해결할 수 있는 능력을 기르는 데 강조점을 둔다. 그렇기 때문에 교육방법으로서 반성적 사고(reflective thinking : 문제상황 하에서 자신의 관련경험들을 동원하여 갖가지 가설적인 생각들을 검토·검증하면서 그 해결을 기하려는 통제된 목적적 사고)를 통해 현실에서 직면하는 문제들을 스스로 해결하는 과정에서 지식·태도·기능 등을 종합적으로 획득하는 학습방법인 '문제해결학습법'의 활용을 적극 권장한다.

④ **민주시민적 가치의 체득 강조** : 경험중심 교육과정에서 학습의 전개는 개인학습으로 그치는 것이 아니고, 공동과제를 협동적으로 해결하는 경우가 많다. 여기에서는 민주적인 협동과 민주적인 사회성을 토대로 학습이 이루어지므로 민주사회에 있어서의 가치 있는 제반 태도와 생활방식이 학습활동 자체를 통해서 형성된다.

⑤ **개인차 인정** : 경험중심 교육과정에서는 바로 학생 자신의 욕구충족이나 특정 능력의 신장이 교육과정 안에서의 학습활동을 통하여 이루어진다. 학생들의 개인차가 그대로 학습활동에 반영이 되도록 모든 활동은 그들의 흥미와 능력에 맞게 이루어진다. 공동과제를 해결함에 있어서도 개개인의 흥미와 능력에 맞는 학습활동을 공동으로 하도록 한다.

⑥ **교사와 학생들 간의 상호협력에 의한 교육과정 구성 강조** : 경험중심 교육과정의 구성은 개개인의 흥미와 필요, 요구 등의 특성을 전제로 하여

이루어진다. 따라서 특정의 학생이 없는 상태에서 교사는 활동적인 학습계획을 세울 수 없고, 학생들과 공동으로 제반 계획을 세워 그것을 수행하게 된다. 그렇기 때문에 교육과정의 구성에 있어서 교사와 학생들 간의 상호협력이 강조된다.

⑦ **교육내용의 조직방법으로서 '심리적 조직방법' 강조** : 학생들의 흥미와 관심 및 현재 생활경험에 토대를 두고 교육내용을 조직(배열)한다.

3) 유 형

① **활동교육과정** : 학생들의 활동중심 또는 생활경험중심으로 교육과정을 편성하는 것을 말한다.

② **광역교육과정** : 지식의 체계보다는 학생들의 흥미·경험을 바탕으로 동일 생활영역 내에 속하는 중요한 경험들을 학생들이 체험하도록 조직해 놓은 교육과정을 말한다. 이의 편성방법에는 두 가지가 있는데, ① 종래의 교과목의 구조를 완전히 해체하고 몇 개의 경험영역으로 나누되, 전체로서의 의미 있는 교육과정으로 편성하는 것과, ② 사회생활 자체의 분석으로, 예를 들면 사회기능의 분류에 따라 교육내용을 조직하는 것이 그것이다.

③ **현성(現成; 생성)교육과정(emerging curriculum)** : 교과나 학습영역의 구분을 완전히 제거할 뿐 아니라 교육과정의 일방적인 사전계획을 배제하고 학습자의 요구와 경험을 중심으로 학생과 협력하여 교육현장에서 직접 교육과정을 계획하는 것을 말한다.

4) 장단점

(1) 장 점

① 학습자의 요구·흥미·문제와 밀접히 관련지어져 있어 그들의 자발적 활동을 유발시키기 쉽다.

② 참다운 민주시민의 자질함양이 용이하다.

③ 교실 이외의 자연적·사회적 환경이 광범위하게 학습활동에 이바지한다.

④ 학교생활의 여러 국면을 통합시켜 주기 때문에 전인의 형성을 가능하게 한다.

⑤ 학교와 지역사회 간의 유대가 강화된다.
⑥ 개인차에 따른 학습이 가능하다.

(2) 단 점

① 전반적인 학력의 저하를 초래한다.
② 학습활동에 많은 시간이 소요되어 교육의 경제성이 무시된다.
③ 직접경험에서 얻어진 사실·원리가 새로운 장면에 잘 적용되지 않는 경우가 많다.
④ 학습내용의 조직상 논리적 체계가 부족하다.
⑤ 사전에 계획되지 않기 때문에 행정적인 관리가 곤란하고, 무질서한 교육장면(자유방임적 교실사태)이 초래될 수 있다.

ONLINE RESOURCES

'진보주의 교육에 대한 비판적 고찰'에 관한 자료가 필요할 경우 저자가 운영하는 웹사이트(welfare5.com)의 Online Resources 게시판을 통하여 다운을 받기 바랍니다('교육과정론'의 Online Resources 05 자료).

3. 중핵 교육과정

1) 의 미

교과중심 교육과정과 경험중심 교육과정은 이론과 실천의 양면에서 볼 때 오늘날까지 논쟁이 계속되고 있다. 이러한 논쟁을 통하여 점차 교육과정이 개선되어 왔는데, 이 양자의 결함을 보완하고자 출현한 교육과정이 바로 중핵 교육과정이다. 그러나 중핵 교육과정은 경험중심 교육과정의 범주에 포함시켜 개념화되기도 한다. 왜냐하면, 진보주의 교육을 실천하기 위해 결성된 「진보주의 교육협회」가 중등학교에서 진보주의 교육을 활성화하기 위한 실험연구형태인 '8년 연구'의 성과의 하나로서 중핵 교육과정이 개발되었기 때문이다. 이에 관해서는 '경험중심 교육과정'에 관한 논의에서 언급한 바 있다.

중핵 교육과정이라는 용어에서 '중핵'(core)이란 특정 사물이나 대상의 중심(본질)을 의미한다. 따라서 중핵 교육과정이란 중핵학습이 있는 교육과정의 전체 계획을 말한다. 중핵 교육과정은 종합적인 '중핵과정'과 분화된 종래의 교과에 의하여 형성되는 '주변과정'이 동심원적으로 결합된 전체구조를 가진 교육과정으로 구성되어 있다[그림 3-2].

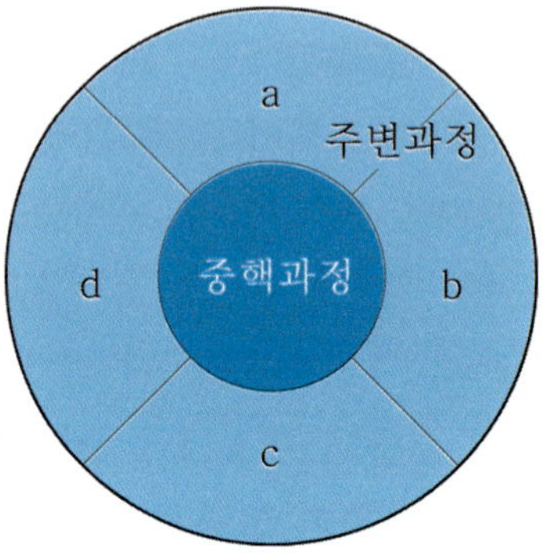

| 그림 3-2 | 중핵 교육과정의 구조

2) 특 징

① **중핵과정은 모든 학생에게 공통적임** : 중핵 교육과정은 전술한 바와 같이 중핵과정과 주변과정으로 구성되는데, 이 중 중핵과정은 모든 학생에게 기본적으로 중요하다고 생각되는 학습활동으로 구성된다. 따라서 중핵과정은 모든 학생들에게 필수적이다. 그러므로 어떤 학생이든 지적 흥미와 요구, 사회적 지위에 관계없이 중핵과정에 참여한다.

② **교사와 학생의 협력** : 중핵 교육과정은 학생들의 생활주변 또는 광범한 요구·문제·흥미 등을 고려하여 교사와 학생이 협력하여 계획한다. 이 과정에서는 학생들 스스로 관련된 사회문제를 발견하고 규정하며 해결하고, 자료를 찾는 데 노력한다.

③ **교과선 파기** : 중핵 교육과정의 학습활동은 종래의 전통적인 교과의 구분을 파기한다. 여기에는 더 많은 교과를 결합하는 것과 완전히 교과구분을 없애버리는 것 등이 있다.

④ **융통성 있는 학습활동 운영** : 중핵 교육과정은 토의나 실험, 조사, 야외활동 등 여러 가지 학습활동으로 구성된다. 그러나 학습활동은 다른 학습에 방해가 되지 않도록 비교적 긴 시간을 단위로 편성된다. 즉, 학습시간이 보통 2, 3시간 또는 4시간을 한 단위로 배당된다.

⑤ **문제해결에 불필요한 훈련이나 실험실 작업 배제** : 작업이나 연습 또는 훈련의 필요성을 느끼지 않는 학생들에게는 그것을 강요하지 않는다. 또한, 중핵 교육과정에서는 단원 속에 포함되어 있는 중심적인 문제해결에 도움이 되지 않는 훈련이나 실험실 작업은 배제한다.

⑥ **교사의 생활지도역할 강조** : 중핵 교육과정은 학급업무, 대인적인 활동, 학생 진보에 대한 기록이나 보고, 생활지도와 학급회의(homeroom)활동에 속하는 분야까지도 포함한다. 따라서 여기에서 교사는 생활지도나 학생상담의 역할까지 담당한다.

3) 유 형

① **통합학습 중핵 교육과정** : 이는 가장 흔한 형태로서 교과와 교과를 결합한 형태이다. 예를 들어, 영어과목과 사회과목을 결합시켜 시간도 그에 따라 길게 할당하여 시도하는 방법이다. 즉, 영어프로그램 속에 여러 가지 역사적 시대나 사회·정치·경제의 제반 문제를 다룬 문헌을 활용하면서 수업활동을 전개한다.

② **역사중심 중핵 교육과정** : 역사를 중심으로 모든 교과를 결합하고 문화사적 시대구분에 따라서 중핵을 고찰한다. 예를 들면, 그리스시대의 생활, 중세의 생활 등 문화사적 사실을 중심으로 학습을 진행시키는 문화사적 관점에 의한 교육과정이 여기에 해당된다.

③ **문제중심 중핵 교육과정** : 이는 현대생활의 여러 가지 문제를 확인하여 그것을 중심으로 교육과정을 편성하는 것이다. 이것은 완전히 교과주의에서 벗어난다. 또한, 문제는 생활의 제반 기능에 대한 관련의 유무라는 견지에서 선정된다. 그런데 문제중심법은 성인생활의 문제가 중심이 되며 학습단원이 학습자의 생활문제와 밀접하게 결부되어 전개되나, 그 중점은 성인의 생활문제에 두고 있다.

④ **욕구중심 중핵 교육과정** : 이는 민주사회에서 비교적 공통적으로 의의가 있는 학습자의 욕구나 문제 또는 흥미를 중핵으로 하여 교육과정을 작성하는 것을 말한다. 이 중핵의 기본이념은 민주사회의 성원으로서 생활의 향상을 꾀하는 데 도움이 되는 문제를 계속적으로 연구하여 교육계획을 수립·실천하는 것이다.

4) 장단점

(1) 장 점

① 중핵 교육과정은 의미 있고 중요한 학습경험을 촉진한다.
② 중핵 교육과정은 교육계획에서 바라는 광범위한 교육목표의 달성을 가능하게 한다. 다시 말하면, 중핵 교육과정은 학교에서의 민주적인 사회생활의 제반 가치를 구현하게 한다.
③ 중핵 교과과정은 광범위한 단원학습을 활용하여 협동적인 계획을 촉진함으로써 강력한 학습동기를 유발시킨다.
④ 중핵 교육과정은 문제해결능력과 비판적 사고력을 촉진시킨다.
⑤ 중핵 교육과정은 여러 분야에 걸친 지식의 상호 관련성을 이해시키는 데 도움을 준다.
⑥ 중핵 교육과정은 학생들의 개인적 능력에 적합한 학습경험을 마련할 수 있다.

(2) 단 점

① 학생의 학습활동에 있어 이론과 실제 간의 격차를 피할 수 없다.
② 적절한 교육과정 지침서(curriculum guides)와 교육자료의 부족은 중핵 교육과정의 실행을 곤란하게 한다.
③ 중핵 교육과정을 운영하는 데 필요한 교사들의 적절한 준비가 부족하다.
④ 학부모·일반 사회인들의 중핵 교육과정에 대한 이해가 미흡하다.
⑤ 중핵 교육과정은 특정분야에 대한 전문화에 부적절하다.

4. 학문중심 교육과정

1) 의 미

학문중심 교육과정은 교과내용의 선정에 있어 보다 적절한 기준을 찾아내고, 그것을 보다 더 효율적으로 학습할 수 있도록 조직하고자 한다. 그러므로 여기에서는 각 학문(학과 또는 교과)영역에 따라 핵심개념·원리·법칙을 발견하고 검증하는 과정(process)을 교육과정의 접근방법으로 삼고 있다.

20세기 초기부터 듀이(Dewey)의 교육사상인 진보주의 교육사상은 1930년대까지 그 세력이 대단하였다. 그러나 과학기술의 발달로 인한 사회구조의 급격한 변화, 지식의 폭발적인 증가 등으로 1930년대 초반부터 이에 대한 비판의 물결이 일기 시작하다가, 1957년 옛 소련이 스푸트니크(Sputnik) 인공위성을 먼저 우주에 발사하자 진보주의에 대한 비판이 절정에 도달했다. 이러한 진보주의에 대한 반동은 학문중심 교육과정의 출현에 중요한 역할을 하였다.

이와 같은 학문중심 교육과정에서 특히 중점을 두는 강조점을 네 가지로 정리해 보면 다음과 같다.

첫째, 교과 또는 학문의 기본구조를 중시한다. 각 교과의 기본구조(지식의 구조)란 그 교과의 기본이 되는 핵심개념과 원리 및 법칙들이 체계화되어 있는 하나의 양식이다. 이와 같은 구조는 가장 간결하므로 이해가 쉽고, 이를 기초로 하여 그 대상탐구에 필요한 여러 지식들을 계속해서 학습해 가도록 해준다. 형태이조이론(이전의 특정 학습장면에서 형성된 인지구조가 그와 유사한 사태에 그대로 옮겨지기 때문에 전이가 일어난다고 보는 이론)은 학문중심 교육과정의 이론적 토대를 제공하고 있다.

둘째, 어떤 교과라도 특정의 발달단계에 있는 모든 학습자에게도 그것을 효과적으로 가르칠 수 있다고 전제한다. 브루너(Bruner, 1960)는 "어떠한 교과내용이라도 그 지적 성격에 충실한 형태로 특정의 발달단계에 있는 아동에게도 그것을 효과적으로 가르칠 수 있다"고 주장하였다. 그는 강요된 학습의 부정적인 영향을 인정한다고 할지라도 준비도(readiness)를 막연히 기다린다는 것은 무용하다고 보며, 학습자들의 발달에 적합한 내용과 특히 적절한 제시방법을 마련해 줌으로써 그들에게 해가 없이 준비도(학습태세)를 높여줄 수 있다고 보았다.

셋째, 브루너는 학습과정에서 학생들이 구사하는 사고의 형식으로서 '직관적 사고'와 '분석적 사고'의 필요성과 중요성을 모두 인정하면서도, 문제해결과정에 있어 직관적 사고가 우선적으로 구사되어야 한다고 주장하였다. 일반적으로 직관적 사고는 분석적 사고보다도 선행하며, 분석적 사고의 방향을 제시해 주는 경우가 많다. 분석적 사고는 한 단계씩 나아가는 특징이 있으며, 주의 깊게 정돈된 상태로 진행되는 반면, 직관적 사고는 단계를 뛰어넘고 지름길을 사용하며 도약한다. 따라서 직관적 사고자는 교과내용에 내포되어 있는 지식의 구조에 보다 정통하게 된다.

넷째, 내적 보상에 의한 학습동기의 유발(내적 학습동기 유발)을 강조한다. 학습자가 학습동기를 가진다는 것은 외적 보상을 받기 위해서라기보다는 내적 보상에 의한다. 이러한 내적 보상은 문제해결, 즉 핵심개념·원리·법칙을 발견했을 때의 지적 희열에서 오기에 '발견학습법'을 적극 권장한다. 이러한 내적 동기를 한층 높이기 위해서는 ① 학생들로 하여금 학습자료 그 자체에 대한 흥미를 갖도록 하고, ② 학생들에게 발견감과 성취감을 주며, ③ 가르치고자 하는 내용을 학생들의 발달수준(사고형태)에 맞도록 변형하여 제시해 주어야 한다.

이러한 점들을 고려해 볼 때 학문중심의 교육과정이란 바로 각 교과의 '지식의 구조', 즉 각 교과의 중핵내용으로서 핵심개념·원리·법칙을 지칭한다.

2) 특 징

① **목 적**: 학문중심 교육과정의 궁극적인 목적은 학생들로 하여금 탐구능력을 배양하도록 하는 데 있다. 이러한 능력을 갖추게 함으로써 장차 학교교육을 마친 뒤 보다 넓은 사회에서 계속적으로 성장할 수 있도록 '학습하는 방법'을 터득하도록 하는 데 중점을 둔다.

② **교육내용**: 학문중심 교육과정에서의 교육내용은 각 교과의 본질(essence)인 지식의 구조인데, 이는 각 교과의 기저를 이루고 있는 핵심개념·원리·법칙을 말한다. 브루너에 의하면, 지식의 구조는 표현방식(mode of representation), 경제성(economy), 생성력(power) 등의 3대 특징을 가진다.

첫째, '표현방식'이란 가르치고자 하는 교과내용을 학생들의 발달수준에 적합하게 변형(번역)하여 제시하는 방법을 말하는데, 이는 작동적(enactive; 활동적)·영상적(iconic)·상징적(symbolic) 표현방식으로 구분된다.

브루너는 '학습의 유형'을 크게 ① 작동적 학습(enactive learning), ② 영상적 학습(iconic learning), ③ 상징적 학습(symbolic learning)으로 구분하였다[그림 3-3].

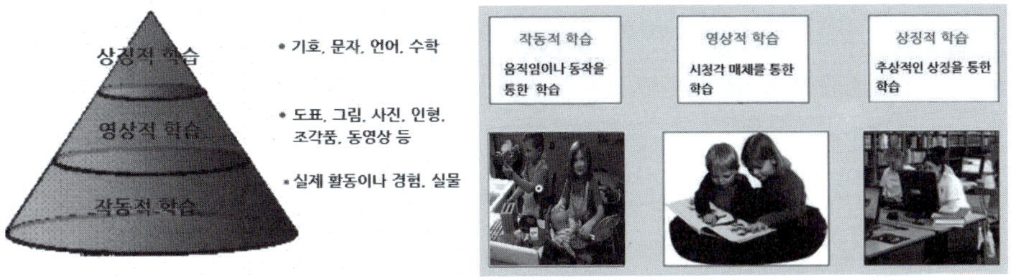

| 그림 3-3 | 브루너(Bruner)가 주장한 '학습(경험) 원추' 및 학습유형의 실례

이러한 학습유형은 발달단계나 수준에 따라 적절하게 채택되는데, 영아기는 주로 작동적 학습이, 유아기에는 영상적 학습까지, 아동기 및 청소년기는 상징적 학습까지 가능하다. 그러므로 교사는 교육내용을 학생들의 발달단계(수준)에 적합한 표현방식으로 변환하여 제시할 필요가 있다.

둘째, '경제성'이란 기억해야 할 정보의 양이 적은 상태를 의미한다. 지식의 구조는 핵심적인 내용으로 구성되어 있기 때문에 기억(학습)해야 할 지식(정보)의 양이 적으므로 경제성을 갖는다.

셋째, '생성력'이란 어떤 지식이 새로운 지식이나 명제를 도출해 내거나, 다른 형태의 지식으로 변환(응용·적용·일반화) 또는 전이되는 등의 파급효과를 갖는 것을 말한다. 지식의 구조는 포괄적인 내용으로 구성되어 있기 때문에 이는 다양한 상황에 넓게 활용될 수 있기에 생성력이 높다.

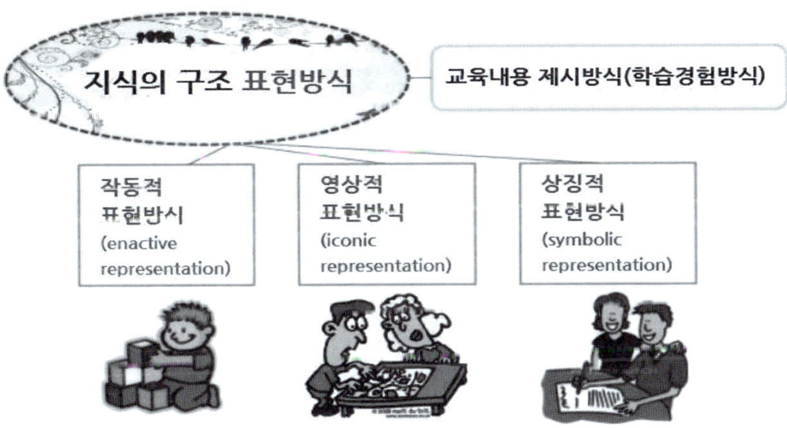

(계속)

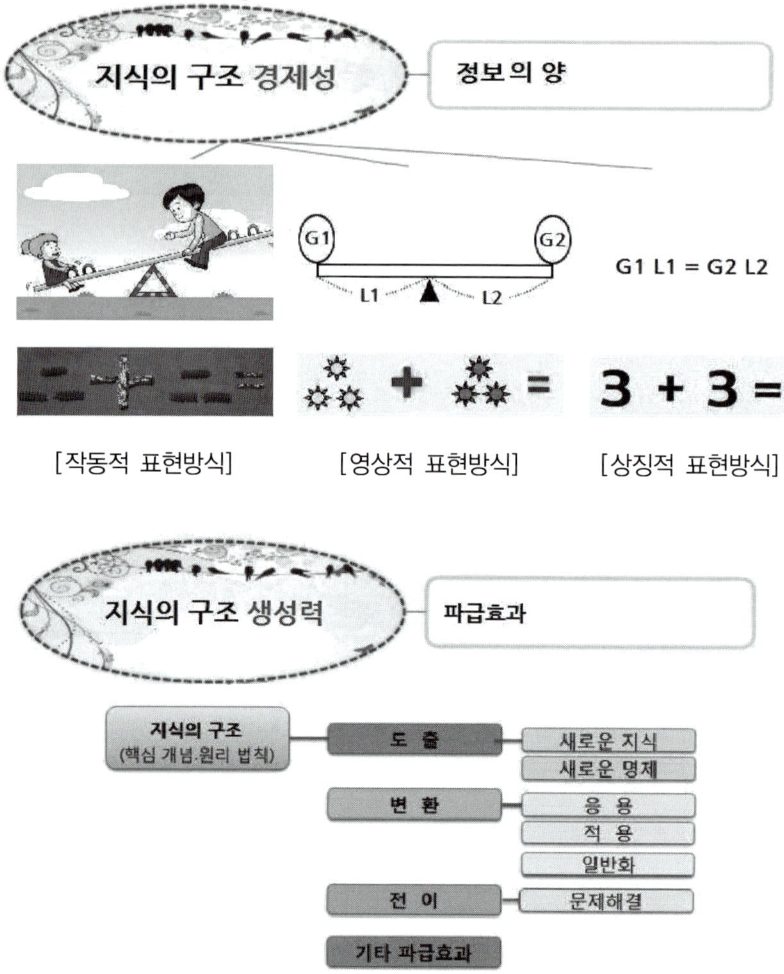

※ 이미 익힌 지식이나 이론을 활용하여 유사한 사례나 분야의 문제를 해결하는 것을 '적용'이라 하고, 더 고차적인 사례나 분야의 문제를 해결하는 것을 '응용'이라고 함.

| 그림 3-4 | '지식의 구조'의 3대 특징에 대한 이해를 돕기 위한 도식

③ **교육내용의 조직형태** : 학문중심 교육과정에서는 조직형태로서 나선형 교육과정을 강조한다[그림 3-5]. 이는 교과에 담겨진 지식의 구조(핵심 개념 · 원리 · 법칙)를 학습자의 사고방식에 맞게 가르치며, 학년의 진전에 따라 중요한 부분은 계속 반복하면서 점차 심화 · 확대해 나가는 것을 말한다. 즉, 지식의 구조를 반복하며, 점진적으로 심화 · 확대해 나가면서 학습자들의 수준에 맞게 번역하여 가르치는 것을 일컫는다. 여기에서는 지식의 구조를 학습자의 발달단계에 따라 알맞은 수준으로 번역하여 낮은 수준에서 높은 수준으로 가르쳐 나간다. 이러한 나선형 교육

과정을 운영할 때는, 먼저 발달단계에 관계없이 가르쳐야 할 동일한 내용(지식의 구조)을 확인한 다음, 그것을 각 발달단계에 알맞은 수준으로 번역(적절한 표현방식 활용)하여야 한다.

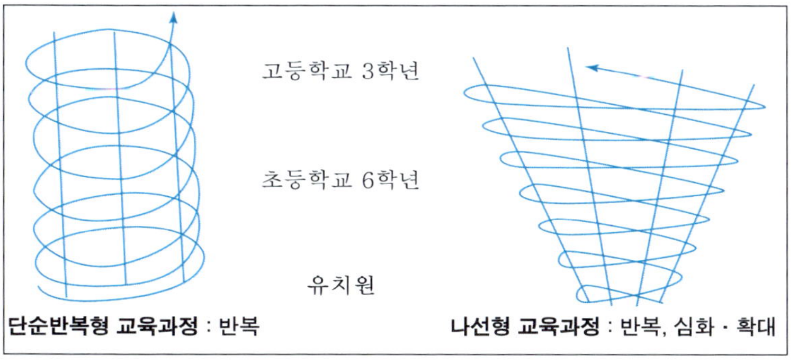

| 그림 3-5 | '단순반복형 교육과정'과 '나선형 교육과정'의 형태 비교

④ **교육내용의 조직방법** : 학문중심 교육과정에서는 교육내용의 조직방법으로서 절충적 조직방법을 강조하는데, 이는 교과중심 교육과정에서 채택하는 '논리적 조직방법'과 경험중심 교육과정에서 채택하는 '심리적 조직방법'을 절충한 것으로서, 지식의 고유 논리체계에 따라 교육내용을 배열하되, 학습자들의 발달단계에 따른 능력과 흥미 등을 고려하여 교육내용을 조직한다.

⑤ **학습형태** : 학문중심 교육과정에서의 학습형태는 '발견학습법'인데, 이 학습방법에서 가장 중시되는 것은 탐구과정을 통하여 과학자가 핵심개념·원리·법칙을 발견해 나가는 과정과 동일한 방식으로 탐구해 나가는 것을 말한다.

3) 장단점

(1) 장 점

① 각 교과의 핵심내용인 '지식의 구조'를 교육내용으로 선정하여 교육과정을 구성하기 때문에 능률적이고 수준 높은 교육이 가능하다.

② 핵심개념과 원리 및 법칙을 학습하게 되므로 거기에서 얻어진 지식은 다른 사태에 잘 전이되고, 또한 생성력이 있어 그것을 기초로 하여 새

로운 지식을 생산할 수 있다.

③ 학습하는 방법(학문의 탐구방법)을 체득할 수 있다. 학문중심 교육과정에서는 발견과 탐구의 방법을 활용하여 학습하게 하므로 여기에서 체득한 방법이 다른 사태에 잘 적용되어 창의적 활동이 가능하다.

④ 내적 동기유발의 방법을 활용하므로 학습 자체에 대하여 지적 희열감을 느끼고 적극적으로 참여하게 되며, 교육의 효과를 더욱 높일 수 있다.

(2) 단 점

① 학문중심 교육과정은 전인교육에 소홀하다. 지적 능력(탐구능력)을 함양한다는 것과 정의적 특성 및 덕성을 함양한다는 것은 별개이다. 지적 능력을 높인다고 해서 긍정적인 정의적 특성이 형성되고 도덕적으로 행동하는 사람이 길러질 수 있는 것은 아니다.

② 각 학문에 내재한 지식의 구조는 학생이 배우기에 어렵다.

③ 지식의 구조는 실생활과 유리되어 쓸모가 없을 가능성이 높다.

④ 단절된 교과목의 수가 늘어날 가능성이 많으며, 교과 간의 통합성이 결여된다.

⑤ 학업적인 재능을 가진 학생들에게만 유리하다. 학문중심 교육과정의 전개에서는 학습부진아나 학습지진아들에 대한 특별한 조치가 부족하다.

지금까지 살펴본 교과중심 교육과정과 경험중심 교육과정 및 학문중심 교육과정의 특징을 체계적으로 상호 비교해 보면 <표 3-1>과 같다.

| 표 3-1 | 교과중심 교육과정과 경험중심 교육과정 및 학문중심 교육과정의 상호비교

유형 비교 기준	교과중심 교육과정	경험중심 교육과정	학문중심 교육과정
① 교육과정의 목적	지식의 습득	전인의 양성	탐구능력의 배양
② 지 향 점	미래 성인생활의 준비	현재생활에의 적응	미래 성인생활의 준비 및 현재생활 중시
③ 교육과정의 형태	분과형	통합형	나선형
④ 교육내용의 범위	문화유산	생활경험	지식의 구조
⑤ 교육내용의 조직	논리적 조직방법	심리적 조직방법	절충적 조직방법
⑥ 교 과	지식체계(지식내용)	학습자의 경험활동	핵심개념 · 원리 · 법칙
⑦ 학습 강조점	학습의 결과	학습의 과정	학습의 과정 및 결과

유형 / 비교 기준	교과중심 교육과정	경험중심 교육과정	학문중심 교육과정
⑧ 학 습 형 태	집단학습	개별학습과 집단학습	개별학습과 집단학습
⑨ 교수-학습지도방법	수용학습법(일제학습)	문제해결학습법	발견학습법
⑩ 교사 권위	권위적임	비권위적임	비권위적임
⑪ 학생 참여	비참여	참 여	참 여
⑫ 창의력 개발 기회	기회 박탈	기회 부여	기회 부여
⑬ 개인차 인정	개인차 불인정	개인차 인정	개인차 인정
⑭ 장 점	1) 간단명료하여 알기 쉬움 2) 평가가 용이함 3) 중앙집권적인 통제 용이함 4) 체계적 논리적임 5) 학습효과의 판정 용이	1) 생활인 · 실천인의 양성 2) 학생의 필요와 흥미 고려 3) 고등정신기능 함양 4) 전인의 양성 5) 학교와 지역사회의 유대 관계 강화	1) 체계화된 지식을 교육내용으로 하기 때문에 능력적이고 수준 높은 교육이 가능함 2) 전이효과가 높음 3) 내발적 동기유발 강조 4) 학문의 탐구방법(학습하는 방법) 체득
⑮ 단 점	1) 주입식 교육이 되기 쉬움 2) 비교육적인 경쟁 유발 3) 수동적 학습 강조 4) 지식의 체계와 교과의 논리성을 강조하므로 학생의 요구가 무시됨 5) 단편적이고 분과주의적인 교과조직을 강조하므로 교과 전체의 통합성이 무시됨	1) 체계적인 지식 · 기능의 습득 곤란 2) 학습의 계열성 문제(학습내용의 논리적 체계 부족) 3) 행정적인 통제 곤란함 4) 무질서한 교육장면의 초래 5) 기초학력의 저하 6) 학습활동에 많은 시간이 소요되기 때문에 경제성이 무시됨	1) 정의교육의 소홀 2) 많은 시간의 소요 3) 지식의 구조는 현실과 유리되기 쉬움 4) 교과 간의 통합성 경시 5) 각 교과(학문)에 내재한 지식의 구조는 학생이 배우기 어려움 6) 학습부진아나 능력이 낮은 학생에게는 부적절함

5. 인간중심 교육과정

1) 의 미

인간중심 교육과정(인본주의 교육과정)에 대한 개념을 정리하기 전에 먼저 이러한 교육과정의 태동배경에 대하여 살펴보기로 한다. 지적 성취를 위하여 질적으로 우수한 교육을 추구하던 학문중심 교육과정이 도전을 받게 되면서, 20세기 후반, 특히 1970년대에 들어서 교육의 적절성(relevance)과 아울러 새롭게 강조되기 시작한 것은 인간중심 교육(human-centered education), 즉 교육의 인간화(humanization of education)이다. 현대사회의 기계문명과 거대한 사회조직은 점차로 인간의 자유 및 자율적 행위의 가능성을 제약하고, 그로 인한 생활상의 특징은 인간성의 상실 혹은 비인간화 현상으로 나타났다. 이러한 맥락에서 고도의 산업사회화로 인한 인간의 수단화에 대항하여, 교육은 인간의 삶 그 자체에 충실해야 한다는 교육의 본질이 강조되었다. 즉, 현대사회의 인간성 매몰과 비인간화 경향에 대항하는 교육의 적절성을 강조하는 경향이 강하게 부각되었다.

이러한 배경에서 나타난 인간중심 교육의 궁극적 목적은 인간의 성장가능성을 최대한으로 실현하고 참다운 인간의 육성을 강조하면서, 개인적으로 만족스럽고 사회발전에 기여하는 삶을 살 수 있도록 돕는 것으로, 자아실현을 지향하는 데 둔다.

그러므로 인간중심 교육은 인본주의 교육(humanistic education)과 상통하는데, 인본주의가 표방하는 포괄적 가치는 모든 사람이 인간이기 때문에 존귀하다는 것이다. 인간적인 행동의 가장 기본적인 기준은 개개인의 인간을 얼마나 존중하느냐에 있다. 인본주의 교육은 전인교육에 중점을 두는데, 이는 어느 특정한 부분만이 아니라 전면적인 인간성의 계발을 뜻하는 바, 인지적 발달·정의적 발달·사회적 발달 및 신체기능적 발달을 모두 망라한 조화로운 발달을 지향하는 것을 말한다. 20세기 후반에 들어와서는 전인교육은 보편화와 아울러 특수화(개별화)도 함께 고려하게 되었다. 이상과 같은 인본주의 교육은 실존주의 교육사상과 인본주의 교육사상에 그 이론적 토대를 두고 있다.

인간중심 교육과정의 시각에서 볼 때 교육과정이란 '학생이 학교생활을 하는 동안에 갖게 되는 모든 경험'이라고 할 수 있다. 그러므로 교육과정은 표면적 교육과정뿐만 아니라 잠재적 교육과정도 포함한다.

2) 특 징

인간중심 교육과정은 개개인의 학습자로 하여금 그들 자신의 인지적·정의적·사회적·도덕적·신체적 요소들을 통합하게 하여 자신들을 사실화(인지·

수용·존중)하고, 자아를 실현할 수 있도록 하는 교육과정으로서, 전인교육과 밀접한 관련을 갖는다. 인간중심 교육과정(human-centered curriculum) 구성의 기본적인 입장은 다음과 같다.

① 개개인의 학습자로 하여금 그 자신의 관점에서 즉, 인지적·정의적·사회적·도덕적·신체적으로 자신을 사실화할 수 있는 환경을 마련한다.
② 학습자들로 하여금 서로 서로를 감동시키며 공동의식을 지니고 생활하도록 돕는 환경을 마련한다.
③ 교육과정의 구성에서는 개인지향적인 설계, 교사능력의 최선의 활용, 창조성의 조장 등을 강조한다.

여기에서 인간중심 교육과정의 특징을 열 가지로 정리해 보면 다음과 같다.

첫째, 잠재적 교육과정을 표면적 교육과정과 똑같이, 경우에 따라서는 더 중요시한다. 둘째, 학생의 자아실현을 그 목표로 삼는다. 셋째, 전인교육을 강조한다. 넷째, 교육의 인간화에 초점을 둔다. 다섯째, 학교환경을 인간화할 것을 강조한다. 여섯째, 인간적인 교과와 자아인지를 위한 교과(역사·문학·철학·예술 등)를 중시한다. 일곱째, 학생 개개인의 개성에 적절한 교육활동을 강조한다. 여덟째, 학습방법으로서 휴리스틱(heuristic) 학습법을 중시한다. '휴리스틱'이라는 용어의 어원은 그리스어로 '발견하다'라는 의미를 갖고 있다. 휴리스틱 학습법은 교사의 설명을 최소한도로 줄이고, 교사의 지시 없이 학습자들이 독자적으로 학습목표를 달성하도록 돕는 능동적인 학습형태를 말하는 것으로, 이는 '발견적 학습법'이라고도 표현할 수 있다. 인간중심 교육과정에서는 학습자 스스로 학습할 수 있는 여건을 형성해 주는 데 주된 관심을 가지며, 이미 정립된 공식이나 체계적인 지식이 아니라, 학습자들의 노력에 의한 시행착오와 실제적인 체험을 통해 진솔한 경험을 하도록 허용한다. 따라서 여기에서는 얼마나 '정확한' 답(최고의 결론)에 도달할 수 있는지 관심을 가지는 것이 아니라 얼마나 '근접한' 답(최선의 결론)에 도달하느냐에 관심을 가진다. 아홉째, 인간주의적인 교사(학생에 대한 공감적 이해)를 필요로 한다. 열번째, 학습과정 및 학습결과에 대한 자기평가를 장려한다.

3) 유 형

인간중심 교육과정은 방법기조형, 학습자중심형, 과정강조형의 세 가지 유형으로 나누어 볼 수 있다.

① **방법기조형** : 방법기조형은 학습자들이 능동적인 학습을 실행하도록 조장하는 방법을 최우선적으로 고려한다. 이것은 인간중심의 철학에 기초를 둔 인식론에 입각하고 있는데, 인간중심 교육과정에서는 어떤 방법을 동원하여 학생들이 자유로운 상태에서 그들의 잠재가능성을 최대한으로 신장시킬 수 있도록 도울 것인가를 일차적으로 고려한다.

② **학습자중심형** : 여기서 '학습자중심'이란 모든 교육적 관심이 그리고 교육을 위한 교육과정의 구성 및 전개의 초점이 학습자의 천부적인 잠재가능성의 자연스러운 계발에 모아진다는 것을 의미한다. 학습자의 소질을 중요시하며, 스스로의 전진적이고 자발적인 학습활동을 조장하여 학습자 자신의 자연스러운 욕구가 점진적으로 만족되어 나아가는 과정에서 학습자의 전면적이고 균형 잡힌 발달이 이루어지도록 돕는다.

③ **과정강조형** : 과정강조형에서는 기존의 어떤 실체를 학생들에게 원형대로 전수하기보다는 교사와 학생 간에 형성되는 분위기에 의해서 학습자가 자연스럽게 갖게 되는 감동·의미의 터득 및 느낌을 중요시한다. 이와 같은 특성은 개방성의 강조, 정의적 측면의 존중 및 질문에 의한 자각의 촉구에서 잘 표현된다. 여기서 '과정'은 '경험'이라는 말과 밀접하다고 할 수 있는데, 경험은 학습활동을 수행하는 과정의 성과로서 지각된 자아의 변화를 뜻하며, 여러 가지 학습활동을 전개하는 동안에 터득된 의미가 내면화된 심리적 상태를 말한다.

4) 장단점

(1) 장 점

① 전인교육을 통하여 인간이 타고난 인지적·정의적·사회적·도덕적·신체적인 성장가능성을 조화롭게 발전시킬 수 있다.

② 학습자의 개별적인 자기성장을 조장할 수 있다.

③ 학습자의 자아개념을 긍정적으로 형성하는 데 도움이 된다.

④ 교수-학습과정에서 개방적·자율적·자유적 분위기를 조성함으로써 학습과정을 통하여 터득한 의미가 내재화될 수 있다.

(2) 단 점

① 교수-자유로운 환경조성과 역동적인 인간관계가 유지되지 않으면 교육성과가 보장되기 어렵다.
② 학교교육에서 인본주의 교육을 창달하기 위한 교사들의 투철한 교육관이 확립되지 않으면 그 실현이 어렵다.
③ 주지교과 난이도의 하향조정, 도덕적·심미적 교과의 강조, 교과의 통합, 교시별 시간단위의 융통성 있는 운영이 선행되지 않으면 그 실현이 어렵다.
④ 과대학교와 과밀학급에 대한 개선과 학교교육에서 지나친 경쟁과 비교를 지양한 학교행정적 조건정비가 선행되지 않으면 그 실현이 어렵다.
⑤ 가치관의 혼란에서 오는 비인간화를 극복하기 위한 사회와 학교의 협조체제를 바탕으로 인간화가 보장되지 않으면 그 실현이 어렵다.
⑥ 인간중심 교육과정에서 주장하는 내용이 사변적이고 추상적이어서 교육현장에서 그대로 실현되기 어렵다.

6. 영 교육과정

1) 의 미

영 교육과정(零教育課程; null curriculum)은 아이즈너(Eisner, 1994b)가 개념화한 것으로서, 이는 배제된 교육과정(excluded curriculum)과 같은 의미이다. 즉, 영 교육과정은 학생이 배워야 할 것을 학교당국이나 교사가 가르치지 않는 교육내용을 말한다. 영 교육과정에서 '영'(null)은 '법적인 구속력이 없는'이라는 의미를 지닌다. 따라서 영 교육과정은 법적인 구속력이 있는 공적인 문서에 들어있지 않아서 학교에서 가르치지 않는 교육내용을 가리킨다. 여기에는 특정 사회의 역사·문화·정치적 배경으로 인하여 학교나 교사가 고의적으로 가르치지 않거나 금기시하는 교육내용도 포함된다.

어떤 지역, 어떤 시간, 어떤 사회, 또 어떤 교사들은 중요하다고 여기고 가르치는 내용의 중요성을 인정하지 않고 가르치기를 게을리하거나 가르치지 않는 내용이 영 교육과정에 해당된다. 그리고 오래전부터 가르쳐온 내용이기 때문에 그것을 소홀히 가르치거나, 가르치기 어려운 내용을 제외시키고 쉬운 내용만으로 교육내용을 구성하는 것도 이에 포함된다.

첫째, 영 교육과정은 학교에서 소홀히 하거나 공식적으로 가르치지 않는 교과나 지식 또는 사고양식 등을 일컫는다.

둘째, 교육과정이 선택과 배제, 포함과 제외의 산물이기 때문에 영 교육과정은 공식적 교육과정의 필연적 산물이라고 할 수 있다.

셋째, 영 교육과정은 학생들이 공식적 교육과정을 배우는 동안에 놓치게 되는 '기회학습내용'(특정의 공식적인 교육내용을 학습하느라 배우지 못하게 되는 교육내용)이라고 할 수 있다.

넷째, 영 교육과정에는 교사가 어떤 이유로든 일부러 특정 내용을 배제 또는 약화시켜 가르침으로써 학생들이 제대로 배울 기회를 놓치게 만드는 것도 포함된다.

2) 실 례

영 교육과정의 실례를 역사 속에서 찾아보면 다음과 같다. 먼저, 서양에서 산업혁명 직후 산업노동력이 필요할 때 학교에서는 읽기와 쓰기는 가르쳤으나, 셈하기는 가르치지 않았다. 이는 셈하기를 배우면 학생들은 공장노동자가 되기보다 회계사나 경리사원이 되려고만 하고 육체노동을 꺼렸기 때문에 '셈하기'는 한때 영 교육과정이었다고 할 수 있다.

또한, 일제 제국주의 식민지교육의 전개과정에서도 그 실례를 찾아볼 수 있다. 일제가 한민족을 식민지정책에 잘 순응하는 천황의 충성스러운 신민(臣民)으로 만들고, 단순 생산노동자를 양성하기 위하여 저급한 실업교육만을 제공하고, 지도자로서 갖추어야 할 고등한 교육내용을 의도적으로 가르치지 않았는데, 이러한 고등한 교육내용이 바로 영 교육과정에 해당된다.

끝으로, 국가수준이나 지역수준 또는 학교수준이나 교사수준에서 특정의 교육내용을 배제하는 경우도 있을 수 있다. 예를 들면, 종교적 신념차원에서 특정 학교나 교사가 생물과 수업시간에 '진화론'에 관한 내용을 의도적으로 소홀히 다루거나 아예 다루지 않기도 한다.

이러한 영 교육과정은 학생들에게 특정의 내용(과목)이 학교교육이나 사회생활에 있어 별로 중요하지 않다고 인식시킬 가능성이 높다는 점에 유의해야 한다.

7. 표면적 교육과정과 잠재적 교육과정

학생들이 학교생활을 통하여 배우게 되는 교육과정(교육내용)은 학교와 교사의 계획성 및 의도성의 여하에 따라 크게 '표면적 교육과정'과 '잠재적 교육과정'으로 양분될 수 있다. 학교교육과정을 이러한 관점에서 도식화하면 [그림 3-6]과 같다.

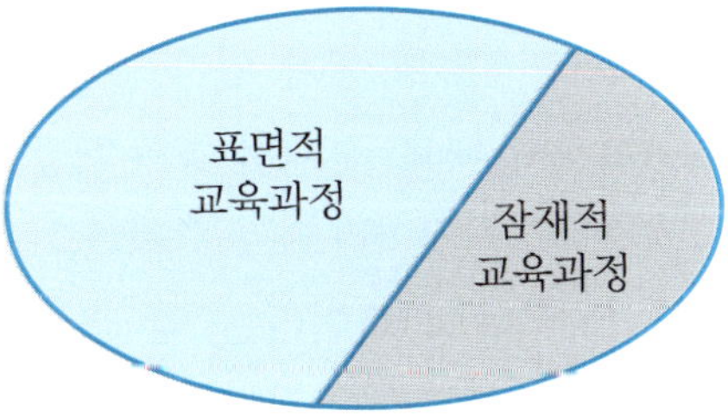

| 그림 3-6 | 학교와 교사의 계획성 및 의도성의 여하에 따른 교육과정 분류

1) 표면적 교육과정

표면적 교육과정(manifest curriculum)이란 학교와 교사가 계획적으로 의도했던 학습의 결과를 초래하는 교육과정으로, 교과목인 국어·수학 등과 같이 문서화된 공식적인 교육과정이 이에 해당한다. 이 교육과정은 무엇을 가르칠 것인가의 강한 의도와 계획을 포함하고 있고 가시적·표출적인 면이 짙으며 인지적·기능적 영역을 주로 다룬다.

앞에서 살펴본 교과중심 교육과정, 경험중심 교육과정, 중핵 교육과정, 학문중심 교육과정 등은 모두 학교나 교사에 의해 계획된 표면적 교육과정이라 할 수 있다. 이들은 학생의 행동을 계획적으로 변화시키기 위하여 그 행동을 어떤 조건에서 얼마만큼 변화시킬 것인가에 관한 의도적인 계획을 토대로 설계된 교육과정이다. 여기에서는 교육과정의 구성, 교과서 편찬, 교수요목의 작성, 교수-학습과정안 작성 등이 표면적으로 나타나기 때문에 이를 표면적 교육과정이라고 지칭한다.

이러한 교육과정은 달리 표현하면 계획된(planned), 노출된(exposed), 구조화된(structured), 공식적(official), 외현적(overt), 명시적(explicit), 가시적(visible), 외면적(external), 조직화된(organized), 기대된(expected), 형식적(formal) 교육

과정 등으로 명명될 수 있다.

2) 잠재적 교육과정

잠재적 교육과정(latent curriculum)은 학교와 교사에 의해 의도되지 않았지만 학생들이 학교생활을 통해 은연중에 얻게 되는 경험을 말한다. 이는 1968년 사회학자이자 교육학자인 필립 잭슨(Philip Jackson)에 의해 '숨겨진 교육과정'(hidden curriculum)이라는 용어로 최초 사용되었다(Jackson, 1968).

학생들은 학교의 의도적인 계획에 담겨 있지 않은 것을 학교생활을 통하여 배우는 경우가 있는데, 이것이 바로 잠재적 교육과정인 것이다. 이는 비계획적이고 비의도적이며, 단편적인 것이라고는 하지만, 주로 정의적이며 가치적이고 도덕적인 측면과 관계되는 학습이라는 점에서 그 중요성은 간과될 수 없다. 이러한 맥락에서 인간중심 교육과정에서는 잠재적 교육과정을 매우 중요시한다.

이러한 교육과정은 문서화되지 않는 비공식적인 교육과정으로, 이에 중요한 영향을 미치는 요인에는 ① 교사의 인성적 특성 및 가치관(교육관, 학생관 등), ② 학교 및 학급의 풍토, ③ 교사–학생 및 학생 상호관계, ④ 학교의 물리적 조건(학교 및 학급의 규모, 교실의 공간적 특징, 책상과 의자의 치수, 기타 시설·설비 등의 조건), ⑤ 학교제도 및 행정조직적 특성 등이 포함될 수 있다.

이와 같은 잠재적 교육과정을 통하여 배운 것은 비교적 영속성이 있으며, 학생의 정의적·도덕적·인격적인 면에 영향을 크게 미치기 때문에 표면적 교육과정에서 배운 것보다 더 많은 중요성을 지닐 수 있으며, 여기에는 표면적 교육과정의 부정적 효과(영향)도 포함된다.

교사의 교수활동과 학생의 학습활동의 관계에서 '잠재적 교육과정'이 발생할 수 있는 가능성을 도식으로 표현하면 [그림 3-7]과 같다. 교수활동의 대부분은 의도적이지만, 때에 따라서는 비의도적인 형태로 나타나는 경우도 꽤 많다. 그리고 의도적인 교수활동이든, 비의도적인 교수활동이든 학생들을 긍정적으로만 학습하는 것이 아니라, 부정적인 학습을 이루어 나가기도 한다.

[그림 3-7]에서 확인할 수 있는 바와 같이, 이러한 관계 속에서 학생들은 '잠재적 교육과정'을 발생시킬 수 있게 된다.

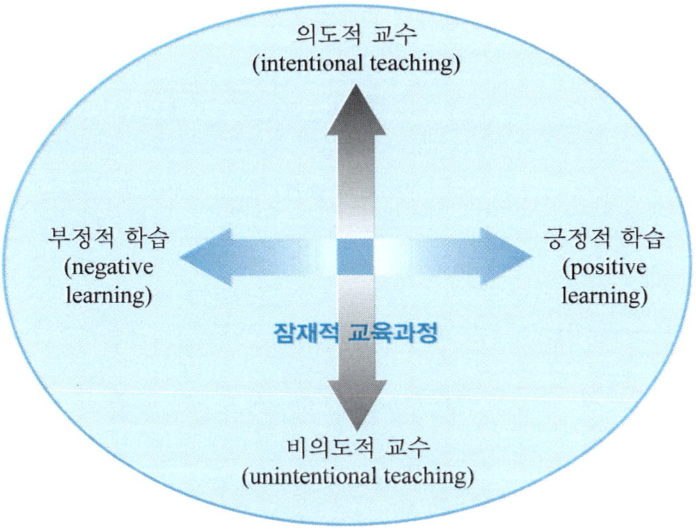

| 그림 3-7 | 교수-학습의 상호관계에서 발생하는 '잠재적 교육과정'

잠재적 교육과정의 개념은 종래의 학교지도상의 계획적·의도적인 학습경험의 총체를 뜻하는 표면적 교육과정의 개념과 대비되어 규정된다. 교육에 관한 사고가 점차 체계화됨에 따라 학생들이 학교의 계획이나 의도와는 관계없이, 또는 계획과 의도에 반하여 여러 가지 행동특성을 은연중에 배우는 경우가 많음에 주목하게 되었는데, 학교의 계획과 의도와는 관계없이 학습하게 되는 교육과정을 잠재적 교육과정이라고 부르게 되었다.

이러한 교육과정은 달리 표현하면 계획되지 않은(unplanned), 숨겨진(hidden), 비구조화된(unstructured), 비공식화된(unofficial), 내현적(covert), 암시적(implicit), 비가시적(invisible), 내면적(internal), 비조직화된(unorganized), 기대되지 않은(unexpected), 비형식적(informal) 교육과정이라는 용어 등으로 명명될 수 있다.

3) 표면적 교육과정과 잠재적 교육과정 비교

표면적 교육과정과 잠재적 교육과정의 의미를 분명히 이해하고, 그 관계를 제대로 파악하기 위해 표면적 교육과정과 잠재적 교육과정의 개념·교육목적·교육내용·교육방법·대표적인 영향요인·학습 및 영향기간 등을 대비시켜 정리해 보면 <표 3-2>와 같다.

| 표 3-2 | 표면적 교육과정과 잠재적 교육과정의 비교

비 교 기 준	표면적 교육과정	잠재적 교육과정
개 념	학교나 교사에 의해 의도적으로 선정·조직되어 가르치는 내용	학교나 교사에 의해 의도되지 않았지만, 학생들이 학교생활을 통해 은연중에 경험하게 되는 내용
교육목적	구체적으로 설정·진술됨	설정·진술되지 않음
교육내용 (학습내용)	•주로 인지적·기능적 영역, 교과활동과 관련됨 •바람직한 내용만 포함됨	•주로 비지적인 정의적 영역, 비교과활동과 관련됨 •바람직한 내용뿐만 아니라 바람직하지 않은 내용도 포함됨
교육방법	학교와 교사의 의도적인 조직 및 지도에 의해 이루어짐	학습자가 은연중에 학습함
대표적인 영향요인	교사의 인지적·기능적 특성	•교사의 인성적 특성 및 가치관(교육관, 학생관 등) •학교 및 학급의 풍토, 교사-학생 및 학생 상호관계 등
학습 및 영향기간	단기적·일시적으로 배우며, 비영속적인 영향을 미침	장기적·반복적으로 배우며, 영속적인 영향을 미침
관 계	표면적 교육과정의 효율적 운영에 대한 관심과 노력도 중요하지만, 잠재적 교육과정의 존재를 충분히 인식하고 그 부정적 측면의 효과를 최소화하는 노력이 필요하며, 두 교육과정이 서로 조화되고 긍정적인 상호보완적 관계를 유지할 때 본연의 교육활동이 실천될 수 있음	

교육현장을 자세히 탐색해 보면 학교 및 교사가 계획을 세워서 지도한다 해도 학생들이 그 계획대로만 배우고 경험하는 것이 아님을 쉽게 확인할 수 있다. 표면적 교육과정이 있으면 당연히 잠재적 교육과정이 있기 마련이다. 그러므로 표면적 교육과정만을 학교의 교육과정이라고만 생각하고 잠재적 교육과정에 대하여 무관심하게 되면 인간교육을 지향하는 학교교육의 발전은 이루어지기 어렵다. 따라서 여기에서 중요한 것은 표면적 교육과정과 잠재적 교육과정이 조화를 이루어야만 참다운 교육이 가능하다는 것을 명심하는 일이다. 특히, 잠재적 교육과정의 실체를 정확히 이해하고, 그 부정적 효과를 극소화하는 노력을 해야 한다. 그러기 위해서는 지금까지 간과되어 온 잠재적 교육과정에 대하여 관심을 가져야 할 뿐만 아니라, 이에 대하여 보다 체계적으로 탐색함으로써 학교교육의 순기능을 극대화하고, 그 역기능을 최소화하는 방안을 강구해야 한다.

그런데 지금까지 논의한 '영 교육과정'과 '표면적 교육과정' 및 '잠재적 교육과정'은 별개적으로 존재하기보다는 학교교육과정의 전체적 맥락에서 보면 이들은 상호관련성을 갖는다고 볼 수 있다.

먼저, 학교교육과정을 구성하고 있는 세 가지 형태의 의미를 다시 한 번 정리해 보면 [그림 3-8]과 같다.

표면적 교육과정 = 학교와 교사가 공식적으로 가르치는 내용

[교육과정 개발]	[교육과정 실행]	[교육과정 평가]
문 서	수 업	성 과
what	how	outcome

잠재적 교육과정 = 학생이 학교생활을 하는 도중에 은연중 배우는 내용

영 교육과정 = 학교와 교사가 가르치지 않는 내용

| 그림 3-8 | 학교교육과정의 세 가지 형태

이어, 학교교육현장에서 '표면적 교육과정' 이외에 '잠재적 교육과정'과 '영 교육과정'이 발생하는 시점과 그 이유를 간략한 도식으로 제시하면 [그림 3-9]와 같다.

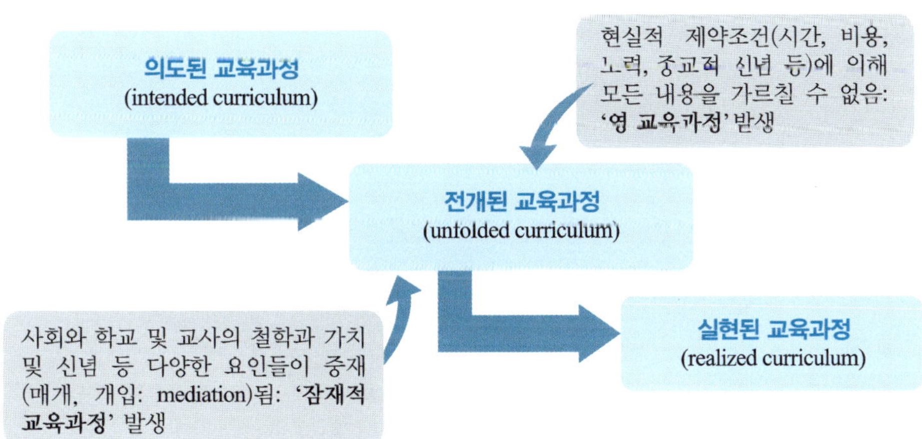

| 그림 3-9 | '잠재적 교육과정'과 '영 교육과정'이 발생하는 시점과 이유

한편, 학교교육과정의 세 가지 형태 간의 관계를 쉽게 이해할 수 있도록 돕는 도식들을 제시하면 [그림 3-10, 11, 12]와 같다.

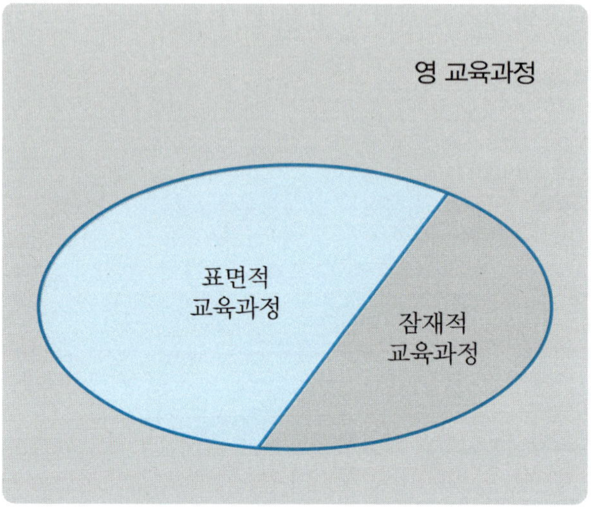

| 그림 3-10 | 학교교육과정의 세 가지 형태 간의 관계 (1)

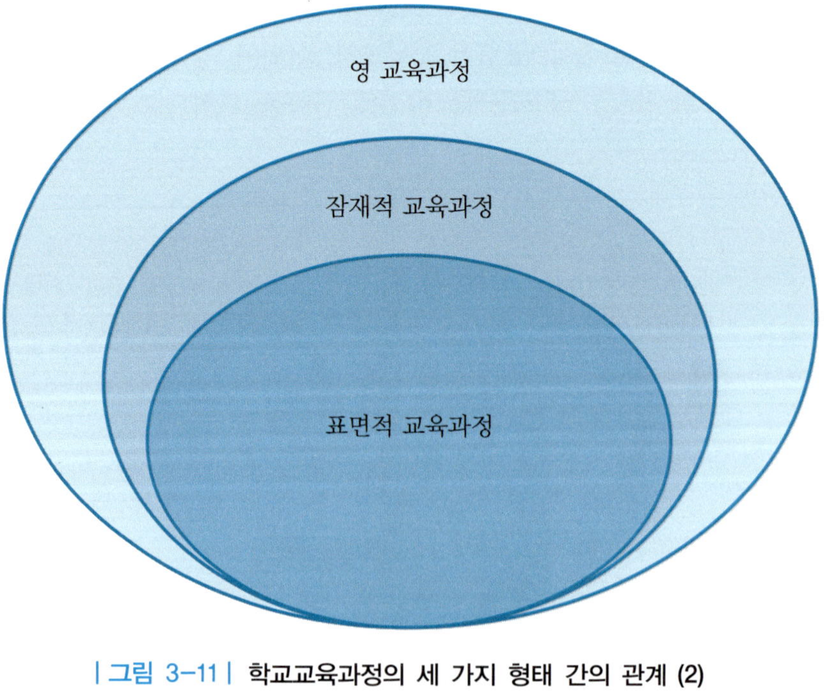

| 그림 3-11 | 학교교육과정의 세 가지 형태 간의 관계 (2)

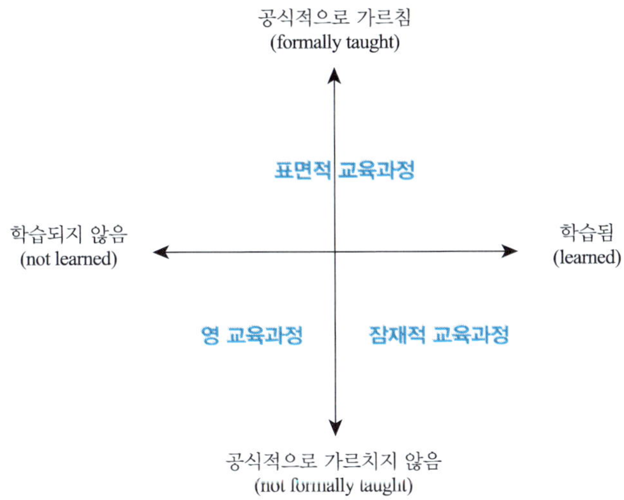

| 그림 3-12 | 학교교육과정의 세 가지 형태 간의 관계 (3)

이상과 같은 도식을 통해 우리는 학교교육과정을 구성하고 있는 세 가지 형태 교육과정의 의미와 위치 및 상호관계를 파악해 볼 수 있다. 그러나 학교에서 나타나는 교육과정을 보다 면밀히 분석해 보면 '표면적 교육과정'과 '잠재적 교육과정' 및 '영 교육과정'의 형태만 존재하는 것이 아니다. 여기에 '일상적 교육과정'(informal curriculum; 비형식적 교육과정)의 형태를 추가하여 학교교육과정의 여러 면모를 확인해 볼 수 있다[그림 3-13].

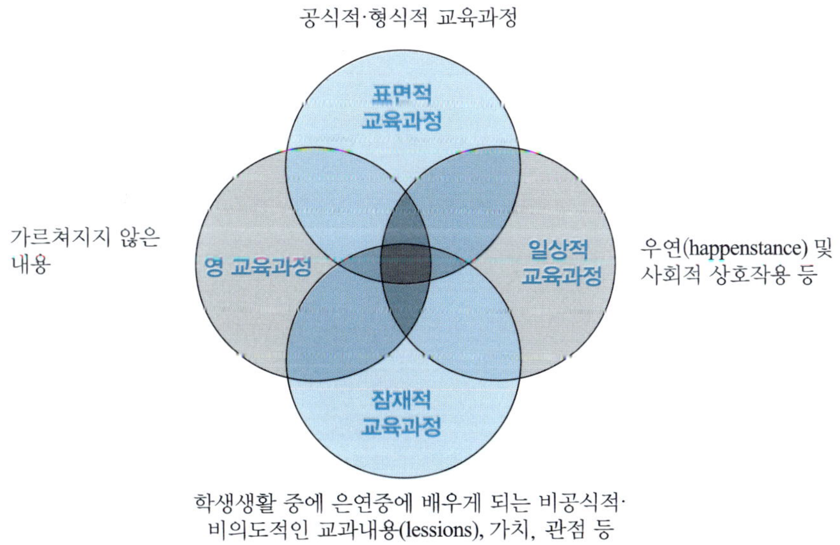

| 그림 3-13 | 학교교육과정의 네 가지 형태

여기에서 '일상적 교육과정'은 학생들이 일상적인 학교생활에서 우연하게 경험하는 것(happenstance)과 사회적 상호작용 등을 지칭한다. 학교당국과 교사들은 학생들이 학교생활에서 체험하고 학습하게 되는 '학교교육과정의 네 가지 형태'에 대한 냉철하고 명확한 인식을 바탕으로, 학생들은 체계적이고 의도적인 교육활동에 의해서만 배우는 것이 아니라, 학교 및 학급 내에서 겪게 되는 교사 및 학생들의 인성과 가치관을 포함한 제반 특성, 교사-학생 및 학생-학생 간의 인간관계의 양과 질, 비의도적이고 우연한 일상, 학교 및 학급의 사회심리적 풍토와 분위기 등에 의해서도 많은 영향을 받을 수 있다는 사실을 한층 더 명심할 필요가 있다. 학교당국과 교사들이 이러한 인식을 철저히 갖게 될 때 학생들의 온전하고 조화로운 성장과 발달을 촉진시키는 교육 본연의 임무와 역할을 다할 수 있기 때문이다.

ONLINE RESOURCES

'우리나라 교육과정(교육과정의 변천, 현행 유치원 및 초・중등학교 교육과정)'에 관한 자료가 필요할 경우 저자가 운영하는 웹사이트(welfare5.com)의 Online Resources 게시판을 통하여 다운을 받기 바랍니다('교육과정론'의 Online Resources 06 자료).

PART II

교육과정 운영

04 CHAPTER 교육과정의 개발

1. 교육과정 개발의 의미와 수준

1) 교육과정 개발의 의미

교육과정 개발(curriculum development)이란 요구사정(요구분석, 상황분석)의 결과와 이론적·현실적 배경을 토대로 교육활동(교육목적·목표 설정, 교육내용 선정·조직, 교과지도 및 생활지도·상담, 교육평가)에 대한 종합적인 계획을 세우는 활동을 말한다. 학교에서의 모든 교육활동의 기본지침이 되는 문서로서의 교육과정은 맨 먼저 국가수준에서 개발된다. 이어, 각 지역에서는 이러한 국가수준의 교육과정을 근간으로 그 지역적 특성을 반영한 지역수준의 교육과정이 개발된다. 그리고 이러한 교육과정이 각급학교에 전달되면 해당 학교는 그 내용을 토대로 학교수준, 학년수준, 교과수준, 단원수준에서 보다 실제적이고 구체적인 교육과정을 개발하여 운영함으로써 소기의 교육목적과 목표를 달성하게 된다.

1970～80년대 이후에는 학교현장의 교사들에게 교육과정 개발에 대한 더 많은 참여와 책임이 주어지기 시작하였다. 즉, 중앙정부수준에서 결정된 교육과정의 지침과 지역수준의 교육방침을 토대로 학교수준의 교육과정을 개발할 수 있도록 허용함으로써 교사들의 참여가 적극적으로 이루어지기 시작하였다. 이러한 추세는 학교중심 교육과정 개발(school-based curriculum development : SBCD)이라는 현장중심의 교육과정 개발로 구체화되고 있다.

국가나 지역수준에서 공식적인 교육계획을 수립하기 위해서는 우선 교육목표를 설정하고, 교육내용을 선정·조직하며, 이를 가르치기 위한 교수-학습방법을 제시해야 할 뿐만 아니라 평가를 위한 지침을 마련해야 한다. 이어, 이를 학교수준에서 활용하기 위한 전반적인 교육과정의 운영에 관한 원리 및 기법들을 마련하여야 한다.

한편, '교육과정'이란 문서 속에 담긴 교육활동에 관한 종합적인 계획, 즉 문서 속에 담긴 교육목적, 교육내용, 교과지도 및 생활지도·상담, 교육평가 등을 포함한 교육활동 전반에 대한 종합적인 계획이라고 정의를 내린 뷰참(Beauchamp, 1981)은 교육과정 개발에는 교육과정 설계(design)와 교육과정 공학(engineering)의 의미가 함께 내포된다고 주장하였다. 여기에서 '교육과정 설계'란 소정의 교육목적(목표)을 달성하기 위한 교육내용에 대한 계획을 뜻하며, '교육과정 공학'이란 설계한 교육과정이 학교에서 제대로 전개되는 데 필요한 모든 과정, 이를 테면 교육과정을 전개하기 위한 구체적인 실천에 관한 방법과 전략을 개발하는 것을 말한다.

2) 교육과정 개발의 수준

학교교육과정은 일반적으로 국가나 지역과 같은 학교 이상의 수준에서 교육과정 전문가들과 교육관계자들에 의해서 개발된다. 그러나 최근에는 교육과정 개발에서 최종적인 실천자인 교사들과 학생들의 참여를 적극 권장하고 있어 보다 다양한 수준에서의 교육과정 개발이 이루어져야 함을 강조하고 있다.

교육과정 개발은 크게 중앙집권형 교육과정 개발과 지방분권형 교육과정 개발로 구분할 수 있다.

(1) 중앙집권형 교육과정 개발

중앙집권형 교육과정 개발에서는 교육과정을 제정 또는 개정하고, 통제·관리하는 권한이 중앙정부에 속해 있다.

먼저, 중앙집권형 교육과정 개발의 장점을 나열하면, 체계적이고 전문적이며, 질 높은 국가적 수준의 교육과정을 개발할 수 있고, 일관된 국가적 노력에 의해 교육목표의 실현이 보다 쉽고, 학교교육의 질 관리가 용이하며 통일된 학교교육의 평가기준을 제시하여 전국의 학교수준을 균등하게 유지할 수 있다. 또한, 지방교육청과 학교 및 교사들의 교육과정 개발업무에 대한 부담을 줄여줄 수 있다는 것 등이다.

반면, 중앙집권형 교육과정 개발의 문제점을 나열하면, 학교와 교사를 수동적인 지식의 전달자로 전락시킬 수 있으며, 교육과정 운영이 획일화·경직화되기 쉽고, 정부·지방교육청·학교·교사의 관계가 수직적이고 권위주의적인 경향으로 흐르기 쉬우며, 지역사회의 특수성에 부합하는 다양한 교육과정의 개발이 어렵다는 것 등이다.

중앙집권적인 교육체제를 유지하고 있는 우리나라, 일본, 프랑스 등이 국가가 주도하는 중앙집권형 교육과정 개발에 중점을 두고 있다.

(2) 지방분권형 교육과정 개발

지방분권형 교육과정 개발은 그 권한이 각 지역이나 학교 또는 교사에게로 분산된다.

먼저, 지방분권형 교육과정 개발의 장점을 나열하면, 지역의 특수성을 반영하여 다양하고 탄력적인 교육과정을 개발할 수 있다. 또한, 지역단위의 교육청이나 학교 또는 교사의 교육문제 해결능력과 교육적 전문성을 폭넓게 활용할 수 있고, 지역사회나 학생 또는 학부모의 요구나 필요에 따라서 선택적인 교육과정을 제공할 수 있다는 것 등이다.

반면, 지방분권형 교육과정 개발의 문제점을 나열하면, 국가수준의 합의된 교육목적(목표)과 교육내용을 갖기 어렵고, 보다 전문적이고 체계적인 교육과정 개발이 어려워 질적 수준이 낮은 교육과정을 개발할 수 있으며, 교육과정 개발이 각 지역이나 학교 또는 교사중심으로 이루어지기 때문에 새로운 교육적 시도나 개혁을 시도하거나 전파하기 어렵다. 또한, 국가수준의 정책 실행에도 한계를 가질 수밖에 없으며, 교육수준의 지역 간 격차가 심화될 가능성이 높다는 것 등이다.

미국의 경우가 가장 대표적인 지방분권형 교육과정 개발체제를 채택하고 있는데, 교육과정 개발의 권한이 주(州) 정부로 이양되어 각 지역당국이 교육과정에 대한 의사결정권을 갖고 교육과정을 개발하고 있다.

2. 교육과정 개발모형들

학교에서 학생들에게 무엇을 가르칠 것인가를 결정하는 것은 매우 중요하면서도 복잡한 과정을 거친다. 교육과정의 개발과정은 일반적으로 교육목적의 설정에서 시작하여, 교육내용(학습경험)을 선정하고 조직하며, 교육목적의 달성도를 확인하는 교육평가의 과정을 밟는다. 교육과정 개발모형은 관점에 따라 다양하게 제시하고 있으나, 이는 크게 여섯 가지 유형으로 나눌 수 있다.

첫째, 1950~60년대 초 미국에서 출현한 '전통적 교육과정 개발모형'으로 ① 보비트(Bobbitt)의 모형, ② 타일러(Tyler)의 모형, ③ 타바(Taba)의 모형 등을 들 수 있다.

둘째, 1960~70년대 영국과 호주를 중심으로 출현한 '순환적 교육과정 개발모형'으로 ① 휠러(Wheeler)의 모형, ② 니콜스와 니콜스(Nicholls & Nicholls)의 모형, ③ 헌킨스(Hunkins)의 모형 등을 들 수 있다.

셋째, 1970년대 이후 교육과정 개발에 있어서 실제적이고 상호작용적인(역동적인) 측면을 강조하는 '실제적 교육과정 개발모형'으로 ① 슈왑(Schwab)의 모형, ② 월커(Walker)의 모형, ③ 스킬벡(Skilbeck)의 모형, ④ 자이스(Zais)의 모형, ⑤ 밀러와 셀러(Miller & Seller)의 모형, ⑥ 브래디(Brady)의 모형 등을 들 수 있다.

넷째, 교육과정 개발에 있어 논리적 합리성(객관성)을 강조하는 체계적 접근과 달리, 주관적·심미적·총체적이면서 상황변화적인 융통성을 강조하는 '비체계적 교육과정 개발모형'에는 ① 웨인스타인–판티니(Weinstein & Fantini)의 모형, ② 아이즈너(Eisner)의 모형, ③ 코넷(Cornett)의 모형, ④ 로저스(Rogers)의 모형, ⑤ 구성주의 모형 등이 포함된다.

다섯째, '기타 교육과정 개발모형'으로 ① 브루너(Bruner)의 모형, ② 하웨스(Hawes)의 모형, ③ 세일러–알렉산더–루이스(Saylor-Alexander-Lewis)의 모형, ④ 올리바(Oliva)의 모형 등을 들 수 있다.

여섯째, 1990년대 후반부터 각광받고 있는 '역행(backward) 교육과정 개발모형'으로는 위긴스와 맥타이(Wiggins & McTighe)의 모형을 들 수 있다.

지금부터 위에서 나열한 교육과정 개발모형들에 관하여 차례대로 논의한 후 '국가수준 교육과정 개발의 일반모형'에 대해 간략하게 언급하기로 한다.

1) 전통적 교육과정 개발모형 : 합리적 모형, 목표중심 모형

(1) 보비트(Bobbitt)의 모형

보비트(Bobbitt, 1918; 1924)는 교육목적을 '성인생활의 준비'에 두었는데, 이는 20세기 초반부터 약 20여 년 동안 강조되었다. 그는 과거 철학과 심리학에만 의존하여 교육과정을 연구하였던 것을 비판하고, 당시 테일러(Taylor, 1911)의 '과학적 관리론'의 영향을 받아 전혀 다른 새로운 방식으로 교육과정을 연구할 것을 제안하면서, 교육과정의 과학적 운동(기술공학적 접근)을 통하여 '효율성'을 높이고자 노력하였다(pp.55~56 참조).

보비트는 성인의 생활을 조사·분석하여, 모든 사람들의 공동관심사인 '항상적 생활사태'를 토대로 교육과정의 내용을 결정해야 한다는 활동분석중심 교육과정을 주장하였다. 그는 교육과정 개발의 과정을 다섯 단계로 구분하여 제시하였다. ① 성인생활을 검토하고, 이를 10가지 영역으로 구분한다(언어활동, 건강활동, 시민활동, 사교활동, 여가활동, 지적 활동, 종교활동, 결혼과 자녀교육의 양친활동, 비전문적 또는 비직업적인 실제적 활동, 직업활동). ② 직무분석을 실시하는데, 여기에서는 앞 단계에서 구분한 각 영역에서 구체적으로 어떤 일(직무)을 수행해야 하는지를 분석한다. ③ 직무분석을 통해 얻은 자료로부터 교육목표들을 추출하는데, 여기에서는 특정활동을 수행하는 데 필요한 능력들을 진술한 것으로부터 교육목표들을 도출한다. ④ 추출된 교육목표들로부터 적절한 교육목표를 선택해야 하는데, 여기에서는 교육목표들의 목록으로부터 학생의 활동을 계획하는 데 유용한 교육목표를 선택한다. ⑤ 세부계획을 수립하는데, 여기에서는 교육목표를 성취하는 데 필요한 구체적인 활동이나 경험 및 기회의 유형들을 결정한다.

(2) 타일러(Tyler)의 모형

교육과정 개발에 있어서 가장 많은 관심과 넓게 알려진 모형은 아마 타일러(Tyler, 1949)가 그의 서서 『교육과정과 수업의 기본원리』(*Basic Principles of Curriculum and Instruction*)에서 주장한 교육과정 개발모형일 것이다. 타일러가 교육과정 개발에 있어 중요하게 고려한 요소는 크게 네 가지로 요약될 수 있다. 즉, 타일러는 교육과정 개발의 4대 구성요소로서 ① 교육목표 설정(학생들이 습득해야 할 구체적인 행동은 무엇인가?), ② 학습경험(교육내용) 선정(설정된 교육목표를 달성하는 데 유용한 교육내용은 무엇인가?), ③ 학습경험(교육내용) 조직(효과적으로 가르치기 위하여 교육내용을 어떻게 계열화할 것인가?), ④ 평가(학생들이 일련의 학습활동을 통하여 교육목표를 얼마나 성취하였는가?) 등을 제안하였다[그림 4-1].

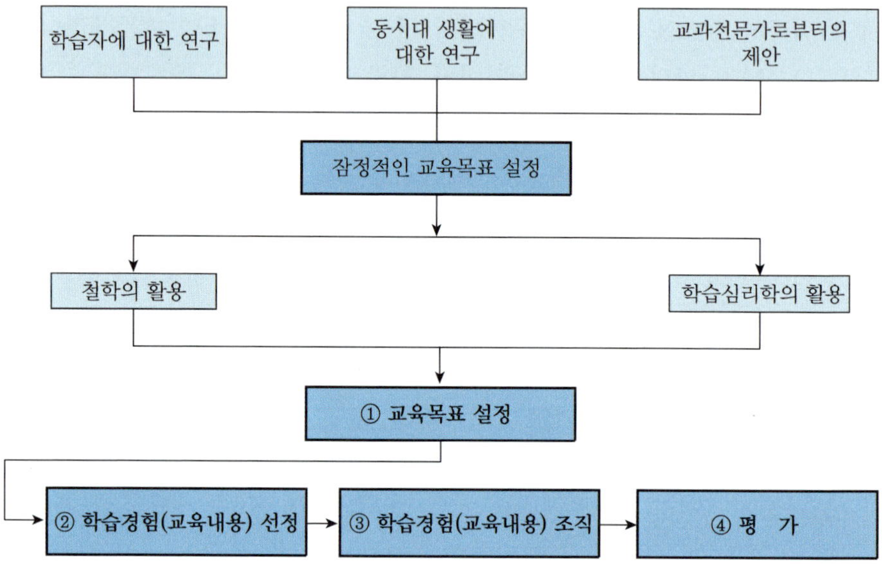

| 그림 4-1 | 타일러(Tyler)의 모형

첫째, 타일러가 교육과정의 개발에 있어서 무엇보다도 가장 강조한 것은 일련의 학습활동을 통하여 학생들이 성취해야 할 '교육목표 설정'을 제일 먼저 명확하게 제시하는 과업이다. 그는 교육과정을 개발할 때 먼저 교육목표들을 세 가지 자원(원천)에 근거하여 도출하도록 권하였다. 즉, 학습자에 대한 연구, 동시대 생활에 대한 연구(학교 밖의 사회생활에 대한 연구), 교과전문가로부터의 제안 등을 토대로 잠정적인 교육목표들을 도출하여야 한다고 주장하였다. 그리고 도출된 다수의 잠정적인 교육목표들을 대상으로 '철학'과 '학습심리학'을 활용하여, 최종적으로 의미 있고 타당한 교육목표를 설정해야 한다고 주장하였다. 이에 관해서는 197~200페이지에서 자세하게 논의하기로 한다.

아울러, 타일러가 제안한 교육목표의 진술방법에 관해서는 231페이지에서 살펴보기로 한다.

둘째, '학습경험(교육내용) 선정'에 관해서는 235~237페이지에서 논의하기로 한다.

셋째, '학습경험(교육내용)의 조직'에 관해서는 239~241페이지에서 논의하기로 한다.

넷째, '평가'에 관해서는 336~337페이지에서 살펴보기로 한다.

이상과 같은 일련의 과정이 성공적으로 이루어질 때 설정된 교육목표를 효율적으로 달성하기 위해 선정 및 조직된 학습경험(교육내용)을 활용하여 양질의 교수-학습활동이 충실하게 전개되고, 선정된 평가장면과 개발·선택된 평가방법 및 도구를 활용하여 학생들의 교육목표 달성도(학습성과)를 제대로 확인할 수 있게 된다.

ONLINE RESOURCES

'타일러(Tyler)의 교육과정 개발'에 관한 자료가 필요할 경우 저자가 운영하는 웹사이트(welfare5.com)의 Online Resources 게시판을 통하여 다운을 받기 바랍니다('교육과정론'의 Online Resources 07 자료).

(3) 타바(Taba)의 모형 : 귀납적 개발모형

타바(Taba, 1962)는 타일러의 교육과정 개발모형을 보완하였는데, 그는 자신의 저서 『교육과정 개발 : 이론과 실제』(*Curriculum Development : Theory and Practice*)에서 타일러의 모형이 교육현장과 괴리가 있음을 지적하면서, 그의 4단계 개발모형(① 교육목표 설정, ② 학습경험 선정, ③ 학습경험 조직, ④ 평가)을 더 세분화하여 보다 현실적이며 이론과 실제를 연계시킬 수 있는 7단계의 교육과정 개발모형을 제안하였다.

① 요구 진단(요구 사정)
② 목표 설정
③ 내용 선정
④ 내용 조직
⑤ 학습경험 선정
⑥ 학습경험 조직
⑦ 측정도구 및 준거 결정 및 평가

타바의 교육과정 개발모형 역시 타일러의 모형과 유사하게 개발자들이 따라야 할 절차를 제시했다는 점에서 처방적 모형이지만, 타일러 모형이 전체 교과에서 단원의 개발로 향하는 '연역적 모형'을 취한 데 반해, 단원개발에서 출발하여 교과구성으로 진행된다는 점에서 '귀납적 모형'의 특징을 지닌다. 따라서 타바의 모형은 교사가 교육과정 개발에 참여하는 여지를 그만큼 더 넓혔고, 목표·내용·방법·평가 간의 상호작용에 보다 관심을 가졌다는 데 의의가 있다.

2) 순환적 교육과정 개발모형

(1) 휠러(Wheeler)의 모형

휠러(Wheeler, 1967)는 교육과정의 각 요소들이 상호 관련되어 있고 상호 의존적이며, 개발요소들 간에 순환적 형태를 띠고 있으므로 교육과정 개발자들은 순환적 개발과정을 사용해야 한다고 주장하였다. 그는 결국 타일러와 타바의 모형보다는 발전적 형태의 개발모형을 제안하였는데, 그 핵심적 요소들은 동일하지만, 요소들 간의 관계양상은 상이하다.

휠러는 교육과정 개발이 ① 목적, 목표 및 명세목표 설정, ② 학습경험의 선정, ③ 내용의 선정, ④ 학습경험과 내용의 조직 및 종합, ⑤ 평가 등의 순환적 과정을 통하여 이루어져야 한다고 주장하였다[그림 4-2]. 여기에서는 교육과정 개발과정의 순환적 성질과 개발요소들 간의 상호의존적 성질이 더욱 강조된다.

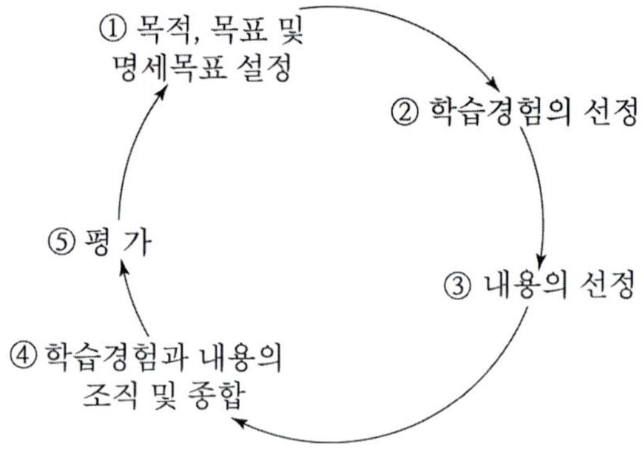

| 그림 4-2 | 휠러(Wheeler)의 모형

(2) 니콜스와 니콜스(Nicholls & Nicholls)의 모형

교육과정의 개발은 합리적 모형(타일러 모형)이 제시한 바와 같이 1회적으로 이루어지는 것은 극히 드물다. 교육과정 개발에서는 새로운 정보나 실제에 따라 항상 변화하는 상황을 지속적으로 반영해야 한다. 특히, 사회생활의 변화가 급속도로 진행되는 시대는 자칫 교육과정이 사회변화에 대응하지 못하게 되는 경우도 있다. 교육과정 개발은 사회의 필요에 따라 반응하고, 끊임없이 수정되어 나가야 한다. 이러한 관점에서 니콜스와 니콜스(Audrey Nicholls & S. Howard Nicholls; 1972, 1978)는 순환적 교육과정 개발모형을 제안하였다. 순환적 교육과정 개발모형은 교육과정의 요소를 상호 관련되고 의존적인 것으로 간주한다.

니콜스와 니콜스는 『교육과정 개발 : 실제적 지침』(*Developing a Curriculum : A Practical Guide*)이라는 저서에서 상황의 변화에 따라 새로운 교육과정을 필요로 하는 경우에 교육과정 개발의 논리적 접근의 필요성을 인식하고, [그림 4-3]과 같이 교육과정 개발이 ① 상황분석, ② 목표의 설정, ③ 내용의 선정과 조직, ④ 방법의 선정과 조직, ⑤ 평가 등의 요소들로 구성되어야 한다는 순환적 교육과정 개발모형을 제안하였다.

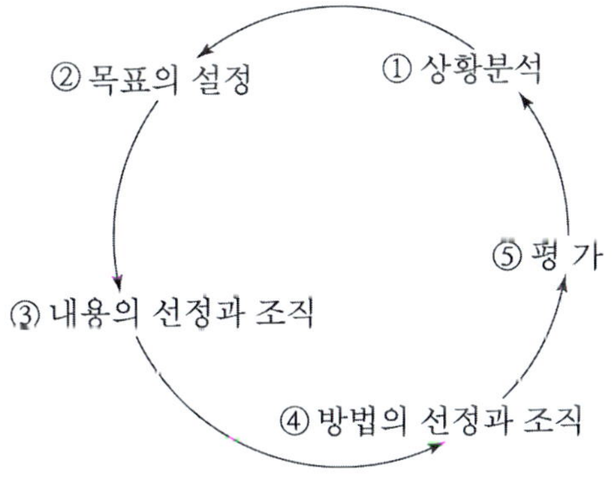

| 그림 4-3 | 니콜스와 니콜스(Nicholls & Nicholls)의 모형

이와 같은 니콜스와 니콜스의 모형은 앞의 네 가지 모형보다도 더욱 발전된 형태를 이루고 있으며, 특히 개발과정의 첫 단계로 '상황분석'을 강조하고 있는 점이 특징이다. 상황분석이란 개발되는 교육과정과 관련하여 학습자의 요구, 사회·문화적 환경이나 현실여건, 관련인사의 요구 등을 분석하는 예비

적 단계를 지칭한다. 니콜스와 니콜스의 모형은 합리적 모형에서 볼 수 없었던, 교육과정 개발의 예비 단계라고 할 수 있는 상황분석 단계를 도입함으로써 합리적 모형을 더욱 세련시켜 놓았다고 할 수 있다. 니콜스와 니콜스는 교육과정 개발과정에서 각 구성요소들로 넘어가기 이전에, 교육과정의 의사결정이 이루어지는 상황분석이 신중하게 이루어져야 함을 강조하였는데, 이는 학습자들의 요구에 보다 더 잘 대처할 수 있게 한다.

비록 앞 단계가 완성되어야 다음 단계로의 진전이 이루어질 수 있다는 것은 본질적으로 합리적 모형을 벗어나지 못하고 있으나, 교육과정의 각 요소들이 상호 관련되어 있고 상호의존적이며, 순환적 형태를 유지하고 있음을 간파한 것은 교육과정 개발에 있어 큰 진보라고 할 수 있다. 다음은 순환적 모형의 장점들을 열거한 것이다.

- 합리적 모형의 장점을 수용하면서, 상황변화에 따른 대처라는 합리적 모형의 단점을 보완한다.
- 상황분석 단계를 통해 효율적인 목표설정의 기초자료를 수집할 수 있다.
- 새로운 상황에 대처하고 변화하는 환경에 지속적으로 반응할 수 있다.
- 새로운 상황에의 대처와 교육과정 요소들을 변화시킬 수 있도록 허용하여 능력이 다양한 학생들을 위한 교육과정 개발에 쉽게 적용할 수 있다.
- 적용방법이 쉬워 경험이 적은 교사들도 직접 교육과정을 개발할 때 쉽게 적용할 수 있다.

반면, 순환적 모형은 위와 같은 장점이 있는 반면에 다음과 같은 문제점을 지니고 있다.

- 대부분의 교사들은 교육과정 개발시 상황분석보다는 자신들의 '경험에서 생긴' 직관에 의존하는 경향이 있어, 상황분석이 형식화될 가능성이 높다.
- 효율적인 상황분석이 이루어지기 위해서는 이에 많은 시간이 소요된다.
- 교육과정의 한 요소에 변화가 생기면 그것이 각 요소들에 영향을 미치는 모든 효과들을 확인하기 위해 순환적인 분석이 계속되어야 한다.

(3) 헌킨스(Hunkins)의 모형

헌킨스(Hunkins, 1980)의 교육과정 개발모형은 7개 주요 단계(교육과정의 개념화와 합법화, 교육과정의 진단, 교육과정의 내용 선정, 교육과정의 경험 선성, 교육과정의 이행, 교육과정의 평가, 교육과정의 유지)로 구성되어 있다[그림 4-4].

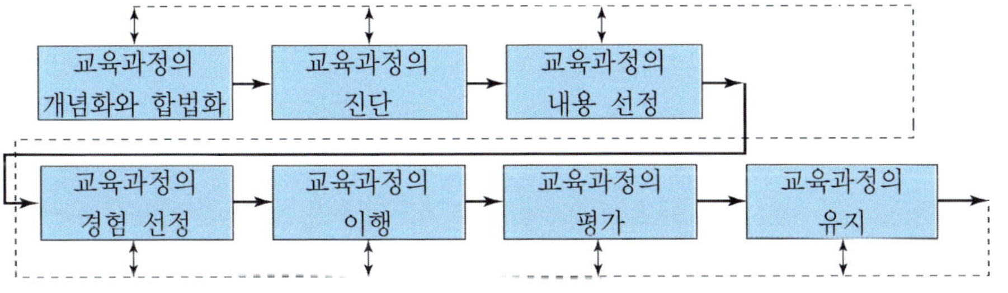

| 그림 4-4 | 헌킨스(Hunkins)의 모형

헌킨스 모형은 특히 다음과 같은 두 가지 점에서 여타의 모형들과는 다르다. 첫째, 헌킨스 모형은 각 단계마다 환류를 포함하고 있다. 이러한 환류는 교육과정 개발자로 하여금 교육과정 실행에 관한 의사결정의 적합성을 높일 수 있도록 해준다. 예를 들어, 어떤 단계에서 문제가 발생하게 되면 언제든지 이전 단계로 돌아가 수정하거나, 개념화와 합법화 단계로 돌아가 새로운 교육과정을 고려해 볼 수 있게 한다. 따라서 헌킨스 모형은 교육과정의 개발이나 의사결정의 과정은 단선적이기보다는 유동적이며 순환적인 특징을 갖는다.

둘째, 헌킨스 모형의 첫 번째 단계는 교육과정의 개념화와 합법화이고, 마지막 단계는 교육과정의 유지이다. 먼저, 교육과정의 개념화와 합법화 단계에서는 무엇을 추구해야 할 것인가와 같은 철학적인 질문을 제기하고, 그 질문에 대한 답을 모색함으로써 교육과정 개발의 필요성이나 방향을 결정하는 데 중요한 역할을 한다. 또한, 교육과정의 유지 단계 역시 독특하다. 일반적으로 교육과정의 평가가 교육과정 개발의 마지막 단계이므로 일단 평가결과가 특정 교육과정이 성공적임을 시사해 주면 교육과정 개발자들은 거기서 손을 놓게 된다. 그리고 교육과정이 유지되도록 의식적으로 노력하지 않는 한 특정 교육과정 프로그램은 일반적으로 사라지거나, 아니면 다른 프로그램의 일부로 유입된다. 그런데 헌킨스 모형에서 교육과정의 유지 단계는 교육과정체제와 해당 프로그램의 지속에 필요한 지원체제를 관리해 가는 다양한 활동을 시사하고 있다.

3) 실제적 교육과정 개발모형

실제적 교육과정 개발모형을 주창하는 학자들은 앞에서 제시한 전통적 교육과정 개발모형(합리적 모형)과 순환적 교육과정 개발모형이 교육과정 개발의 실제를 제대로 반영하는 데 실패했다고 지적하면서, 교육과정 개발과정을 결코 직선적이거나 순환적인 과정으로 간주하지 않고, 교사나 개발자들의 실제 행동을 그대로 잘 관찰·기술하여 그 역동적인 측면을 교육과정 개발에 반영해야 한다고 주장하였다.

(1) 슈왑(Schwab)의 모형 : 실제적·절충적 교육과정 개발모형

슈왑(Schwab, 1971)은 교육과정 전문가들이 이론적 문제에만 몰두하는 것에 대하여 비판하면서, 교육과정은 특정 상황에서 일어나는 실제적인 문제를 중심으로 개발되어야 한다고 역설하였다. 그는 교육과정을 교실의 전체적인 문화로 간주하면서, 교육과정은 그것이 활용될 특수한 상황에 초점을 맞추어 개발되어야 한다고 주장하였다. 이 경우 전체적인 교실문화에서 발생하는 것, 즉 학생에게 영향을 미칠 수 있는 교육과정의 공통적인 구성요인들(교사·학습자·교과·환경) 간의 상호작용을 고려해야 한다[그림 4-5].

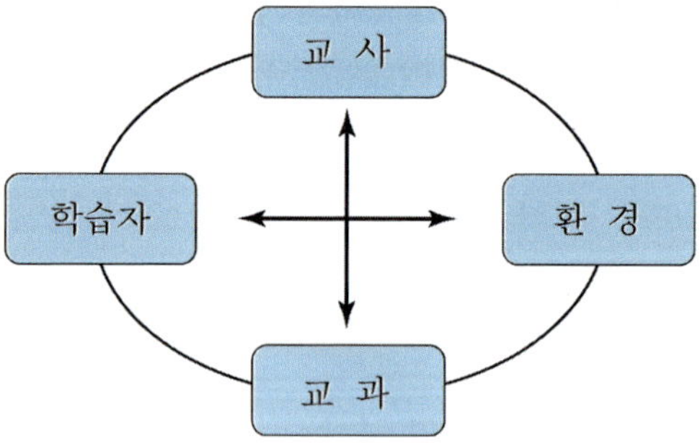

| 그림 4-5 | 슈왑(Schwab)의 모형

슈왑은 교육과정 개발의 공통요인(commonplaces)으로서 교사, 학습자, 교과, 환경 등을 들면서, 이들 네 가지 구성요소들 간의 끊임없는 상호작용의 결과에 의해 교육과정이 구성된다고 보았다. 그리고 이들 요소들이 동등한 비중으로 다루어져야 교육과정 개발이 잘 이루어질 수 있다고 주장하였다.

(2) 월커(Walker)의 모형 : 자연주의적 교육과정 개발모형

전통적 교육과정 개발모형(합리적 모형)은 주로 미국을 중심으로 발전·확산되었고, 순환적 교육과정 개발모형은 주로 영국과 호주를 중심으로 발전되었는데, 이 두 모형들은 교육과정 개발에 있어서 직선형이며, 계열적인 형태를 유지하고 있다. 이에 월커(Walker, 1971)는 특히 전통적 교육과정 개발모형에서는 단순히 기술적인 처방적 교육과정의 개발에 주된 관심을 갖고, 그 과정에서 반드시 있어야 할 의사결정을 위한 숙의(熟議, deliberation; 숙고)가 결여되어 있다고 비판하였다. 그는 교육과정 개발과정에서의 핵심적인 측면은 곧 숙의이며, 이는 지적인 탐구자들에 의해서 각기 수립된 규범적 기준의 활용에 기초하게 된다고 주장하였다. 숙의가 경험적 합의와 논리적 근거로 규정될 때 곧 선택의 합리화를 가져오는 데 있어 가장 설득력 있는 토대가 된다고 보았다. 이러한 점에서 월커를 포함한 개념적 경험주의자들은 교육과정의 실제적인 현상에 눈을 돌렸다. 즉, 교육과정의 현상에 관련된 개념이나 아이디어를 명확하게 하고, 교육과정의 문제해결을 위해서 교육과정 현상을 체계적·학문적으로 연구해야 한다고 보았다(구병두·김병준, 2007).

월커(Walker, 1971)는 교육과정 개발이 어떤 교육과정 요소로도 시작할 수 있고, 어떤 순서로 진행되어도 무방하다고 주장하였다. 그는 슈왑의 견해를 계승한 교육과정 개발과정에 대한 자신의 관찰과 거기에 직접 참가한 사람들의 활동 및 교육과정 개발자료에 대한 분석을 근거로, 학교교육과정 개발과정이 강령, 숙의, 설계의 세 가지 요소로 이루어진다는 교육과정 개발모형을 제안하였다[그림 4-6].

첫째, 강령(platform; 기초, 정강)의 단계로서, 교육과정 개발의 출발점이라고 할 수 있는 공통기반을 모색하는 것을 말한다. 강령은 교육과정 개발자들이 교육과정을 개발할 때 품고 있는 ① 신념과 가치(철학), ② 이론, ③ 관점, ④ 아이디어와 개념, ⑤ 목적과 목표, ⑥ 선호성과 우선순위 등으로 이루어진 '선행경향성'을 의미하는데, 이는 바로 교육과정 개발의 기초(정강)가 된다. 이러한 강령을 토대로 개발자들은 추후 교육과정에 대한 의사결정과 판단을 내리게 된다.

둘째, 숙의(deliberation; 숙고)의 단계로서, 교육과정 개발자들은 교육과정에 대한 공통부문을 찾기 위해 상호 의견을 교류하면서 강령들에 대한 주장·수락·변환·조정·실제상황에의 적용 등을 통해 합의를 이끌어 낸다. 여기에

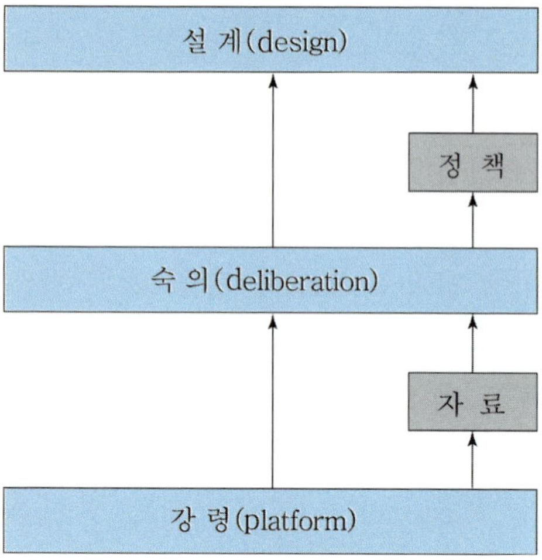

| 그림 4-6 | 월커(Walker)의 모형

서는 여러 대안들 중 가장 현실적인 대안을 찾아내게 된다.

셋째, 설계(design)의 단계로서, 여기에서 개발자들은 논의를 통해 교육과정의 구성요소들에 관한 최종적인 의사결정을 내리며, 구체적인 교육프로그램을 마련하게 된다. 교육과정의 설계는 일련의 의사결정을 통해 점차 구체화된다.

월커의 모형은 숙의과정을 강조하는 모형으로서, 교육과정 개발에 참여한 사람들의 의견이 타협되고 조정되는 과정을 강조한 점이 그 특징이라 할 수 있다. 여기에서는 결과보다는 의사결정의 과정이나 절차에 초점을 두고 있기 때문에 자연주의적(naturalistic) 또는 과정지향적(process-oriented)인 성격을 지닌다. 특히, 교육과정 개발의 출발점이 교육과정 개발을 위한 교육자의 신념체계나 집단구성원들의 신념, 태도, 아이디어, 이상, 희망 등으로 교육과정 계획에 있어서 획득해야 할 것으로, 미리 결정된 정보보다는 학습자의 흥미, 요구, 관심사를 더 중요하게 생각한다. 또한, 수업내용과 방법, 수업절차 등을 보다 현장에 맞게 진술하고 정련시키는 데 많은 시간을 투자하기 때문에 보다 현장에 적절한 교육과정을 개발할 수 있다. 하지만 어떻게 목표를 구체화할 것인가, 어떤 교육내용을 선정할 것인가, 어떤 방법을 활용할 것인가 등과 같은 문제는 여전히 남아 있기 때문에 오히려 타일러 모형을 더 확장시킨 것으로 볼 수 있다(Posner, 1988). 자연주의 교육과정 개발모형의 장·단점들을 열거하면 다음과 같다.

■ 자연주의 교육과정 개발모형의 장점

- 보다 현실적이고 창의적인 교육과정을 개발할 수 있다.
- 교육과정 구성요소의 어느 시점에서도 시작할 수 있으므로 융통성을 갖는다.
- 교육과정 개발의 과정에서 실지로 일어나는 것들을 확인할 수 있다.

■ 자연주의 교육과정 개발모형의 단점

- 비체계적인 접근방법을 취하고 있으므로 운영 실제에 있어서는 혼란을 야기할 수 있다.
- 논리적 계통을 따르지 않고, 숙의의 과정에서 많은 시간을 소요하게 되어, 교육과정을 효과적으로 개발하는 데 자칫 시간 낭비가 클 수 있다.

(3) 스킬벡(Skilbeck)의 모형 : 상호작용적 교육과정 개발모형

타일러의 합리적 모형은 직선적 개발모형이며, 목표설정에서 상황분석(요구분석)의 과정을 하나의 중요한 활동으로 인정하지 않았다. 스킬벡(Skilbeck, 1976)은 타일러가 소홀히 여겼던 이러한 상황분석과정을 매우 중요한 활동으로 간주하였다. 그는 교육과정 개발의 출발점을 추상적 상황에서 목표를 설정하는 것이 아니라 교육 관련 외적·내적 제반 상황에 중점을 둔 '학교중심 교육과정 개발모형'을 제안하였다.

스킬벡이 제안한 상호작용적 교육과정 개발모형은 다음의 두 가지 측면에서 타일러의 모형과 차이가 있다.

첫째, 교육과정의 개발에서 상황분석의 단계를 추가하였다. 상황분석이란 교육과정이 개발되는 이데올로기, 인식론적·심리학적·사회적·관리중심적 맥락, 교육과정 개발자의 내적 신념·기대·욕구와 한계 등을 종합적으로 검토하는 것을 말한다. 이는 교육과정이 학교, 교사, 학생의 개별적 특성에 따라 달리 구성되어야 한다는 점을 강조한다. 이로써 보편적인 특성을 지닌 교육과정을 개발하고자 한 타일러의 모형과는 근본적인 차이를 보인다.

둘째, 스킬벡은 교육과정 개발자가 지각한 요구에 적절하다고 판단하는 시점에서 교육과정의 개발을 시작하라고 권고하였다. 교육과정 개발자는 일정한 순서에 상관없이 개발과정을 거칠 수 있을 뿐만 아니라 심지어는 몇몇 단계를 결합하여 실행할 수도 있다. 이 점이 가장 주목할 만한 점인데, 이로 인해 타일러 모형의 틀은 깨지고, 처방적 모형은 보다 개방된 상호작용적 모형으로 대치되었다.

[그림 4-7]은 스킬벡이 제안한 교육과정 개발모형을 도식화한 것인데, 교육과정 개발모형의 단계별 과업을 차례대로 논의하면 다음과 같다.

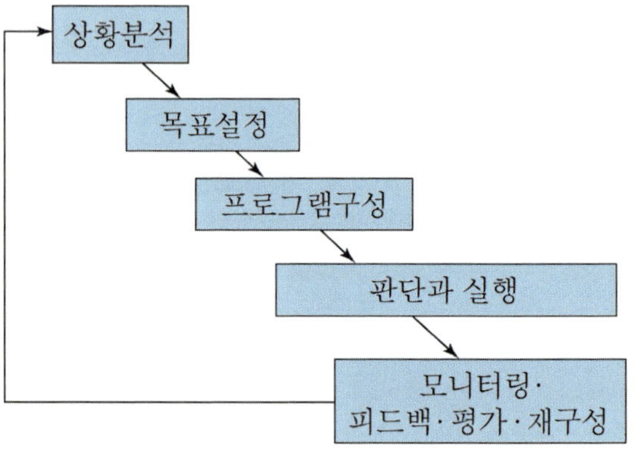

| 그림 4-7 | 스킬벡(Skilbeck)의 모형

첫째는, 상황분석 단계로서, 이는 스킬벡 모형의 가장 큰 특징이라고 할 수 있는데, 여기에서는 교육과정 개발상황을 구성하고 있는 외적·내적 요인들을 분석하게 된다. 먼저, 외적 요인으로는 학부모의 기대, 지역사회의 가치·변화하는 인간관계·이데올로기 등과 같은 사회문화적 특성, 교육체제의 요구, 변화하는 교과의 성격, 교사지원체제 등을 들 수 있다. 그리고 내적 요인으로는 학생의 적성·능력·교육적 요구, 교사의 가치관·태도·기능·지식·경험, 학교의 환경과 정치적 구조, 교육시설 및 설비, 교육과정 내에 존재하는 문제점 등을 들 수 있다.

둘째는, 목표설정단계로서, 여기에서는 예견되는 학습결과를 구체적으로 진술함으로써 교사와 학생의 행동을 강화할 수 있는 목표를 설정하게 된다. 목표는 어디까지나 상황분석에 기초하며, 교육활동의 방향을 제시하기 위한 가치와 판단을 포함한다.

셋째는, 프로그램구성 단계로서, 교수-학습활동의 내용·구조·방법·범위·계열성 등의 설계, 수업자료(키트, 자원, 교재 등에 관한 상세한 목록)의 구비, 적절한 시설환경(실험실, 작업실, 공작실 등)의 설계, 인적 구성과 역할 부여, 시간표 짜기 등을 수행하게 된다.

넷째는, 판단과 실행 단계로서, 여기에서는 교육과정의 변화를 일으키는 문제들을 판단(규명)하고, 그 해결을 실행하게 된다.

다섯째는, 모니터링·피드백·평가·재구성 단계로서, 여기에서는 교육과정 개발에 대하여 계속 모니터링을 하고, 그에 따른 피드백 평가를 수행할 뿐만 아니라, 그 결과를 토대로 교육과정을 재구성하는 활동이 이루어지게 된다.

이처럼 스킬벡의 개발모형은 절차적 성격을 띠고는 있으나, 개발자의 의도에 따라 어느 단계부터든 시작할 수 있다. 즉, 교육과정 개발자는 개발과정을 유기적 과정으로 보고, 다른 요소와 측면을 동시에 고려할 수 있다.

(4) 자이스(Zais)의 모형

자이스(Zais, 1976)의 교육과정 개발모형은 교육과정의 구성요소들 및 그 요소들의 설계에 영향을 미치는 중요한 요인들을 잘 표현해 주고 있다. 이 모형에서 의도한 것은 교육과정 개발자가 교육과정 구성에서 고려해야 할 주요 변인들과 그들의 관계를 역동적으로 보여주기 위한 것이다[그림 4-8].

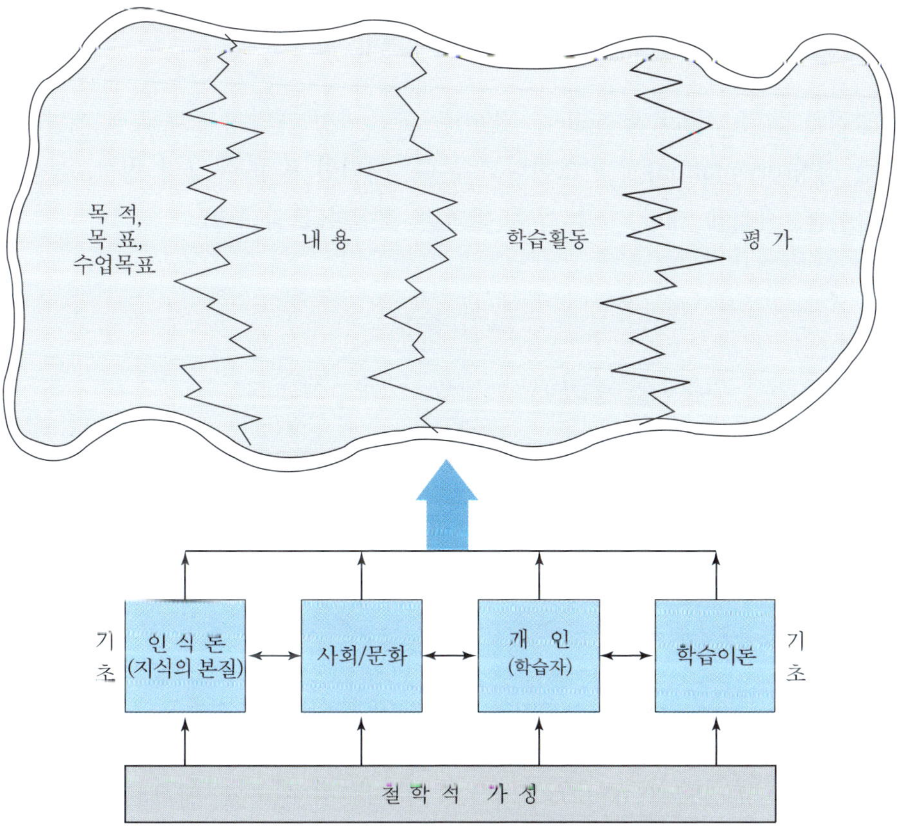

| 그림 4-8 | 자이스(Zais)의 모형

여기에서 교육과정은 이중선에 의해 띠 모양으로 둘러싸인 모습으로 나타난다. 이중선 내에 있는 교육과정의 구성요소는 들쭉날쭉한 톱니모양의 선에 의

해 구분되는데, 이는 구성요소들 간의 관련성을 강조한 것이다.

그리고 아랫부분에 위치해 있는 네 개의 기초블록을 교육과정에 연결시키는 큰 음영 화살표는 교육과정의 기초(인식론[지식의 본질], 사회/문화, 개인[학습자], 학습이론)가 교육과정 구성요소의 내용과 조직에 미치는 영향을 나타낸다. 예를 들어, 교육과정을 '식물'로 비유하면 기초블록은 그것의 본질을 결정하는 토양과 환경을 의미한다고 말할 수 있다.

한편, 각 기초블록들은 쌍화살표에 의해 연결됨으로써 상호 관련성을 갖게 된다. 그리고 그 기초블록들 아래는 넓은 영역의 철학적 가정이 존재하는데, 이는 의식적 혹은 무의식적으로 기초에 대한 가치판단에 영향을 미치게 된다.

(5) 밀러와 셀러(Miller & Seller)의 모형

밀러와 셀러(Miller & Seller, 1990)는 교육과정 개발이 교육과정 개발자의 특정 정향(orientation)에 기초한다고 본다. 이러한 정향은 그의 철학, 심리학, 학습이론, 사회에 대한 시각 등을 반영한 것이다[그림 4-9].

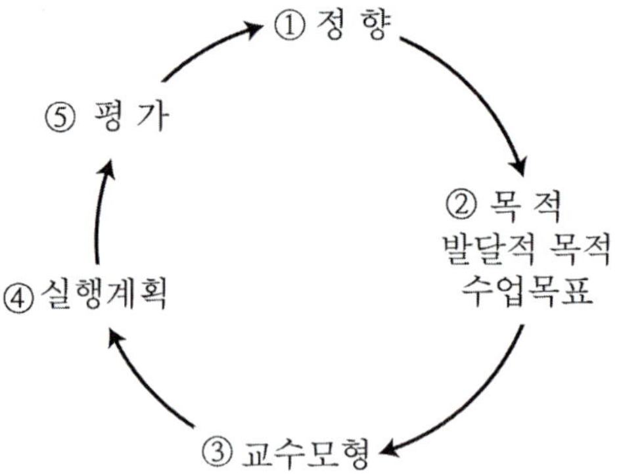

| 그림 4-9 | 밀러와 셀러(Miller & Seller)의 모형

첫 번째는 교육과정 개발자의 정향과 그 정향의 철학적·심리학·사회적 바탕을 분석한다. 두 번째는 그 정향에 근거하여 목적과 발달적 목적 및 수업목표를 설정한다. 세 번째는 교수모형(학습경험과 교수전략)을 결정한다. 네 번째는 실행계획단계로 교육내용을 채택하고, 이를 교사의 행동목록 속에 통합한다. 다섯 번째는 평가단계로 교육과정이 효과적으로 가르쳐졌는지를 확인하

기 위한 평가지침 등을 마련한다. 전달중심 교육과정(transmission curriculum)에서는 매우 구조화된 평가기법이 사용되나, 이러한 변형중심 교육과정(transformation curriculum)에서는 구조화되거나 표준화된 평가기법보다는 교육비평과 같은 비구조화된 질적 평가가 선호된다.

(6) 브래디(Brady)의 모형 : 상호작용적 교육과정 개발모형

타일러(Tyler)의 합리적 모형(목표중심 모형)의 문제점을 극복하기 위한 대안으로 1970년대부터 등장한 상호작용적 교육과정 개발모형은 교육과정의 구성요소들 간의 역동적인 상호 관련성을 강조한다.

브래디(Brady, 1992)는 교육과정 개발모형으로서 합리적 모형과 상호작용적 모형이 교육과정 개발의 기본접근을 대표한다고 보았다. 그는 교육과정 개발의 연속선의 한쪽 끝에는 고정된·융통성 없는 합리적 모형을, 또 다른 한쪽 끝에는 자유롭고 유연한 상호작용적 모형을 놓고, 다른 여타의 교육과정 개발모형은 연속선 양극단 사이에 놓일 수 있다고 보았다.

상호작용적 교육과정 개발모형에서는 교육과정 개발이 어떤 요소에서든지 시작될 수 있는 자유스러움과 역동성을 허용한다. 즉, 합리적 모형처럼 교육목표로부터 고정된 순서나 후속적인 절차에 따라 교육과정이 구성되는 대신에, 상황(개발자나 학습자의 특성이나 여건)에 맞게 교육과정의 구성요소(교육목표 설정, 교육내용 선정, 교육내용 조직, 교육평가) 중 어디서든 시작할 수 있으며, 개발과정 중에도 그 순서를 자유롭게 바꿀 수 있다. 또한, 요소들 간의 작용에 따라 환류되고 개선되는 절차를 밟을 수 있다[그림 4-10].

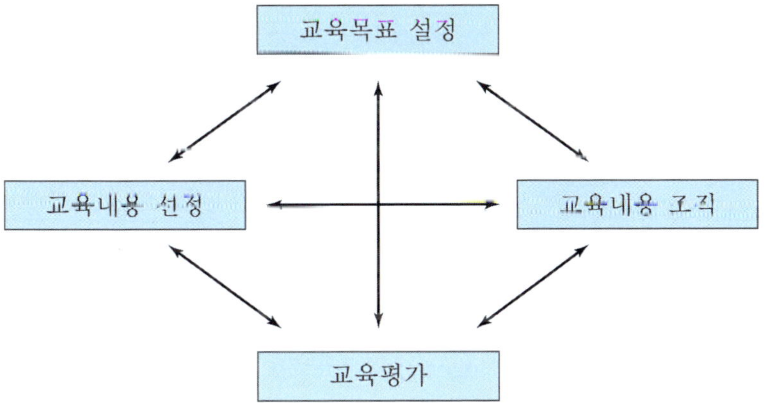

| 그림 4-10 | 브래디(Brady)의 모형

상호작용적 교육과정 개발모형에서 교육과정 구성요소 간의 역동적 관계가 강조되는 이유는 각 학교의 여건을 고려하는 교육과정을 개발하기 위해서는 합리적 모형처럼 논리적이고 직선적인 관계가 아니라, 보다 유연한 시스템이 요구되기 때문이다. 이는 교육과정의 한 구성요소가 변하면 다른 요소들도 그에 따라 변화되어야 한다는 것을 의미한다. 교육과정의 어떤 구성요소로부터도 시작할 수 있는 이러한 모형은 학교에서 일어나는 교육과정 개발의 현상을 잘 보며, 실제를 더 잘 반영할 수 있게 해준다.

따라서 상호작용적 교육과정 개발모형에서는 학교의 제반 상황의 변화에 적절히 대응하여 교육과정의 개발순서를 변경하는 것이 가능하다는 이점이 있다. 교육과정 개발자는 교육과정의 구성요소들 사이에서 자유롭게 이리저리 옮겨갈 수 있으며, 고정된 절차에 구속되지 않기 때문에 그 시점에서 언제든지 그가 원하는 것을 추구할 수 있으므로 교육과정의 개발에 있어 융통성과 창의성을 발휘할 수 있다. 반면, 상호작용적 모형은 합리적 모형처럼 논리적·합리적이지 않고, 교육목표를 처음에 설정하지 않는 경우도 많으므로 타당한 교육내용을 구체화하는 데 어려움이 있다는 문제점도 가지고 있다.

4) 비체계적 교육과정 개발모형

비체계적 교육과정 개발모형은 논리적 합리성(객관성)을 강조하는 체계적 접근과 달리, 주관적·심미적·총체적이면서 상황변화적인 융통성을 강조한다. 따라서 비체계적 교육과정 개발모형의 핵심적인 전제는 미리 정해진 교육목적에 대한 도전에서 출발하며, 논리실증적인 입장, 즉 '어떤 것이라도 존재한 것이라면 지각될 수 있고, 따라서 측정할 수 있다'는 가정에 대한 도전으로부터 시작한다.

이 개발모형에서는 인간이 하나의 기계가 아니라, 살아 있는 유기체로 간주되며, 교육과정 활동의 주요 초점을 '내용'이 아니라 '개인'으로 본다. 교육과정은 학생들에게 성찰을 위한 기회와 의미창조에 역동적으로 참여할 수 있는 기회를 제공해야 한다.

이러한 접근에 해당하는 개발모형으로는 ① 웨인스타인-판티니(Weinstein & Fantini)의 모형, ② 아이즈너(Eisner)의 모형, ③ 코넷(Cornett)의 개별적·실천적 개발모형, ④ 로저스(Rogers)의 개인상호적 관계모형, ⑤ 구성주의 모형 등을 들 수 있다.

(1) 웨인스타인-판티니(Weinstein & Fantini)의 모형 : 정의적 교육과정 개발 모형

웨인스타인-판티니(Weinstein & Fantini, 1970)의 정의적 교육과정 개발모형에서는 무엇보다도 학습자의 관심을 확인하고 진단하여 그 관심에 근거하여 교육과정을 개발해야 한다는 점을 강조하며, 인지적 영역과 정의적 영역의 교육과정을 통합하는 융합교육(confluent education)의 입장을 취하므로 기존의 교과교육과정에 정의적 구성요소를 통합시키는 데 중점을 둔다. 이 모형은 인지적 영역(지적인 인식과 능력)과 정의적 영역(감정, 태도, 가치)을 통합하는 데 목적을 둔다.

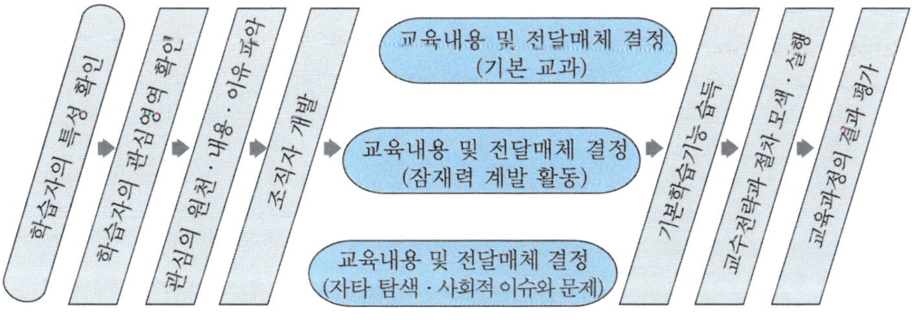

| 그림 4-11 | 웨인스타인-판티니(Weinstein & Fantini)의 모형

첫째 단계는 학습자의 특성을 확인하는 것으로, 그의 발달상태, 사회경제적 지위, 지리적·문화적·인종 및 민족적 특성 등을 파악하는데, 여기에서는 학생의 개인적 특성보다는 집단의 공통적 특성을 확인하는 데 중점을 둔다.

둘째 단계는 학습자의 관심영역 확인으로, 관심과 흥미를 구별한다. 관심은 단순한 흥미 혹은 느낌보다 더 깊고 포괄적이라고 볼 수 있는데, 학습자의 관심은 그가 말하는 것들이나 기록한 것들을 통해 확인할 수 있다.

셋째 단계는 학습자 관심의 원천과 내용 및 이유를 파악(진단)한다. 이러한 파악을 통해 교사는 학습자의 관심을 충족시킬 교수전략을 위한 아이디어를 개발하게 된다. 여기에서는 학생이 진술한 것의 그 이면까지를 파악해야 한다.

넷째 단계는 학습자의 관심을 구체적으로 파악한 후 교사는 학생의 관심을 충족시킬 일련의 아이디어들을 결합시키는 조직자를 개발한다. 조직자는 특정한 교육내용이 개발되는 근본적인 아이디어, 원리, 개념 등으로 정의된다. 조직자는 학문적 교과보다는 학습자의 관심사에 기초하여 선택되어야 한다.

예를 들어, “소용없어. 내가 할 수 있는 일은 아무것도 없어”라고 중학생이 말했을 때 이는 그가 과보호상황에서 살아가고 있다는 것을 함축하고 있으나, 초등학생이 그렇게 말하였을 때는 보호와 지원이 부족함을 의미하는 것으로 볼 수 있다. 따라서 학생이 같은 진술을 한다고 하더라도 교사는 다른 수업전략을 선정·실행하여야 한다. 전자의 경우 교사는 학생이 자신감을 키울 수 있도록 개인적인 결정을 내릴 수 있는 기회를 제공하는 것이 좋다. 그러나 후자의 경우에는 학생이 다른 사람들과 함께 일하게 함으로써 보다 강한 자신감을 가질 수 있는 수업전략을 구사하는 것이 좋다. 이처럼 학생의 자신감을 증가시키기 위한 접근은 그의 관심 파악(진단)의 결과에 따라 달라져야 한다.

다섯째 단계는 조직자를 토대로 교육내용 및 전달매체를 결정해야 한다. 앞 단계에서 확인된 조직자는 교육내용과 절차를 엮는 실마리가 된다. 여기에서 교육내용은 크게 세 가지로 구분되는데, 첫째 영역은 읽기, 쓰기와 같은 ‘기본교과’로 구성되며, 둘째 영역은 학습자들의 ‘잠재력 계발 활동’으로 구성되고, 셋째 영역은 집단탐구와 관련되는 내용으로서 ‘자신과 타인에 대한 탐색 및 사회적 이슈와 문제’로 구성되는데, 이들을 통해 학생들은 대인관계에 필요한 감정과 관심사를 보다 분명하게 파악할 수 있게 된다.

여섯째 단계는 선택된 교육내용을 학생이 학습하기 위해 요구되는 읽고 쓰는 것과 같은 기초기능과 문제해결기능 그리고 학습하는 방법 및 자아인식기능 등의 기본학습기능을 습득하도록 도와주어야 한다.

일곱째 단계는 조직자(조직된 아이디어), 교육내용 및 전달매체, 기본학습기능을 고려하여 적절한 교수전략과 절차를 모색·실행해야 하는데, 어디까지나 교수전략과 절차는 학생의 학습스타일에 맞추어 결정되어야 한다. 선택된 교수전략과 절차가 무엇이든지 간에 교사는 학습자를 정서적으로 지지해 주는 상호작용체제를 활용하여 실행해야 하는데, 여기에서는 무엇보다도 자아존중감을 증진시키는 데 중점을 두어야 한다.

여덟째 단계는 학생의 행동이 변화되었는가와 같은 질문을 통해 교육내용은 최선이었는지, 교수전략과 절차는 정의적 목적을 성취하는 데 효과적이었는지 등을 분석함으로써 교육과정의 결과(효과)를 평가해야 한다.

웨인스타인-판티니의 정의적 교육과정 개발모형의 특징은 학습목표의 원천을 교육내용 혹은 사회가 아닌 학습자에 두고, 학습자의 관심(요구와 흥미)을 강조한다는 점에 있다. 그러나 이 모형은 학생 개개인의 관심과 성장을 지나치게 강조한 나머지, 전체 사회구조 속에서 이루어지는 교육의 본질에 대한 전반적 이해가 소홀히 될 수 있다는 문제점이 있다.

(2) 아이즈너(Eisner)의 모형 : 예술적 교육과정 개발모형

아이즈너(Eisner, 1994b)는 1960년대부터 유행했던 행동적 목표의 설정에 의한 교과중심의 교육에 대하여 비판하고 경험적-분석적 교육연구방법의 결함을 지적하면서, 교육에 대한 질적 접근의 필요성을 주장하였다. 또한, 그는 사회적 실재란 그 안에 살고 있는 사람들에 의해 끊임없이 구성 및 재구성되는 것이라고 보았으며, 사회적 실재를 협의적이고 주관적이며 구성적이고 다원적인 것으로 묘사하였다. 그리고 개인이 의미를 구성하는 방법도 매우 다양하다고 주장하였다. 따라서 그는 교육과정에 대한 의사결정을 하는 사람도 실재에 대한 다양한 시각을 표현하는 예술가와 같은 사람이 되어야 한다고 말하면서, 교육과정 개발은 예술가가 상상력을 발휘하듯이 교육적 상상력(educational imagination)을 발휘하는 과정으로 이루어져야 한다고 주장하였다.

아이즈너는 교육적 상상력을 통한 교육과정 개발에 대한 새로운 관점을 제시하였다. 그는 행동적 목표를 중심으로 개발되는 교육과정 절차의 과학성을 인정하고는 있으나, 학교교육과정에서 의도하는 교육결과는 그보다는 훨씬 복잡하기 때문에 교육적 의도에 맞게 교육적 상상력을 동원하여 최선의 프로그램을 개발해야 한다고 주장하였다. 그에 의하면, 교육과정의 개발은 교육적 상상력을 발휘하는 과정이며, 예술적 성격을 띠어야 한다.

아이즈너는 예술적 교육과정 개발의 절차를 크게 일곱 단계로 구분하였는데, 먼저 이를 간략히게 정리하면 [그림 4-12]와 같다.

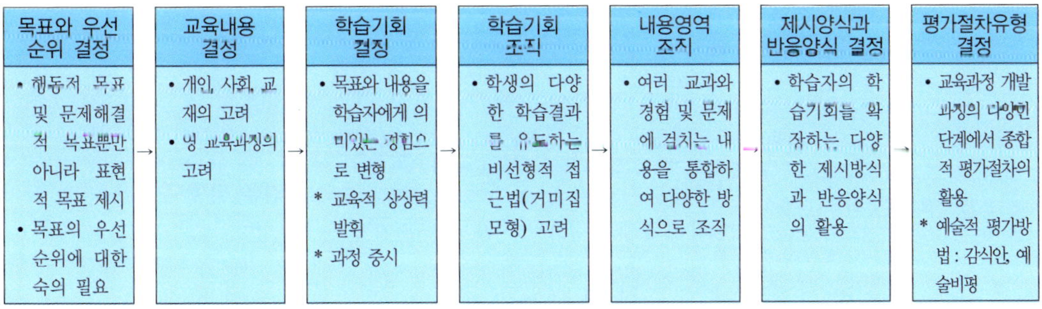

| 그림 4-12 | 아이즈너(Eisner)의 예술적 교육과정 개발절차

① **목표와 우선순위 결정**: 예술적 교육과정 개발모형 및 예술비평 평가모형의 창안자로 잘 알려진 아이즈너(Eisner, 1994)는 모든 학교에서 세 가지 교육과정, 즉 표면적 교육과정(명시적 교육과정)과 잠재적 교육과정(암시적 교육과정) 및 영 교육과정을 가르치고 있다고 주장하였다. 한편, 그는 학교현장에서 상정되는 교육목표의 유형을 행동적 목표, 문제해결적 목표, 표현적 목표의 세 가지로 분류하였다[그림 4-13].

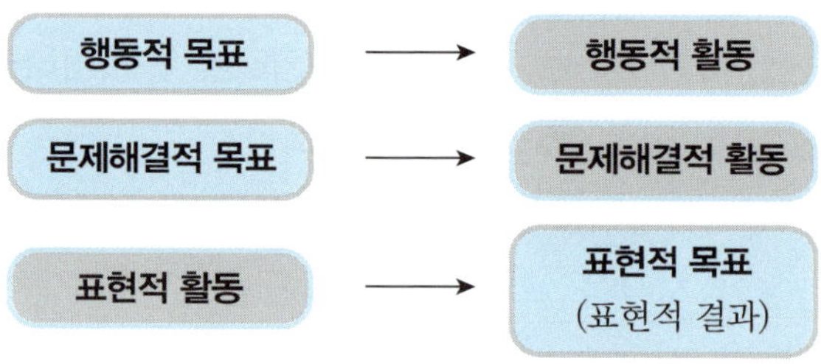

| 그림 4-13 | 교육목표의 유형

첫째, '행동적 목표'(behavioral objective)는 수업활동이 전개되기 이전에 미리 설정됨으로써 어떤 교육내용(학습내용, 학습경험)을 통하여 어떠한 구체적인 학습활동이 일어나야 되는지를 명시적으로 안내해주는 역할을 한다. 예를 들어, '두 자릿수 더하기 문제 10개를 계산기 없이 풀어 적어도 7개 이상의 문제의 답을 맞힐 수 있다'는 행동적 목표는 학습자들이 어떤 내용을 가지고 어떤 행동을 해야 할 것인지를 명시적으로 안내(지시)하게 된다.

그러나 아이즈너는 실제 전개될 수업활동은 매우 복잡하고 역동적이기 때문에 수업이 종료된 후 학습자들이 달성하게 될 모든 것을 수업을 시작하기 전에 미리 행동적 목표의 형태로 구체화하여 진술하는 것은 거의 불가능하다고 주장하였다.

* **실례** : 운동장에서 100m 거리를 14초 이내에 달릴 수 있다.
장난감을 가지고 논 후 6하 원칙에 맞추어 소감을 말할 수 있다.
A4용지 1장 분량으로 부모님께 편지를 쓸 수 있다.

둘째, 문제해결적 목표(problem-solving objective)는 학습자들이 주어진 문제를 해결하는 과정에서 성취하게 되는 목표를 말한다. 학교의 교육장면에서는 학습자들에게 필요한 모든 것을 예측하여 준비시킬 수 없다. 행동적 목표의 경우처럼, 미리 정해져 있는 해결책을 찾아내도록 요구하는 것이 아니라, 교사는 학습자들이 학습과정에서 정해지지 않은 수많은 해결책들 중 하나 또는 그 이상을 스스로 찾아내도록 유도할 필요도 있다. 이러한 맥락에서 본다면 수업사태에서는 오히려 문제해결적 목표를 미리 상정할 필요가 없는 경우가 많다. 학습자들이 주어진 문제에 대한 해결책들을 탐색하고 최선의 해결책을 실행해 보도록 유도하기 위해서는 그들 스스로 문제를 해결할 수 있는 다양한 활동을 수행하도록 허용해야 하며, 그 해결기준이 사전에 구체적으로 설정되지 않을 때 오히려 더 다양하고 더 좋은 해결책을 찾아 실행할 가능성이 그만큼 높아진다.

* **실례** : 몸이 불편한 친구를 돕기 위한 방법을 실천할 수 있다.
한정된 예산의 범위 내에서 학습효과를 최대화할 수 있는 도서를 구입할 수 있다.

셋째, '표현적 목표'(expressive objective)는 정확히 말하면 '표현적 결과'(expressive outcome)라고 명명하는 것이 타당한데, 이는 학생들이 특정의 예술활동이나 창작활동을 수행한 후에 얻어지는 산물을 지칭한다. 예술영역의 교과나 단원에서는 행동적 목표의 설정이 불가능하거나 창조성과 독창성에 대한 평가기준으로는 행동적 목표가 부적절한 경우가 많다. 수업활동에서 구체적인 목표를 미리 설정하지 않고 특정의 학습활동을 수행하는 도중 또는 종료 후에 바람직한 그 무엇을 얻을 수도 있으므로 표현적 목표, 즉 표현적 결과를 상정할 수 있다. 행동적 목표와 문제해결적 목표(문제해결적 목표는 위에서 언급한 바와 같이 미리 설정할 필요가 없는 경우가 많지만)는 그 설정 이후 학습내용과 활동에 대한 계획이 수반되는 반면, 표현적 목표는 특정의 학습활동을 수행한 후에 얻어지는 결과라는 점에서 구별된다. 예를 들어, 학생들이 영화를 볼 때 어떤 목표를 세우고 그것을 관람하는 것이 아니라, 영화를 보는 도중 또는 본 후에 어떤 유익한 결과를 얻게 되는 것처럼, 교육활동에 있어서도 동물원 관람이나 주말캠핑과 같은 활동 이후에 그 과정을 통해 얻어지는 것을 표현적 목표(표현적 결과)라고 볼 수 있다. 교사는 물론 이와 같은 표현적 목표를 어느 정도 예측하여 학생들이 교육적으로 바람직한 활동에 참여하도록 유도해 주어야 한다.

> * **실례** : 재활용 재료를 활용하여 원하는 것을 만들 수 있다.
> 자신의 신체를 활용하여 아름다움을 표현할 수 있다.
> 우리나라 역사이야기를 듣고 자신의 느낌을 말할 수 있다.

수업사태에서 '문제해결적 목표'와 '표현적 목표'가 '행동적 목표'보다 중요한 이유는 행동적 목표가 정해진 해결책을 찾아내기 위해 그 해결책에 도달하기 위한 과정만을 상정하게 되지만, 문제해결적 목표와 표현적 목표는 해결책이나 답을 미리 알리지 않음으로써 학습자들이 학습과정에서 정해진 해결책에 도달하는 경우보다 더 많은 과정과 해결책을 생각하게 될 것이기 때문이다. 또한, 그에 따라 주어진 문제에 대해 여러 각도로 생각해 볼 수 있는 능력이 길러지며, 해결책이 사전에 주어지지 않은 상황에서 문제를 해결해 나가는 능력도 더 길러질 수 있기 때문이다.

아이즈너는 교육과정에 포함되는 여러 교육활동에 대해서 어떤 구체적인 목표를 미리 설정할 수 없는 경우가 많으며, 이러한 상황에서는 교수활동이 전개된 이후 종합적이고 개방적인 용어로 표현되는 목표를 상정하는 것이 더 타당하다고 주장하였다. 나아가 그는 교육목표의 상정이 반드시 교수활동 이전에 이루어질 필요는 없으며, 그 과정 중에 형성될 수도 있다고 덧붙였다.

끝으로, 아이즈너는 교육장면에서는 교육과정관, 교과의 성격, 교사와 학생의 요구 및 관심사, 학교실정 등에 따라 다양한 형태의 목표들이 설정되거나 상정될 수 있으나, 수업사태에 따라 행동적 목표, 문제해결적 목표, 표현적 목표의 비율은 신축성 있게 달라져야 하며, 이들 목표들 중 어느 것도 소홀히 여기거나 무시되어서는 안 된다고 주장하였다. 그리고 다양한 여러 가지 목표들이 도출·상정될 경우에는 그 소망정도와 중요성 및 긴급성 등에 비추어 그들 간의 우선순위를 결정하여 학습자들이 우선적인 성취를 이루도록 도움을 주어야 한다고 역설하였다.

② **교육내용결정** : 아이즈너는 목표를 달성하기 위하여 어떤 내용이 포함되어야 하는가를 목표 자체가 전적으로 처방해 주지 않기 때문에 교육과

정 구성에 있어서 내용결정의 문제는 중요하다고 보았다. 교육내용을 결정할 때 기준이 될 수 있는 것은 그 내용이 목표달성에 유용한 것이어야 한다는 점과, 그 내용이 학생들에게 의미 있는 것이어야 한다는 점이다.

한편, 그는 전통적·학문적 교과만을 교육과정으로 구성하는 것에 대하여 비판을 가하면서, 대중문화와 같은 아주 중요하면서도 학교교육과정에서 전통적으로 배제되어 왔던, 즉 영 교육과정(null curriculum)도 신중하게 고려해야 한다고 주장하였다.

③ **학습기회(학습경험) 결정** : 교육과정의 개발에 있어서 목표와 내용이 결정되었다고 모든 것이 끝난 것은 아니다. 목표와 내용이 학생들에게 교육적 결과(성과)를 가져올 수 있도록 교육적 상상력을 발휘해야 하는데, 여기에서 중요한 것은 목표와 내용을 학생들에게 의미있는 경험으로 변형시켜 제공하는 것이다. 여기에서 교육적 상상력이란 교사들이 학생들에게 의미 있고 만족스러운 다양한 학습기회(학습경험)를 제공할 수 있도록 목표와 내용을 학생들에게 적합한 형태로 변형할 수 있는 전문성을 발휘하는 것을 말한다.

학습내용을 토대로 경험할 기회를 어떻게 설정하는가 하는 문제는 궁극적으로 교육내용의 성격에 달려 있지만, 같은 내용이라도 다른 형태로 나타낼 수 있다. 이것은 학습기회를 설정하는 교사의 교육에 대한 관점이나 선호에 의해 좌우된다. 즉, 과정을 중시하는 교사는 탐구정신을 길러줄 수 있는 학습경험이 선정되어야 한다고 주장하는 반면, 결과를 강조하는 교사는 이미 선행연구들을 통해 밝혀진 사실들이나 결론을 학생들이 수용하도록 돕는 학습환경을 선호한다.

④ **학습기회(학습경험) 조직** : 교육과정을 조직화(계열화)하는 데에는 두 가지 형태가 있는데, 하나는 '계단식 모형'(staircase model)이고, 다른 하나는 '거미집 모형'(spiderweb model)이다. 먼저, 계단식 모형은 학생들이 이수해야 할 코스가 미리 선형적으로 정해지고, 먼저 배운 것을 기점으로 하여 앞으로 배워야 할 것을 순차적으로 조직하는 방식을 말한다. 그리고 거미집 모형은 교육과정의 설계자가 교사에게 여러 종류의 연구과제나 교재 또는 학습지도활동을 제공하고, 교사는 그것을 활용하

여 다양한 학습결과를 얻을 수 있도록 상호유기적인 학습활동을 수립하는 비선형적 방식을 말한다.

아이즈너에 의하면, 교육과정의 구성에 있어서의 기본원리는 미리 정해진 계열에 따라 학생들을 강제로 조정하는 것보다는 학생들의 자발적 참여를 유도하여 자신들이 흥미를 갖고 공부할 수 있는 문제를 찾아내고, 필요한 기능을 습득하도록 해야 한다. 이렇게 본다면 교사의 역할은 어디까지나 학생들이 자유로운 선택에 의해 적극적으로 참여하여 흥미를 가지고 목표를 달성하도록 이끄는 안내자이다.

⑤ **내용영역 조직** : 아이즈너는 학문에 근거한 교과를 중심으로 교육과정을 개발하는 것은 여러 한계점이 있다고 보았는데, 이렇게 되면 교과목들을 연계시키거나 학생들에게 교과 이외의 경험을 하게 하거나, 다양한 문제를 다룰 수 없다는 제한점이 발생할 수 있다는 것이다. 더구나 우리가 살아가면서 매일 부딪치는 문제들은 학문적 형태로 나타나지 않는다. 삶의 모든 실질적인 문제들은 정리되지 않은 상태로 존재하므로 이들을 해결하는 데는 다양한 종류의 지식이 요구되고, 다양한 학문영역에 걸친 판단력이 요청된다. 그러므로 내용은 다양한 방법으로 조직되고 통합되어야 한다.

⑥ **제시양식과 반응양식 결정** : 아이즈너는 교육과정 개발에 있어 가장 소외되었던 영역으로 학생들이 배운 것을 표현하고 대상이나 사물을 대하는 반응양식에 관한 것을 들었다. 먼저, 그는 모든 과목이 그 내용의 전달방법에 있어서 주로 문자와 구두표현 등의 전통적인 형태를 사용해 왔기 때문에 제시양식이 제한되어 왔다고 지적하였다. 그가 제시한 '가을'의 예에서 보는 바와 같이, 지식과 이해가 구성되고 축적되고 표현되는 형태는 말이나 글보다 상대적으로 더 넓다. 가을의 제시양식은 나무에서의 화학적 변화를 다루는 과학적 명제의 형태를 띨 수도, 태양과의 관계에서 지구의 위치에 대한 천문학적 주장의 형태를 띨 수도 있다. 한편, '낙엽'의 제시양식도 그것이 타는 냄새를 시로, 우리의 의식에 색깔을 떠올리게 하는 시각적 이미지로, 우리의 발자국 아래 잎들의 바삭거리는 청각적 형태로 표현될 수 있다. 간단히 말해 가을이나 낙엽은 다양한 방식과 형태로 제시될 수 있다. 그러므로 학생들의 그에 대한

반응방식도 하나로 제한시킬 필요는 없다.

⑦ **평가절차유형 결정** : 교육과정을 개발하는 과정은 목표의 결정에서부터 내용영역 조직, 제시방식과 반응양식 결정에 이르기까지 다양한 선택을 통해 이루어진다. 평가는 그러한 선택의 이점과 문제점은 무엇이며, 그 선택이 세밀하게 그리고 종합적으로 여러 가지를 고려한 다음에 이루어 졌는지를 특정 기준에 의해 확인 또는 판단하는 활동이다. 이처럼 평가란 교육과정의 개발에 필요불가결한 과정이며, 그 전과정에 걸쳐 이루어진다. 교육과정을 만드는 것은 기본적으로 예술적 과정이라고 보는 아이즈너는 교육과정의 구성과정과 평가에 있어서도 예술적 평가방법, 즉 감식안과 예술비평을 제안한다.

언뜻 보면, 아이즈너가 사용한 교육과정 개발절차의 명칭은 타일러(Tyler)의 모형과 매우 유사한 듯 보이나, 그 기초를 이루는 합리성과 실재적인 강조점은 아주 다르다. 특히, 제시양식과 평가절차에 있어서 더욱 그렇다. 아이즈너의 일관된 생각은 교육과정이 미리 정해져 있는 절차를 수동적으로 따라가는 과정이 아니라는 것 그리고 개발의 전 과정이 거기에 참여한 사람들의 관심사를 반영한 선택으로 이루어진다는 것이다. 그에게 있어 교육과정계획 및 개발과정은 본질적으로 순환적이고 역동적인 문제상황이므로 교육과정에 대해 숙의하고 이를 실행하는 선구자는 바로 교사이어야 한다.
그러나 아이즈너가 교육과정계획에 대한 지나친 합리주의적 접근을 비판하였다는 점은 인정받고 있지만, 실제적인 대안을 제시하는 데에는 미흡하다는 문제점을 갖고 있다.

(3) 코넷(Cornett)의 모형 : 개별적인 실천적 개발모형

코넷(Cornett, 1990)은 대학원 수업에서 학생들인 현직교사들에게 현장연구 프로젝트인 '개별적인 실천적 이론(Personal Practical Theories; PPTs)의 분석 : 교사 사고에 대한 현장연구'를 수행하도록 함으로써 교사들이 자신의 교육과정 운영을 비판적으로 조사하거나 분석해 볼 수 있는 기회를 제공하였다. 또한, 이를 통하여 '반성적 실천가로서의 교사'(teacher-as-reflective practitioner)의 의식을 향상시킬 수 있을 것으로 보았다.

그가 언급한 '개별적인 실천적 이론'(PPTs)이란 '학생이나 학부모로서의 삶과 같은 비교수활동에서 유래된 개인적 경험과, 교사로서 교육과정을 설계하고 시행한 실제적 경험을 토대로 형성한 체계적 이론 또는 믿음'으로 정의된다.

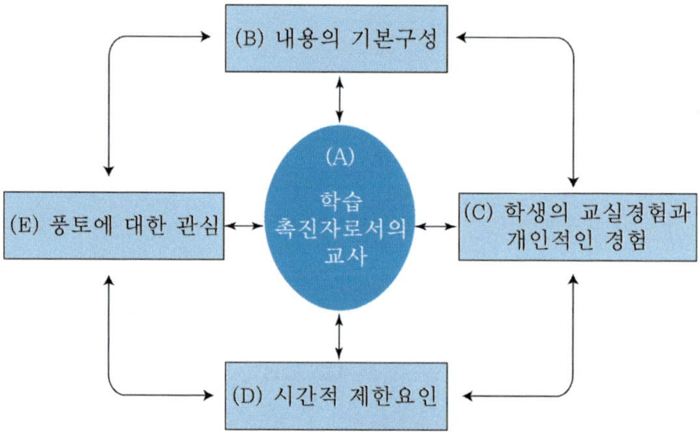

| 그림 4-14 | 코넷(Cornett)의 모형

코넷은 개별적인 실천적 이론의 상호작용모형을 [그림 4-14]와 같이 제시하였는데, 다섯 가지의 기본 PPTs를 구체적으로 논의하면 다음과 같다.

먼저, 이론 (A)는 다른 네 이론들이 걸러지는 주요한 렌즈이자, 동시에 중심이론인데, 이는 특히 교육과정과 수업을 보는 시각을 결정한다. 때로 교사는 학생들을 관찰하고 그들의 요구에 따라 수업을 조정하기도 한다. 예를 들어, 활기 없는 수업의 경우 상호작용을 촉진하기 위해 더 열성적으로, 더 재미있게, 더 인상적으로 수업활동을 펼침으로써 수업방식을 조정하는 것이다.

그리고 이론 (B)는 어떤 내용을 선정하고 강조할 것인지와 관련되는데, 내용은 교사의 실천적 경험의 결과로서 선정되며, 이 내용은 다양한 수업전략을 통해 제시된다.

이어, 이론 (C)는 학생이 가지고 있는 경험의 양과 형태에 기초하는데, 학생의 실천경험은 학생에 따라 다양하다. 여기서는 개인적인 실천적 경험에 대한 학생의 지각의 중요성을 인정한다. 학생들은 소집단 토론을 통해 그들의 교실에서의 경험과 개인적인 경험에 대해 토론한다. 학생들은 실례를 제시하고, 그들의 경험을 교실에서 제시된 정보에 비추어 토론하기도 한다.

또한, 이론 (D)는 시간적 요소의 중요성에 관련된 것으로 학습내용, 학생의 경험 그리고 이 둘을 혼합하는 데 활용 가능한 시간을 고려한다.

끝으로, 이론 (E)는 풍토의 중요성에 관련된 것으로 상호존중, 신뢰, 배려, 참여기회, 학문적·사회적 성장과 같은 가치를 강조한다.

이상과 같은 개별적인 실천적 이론의 상호작용에 기초한 코넷의 교육과정 개발모형은 교사의 PPTs가 어떻게 교육과정과 수업의 결정에 영향을 미치는가를 보여준다. 이 모형에서 교사의 PPTs는 먼저 교사가 교육과정에 대해 숙의하는 데 영향을 미친다. 교사가 계획을 세울 때에도 이 PPTs의 영향을 받는다. 그리고 수업(상호작용)단계에서는 교사와 학생, 내용이 상호작용을 하게 된다. 상호작용이 끝나게 되면 교사는 실행된 교육과정에 대해 반성을 하게 되는데, 이러한 과정을 통해 교육과정을 보는 교사의 시각은 변화될 수 있다. 결국 교사의 경험과 맥락이 변화하면 PPTs도 계속해서 진화하며, 이 모든 단계에서 PPTs는 외적 영향으로부터 벗어날 수는 없다.

결론적으로, 코넷은 현장연구를 통해 교사 자신의 PPTs가 교육과정의 결정에 어떤 영향을 미치는지를 확인하고자 하였다. 그리고 수업단계를 수업 이전 단계, 상호작용 단계, 수업 이후 단계로 구분하여 체계적으로 조사하게 함으로써 교육과정 실제에 대한 반성과 통찰을 얻을 수 있을 것으로 기대하였다.

(4) 로저스(Rogers)의 모형 : 개인상호적 관계모형

로저스(Rogers, 1967)는 전문교육학자는 아니지만, 교육과정 변화는 '사람 변화'라는 전제 하에 사람의 변화에 중심을 두는 교육과정 개발모형으로서 개인상호적 관계모형은 교육과정에 관계하는 사람들의 긍정적인 자아개념과 대인관계기능의 발달을 강조한다. 그는 교육과정 개발에 관계하는 사람들의 태도와 행동변화 그리고 인간관계의 개선을 통해서만 교육과정의 효과적인 변화를 촉진시킬 수 있으며, 교육과정 문제들에 대한 해답도 얻을 수 있다고 보았다.

그의 모형은 구체적인 교육과정 개발절차나 기술적 구성요소(내용, 학습활동, 시행 등)는 포함하고 있지는 않지만, 참여자들 간의 상호작용의 질을 높임으로써 변화에 도움이 되는 분위기를 만들고 유지할 필요성을 강조한다. 그는 미래의 교육과정은 변화에 개방적이고 융통성 있게 대처하고, 학습하는 방법을 학습하는 것에 초점을 맞추어 학생들을 육성해야 한다고 주장하였다. 물론, 그러한 교육과정은 자기 스스로가 개방적이고 융통적이며, 과정지향적인 전문교육자에 의해 구성되고 시행될 수 있다. 이러한 유형의 전문가를 양성하기 위해 필요한 교육체제의 특징은 개인적 성장에 도움이 되는 분위기, 혁신이 공포감을 주지 않는 분위기, 행정가·교사·학생의 창조적 능력이 길러지고 표현되는 분위기이다.

그는 이러한 변화의 요구를 적절히 충족시킬 수 있는 활동으로서 '집중적인 집단경험'(intensive group experience)을 제안하였다. 이러한 집단경험을 통해서 참가자들은 자기 자신을 반성하고 다른 사람들의 감정을 탐색할 수 있는 기회를 갖게 되며 상호 간에 신뢰감을 가지며, 나아가 혁신적이고 건설적인 행동을 시도하게 된다는 것이다. 집중적인 집단은 촉진자 또는 리더를 포함하여 일반적으로 10명에서 15명으로 구성되고, 집단경험은 비구조화되어 있으며, 개인적 표현과 개인 상호 간 의사소통이 가능하고, 감정의 탐색을 위한 자유로운 환경 속에서 이루어진다. 각 참여자는 자신을 방어하는 모습이나 거짓된 모습을 벗어버리고 집단의 다른 구성원과 직접적으로 그리고 개방적으로 관계를 형성하도록 격려된다.

로저스는 집중적인 집단경험을 활용하여 혁신적인 교육과정 변화를 가져오기 위한 계열적 모형을 다음과 같이 제안하였다.

첫 번째 단계는 표적교육조직(target educational system), 즉 권력의 지위에 있는 개인들(교육행정가들 : 학교위원회 구성원, 장학사, 지위 높은 행정가)이 집중적인 집단경험에 기꺼이 스스로 참여한다. 이들은 집중적인 집단경험을 통해 전문적인 업무를 수행할 때 새로운 방향감을 갖게 되며, 자신들의 믿음에 덜 방어적이고 다른 사람들의 말을 정확하게 들으며, 혁신적인 아이디어를 받아들이고 더 개방적이고 덜 자기방어적으로 변함으로써 상급자와 동료 및 부하직원과 더 분명하고 현실적인 의사소통을 하게 될 것이며, 더 민주적인 사람이 되고 자신과 동료 간의 개인적·정서적 갈등에 개방적으로 직면하며, 긍정적·부정적 환류(feedback)를 더 받아들일 수 있고 그것을 건설적으로 활용한다.

두 번째 단계는 교사들에게 집중적인 집단경험을 제공하는데, 여기에서도 위와 같은 교육행정가들이 참여한 집단경험과 같은 유형을 따른다. 교사들이 집중적인 집단경험을 통하여 얻게 되는 것은 학생들의 말을 더 잘 들으며, 학생들에게 순응을 강요하기보다는 혁신적이고 성가신 아이디어까지도 받아들이며, 학생들과의 관계에 관심을 기울이며, 훈육이나 체벌 같은 방식보다는 학생과 협동적으로 문제를 풀어가며, 평등주의적·민주적인 교실분위기의 조성에 힘쓰게 된다.

세 번째 단계는 학생들에게 집중적인 집단경험을 제공하는데, 이러한 경험을 통하여 학생들은 더 자유롭게 긍정적 감정과 부정적 감성을 표현하며, 이러한 감정을 토대로 현실적인 문제를 해결해 나가고, 더 많은 에너지를 투입하여 학습에 보다 전념하며, 자신의 학습에 관하여 책임을 느끼고 권위에 대한 두려움이 줄어들며, 학습과정을 통하여 자신의 삶을 보다 적극적으로 다룰 수 있게 된다.

네 번째 단계는 학부모들을 참여시켜 집중적인 집단경험을 제공하는 것인데, 각기 다른 직업을 가진 학부모의 시간을 고려해 주말시간을 활용하여 집단경험을 하도록 배려해야 한다. 로저스에 의하면, 적은 비율의 학부모만이 집중집단모임에 참석함에도 불구하고 참여자들은 지역주민에게 프로그램의 우호적인 해석자로서 기여하기 때문에 파급효과가 매우 크다.

로저스의 개인상호적 관계모형에서 가장 중요한 특징은 그가 '수직적 만남집단'(vertical group)이라고 부르는 것에 있다. 지금까지의 집단은 대체로 동질적인 동료들로 구성되었지만, 교육활동은 지위–역할 라인을 가로질러 집단이 수직적으로 형성될 때 보다 효과적일 수 있다. 그래서 그는 이미 집중적인 집단경험을 체험한 광범위한 구성원들 가운데 두 명씩, 즉 두 명의 교육행정가, 두 명의 교사, 두 명의 우수한 학생, 두 명의 실패한 학생 또는 중퇴자들로 구성된 수직적 만남집단을 제안하였다. 덧붙여 로저스는 '학교에 대해 내가 좋아하는 것과 좋아하지 않는 것' 그리고 '어떤 학교가 되었으면 좋겠는가'와 같은 내용이 집단 상호작용의 주제로 활용될 수 있다고 보았다. 이러한 수직적 만남집단 속에서의 경험을 통해 구성원들은 자신과 다른 사람을 더 넓게 이해하게 되고, 더 융통성을 갖게 되며 진정한 자기변화를 가져올 수 있다.

(5) 구성주의 모형 : 구성주의적 교육과정 개발모형

교육분야에 있어서 구성주의이론은 피아제(Piaget)와 비고츠키(Vygotsky) 등의 인지발달이론, 실용주의 철학, 지식사회학, 해석학, 포스트모더니즘 등의 다양한 철학이론을 배경으로 전개되고 있다. 이들 인지발달이론과 철학이론의 공통점은 심리학분야에서의 '행동주의'와 철학분야에서의 '논리실증주의'의 전통적인 인간관과 인식론을 거부하는 데 있다. 특히, 전통적인 인식론에서는 지식이란 개별 인식주체와는 별개적인 실제세계로 존재하며, 이러한 지식은 독립적인 실제세계를 정확히 반영할 때만 참으로 간주된다.

구성주의는 바로 이러한 객관주의적인 인식론에 대하여 대안적 인식론을 제공하고 있는데, 여기에서는 학습자들이 외적 원천으로부터 지식을 수동적으로 받아들이기보다 그들이 이미 가지고 있는 각각의 개념적 구조와 관련시켜 지식을 능동적으로 구성해 나간다는 인식론을 전제한다. 따라서 지식은 학습자가 이미 가지고 있는 인지구조를 토대로 새로운 경험을 하게 될 때 그 인지구조가 재구조화됨으로써 마음속에서 구성된다.

구성주의 관점에서 교육내용으로서 '무엇'은 더 이상 학습자의 의지와 관계없이 외부에서 결정되어 부과되는, 따라서 의심 없이 그대로 수용해야 할 대상이 아니다. 그것은 어디까지나 학습자의 인지구성을 자극하고 도와줄 수 있는 다양한 학습자료 또는 학습소재로 간주되어야 한다. 구성주의의 관점에 따르면, 학습내용과 학습결과를 결정하는 것은 궁극적으로 학습자 자신이다. 이러한 의미에서 '교육과정'의 개념 역시 교사에 의해 외부적으로 학습자에게 '주어진 교육과정'에서 학습자 스스로가 자신의 교육과정을 '만들어가는 교육과정'으로 재개념화 될 필요가 있다.

전통적인 객관주의적 접근과 구성주의적 접근의 인식론에 있어서의 차이는 수업설계과정의 목적과 전략에 중요한 함의를 주고 있다. 즉, 전통적인 수업설계에서는 설계자가 세운 목적을 달성하도록 일정한 내용과 전략이 외부로부터 학습자들에게 일방적으로 부과되는 반면, 구성주의에 기초한 수업설계에서는 학생들을 위한 수업전략을 교사가 일방적으로 처방하기보다는 학생들 각자가 무엇을 배울 것인가, 그것을 어떻게 배울 것인가 등을 스스로 결정하도록 지원하고 안내하는 다른 종류의 전략이 활용된다.

교육과정의 개발에 대한 전통적인 객관주의적 접근과 구성주의적 접근을 근본적으로 구별 짓는 두 가지의 기본가정을 통해 그것들이 각각의 교육실제에 미치는 영향을 살펴보면 다음과 같다.

첫째, 교육'내용'과 수업'과정'(방법)을 보는 관점에 있어 차이가 있다. 전통적인 객관주의적 접근에서는 수업의 기본원리가 내용과 상관없이 응용될 수 있다고 전제하기 때문에 교육과정 개발자는 내용을 분석하고 체계화하여 그것을 과정(방법)으로 전환하려고 한다. 반면, 구성주의적 접근에서는 내용으로부터 과정(방법)을 분리시키는 것에 이의를 제기하면서, 과정은 내용으로부터 드러나며, 수단과 목적은 궁극적으로 같은 것으로 인식한다. 내용에 대한 깊은 이해는 사고과정을 이해함으로써 드디어 가능하며, 이는 사고과정을 이해하는 데 필수적이라고 본다. 또한, 구성주의적 접근에서는 내용(지식)의 일률적인 계열화와 수업사태에 대한 엄격한 외적 통제는 학습자의 구성적 활동을 방해한다고 보기 때문에 수업설계에서 제시된 절차를 기계적으로 적용하기보다는 학습자가 스스로 사고하고 배우는 과정으로부터 지식을 능동적으로 구성해 나가도록 적극 지원한다.

둘째, 교육 '내용'과 학습 '맥락'을 보는 관점에 있어 차이가 있다. 전통적인 객관주의적 접근에서는 학교에서 배운 내용과 그것을 적용할 맥락이 유리되어 지식습득현장과 실천현장이 이원화되는 것으로 간주한다. 그러나 구성주의적 접근에서는 보편화와 일반화를 추구하는 지식학습은 탈상황적이라고 규정하면서, 지식의 학습은 학습자들의 생생한 경험과 관련 있을 뿐만 아니라, 그들에게 실질적인 도움을 주는 과제를 통하여 학습한 것을 적용할 상황과 유사한 맥락에서 이루어져야 한다는 점을 강조한다. 따라서 여기에서는 학습을 학습자와 환경 간의 상호작용으로 보며, 수업현장과 현실의 문제상황을 같은 맥락에서 고려함으로써 실제 상황에서의 적용력과 전이력을 높여줄 수 있다고 본다.

이상과 같은 기본가정의 차이가 교육과정의 개발에서 어떻게 반영되고 있는지를 윌리스(Willis, 1995)는 <표 4-1>과 같이 제시하였다.

| 표 4-1 | 교육과정 개발에 대한 '객관주의적 접근'과 '구성주의적 접근' 비교

객관주의적 접근	구성주의적 접근
교육과정 개발과정은 순차적이고 선형적(직선적)이다.	교육과정 개발과정은 반복적이고 비선형적이며, 때로는 무질서하다.
계획은 위에서 아래로(top-bottom), 체계적으로 이루어진다.	계획은 유기적·발달적·반성적·협동적으로 이루어진다.
교육목표는 이후의 설계와 개발과정을 이끈다.	교육목표는 설계와 개발과정으로부터 도출된다.
특정 지식을 가진 전문가가 보편적인 설계과정을 거친다.	보편적인 설계과정에 따라 교육과정을 개발하는 전문가는 존재하지 않는다.
교육내용에 대한 객관적인 계열화를 토대로 효과적인 수업활동을 중요시한다.	수업활동에서는 의미 있는 맥락에서의 학습활동을 중요시한다.

객관주의적 접근	구성주의적 접근
수업목적은 사전에 선정된 지식의 전달에 있다.	수업목적은 의미 있는 맥락에서 개인적 이해에 둔다.
평가활동에서는 총합평가를 더 중요시한다.	평가활동에서는 형성평가를 더 중요시한다.
객관적인 자료에 근거한 평가가 중요하다.	주관적인 자료에 의한 평가가 가치 있다.

이어, 교육과정 개발에 대한 '객관주의적 접근'과 '구성주의적 접근'에 관하여 보다 근본적이고 종합적인 이해를 위해 이러한 접근들이 취하는 ① 현실(reality), ② 지식, ③ 지식 형성, ④ 마음, ⑤ 사고, ⑥ 학습, ⑦ 학습의 책임 및 강조점, ⑧ 교사의 역할, ⑨ 학습자의 역할, ⑩ 교육 실제(목표, 내용, 방법, 평가) 등에 있어서의 차이를 비교해보면 <표 4-2>와 같다.

| 표 4-2 | 교육과정 개발에 대한 '객관주의적 접근'과 '구성주의적 접근'의 종합적 비교

비교 기준	객관주의적 접근	구성주의적 접근
현실(reality, 참된 세계)	• 학습자의 외부에 객관적인 상태로 존재함 • 실재 속성 및 관계성에 의해서 결정되는 구조	• 학습자에 의해서 결정됨 • 인간의 정신활동에 의해서 좌우됨 • 마음의 산물 • 상징적 절차에 의해 구성됨
지 식	• 초역사적·고정적·초공간적 실체 • 고정되어 있고 확인될 수 있는 것	• 역사적·상황적·사회문화적 실체 • 개인의 사회적 경험에 의해 구성되는 것
지식 형성	• 개인의 외부조건에 의해 결정(학습자와 거의 무관)	• 개인의 내적 작용에 의해 형성
마 음	• 상징의 처리자 • 자연계의 거울 • 상징을 조작하는 추상적 기계	• 상징의 구성자 • 자연계의 지각자 및 해석자 • 현실을 구성하는 개념체계
사 고	• 개인의 실제경험과 분리됨 • 외부현실에 의해 좌우됨 • 외부현실을 반영함 • 추상적인 상징을 조작함 • 연산적인(algorithmic) 과정	• 개인의 경험과 일체화됨 • 개인의 지각과 구성에 근거함 • 신체적·사회적 경험으로부터 생성됨 • 상상력에 의해 이루어짐 • 개념체계의 생태적 구조에 의한 과정
학 습	• 백지상태에서 외부로부터 제시된 지식의 수용	• 경험에 토대를 둔 능동적인 의미 형성과정 • 기존개념이나 아이디어의 수정·확대 • 세계에 대한 개인의 해석 • 다양한 시각에 대한 협상에 의해서 이루어짐

비교 기준		객관주의적 접근	구성주의적 접근
학습의 책임 및 강조점		• 학습자 • 지식 전달	• 교사 • 자기학습능력 신장
교사의 역할		• 전달자, 지시자, 권위자 • 지식의 전수자 • 교육과정 실행자	• 안내자, 조력자, 용기부여자, 지시자 • 유의미한 학습 촉진자 • 교육과정 재구성자
학습자의 역할		• 지식의 수용자 • 수동적 정보처리자	• 지식·이해의 구성자 • 아이디어와 의미의 구성자 • 목표설정·과제선정·수업방법 결정·평가활동에 참여함
교육실제	교육목표	• 지식의 습득	• 문제해결능력의 함양
	교육내용	• 계획된 교육과정 운영 • 교사/전문가에 의해서 결정 • 사실중심적 내용	• 상황적 교육과정(실질적인 과제) 운영 • 학생/학습자에 의해서 결정 • 아이디어중심적 내용
	교육방법	• 지식전달적 수업, 일제수업 강조 • 교사주도성 강조, 결과중심의 학습 강조	• 자율학습, 협동학습, 소집단활동 강조 • 교사-학습자의 주도성 강조, 과정중심의 학습 강조
	교육평가	• 양적 평가: 학생들의 개인차를 확인하여 등급화·서열화함 • 상대평가(규준지향평가), 표준화 검사, 선택형 검사	• 질적 평가: 학습자의 학습과정과 결과에 대한 정보제공 및 교사의 교수효율성 확인 • 절대평가, 개별학생의 수행평가 • 수업내용(학습내용)과 연계하여 실시됨

한편, 교육과정 개발과 평가에 대한 '객관주의적 접근'과 '구성주의적 접근'의 핵심적 차이를 상호비교해 보면 〈표 4-3〉과 같다.

| 표 4-3 | 교육과정 개발과 평가에 대한 '객관주의적 접근'과 '구성주의적 접근' 비교

비교기준		객관주의적 접근 (objectivism approach)	구성주의적 접근 (constructivism approach)
개발	주체	수업설계자/교사	학생-교사 협력(학생의 수노성 상소)
	시기	수업 전	수업과정 중 수시로
	방법	세분화, 순서화, 연계화에 의한 설계	상황적이고 융통성 있는 설계
평가	주체	설계자/교사	학생 자신, 동료학생, 교사
	시기	수업 후(총합평가)	수업 도중에 수시로(형성평가)
	형태	객관식 평가형태	다양한 평가형태

끝으로, 구성주의에 기초한 교육과정 개발은 이를 위한 특정의 절차나 기법을 의미하는 것이 아니라, 그것은 국가나 지역 또는 학교 등의 기관들이 행사해 온 교육에 대한 통제를 교사와 학습자에게 되돌려 줌으로써 그들이 자신들의 삶을 변화시키는 데 필요한 방식으로 교육내용을 선정하고 재구성하며, 수업과 평가체제를 계획하는 활동을 의미한다고 볼 수 있다.

구성주의적 접근이 학생들로 하여금 자신의 삶과 세계를 이해하고 성찰해 나가도록 돕는 방식이라고 한다면, 학습자들에게 자신들의 교육과정과 학습활동을 구성할 기회를 당연히 주어야 한다. 구성주의적 접근을 취하는 학자들은 교육과정을 조직하는 최적의 과정에 대한 최종의 합의는 있을 수 없다고 주장한다. 단지, 새로운 아이디어를 발견·고안·구성하는 방식에 대한 잠정적인 합의점에 도달할 수 있을 뿐이라는 것이다.

ONLINE RESOURCES

'교육에 대한 구성주의적 접근'에 관하여 논의한 자료가 필요할 경우 저자가 운영하는 웹사이트(welfare5.com)의 Online Resources 게시판을 통하여 다운을 받기 바랍니다('교육과정론'의 Online Resources 08 자료).

5) 기타 교육과정 개발모형

(1) 브루너(Bruner)의 모형

브루너(Bruner)의 교육과정 개발모형은 1960년대 강조된 학문중심 교육과정의 관점에서 출현하였다. 브루너는 저서 『교육의 과정』(*The Process of Education*, 1960)에서 교육과정 개발모형을 제안하였는데, 이 모형의 특징은 학문적 지식을 학교교육과정에 반영하려는 것으로, 교과의 기본구조(지식의 구조 : 핵심개념·원리·법칙)를 중심으로 교육과정을 개혁하는 데 있다. 당시 학교현장의 진보주의 교육중심 교육과정(경험중심 교육과정)은 학문의 최신 이론과 발달을 반영하지 못하여 많은 문제점이 드러나 교육적 문제뿐만 아니라 국가적 위기에 직면하게 되었다.

브루너는 교과의 기본구조(지식의 구조)를 '교육내용'으로 삼고, 학습준비성 제고·직관적 사고와 분석적 사고를 통한 문제해결 권장·학습동기(내발적 학습동기) 유발·교구 활용 등을 '교육방법'으로 삼은 교육과정 개발모형을 제안하였는데, 이를 도식으로 제시해 보면 [그림 4-15]와 같다.

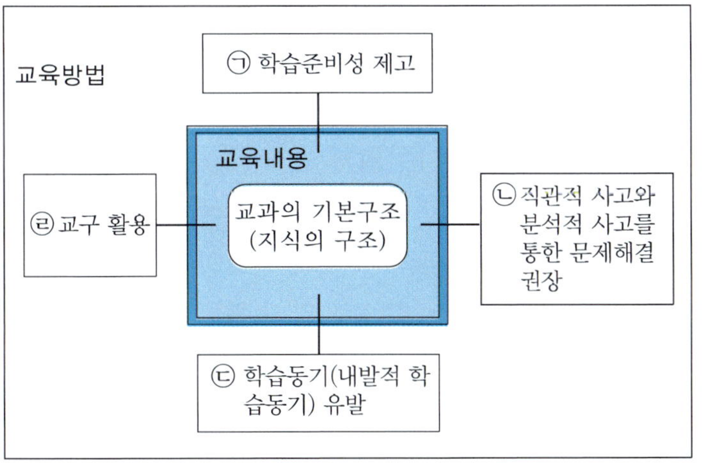

| 그림 4-15 | 브루너(Bruner)의 모형

① **교육내용** : 브루너는 '교과의 기본구조'(지식의 구조)를 교육내용으로 삼았다. 어떤 교과든지 그 특징을 표현해 주는 골간으로서 기본구조를 갖고 있기 마련인데, 교과의 기본구조란 그 교과에 내포되어 있는 기본적인 아이디어인 핵심개념·원리·법칙을 지칭한다. 이러한 기본구조는 ① 학생들의 발달수준에 따라 적절한 '표현방식'(mode of representation; 작동적 표현방식, 영상적 표현방식, 상징적 표현방식)으로 제시될 수 있으며, ② 학습(기억)해야 할 정보의 양이 적으므로 '경제성'(economy)이 있으며, ③ 학습한 내용은 새로운 문제나 사태에 적용하는 범위가 넓어지므로 '생성력'(power; 전이력)이 높다(pp.74~76 참조).
학습을 통해 획득한 지식의 구조는 특정 현상을 어떤 원리의 특수한 사례로 인지할 수 있게 해주고, 여러 현상들 사이의 관련성과 질서를 파악할 수 있도록 해준다. 그러므로 각 교과에 내재되어 있는 기본구조를 이해한다는 것은 관련 현상의 본질을 잘 파악하는 안목을 획득하는 것일 뿐만 아니라, 일반적인 전이를 통해 장차 활용에도 유익하게 된다. 한 학문분야의 기본구조를 반영할 수 있는 교육과정을 설계하기 위해서는 그 분야를 속속들이 이해해야 할 필요가 있으며, 따라서 교육과정 개발에는 그 분야의 유능한 교사들과 학자들이 함께 참여해야 한다.

② **교육방법** : 교육과정 개발과정에서 유능한 교사들과 학자들이 상호 협력하여 '교육내용'으로서 각 교과의 기본구조인 지식의 구조를 마련한다

고 하더라도 학습자들이 그 구조의 학습에 대한 의도를 충분히 깨닫게 하기 위해서는 또 해결해야 할 문제가 있다. 즉, 학습자들이 특정분야의 기본구조를 이해하거나 그 아이디어에 통달하기 위해서는 그에 대한 파악은 물론, 탐구와 추론 및 가설설정에 대한 관심과 자신감 등의 긍정적이고 적극적인 태도를 가져야 하므로, 이러한 관심과 태도의 형성을 적극 유도하기 위하여 학습과정에서 발견의 희열감을 느끼도록 구성되어야 한다. 학습자들에게 각 교과의 기본구조인 지식의 구조를 제시하되, 그들이 그 기본구조를 스스로 '발견'할 수 있도록 적극 돕는 방안이 활용되어야 하는데, 이것이 바로 '발견학습법'(method of discovery learning)이다. 이는 미국의 본질주의 교육사상의 영향을 받은 신본질주의 교육사상의 대표자이면서, 학문중심 교육과정을 체계화한 브루너(Bruner, 1966)에 의해 제안된 교육방법이다. 이러한 발견학습법의 출현을 자극했던 교육방법으로서의 '문제해결학습법'과 '계통학습법'과의 차이를 이해하기 위하여 이들을 상호 비교해 보면 <표 4-4>와 같다.

| 표 4-4 | '문제해결학습법'과 '계통학습법' 및 '발견학습법'의 상호 비교

교육방법	철학적 토대	특 징	지식면	사고면
문제해결학습법	진보주의	현실생활문제의 능동적 해결	약함	강함
계통학습법	전통주의	결과주의, 수동주의	강함	약함
발견학습법	본질주의	자발적인 탐구활동을 통한 핵심개념, 원리, 법칙의 학습	강함	강함

발견학습법은 교사의 지시성은 최소한으로 줄이고 학생 스스로가 자발적인 발견과정을 통하여 핵심개념·원리·법칙을 학습하도록 돕는 데 중점을 둔다. 이는 <표 4-4>에서 살펴본 바와 같이 '문제해결학습법'이 사고면에는 강하나 지식면에서는 약하고, '계통학습법'이 지식면에는 강하나 사고면에는 약한 점을 상호 보완한 방법으로, 학습자에게 학습과제를 최종적으로 완성된 형태로 제공하는 것이 아니라 불완전한 과제를 제시하여 그 불완전한 부분(요소)을 학습자들이 스스로 발견하여 최종적인 형태를 조직하는 과정을 통하여 핵심개념·원리·법칙을 깨닫게 하여 결국 탐구능력과 태도를 기르도록 돕는다. 여기에서는 학습내용으로 망라적인 지식들 중에서 가장 기본적인 구조화된 지식체계(지식

의 구조)를 채택하며, 학습방법으로 발견적 과정(지식의 생성과정)을 중시한다. 발견과정을 통하여 학습하게 함으로써 여러 종류의 문제해결기능을 배우고, 직접 활용할 수 있는 지식을 학습하며, 학습하는 방법을 습득하도록 도움을 준다. 즉, 불완전 과제를 학습자 스스로 해결하게 함으로써 그 문제해결과정에서 핵심개념·원리·법칙을 자연스럽게 획득하게 하며, 거기에서 지적인 희열감과 만족감을 맛보게 한다.

발견학습법의 가치는 핵심개념·법칙·원리를 의미있게 이해하게 하며, 탐구능력과 태도를 연마하도록 하는 데 있으며, 또한 지적 호기심을 만족시킴으로써 지적 희열감과 만족감을 갖게 하는 데 있다고 말할 수 있다.

한편, 발견학습법이 갖는 특징을 나열해 보면 첫째, 학습과정에서 분석적 사고보다는 직관적 사고를 우선적으로 하도록 하며, 둘째, 학습할 내용에 대한 언어화에 앞서 구체적인 활동을 전개시키며, 셋째, 연역적·귀납적 사고를 중시한다. 넷째, 구체적인 증거를 토대로 학습하게 하고, 다섯째, 교과의 기본구조(지식의 구조)의 학습을 강조하며, 여섯째, 학습의 결과도 중요시하지만, 과정과 방법을 더 중요시한다. 일곱째, 학습자의 능동적인 활동과 내발적 동기유발을 중시하며, 여덟째, 학습의 전이(응용, 적용, 일반화)를 중요시한다는 것 등이다.

발견학습법의 전개(실행) 단계는 대체로 '귀납적 문제해결과정'(inductive problem-solving process; 경험−귀납적 문제해결과정)을 거쳐 이루어진다. 이를 크게 네 단계로 구분하여 제시하면 다음과 같다. ① 문제확인(인지) 단계인데, 여기에서 아동들은 제시된 불완전한 과제를 검토하여 해결해야 할 문제를 구체적으로 확인하게 된다. 이 단계에서 제일 중요한 것은 문제에 대한 적극적인 관심과 관련성의 파악이라고 할 수 있다. ② 실험·관찰 등에 의한 자료수집단계인데, 여기에서는 문제의 해결에 필요한 실증적인 자료들을 수집하게 된다. ③ 핵심개념·원리·법칙의 발견 단계인데, 여기에서는 확보된 실증적인 자료들을 분석·종합하여 핵심적인 핵심개념·원리·법칙을 발견하게 된다. ④ 일반화(적용) 단계인데, 여기에서는 발견한 핵심개념·원리·법칙을 실제장면이나 다른 문제상황에 적용하거나 일반화시키게 된다.

한편, 발견학습은 위와 같은 귀납적 문제해결과정을 통하여 이루어지는 것이 일반적이나, 이는 '연역적 문제해결과정'(deductive problem-

solving process; 가설-연역적 문제해결과정)에 의해서도 이루어질 수 있는데, 이는 ① 문제확인 단계, ② 가설설정단계, ③ 가설검증 단계, ④ 일반화(적용) 단계 등의 과정을 통하여 전개된다.
끝으로, 발견학습법의 장단점에 대하여 살펴보면 다음과 같다. 먼저, 발견학습법의 장점은 첫째, 학습하는 방법과 태도를 배양시키고, 둘째, 내발적 동기를 유발시키며, 셋째, 교과내용의 전달을 용이하게 한다. 넷째, 학습한 내용의 파지를 오랫동안 지속시키며, 다섯째, 고등정신기능의 배양을 촉진할 뿐만 아니라 학습의 전이효과를 높인다는 것 등이다. 반면, 발견학습법의 단점은 첫째, 학생들로 하여금 핵심개념이나 원리 또는 법칙을 스스로 발견하게 하나 모든 것을 학습자 스스로 발견하기 어려우며, 둘째, 동기유발의 방법으로서 외발적 동기유발을 소홀히 하며, 셋째, 능력이 낮거나 학습지진아 또는 학습부진아에게는 오히려 비효과적이라는 것 등이다.

브루너는 앞의 [그림 4-15]에서 확인할 수 있는 바와 같이 '교육내용'으로서 교과의 기본구조인 지식의 구조(핵심개념·원리·법칙)를 효율적으로 가르치기 위한 효율적인 '교육방법'으로서 ㉠ 학습준비성 제고, ㉡ 직관적 사고와 분석적 사고를 통한 문제해결 권장, ㉢ 학습동기(내발적 학습동기) 유발, ㉣ 교구 활용 등을 제안하였다.

㉠ **학습준비성 제고**: 원래 '학습준비성'(readiness to learn; 학습준비도)이란 학습자가 특정 과제를 학습하거나 해결할 준비상태를 지칭하는데, 넓게 보면 인지적인 측면에서는 기초학력과 선행학습정도 등이, 정의적인 측면에서는 학습동기와 흥미 및 열의의 정도 등이 포함된다. 여기에서 학습준비성을 제고시킨다는 것은 '학습준비성' 자체를 직접 높여준다는 의미라기보다는 학습자들의 현재상태에 적합한 교과내용의 표현방식을 포함한 교육방법(학습지도전략)을 적절히 구사함으로써 학습효과를 증진시킨다는 의미를 담고 있다.
브루너는 '학습준비성'과 유사한 의미를 가진 용어로 '선행경향성'(predisposition)이라는 용어를 사용하기도 하였는데, 이는 학생들이 탐구과정에서 학습하고자 하는 의욕과 도전감을 가지고 여러 가지 가능성을 탐색하는 경향이라고 정의할 수 있다. 교사는 수업장면에

서 학생들이 직면한 문제를 해결하려는 의욕과 도전감을 가지고 여러 가능성을 탐색하려는 경향을 극대화하도록 유도하는 다양한 전략을 구사해야 하는데, 브루너는 그 대표적인 전략을 크게 세 가지로 제시하였다.

① 학생들의 가능성 탐색을 자극(activation)하는 것인데, 그러기 위해서는 앞서 언급한 바와 같이 적절한 수준의 불확실성을 내포한 학습과제를 제시함으로써 지적 호기심을 자극할 필요가 있다. 이를 충족시키는 교육방법이 바로 '발견학습법'이다.

② 학생들의 가능성 탐색을 계속 유지(maintenance)시키는 것인데, 그러기 위해서는 학생들에게 탐색의 실패에 대한 불안감을 주지 않아야 한다. 그들이 문제해결과정에서 가능성을 탐색한 결과로 얻는 이득이 그 실패에서 오는 손해보다 많을 수 있다는 것을 인식하고, 실제로 이득을 많이 얻을 수 있도록 따뜻한 격려를 제공하면서, 성공적인 경험을 하도록 적절한 조치를 취해야 한다.

③ 학생들이 가능성 탐색을 바람직한 방향(direction)으로 진전시키도록 유도하는 것인데, 그러기 위해서는 학생들 각자의 학습활동(탐구활동)이 어떤 목표를 향해 나가야 하는지 그리고 현재의 학습활동이 그 목표의 달성에 적절한지 등을 학생들이 인지하고, 잘못된 방향으로 진행하고 있다면 스스로 방향을 수정·변경하도록 적극 조력해야 한다.

브루너가 상정한 대담한 가설인 "어떠한 교과내용이라도 그 내용의 지적 성격에 충실한 형태로 어떤 발달단계에 있는 아동에게든지 그것을 효과적으로 가르칠 수 있다"라는 명제는 교육방법과 관련하여 다음과 같은 세 가지 전략에 의해 학습자의 학습준비성을 제고시킬 수 있다는 의미를 함축하고 있다.

첫째, '아동의 인지발달과정'에 관한 것으로, 피아제(Piaget)의 인지발달이론은 아동들의 발달단계별 특성을 제시해 주고 있는데, 이는 [그림 4-16]에서 확인할 수 있는 바와 같이 교과의 기본구조를 각 발달단계의 아동들이 가지고 있는 학습유형(이해방식)에 적합한 표현방식(mode of representation; 작동적·영상적·상징적 표현방식)으로 제시함으로써 학습을 촉진시킬 수 있다.

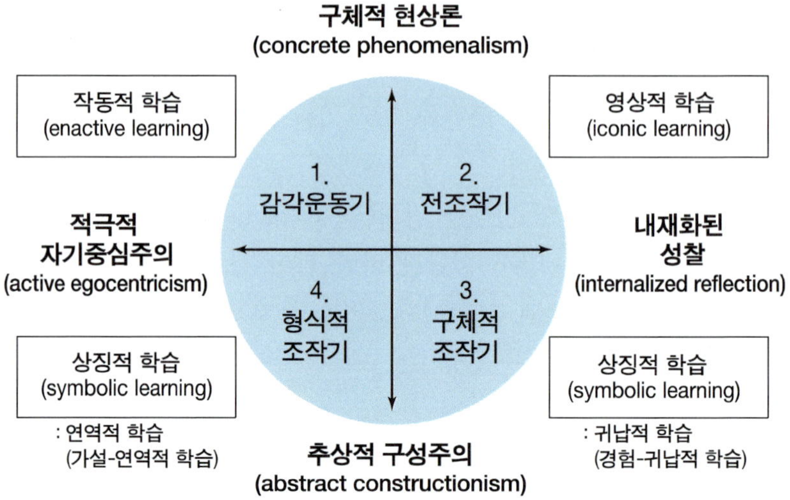

| 그림 4-16 | 인지발달단계에 따른 학습유형

즉, 인지발달단계 중 '감각운동기'의 아동들에게는 교과내용을 주로 작동적 표현방식(enactive representation; 활동적 표현방식)으로 제시해 줌으로써 작동적 학습(enactive learning)이 이루어지도록 돕고, '전조작기'의 아동들에게는 교과내용을 주로 영상적 표현방식(iconic representation)으로 제시해 줌으로써 영상적 학습(iconic learning)이 이루어지도록 돕는 것이 좋다. 그리고 '구체적 조작기'의 아동들에게는 교과내용을 주로 상징적 표현방식(symbolic representation)으로 제시해 줌으로써 상징적 학습으로서의 귀납적 학습(inductive learning; 경험-귀납적 학습)이 이루어지도록 돕고, 끝으로 '형식적 조작기'의 아동들에게는 교과내용을 주로 상징적 표현방식(symbolic representation)으로 제시해 줌으로써 상징적 학습으로서의 연역적 학습(deductive learning; 가설-연역적 학습)이 이루어지도록 돕는 것이 바람직하다.

둘째, '학습의 과정'에 관한 것으로, 학습자는 교과를 학습할 때 세 가지 과정, 즉 ⓐ 사실을 아는 '획득과정', ⓑ 획득한 지식을 새로운 사태에 맞게 조직하는 '변환과정', ⓒ 지식을 다루는 방법이 그 문제사태에 비추어 적절한가를 점검하는 '평가과정'을 동시에 처리하게 된다. 그러므로 학습자가 교과의 기본구조를 잘 파악하도록 하기 위해서는 획득과정과 변환과정 및 평가과정을 잘 거치고, 자신의 지적 능력을 발휘하면서 탐구세계로 들어가도록 조력해야 한다.

셋째, 나선형 교육과정인데, 이를 통해 각 교과의 기본구조를 조기에 가르칠 수 있다(p.77 [그림 3-5] 참조). 학년이 올라감에 따라 과제를 반복적이고 계열성 있게 제공하면 학습의 정도는 그 깊이와 폭이 점차 깊어지고 넓어져 갈 것이다. 나선형 교육과정은 학습자가 교과의 기본구조(핵심개념·원리·법칙)를 중심으로 점차적으로 그 내용을 심화·확대해 나갈 수 있도록 교과내용을 조직하는 방식으로, 교육내용의 조직원리인 '계속성의 원리'와 '계열성의 원리'를 통합하여 교과내용을 조직한 것이다.

㉡ **직관적 사고와 분석적 사고를 통한 문제해결 권장**: 학습자는 학습 과정에서 직면하게 되는 문제를 제대로 해결하기 위해서는 사고의 두 가지 형식인 '직관적 사고'와 '분석적 사고'를 잘 구사하여야 한다. 따라서 교사는 학생들이 교과의 기본구조를 잘 파악하고 터득하도록 돕기 위해서는 이러한 사고형식들을 잘 이해하고, 그것을 학습활동에서 잘 구사하도록 안내해야 한다. 이러한 두 가지 형식의 사고는 서로 이질적인 것 같지만, 직관적 사고를 통하여 분석적 사고가 해결할 수 없는 것을 해결할 수 있을 만큼 상보적이다.

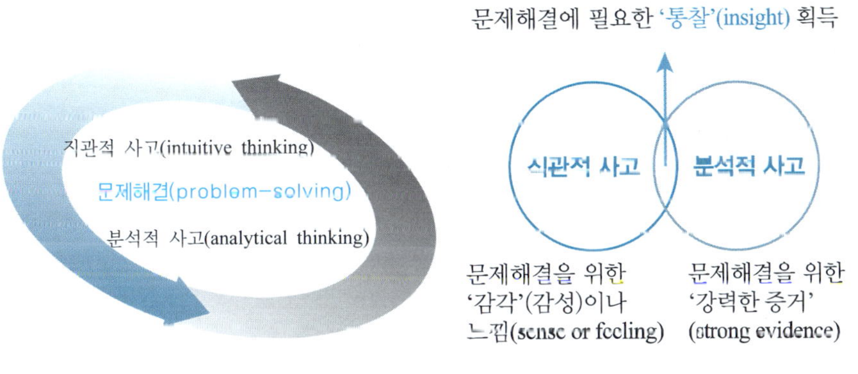

| 그림 4-17 | **문제해결을 위한 '직관적 사고'와 '분석적 사고'의 관계**

먼저, 문제해결을 위한 대비적인 사고형식으로서 '분석적 사고'(analytical thinking)와 '직관적 사고'(intuitive thinking)의 성격을 종합적으로 비교해 보면 <표 4-5>와 같다.

| 표 4-5 | '분석적 사고'와 '직관적 사고'의 성격 비교

분석적 사고	직관적 사고
논리적(logical)	비논리적(illogical)
객관적(objective)	주관적(subjective)
순차적(sequential, serial)	병렬적(parallel)
이성적(rational)	직감적(intuitive; 직관적)
집중적(focused, centralized)	분산적(distributed)
연역적(deductive)	귀납적(inductive)
선형적(linear)	비선형적(non-linear)
수렴적(convergent)	발산적(divergent)
체계적(systematic)	비체계적(unsystematic)
추상적(abstract)	구체적(concrete)
분해적(deconstructive; 해체적)	구성적(constructive)
정태적(static)	역동적(dynamic)
단일의(one thing)	다수의(many things)
작은 그림(small picture): 나무	큰 그림(big picture): 숲
깊이 생각하는(deliberative)	즉각적인(instantaneous)
비안목적(no perspective)	안목적(perspective)
학급에서 배우는(classroom taught)	경험을 통해 배우는(experience taught)
최상의 선택(best option)	실행가능한 선택(workable option)
설명이 요구될 경우에 필요한(needed when explanation required)	행동이 요구될 경우에 필요한(needed when action required)
대상 변별(object differentiation)	패턴 매칭(pattern matching; 패턴 부합)
두뇌 집중적(brain-centered)	마음 집중적(heart-centered)
혼란스러운(disoriented)	지향적(oriented)
역사적으로 새로운(historically new)	역사적으로 오래된(historically old)
변호사(lawyers)에 어울리는	소방관(firefighters)에 어울리는

일반적으로 직관적 방법으로 얻은 해답(결론)은 하나의 가설로서 존중되어야 하나, 가능하다면 분석적 방법으로 다시 점검되어야 한다. 이러한 관점에서 브루너는 '직관적 사고'와 '분석적 사고'의 필요성과 중요성을 모두 인정하면서도, 문제해결과정에서 분석적 사고보다는 직관적 사고가 우선 구사되어야 한다는 점을 강조하였다.

전통적 교육에서는 학습상황에서 직관적 사고보다는 분석적 사고를 먼저 구사하도록 유도하는 경우가 많다. 분석적 사고는 한 단계씩 나아가는 특징이 있으며, 주의 깊게 정돈된 상태로 나아간다. 반면, 직관적 사고는 단계를 뛰어넘고 지름길을 사용하며, 도약이 가능하도록 돕기에 직관적 사고자는 내포되어 있는 지식의 영역과 구조에 보다 정통하게 된다.

'직관적 사고'를 잘하는 학생은 분석적 사고에 의해 불가능한 일, 즉 문제를 발견하거나 발명하는(discover or invent) 일을 할 수 있으며, '분석적 사고'를 통해 앞서 발견되고 발명된 문제에 알맞은 형식(proper formalism)을 부여할 수 있다. 그럼에도 학교학습에서는 형식을 갖춘 내용을 많이 다루기 때문에 직관적 사고의 중요성이 과소평가되는 결과를 초래한다. 전통적인 연역법과 증명방법을 가르치기보다는 교육내용을 직관적으로 이해하도록 가르치는 것이 더 중요하다.

㉢ **학습동기(내발적 학습동기) 유발** : 학습활동에 이상적인 최적 동기수준은 학교공부에 대한 무관심과 지나친 흥분(광분) 사이 어디엔가 존재한다. 일상 학습사태에서 직면하는 중요한 문제는 학생들의 수동적인 학습태도이다. 학생들이 공부하려는 동기(학습동기)에는 여러 가지가 섞여 있는데, 학생들이 학습내용에 대하여 내재적인 흥미를 갖도록 하기 위해서는 무엇보다도 발견의 희열을 느끼도록 하는 데 중점을 두어야 한다. 학생들의 호기심을 자극하고 학습의욕을 제고시키기 위해서는 학습과제를 최종적으로 완성된 형태로 제공하기보다는 불완전한 과제를 제시하여 그 불완전한 부분(요소)을 스스로 발견하여 최종적인 형태를 조직하는 자발적인 활동을 통하여 핵심개념·원리·법칙의 파악은 물론, 지적인 희열감과 만족감을 맛보도록 안내해야 하는데, 브루너는 이러한 학습동기를 강하게 유발시키는 교육방법이 바로 '발견학습법'이라고 주장하였다. 또한, 그는 가르치려는 내용을 학생들의 발달수준과 사고방식에 적합하도록 변형(번역)하여 제시하는 표현방식(mode of representation : 3대 표현방식으로서 작동적·영상적·상징적 표현방식)을 적극 활용할 필요가 있다고 역설하였는데, 이는 학습내용에 대한 학생의 흥미를 개발하기 위한 것인 동시에, 지적 활동 일반에 대한 적극적이고 긍정적인 태도와 가치를 형성하도록 도와줌으로써 결국 교과의 기본구조인 '핵심개념·원리·법칙'에 대한 깨달음을 촉진시킬 수 있게 된다.

㉣ **교구 활용** : 교수활동에서 활용할 수 있는 교구는 크게 ⓐ 실제 사물이나 사건에 관한 대리적 경험을 주기 위한 교구(대리적 경험을 위한 교구; devices for vicarious experience), ⓑ 현상의 이면에 숨어 있는 구

조를 파악하도록 도와주고 사물이나 대상의 개념구조를 파악하도록 돕는 교구(모형교구; model devices), ⓒ 특정 현상 또는 아이디어와 긴밀한 일체감을 직접 갖도록 돕는 교구(극화교구; dramatizing devices), ⓓ 공학적인 장치를 활용하여 교육내용을 제시하거나 전달하는 교수기계(teaching machine)와 같은 공학적인 교구(자동화 교구; automatizing devices) 등으로 분류될 수 있다. 그러나 가장 좋은 교구는 교사 자신의 인성을 바탕으로 연출하는 역동적인 수업활동이라고 할 수 있다.

교구들은 학생들의 경험범위를 확장시키고 학습내용에 내재해 있는 기본구조에 대한 이해를 돕고, 학습내용의 중요성을 극적으로 강조하며 교사의 부담을 덜어주는 기능들을 지니고 있다. 지식의 전달자로서, 학문탐구의 모범자로서, 동일시의 대상으로서 교사는 경험의 폭을 넓히고, 그 경험을 명료화하여 그 경험에 개인적인 의미를 부여할 수 있는 여러 교구를 잘 활용함으로써 그 과업을 효과적으로 수행할 수 있다. 교육과정의 질은 어떤 수업기자재를 활용한다고 해서 자동적으로 향상되는 것은 아니며, 수업과 관련되는 여러 요인들을 전체적으로 관련지어 적절하고 타당한 교구들을 선정하여 유기적으로 활용할 때 제고될 수 있다.

ONLINE RESOURCES

'브루너(Bruner)의 「교육의 과정」(The Process of Education)'에 관한 자료가 필요할 경우 저자가 운영하는 웹사이트(welfare5.com)의 Online Resources 게시판을 통하여 다운을 받기 바랍니다('교육과정론'의 Online Resources 09 자료).

(2) 하웨스(Hawes)의 모형 : 과정모형(process model)

과정모형은 하웨스(Hawes, 1979)에 의해 체계화되었는데, 여기에서는 ① 목표가 처음에 명료하게 진술되지 않으며, ② 내용보다 방법을 강조하고, ③ 몇몇 내용과 방법은 내재적 가치를 갖는다는 견해를 지지하며, ④ 평가는 미리 구체화된 목표를 준거로 실행되어야 한다는 주장에 동의하지 않는다.

과정모형은 첫 번째 단계로서 지도원리(guiding principles)로부터 출발하는데, 이는 아동행동이론, 교수·학습이론, 지식구조이론에 기초한다. 그리고 두 번째 단계는 수업계획으로서 학습자가 내용을 어떻게 학습할 것인가를 탐색하는 것으로, 특정 내용보다 방법이 더 중요시된다. 세 번째 단계인 학습상황에서는 물리적 상황, 교사행동, 학생행동, 자원사용 등의 요인들을 어떻게 결합시킬 것인가에 대한 계획을 수립한다. 네 번째 단계인 평가에서는 목표가 성취되는 정도를 확인하기보다는 결과가 성취할 만한 가치가 있는가에 더 중점을 두게 된다.

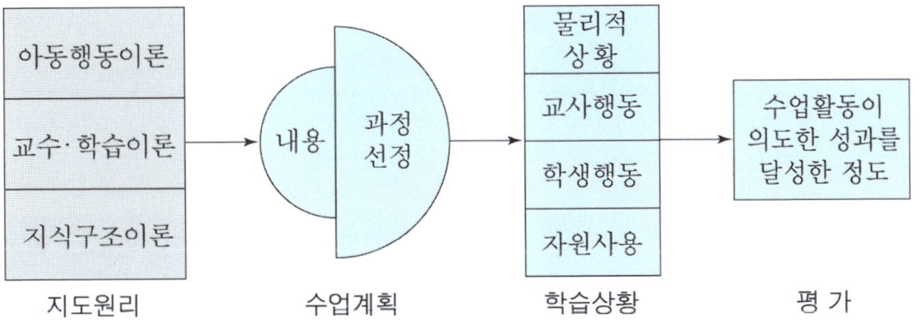

| 그림 4-18 | 하웨스(Hawes)의 보형

(3) 세일러-알렉산더-루이스(Saylor-Alexander-Lewis)의 모형

세일러와 알렉산더 및 루이스(Saylor, Alexander, Lewis, 1981)는 교육과정을 '학습자들에게 일련의 학습기회를 제공하기 위한 계획'이라고 정의하고, 교육과정 개발을 단순한 문서로 여기기보다는 '교육과정의 특정 부분들에 관한 많은 계획'이라고 정의하였다. 이들의 교육과정 개발은 [그림 4-19]와 같이 크게 ① 목적과 목표 및 영역 설정, ② 교육과정 설계, ③ 교육과정 실행(수업), ④ 교육과정평가의 네 단계로 구분하고 있다.

첫째, 교육과정의 개발은 성취하고자 하는 교육의 목적과 목표 및 영역을 설정함으로써 시작되는데, 목적과 목표는 크게 개인적 발달, 인간관계, 학습기능, 전문화의 네 영역으로 구분될 수 있다.

둘째, 교육의 목적과 목표 및 영역 설정이 이루어지게 되면 교육과정 설계의 단계에 접어드는데, 교육과정 개발자들은 적절한 내용을 선정하고 그것을 조직하며, 학생의 적절한 학습기회를 결정한다. 이 과정에서 그들에게는 학문, 학습자 또는 사회의 요구 가운데 무엇을 강조할 것인가에 대한 문제에 답하기 위한 철학적 시각이 요구된다.

셋째, 교육과정 설계가 완성되면 교사들은 이를 토대로 교수·학습계획을 세워 교육과정을 실행한다. 교사는 학생이 내용을 배우는 것을 돕기 위한 방법과 자료를 선택한다.

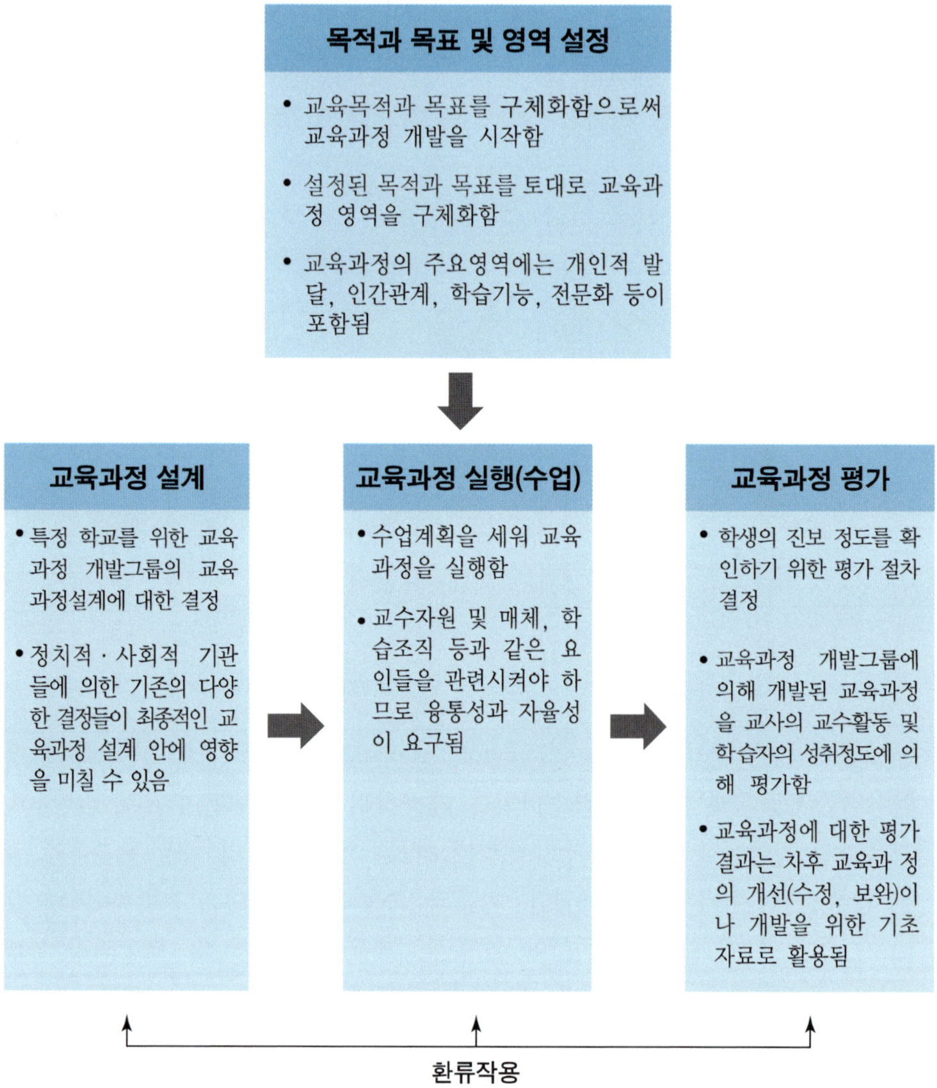

| 그림 4-19 | 세일러-알렉산더-루이스(Saylor-Alexander-Lewis)의 모형

넷째, 교육과정평가는 교육과정 개발자와 교사가 함께 참여해야 하는데, 여기에서는 교육의 목적과 목표, 수업의 효율성, 학습자들의 성취 등을 포함한 교육프로그램 전체를 평가하지만, 프로그램 자체도 평가해야 한다. 그래야만 학교의 목적이나 수업의 목표들이 얼마나 성취되었는지를 명확히 알 수 있다.

세일러와 알렉산더 및 루이스의 모형에서는 특히 교육과정 설계와 교육과정 실행 및 교육과정평가 간의 환류작용(feedback)을 강조한다.

(4) 올리바(Oliva)의 모형

올리바(Oliva, 1992)는 자신이 1976년에 제시했던 6단계(교육철학의 진술 → 교육목적의 진술 → 교육목표의 진술 → 교육계획의 설계 → 시행 → 평가)의 교육과정 개발모형을 확장시켜 12단계(12phases; 이를 세분화하면 총 17단계임)의 보다 종합적이고, 구체적인 모형을 제시하였다. 이들 단계를 열거하여 제시하면 <표 4-6> 및 [그림 4-20]과 같다.

| 표 4-6 | 올리바(Oliva)의 교육과정 개발모형

단계	내용
I	1. 일반적인 학생의 요구(needs)를 구체화한다.
	2. 일반적인 사회의 요구를 구체화한다.
	3. 학습에 대한 신념을 포함한 교육의 목적과 철학을 진술한다.
II	4. 특정 학생의 요구를 구체화한다.
	5. 특정 사회의 요구를 구체화한다.
	6. 교과의 요구를 구체화한다.
III	7. 교육과정 목적을 구체화한다.
IV	8. 교육과정 목표를 구체화한다.
V	9. 교육과정을 조직하고 실행한다.
VI	10. 수업목적을 구체화한다.
VII	11. 수업목표를 구체화한다.
VIII	12. 교수전략을 선정한다.
IX A	13. 평가기법을 예비 선택한다.
X	14. 교수전략을 실행한다.
IX B	15. 평가기법을 최종 선택한다.
XI	16. 수업을 평가한다.
XII	17. 교육과정을 평가한다.

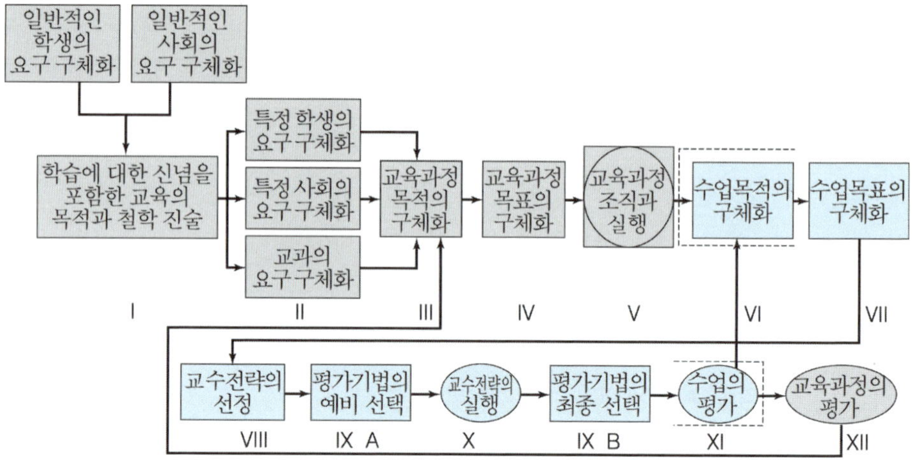

| 그림 4-20 | 올리바(Oliva)의 모형

[그림 4-20]에서 확인할 수 있는 바와 같이, 올리바의 모형은 교육과정의 평가로부터 교육과정 목적의 구체화, 또 수업의 평가로부터 수업목적의 구체화로의 환류(feedback)가 중요한 특징이다. 이러한 환류선은 구성요소들의 계속적인 개정이 가능하도록 해준다. 이 모형의 또 다른 특징은 학생 및 사회의 요구 구체화에 기초하여 교육과정 문서에서는 일반적이지 않은 '교육의 목적과 철학 진술'을 요구하고 있다는 점이다. 어떻든, 올리바의 교육과정 개발모형은 교육과정 원천에서부터 평가에 이르기까지 각 단계별로 그 과정을 종합적으로 제시하고 있지만, 자세히 살펴보면 타일러(Tyler, 1949)의 모형을 보다 구체적으로 광범위하게 변형했음을 알 수 있다.

6) 역행 교육과정 개발모형

교육과정 개발모형은 그 설계방향에 따라 크게 '순행 설계모형'(forward design model; 순방향 설계모형)과 '역행 설계모형'(backward design model; 역방향 설계모형, 거꾸로 설계모형)으로 양분될 수 있다.

| 그림 4-21 | 교육과정 개발방향에 따른 설계모형의 유형

'역행설계'에 관한 생각은 타일러(Ralph Tyler, 1949)가 학생들이 일련의 학습활동의 결과로서 성취해야 할 교육목표의 설정에 관하여 언급하면서 특정 용어를 사용하지 않고 처음으로 소개하였다. '역행설계'(backward design)라는 용어는 위긴스와 맥타이(Grant Wiggins & Jay McTighe, 1998)가 교육과정 설계에 관하여 논의하면서 사용하였는데, 그들은 전통적인 교육과정 설계모형인 타일러 모형의 '① 교육목표 설정, ② 학습경험 선정, ③ 학습경험 조직, ④ 평가' 중에서 '② 학습경험 선정, ③ 학습경험 조직'과 '④ 평가'의 순서를 바꾸어 변형시킨 모형을 제안하였다.

그럼, 위긴스와 맥타이는 전통적인 설계모형을 왜 변형했을까? 교육(학습)의 '바람직한 결과'(desired results), 즉 교육목표(학습목표)가 무엇이 되어야 하는가에 대한 관심이 교육활동의 출발점이 되어야 하고, 이어 학습경험(학습내용)과 수업에 관한 계획을 수립하기 전에 그러한 목표의 달성정도를 확인하는 방안으로서 평가방법과 수용가능한 증거를 먼저 결정하는 것이 바람직하기 때문이다.

따라서 역행설계란 수용 가능한 증거를 포함한 평가에 관한 계획, 학습경험 및 수업에 관한 계획을 수립하기 전에 제일 먼저 학습자들이 달성해야 할 바람직한 결과(교육목표, 학습목표)를 미리 확인·설정하는 교육과정 설계방식을 지칭한다. 이러한 설계방법은 교육과정 설계와 수업설계에 함께 적용될 수 있다.

한편, 역행설계의 기본입장을 크게 다섯 가지로 구분하여 살펴보면 다음과 같다.

첫째, 역행설계는 학습자중심 교육과정 설계모형이다. 교육과정 전문가와 교사들은 학습자들에게 가치 있는 교육과정을 만들어내는 데 관심을 두고 있으며, 학습자들이 어디까지나 교육과정의 중심이 되어야 한다고 생각하고 있다. 이러한 입장에 기반을 둔 것이 학습자중심의 교육과정 설계인데, 역행설계는 바로 이러한 접근을 취하는 데 중점을 둔다. 따라서 여기에서는 '아동중심 설계'와 '경험중심 설계'에 높은 비중을 둔다. 이러한 설계에서는 학습자가 자신의 학습에 능동적이어야 하고, 교과중심 설계와 달리 학습자의 삶과 분리되기보다는 그의 삶과 흥미 및 요구를 기반으로 이루어져야 한다고 생각한다. 따라서 지식은 개인적 및 사회적 경험을 바탕으로 형성되며, 학습자는 실제와의 상호작용을 통한 탐구활동에 의한 추론을 통해 지식과 기능을 습득하고 의미를 구성할 뿐만 아니라, 전이능력을 개발해 나가게 된다고 믿는다.

둘째, 역행설계는 구성주의적 교육과정 설계모형이다. 객관주의적 교육과정 설계에서는 지식은 학습자가 외부세계에 객관적인 형태로 존재하기 때문에 지식에 관한 정보는 바로 교사의 주도적인 도움에 의해 외부세계를 지각하고 표상하는 과정에서 얻어질 수 있다고 단정한다. 반면, 구성주의적 교육과정 설계에서는 학습자는 지식의 획득과정에서 능동적인 주체자이므로 실제적인 상황에서의 적극적인 상호작용을 통해 단순한 지식의 습득을 넘어 이해와 의미를 스스로 창출하고 재구성하게 된다고 믿는다. 이러한 구성주의적 접근은 객관주의적 접근과 대비하여 지식의 성격을 다음과 같이 규정한다. ① 지식은 능동적인 구성과정을 통해 형성된다. 지식은 학습자의 능동적인 활동에 의해 형성되며, 학습자는 자신의 경험을 통해 의미 있는 지식을 구성해 나간다. ② 지식은 사회적인 구성과정을 통해 형성된다. 지식은 사회적 맥락 속에서 형성되며, 사회적 협상의 산물로 인식된다. ③ 지식은 영구불변하는 절대성을 갖기보다는 상황에 따라 변화하고 성장하는 상대성을 갖는 것으로 간주된다. 학습자가 형성하는 지식은 그의 끊임없는 경험들에 의해 계속 재구성된다.

셋째, 역행설계는 지식과 기능 습득을 넘어 의미구성능력 및 전이능력의 개발을 강조하는 교육과정 설계모형이다. 예전에는 학습자들에게 많은 지식을 전달하는 데 중점을 두었다면 이제는 단순한 지식과 기능의 습득을 넘어 진정한 이해를 바탕으로 학습자들이 스스로 의미를 구성하고, 이를 바탕으로 학습한 내용을 다른 방식이나 새로운 상황에 활용하는 데 중점을 둔다. 이러한 맥락에서 위긴스와 맥타이(Wiggins & McTighe, 2005)는 학습자가 일련의 맥락 속에서 의미를 구성해 나가고, 이를 새로운 상황에 적용(전이)하는 수행을 통해 보다 심층적인 이해를 추구하는 것이 학습의 주된 목표가 되어야 한다고 주장하면서, 이를 위해서는 교육현장에서 역행설계접근이 적극 활용되어야 한다고 역설하였다.

넷째, 역행설계는 지식의 구조를 강조하는 교육과정 설계모형이다. 여기에서는 많은 내용을 가르치기보다는 각 교과별로 전이 가능성이 높은 '큰 아이디어'(big ideas), 즉 핵심개념과 원리 및 법칙으로 구현되는 지식의 구조를 중심으로 학습내용을 구조화하는 데 중점을 둔다. 이는 바로 학습자들에게 '영속적인 이해'(enduring understanding)를 가져다주는 것으로, 교수-학습의 초점으로 삼는다. 이러한 역행설계의 큰 아이디어에 관한 생각은 브루너(Bruner, 1960)의 지식구조론에서 그 근원을 찾을 수 있다. 브루너는 지식의 구조를 학문(교과)의 기저를 이루고 있는 '큰 아이디어'나 '핵심개념·원리·

법칙' 등과 동의어로 사용하고 있다. 역행설계에서는 학습자들이 무엇보다 이러한 큰 아이디어, 즉 핵심개념과 원리 및 법칙 등을 깨닫도록 도움을 제공하는 데 중점을 둔다.

다섯째, 역행설계는 역량(competence)의 함양을 강조하는 교육과정 설계모형이다. 교육에서 단편적인 지식의 전달을 넘어 학습자들이 다양한 문제들을 합리적으로 해결하고, 직면하는 상황에 잘 대처하는 능력을 함양하도록 돕는 데 중점을 두어야 함은 당연하다. 최근 교육현장에서 학습자들이 역량, 즉 핵심역량(core competence)을 함양하도록 돕는 데 중점을 두는 것은 교육의 사회적 유용성을 제고시키고, 교육성과의 효율적 관리를 강조하자는 맥락에서 더욱 관심을 끌고 있으며, 이는 지식교육의 한계점을 극복하고 지식의 단순한 습득을 초월하여 그의 적극적인 활용을 통해 학습자들이 직면하는 문제들을 합리적으로 해결하는 역량의 개발에 강조점을 둔다. 역량의 주요 특징은 '총체성', '수행성', '발달성' 등의 세 가지로 정리할 수 있다.

① 역량은 개인이 갖는 목적(goal), 지식(knowledge), 능력(ability), 행동(behavior), 기능(skill), 가치(value), 태도(attitude), 의지(will), 경험(experience), 수행(performance) 등의 다양한 특성들이 복합적으로 발현되어 나타나는 '총체성'을 갖는다. 많은 것을 알고 있다고 해서 그것이 자동적으로 실천으로 이어지지는 않는다. 역량은 지식, 기능, 가치, 태도, 의지 등이 상호작용하여 맥락 속에서 발현되므로 교과 간의 연계성을 학생들이 이해할 수 있도록 통합성과 학제성(interdisciplinarity)의 관점에서 교육과정을 구성하는 것이 필요하다.

② 역량은 비활동적인 특성이 아닌 역동적이고 활발한 '수행성'의 특성을 갖는다. 즉, 역량은 단순히 요소적이고 별개적인 비활동적인 특성들을 지칭하는 것이 아니라, 그러한 특성들이 종합적이고 역동적으로 통합작동하여 발휘되는 실제적인 수행능력을 말한다. 학생들은 바로 이러한 수행을 통해 실제상황에서 학습한 지식, 이해를 포함한 의미형성능력, 전이능력을 발휘하게 된다.

③ 역량은 부단히 변화·발전하는 '발달성'의 특성을 갖는다. 개인이 갖는 역량은 발달적 측면에서 파악되는데, 이러한 관점은 바로 각 학생들의 역량 함양에서의 개인차와 다양성 및 변화가능성이 적극적으로 고려되어야 함을 함축하고 있다. 따라서 학생들이 역량을 제대로 함양하도록 돕기 위해서는 사전지식정도, 능력들의 다양한 측면, 관심, 흥미, 동기

등을 종합적으로 고려하는 맞춤형 교육과정의 개발이 필요하다.

ONLINE RESOURCES

'역량(competence; 핵심역량)에 관한 다양한 관점'에 관하여 자세하게 논의한 자료가 필요할 경우 저자가 운영하는 웹사이트(welfare5.com)의 Online Resources 게시판을 통하여 다운을 받기 바랍니다('교육과정론'의 Online Resources 10 자료).

위긴스와 맥타이(Grant Wiggins & Jay McTighe, 1998)가 제안한 '역행설계'의 단계를 도식화하면 [그림 4-22]와 같다.

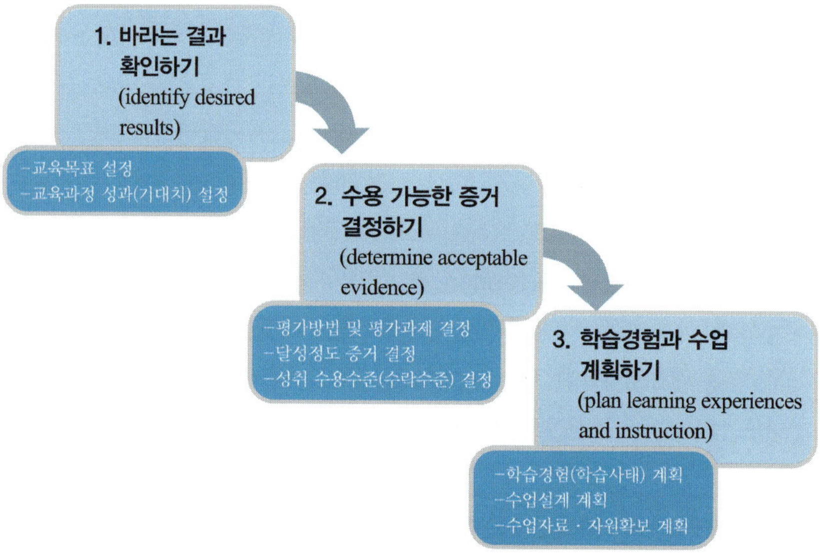

| 그림 4-22 | 역행설계의 단계

(1) 1단계 : '바라는 결과' 확인하기

교육과정 설계에서는 먼저 학생들이 알고, 이해하며 수행할 수 있고(know, understand, and be able to do), 친숙해져야 할 것(worth being familiar with)은 무엇이어야 하는가를 확인·설정·진술해야 한다. 즉, ① 교육목표 설정, ② 교육과정 성과(기대치) 설정 등이 구체적으로 이루어져야 한다.

그런데 학생들이 일련의 학습활동을 통하여 성취하기를 '바라는 결과'(교육목표)는 크게 두 가지 관점(본질의 관점, 수준의 관점)에서 상이하게 분류될 수 있다.

❶ 본질의 관점에 따른 '바라는 결과'(교육목표)의 분류

학생들이 학습활동을 통하여 성취하기를 '바라는 결과'(교육목표)는 그 본질적 속성(핵심적 속성)의 정도에 따라 ① 학습의 본질(핵심)이라 할 수 있는 '큰 이야기'(big ideas)와 '영속적 이해'(enduring understanding), ② 알고 실행하는 데 필요한 '지식과 기능(knowledge & skill), ③ 비본질인 학습에 해당하는 '친숙해져야 하는 것'(worth being familiar with) 등으로 구분해 볼 수 있다.

① 큰 아이디어(big ideas : 주요 아이디어)와 영속적 이해(enduring understanding) : 개념, 관점, 주제, 원리나 이론(concepts, point of views, themes, principles, or theories) 등
② 지식과 기능(knowledge & skill) : 특정 대상에 대해 알고, 구체적으로 실행하는 것
③ 친숙해져야 하는 것(worth being familiar with) : 친숙(친밀)해질 필요가 있는 것으로, 예를 들면 다른 지역이나 나라 사람들의 다양한 생활과 문화(농촌·어촌·산촌, 외국의 생활과 문화)와 친숙해지는 것

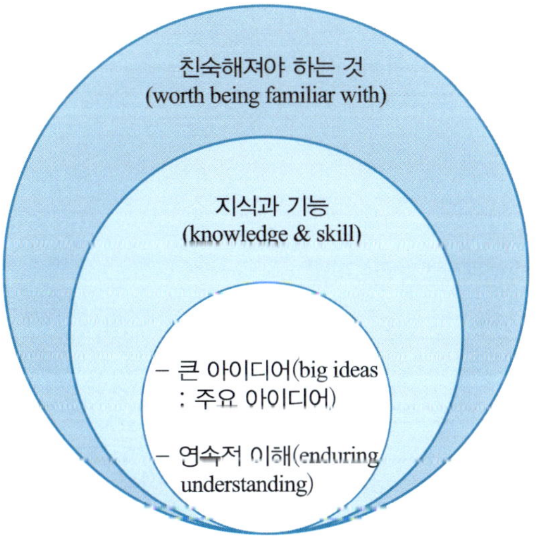

| 그림 4-23 | 본질의 관점에 따른 '바라는 결과'(교육목표)의 분류 및 관계

❷ 수준의 관점에 따른 '바라는 결과'(교육목표)의 분류

학생들이 학습활동을 통하여 성취하기를 '바라는 결과'(교육목표)는 그 수

준에 따라 ① 지식과 기능 습득(acquisition), ② 의미(meaning)구성능력 개발, ③ 전이(transfer)능력 개발 등으로 구분해 볼 수 있다[그림 4-24].

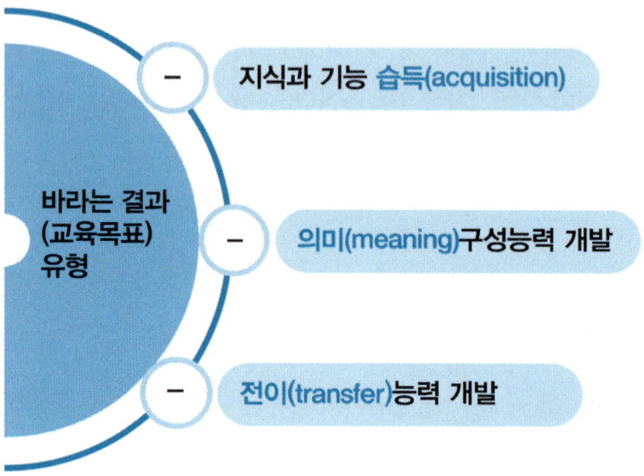

| 그림 4-24 | 수준의 관점에 따른 '바라는 결과'(교육목표)의 분류

1 지식과 기능 습득(acquisition)

지식과 기능 습득은 학생들이 후속적으로 성취해야 할 '의미구성능력 개발'과 '전이능력 개발'의 목표를 달성하기 위한 필수적인 선행적 조건으로 단기적인 목표에 해당된다. 지식과 기능의 습득은 그 자체가 목적이 아니라, 이를 통해 학생들이 성공적으로 의미를 구성하며, 이전 학습을 새로운 상황에 전이시키는 것을 목적으로 삼는다.

2 의미(meaning)구성능력 개발

의미는 선행적으로 습득한 '지식과 기능'과 대비되는 것으로, 학생들이 이러한 지식과 기능 습득을 넘어서 추론의 사고과정을 거쳐 일반화하고 새로운 통찰이나 유용한 인식을 구성하도록 돕는 중간적인 목표이다.

이러한 의미를 심층적으로 분석해 보면 '이해'(understanding)와 '본질적 의문'(essential question : 본질적 질문)으로 구성됨을 알 수 있다. 의미구성능력 개발에 관하여 깊게 파악하기 위하여 의미의 2대 구성요소인 '이해'와 '본질적 의문'에 관하여 보다 자세하게 논의하면 다음과 같다.

가. 이해 : 의미의 한 구성요소인 '이해'는 블룸(Bloom) 등(1956)의 교육

목표분류체계의 인지적 영역(지식·이해·적용·분석·종합·평가)을 구성하고 있는 '이해'와는 근본적으로 다르다. 블룸 등이 상정한 '이해'는 단지 역행설계에서 제시한 '이해'의 능력을 습득하기 위한 소재로 간주된다.

역행설계에서의 '이해'는 단순히 아는 것(knowing : 지식과 기능 습득) 그 이상으로, 학생들이 스스로 탐구하고 추론을 통해 의미를 터득하는 것이며, 이는 실제적인 상황에 적용하는 전이(일반화)를 통해 제대로 드러난다. 그러므로 이해는 사실의 표면 아래 놓인 것을 적극적으로 들추어내는 것으로, 탐구나 추론을 통해 구성되며, 그 결과는 전이의 형태로 나타나게 된다.

위긴스와 맥타이(Wiggins & McTighe, 2005)는 '이해'의 측면을 설명(explanation), 해석(interpretation), 적용(application), 관점(perspective), 공감(empathy), 자기지식(self-knowledge) 등의 여섯 가지로 세분화하였다[그림 4-25].

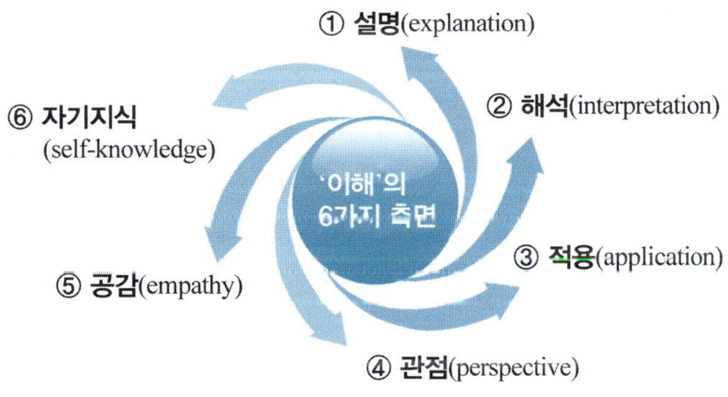

| 그림 4-25 | '이해'(understanding)의 여섯 기지 측면

'이해'의 여섯 가지 측면인 설명(explanation), 해석(interpretation), 적용(application), 관점(perspective), 공감(empathy), 자기지식(self-knowledge)의 각각의 의미와 그 관련 실례를 정리하여 제시하면 <표 4-7>과 같다.

| 표 4-7 | '이해'(understanding)의 여섯 가지 측면의 의미 및 실례

측면	의미 및 실례
설명	• 사건, 행위, 아이디어에 대해 정당하고 타당한 근거를 말할 수 있고, 그러한 근거를 기반으로 정교하고 적절하게 체계화된 이론과 증명을 이해하는 능력
	예: 신미양요와 병인양요가 일어난 것을 알고 연대순으로 열거하는 것이 아닌 그것이 왜 일어났는지, 그것이 미친 영향은 무엇인지에 대해 근거를 열거하면서 말할 수 있는 것
해석	• 숨겨진 의미를 추론하는 능력으로 단순히 표면적으로 드러난 것을 설명하는 것이 아니라 숨겨진 의미를 파악해 낼 수 있는 능력
	예: '태백산맥'이라는 소설의 주요 등장인물을 통해 역사 전개의 한 과정으로서 한국전쟁을 해석할 수 있는 것
적용	• 지식을 새로운 상황이나 다양하고 실제적인 맥락에 효과적으로 활용하는 능력
	예: 5대 영양소와 건강과의 관계 등을 학습하고 나서 실제 자신의 건강을 위한 식생활(예: 식단 작성)에 학습한 것을 활용할 수 있는 것
관점	• 특정 사건이나 현상을 비판적이고 통찰력 있는 시각으로 바라보는 안목
	예: 미국의 독립전쟁을 미국의 입장과 프랑스의 관점에서 비교하면서 두 시각의 차이를 깨닫는 것
공감	• 타인의 감정과 세계관을 수용할 수 있는 능력
	예: '흥부와 놀부'를 읽으면서 놀부의 입장에 대해 감정이입적 이해를 하고 자신이 놀부라면 어떤 행동을 할 것인지, 왜 그런 행동을 할 것인지 생각해보도록 하는 것
자기 지식	• 자신의 무지를 포함한 실체를 알고 자신의 사고와 행위를 성찰하는 능력
	예: 자신의 학습스타일을 분석하고 자신에게 맞는 방식으로 학습하는 것

나. 본질적 의문 : 본질적 의문은 학생들이 교과나 교육과정의 핵심적인 내용과 전체적 구조에 관해 궁금증을 가지고 적극적인 문제의식을 갖게 됨으로써 교과나 교육과정의 탐구와 심층적인 학습을 촉진시키는 역할을 한다. 그리고 이를 통해 후속적인 많은 의문이 계속 생성되고 해당 단원 혹은 교과 전반에 걸쳐 관련성을 파악하게 된다. 따라서 이러한 본질적 의문은 흥미유발적 의문, 유도적 의문, 안내적 의문 등과는 근본적으로 다르다.

[목 표]

- 주어진 자료를 띠그래프와 원그래프로 나타낼 수 있다.
- 자료를 수집, 분류, 정리하여 목적에 맞는 그래프로 나타내고, 그래프를 해석할 수 있다.

| 표 4-8 | '이해'와 '본질적 의문'에 관한 실례

이 해	• 자료를 수집, 분류, 정리하여 목적에 맞는 비율그래프(띠그래프, 원그래프)로 나타내고, 이를 해석하여 활용하는 것은 삶에서 부딪히는 문제를 합리적으로 해결하는 데에 있어서 중요하다. • 자료의 특성과 목적에 따라 사용되는 그래프의 종류는 다양하다.
본질적 의문	• 그래프는 왜 필요할까? • 합리적인 문제해결을 위해서는 무엇이 필요할까? • 비율그래프(띠그래프, 원그래프)로 자료를 잘 표현하려면 어떻게 해야 할까?

| 표 4-9 | 내용에 따른 '이해'와 '본질적 의문'의 관련 실례

내용 토픽	이 해	본질적 의문
통 계	통계적 분석과 표현은 종종 자료의 패턴을 드러내어 우리가 신뢰도 높은 예측을 할 수 있게 한다.	미래를 얼마나 잘 예측할 수 있는가? 그다음에 무슨 일이 일어나겠는가? 어떻게 알 수 있는가?
세계 문학	다양한 문화적 배경을 가진 고전문학은 여러 가지 주제를 탐구하게 해주고, 인간 조건의 상이한 측면을 드러낸다.	무엇이 고전을 만드는가? 다른 시간, 장소의 이야기가 자기 자신과 어떻게 관련되는가?
적 응	생물들은 혹독하고 변화무쌍한 환경에서 살아남기 위해 나름의 적응기제를 발달시킨다.	그들은 살아남을 것인가? 혹독하고 변화무쌍한 환경에서 살아남기 위해 요구되는 것은 무엇인가?
우 정	진정한 우정은 행복한 때가 아니라 힘든 때에 드러난다.	누가 '진정한 친구'이며, 그것을 어떻게 알 수 있는가?

3 전이(transfer)능력 개발

전이는 장기적인 목표로서, 학생들이 의미('이해'와 '본질적 의문')를 바탕으로 이미 학습한 내용을 다른 방식이나 새로운 상황에 활용하는 것을 지칭한다. 즉, 전이는 현재 학습사태를 넘어서 학교 안이나 실생활에서 새로운 상황에 직면했을 때 이미 학습한 내용을 적용하여 새로운 문제나 사태를 해결하거나 새로운 행동을 수행해 나가는 능력이라고 할 수 있다.

이는 단기적인 목표인 '지식과 기능 습득'의 효과적인 종합적 활용과 관련되며, 중간적인 목표인 '의미구성능력 개발'의 중요한 확장요인이 된다.

(2) 2단계 : '수용 가능한 증거' 결정하기

역행설계에서는 첫번째 단계인 '바라는 결과'(교육목표)의 확인이 완료되면 바로 '학습경험과 수업 계획하기'에 들어가는 것이 아니라, 이에 앞서 '바라는 결과'의 성취정도를 파악하는 데 필요한 '수용 가능한 증거'에 대한 결정이 뒤따라야 한다. 여기에서는 바라는 결과(교육목표)의 성취정도를 구체적으로 측정할 수 있는 ① 평가방법(관찰법, 시험, 프로젝트 등) 및 평가과제(assessment task) 결정, ② 달성정도 증거 결정, ③ 성취 ~~수용수준~~(수락수준) 결정 등이 이루어져야 한다.

여기에서 본질의 관점에 따른 '바라는 결과'(교육목표)의 성취정도를 확인하는 대표적인 평가방법을 도식으로 제시하면 [그림 4-26]과 같다.

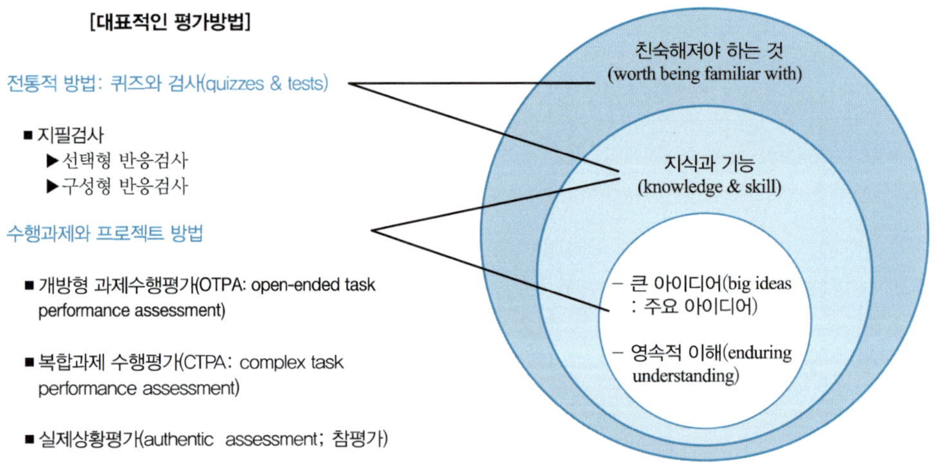

| 그림 4-26 | **본질의 관점에 따른 '바라는 결과'의 성취정도 확인을 위한 평가방법**

(3) 3단계 : '학습경험과 수업' 계획하기

역행설계의 마지막 단계에서는 앞 단계들에서 확인된 여러 가지를 토대로 '학습경험과 수업'에 대한 종합적인 계획을 수립한다. 어디까지나 학습의 주체는 학생들이므로 여기에서는 그들이 피상적인 학습이 아닌 심층적인 학습을 잘 수행해 나갈 수 있도록 최대한 적합한 학습경험의 선정과 조직이 이루어져야 하고, 아울러 이들의 학습과정을 적극 촉진시킬 수 있는 수업에 관한 계획을 잘 수립해야 한다.

여기에서는 학생들이 '바라는 결과'(교육목표)를 효율적으로 달성할 수 있도록 조력하기 위해 그들이 체험해야 하는 ① 학습경험(학습사태) 계획, 이를 효과적으로 보장할 수 있는 ② 수업설계 계획(교수방법 선정 및 교수전략 수립 : 경험·귀납적 및 가설·연역적 교수법, 직접교수법, 협동학습법, 집단활동법 등의 선정과 효율적인 교수전략수립 등), 교수-학습활동의 실행에 필요한 ③ 수업자료·자원확보 계획 등이 이루어진다.

지금까지 차례대로 논의한 역행설계의 단계들을 토대로 단원수준의 설계 논리와 수업 논리의 핵심을 단계별로 요약하여 제시하면 <표 4-10>과 같다.

| 표 4-10 | 역행설계의 단계별 설계 논리와 수업 논리

설계 논리		수업 논리	
단 계	내 용	순 서	내 용
1단계	• 바라는 결과로 확인하라. -성취기준을 명확히 하라. -주요 아이디어와 이해를 도출하라. -지식과 기능을 고려하라.	단원 시작	• 주제와 선행조직자, 바라는 결과(교육목표) 등을 소개하라. • 학습자의 동기를 유발하라. • 진단평가를 활용하여 선행지식과 기능 수준, 오개념을 파악하라.
2단계	• 평가의 증거를 확인하라. -수행과제를 설계하라. -수행과제에 따른 루브릭(rubric, 결과표현방법의 평가도구)을 개발하라. -수행과제 외 다른 증거도 개발하라. -학생의 자기평가를 계획하라.	단원중	• 핵심 아이디어를 심층적으로 다루도록 문제를 제공하라. • 학생들이 최종 수행을 하도록 경험을 제공하라. • (필요시) 교사의 설명식 수업을 제공하라. • 형성평가를 실시하라. • 재고와 수정을 위한 기회와 피드백을 제공하라.
3단계	• 수업계획을 개발하라. -핵심적인 교수 및 학습활동을 WHERETO 요소와 계열(sequence)을 고려하여 개발하라. -학습자료 및 자원을 고려하라.	단원 말미	• 자기평가와 반성적 성찰의 기회를 제공하라.

<표 4-10>에서 언급된 내용 중 루브릭(rubric)과 WHERETO 요소와 계열(sequence)에 관하여 각각 추가적인 논의를 해보기로 한다.

먼저, 역행설계의 2단계에서는 학생들이 나타내 보이는 수행과제의 결과물을 평가하기 위한 도구인 '루브릭'(rubric; 결과표현방법의 평가도구)을 개발

하는 것이 중요하다. 루브릭이란 전통적 평가에서 사용되는 점수에 상응하는 개념으로, 학습자가 수행과정에서 드러낸 수행의 결과물이 어떤 수준에 있는지를 판단하기 위한 채점방법이며, 결과표현방법의 평가도구를 지칭한다. 이는 평가내용을 상세화하여 수업에 대한 명확한 기준을 제공해주며, 학습자가 가지고 있는 특징이나 문제점, 수준이 어느 정도인지를 정확하게 판단하는 역할을 한다.

루브릭의 유형은 크게 총체적 루브릭과 분석적 루브릭으로 구분되는데, 먼저 총체적 루브릭은 학생들의 문제해결이나 수행의 과정 및 결과를 전체로 묶어 종합적으로 기술한 도구이고, 분석적 루브릭은 학생들의 문제해결이나 수행의 과정 및 결과를 항목별로 나누어 그 각각의 안에서 구체적인 측면을 상세히 기술한 도구이다. 유형별 실례를 제시하면 다음과 같다.

•총체적 루브릭

상	자료의 특성과 목적에 가장 적절한 그래프를 선택하여 조사한 자료를 비율그래프로 정확하게 나타내었다. 나타낸 그래프를 보고 의미를 타당하게 해석하며, 이를 토대로 문제의 적절한 해결방안을 제시하였다.
중	자료의 특성과 목적에 비교적 알맞은 그래프를 선택하여 조사한 자료를 비율그래프로 나타내었으나 약간의 오류가 있다. 나타낸 그래프를 보고 의미를 해석했으나 타당성이 약간 부족하며, 이를 토대로 문제의 해결방안을 제시하였으나 적절성이 조금 부족하다.
하	자료의 특성과 목적에 어울리는 그래프를 선택하지 못했으며 조사한 자료로 비율그래프를 나타내는 데 오류가 많다. 비율그래프를 보고 의미를 해석하는 데 타당성이 많이 부족하며, 이를 토대로 문제에 대한 해결방안을 제시하지 못했다.

•분석적 루브릭

항목 / 수준	그래프 선택의 타당성	그래프 작성의 정확성	그래프 해석의 타당성	문제해결의 적절성
상	자료의 특성과 목적에 가장 잘 맞는 그래프 유형을 선택하였음	조사한 자료로 비율그래프를 정확하게 나타냈음	나타낸 비율그래프에 근거하여 타당한 의미를 해석함	비율그래프의 해석을 토대로 적절한 해결방안을 제시함
중	자료의 특성과 목적에 비교적 알맞은 그래프를 선택하였음	조사한 자료로 비율그래프를 나타내었으나 약간의 사소한 오류가 있음	비율그래프를 토대로 의미를 해석하였으나 타당성이 약간 부족함	비율그래프의 해석을 토대로 해결방안을 제시하였으나 적절성이 다소 부족함

수준 \ 항목	그래프 선택의 타당성	그래프 작성의 정확성	그래프 해석의 타당성	문제해결의 적절성
하	자료의 특성과 목적에 어울리는 그래프를 선택하지 못함	조사한 자료로 비율그래프를 나타내는 데 오류가 많음	비율그래프를 근거로 의미를 해석하는 데 타당성이 많이 부족함	비율그래프의 해석과 관련하여 해결방안을 제시하지 못함

한편, 4점 척도의 루브릭을 제작할 경우 '이해', '빈도'(횟수), '효과성', '독립성', '정확성', '명료성' 등의 관점에서 그 정도(수준)를 기술하는 용어들의 실례들을 제시해보면 다음과 같다.

다양한 정도에 대한 기술적 용어

4점 척도로 재진하는 루브릭을 구성하기 위해 정도의 차이를 기술할 때 아래와 같은 평가적 용어를 활용한다. 학생활동의 분석은 보다 꼼꼼한 기술적 언어 또는 보다 세분화 된 수준을 설정하여 루브릭을 만들 수도 있다.

이해의 정도	빈도의 정도
• 빈틈없는/완벽한 • 상당한 • 부분적인/불완전한 • 이해하지 못한/심각한 오개념	• 항상/꾸준히 • 빈번히/보통 • 때때로/이따금 • 거의 하지 않는/절대 하지 않는

효과성의 정도	독립성의 정도
• 고도로 효과적인 • 일반적으로 효과적인 • 다소 효과적인 • 비효과적인	과제를 해결하는 데 있어 • 독립적으로 • 최소의 도움을 받아 • 보통의 도움을 받아 • 상당한 도움을 받아

정확성의 정도	명료성의 정도
• 완전히 정확한: 모든 사실, 개념, 기술, 계산이 옳은 • 대개 정확한: 작은 부정확성이 전체적 결과에 영향을 미치지 않는 • 부정확한: 결과를 손상시키는 많은 오류들 • 심히 부정확한: 전반적으로 상당한 오류들	• 확실히 명백한: 따라가기 쉬운 • 대개 명백한: 따라갈 수 있는 • 명백성의 결여: 따라가기 어려운 • 명백하지 못한: 따라가기 불가능한

한편, 역행설계의 3단계에서는 학생들이 '바라는 결과'(교육목표 또는 성과)를 최대한 성취할 수 있는 수업설계를 하기 위해 교수 및 학습활동에 대한 계획을 WHERETO 요소 및 계열(sequence)을 고려하여 체계적으로 수립해야 한다. 여기에서 WHERETO 요소란 ① W : 교육(교육과정, 교과, 단원)의 방향과 목표 확인, ② H : 주의환기 및 흥미유발·유지, ③ E_1 : 경험제공과 탐구·수행준비, ④ R : 재고하기(다시 생각하기)와 반성하기 및 수정·개선하기, ⑤ E_2 : 평가하기, ⑥ T : 학습자에 맞추기와 개별화하기, ⑦ O : 최적의 효과성을 얻기 위해 조직화·계열화하기 등을 지칭한다.

여기에서 WHERETO의 요소별 함축적 의미 및 수업설계의 핵심사항을 간략하게 요약하여 제시하면 [그림 4-27], <표 4-11>과 같다.

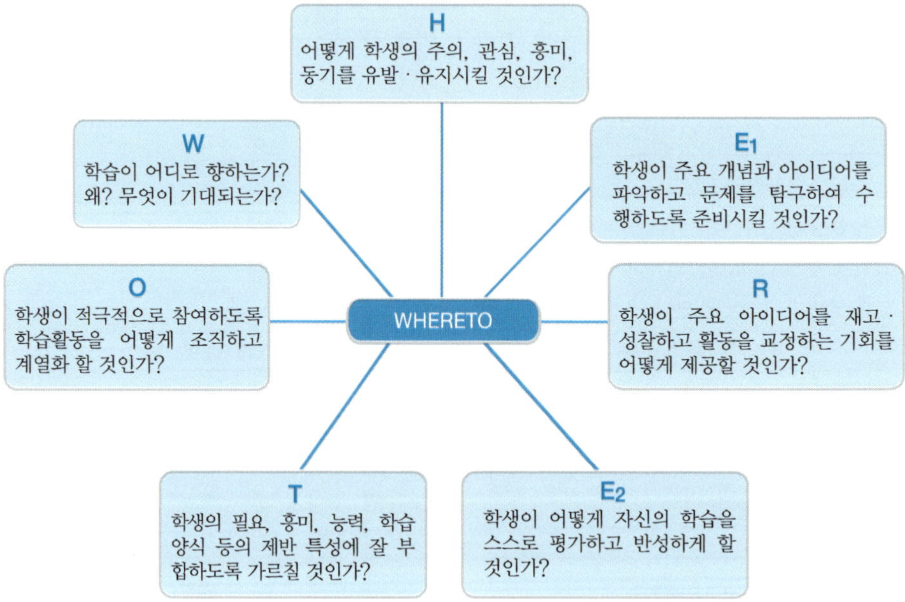

| 그림 4-27 | WHERETO 요소별 함축적 의미

| 표 4-11 | WHERETO 요소별 수업설계의 핵심사항

요 소	수업설계에 있어서의 핵심사항
W (where and why)	• 학습활동이 어디로 향하는가? 왜? 무엇이 기대되는가? (학생들이 단원의 궁극적인 목표와 방향이 무엇인지, 왜 배우는지를 이해하게 된다.)

요 소	수업설계에 있어서의 핵심사항
H (hook and hold)	• 어떻게 학생의 주의, 관심, 흥미, 동기를 유발·유지시킬 것인가? (단원의 초반에 학생들의 주의, 관심, 흥미, 동기를 유발시키고 그것을 계속적으로 유지시킨다.)
E_1 (explore and equip)	• 어떠한 학습경험을 하여 탐구하도록 할 것인가? 기대되는 수행을 위해 무엇을 준비시킬 것인가? (학생들이 수행의 목표를 달성하는 데 필요한 지식, 경험, 전략 등을 갖추게 된다.)
R (rethink, reflect, revise)	• 어떻게 다시 생각하고 성찰하여 수정하게 할 것인가? (큰 아이디어, 즉 핵심 아이디어를 재고하고 자신이 이룬 진보에 대해서 성찰하고, 자신의 활동을 수정하게 된다.)
E_2 (evaluate)	• 학생들이 어떻게 자신의 학습을 스스로 평가하고 반성하게 할 것인가? (학생들의 진보를 평가하고 자기평가 및 형성평가 결과에 따라 스스로 조정하는 기회를 갖는다.)
T (tailor)	• 학생들의 다양한 필요, 흥미, 학습양식에 부합하도록 어떻게 가르칠 것인가? (단원을 다양한 학습자들에게 맞춘다. 즉, 학습경험을 다양화하고 개별화한다.)
O (organize)	• 학습활동을 어떻게 종합적으로 조직하고 순서화할 것인가? (학생 참여와 효과성을 최대화할 수 있도록 단원을 조직화한다.)

ONLINE RESOURCES

'역행 교육과정 개발모형'에 관하여 추가적으로 논의한 자료가 필요할 경우 지저가 운영하는 웹사이트(wolfare5.com)의 Online Resources 게시판을 통하여 다운을 받기 바랍니다('교육과정론'의 Online Resources 11 자료).

7) 국가수준 교육과정 개발의 일반모형

지금까지 논의한 총 22가지 교육과정 개발모형들에서 확인한 바와 같이, 교육과정 개발은 여러 관점과 과정을 통하여 이루어진다. 이들을 종합해 보면, 교육과정 개발은 직선적이거나 위계적인 방식으로 진행되기보다는 역동적이며 상호작용적인 과정으로 이루어지는 것이 더 바람직하다고 할 수 있다. 교육과정이 역동적이며 상호작용적인 방식으로 개발되어야 한다는 것은 곧 그 하위요소들 및 과정들 간 상호 영향을 주고받는 밀접한 관계를 유지하여야 한다는 것을 의미한다.

지금까지 논의한 여러 학자들의 다양한 관점들을 종합하여 국가수준 교육과정 개발의 일반모형을 제시하면 [그림 4-28]과 같다.

국가수준의 교육과정을 개발하기 위해서는 먼저 관련 위원회를 조직한 후 운영·관리적 맥락, 철학 및 이데올로기·정치·경제·사회·문화적 맥락을 고려하여 '교육과정 개발의 기본방향·기준·지침'을 설정한 다음, ① 상황분석(실태조사·분석 및 시사점 추출), ② 목표 설정, ③ 내용과 활동 선정, ④ 내용과 활동 조직, ⑤ 평가계획 및 지침, ⑥ 교육과정안 확정·고시(편제와 시간배당, 수업일수 및 시수) 등을 완료한 후 이를 바탕으로 교과서와 교재 및 교사용 지도서를 개발한다. 끝으로, 이를 토대로 학교교육과정을 운영(실행)하면서, 계속적으로 점검·개선하며 최종적으로 그 성과를 평가하게 된다.

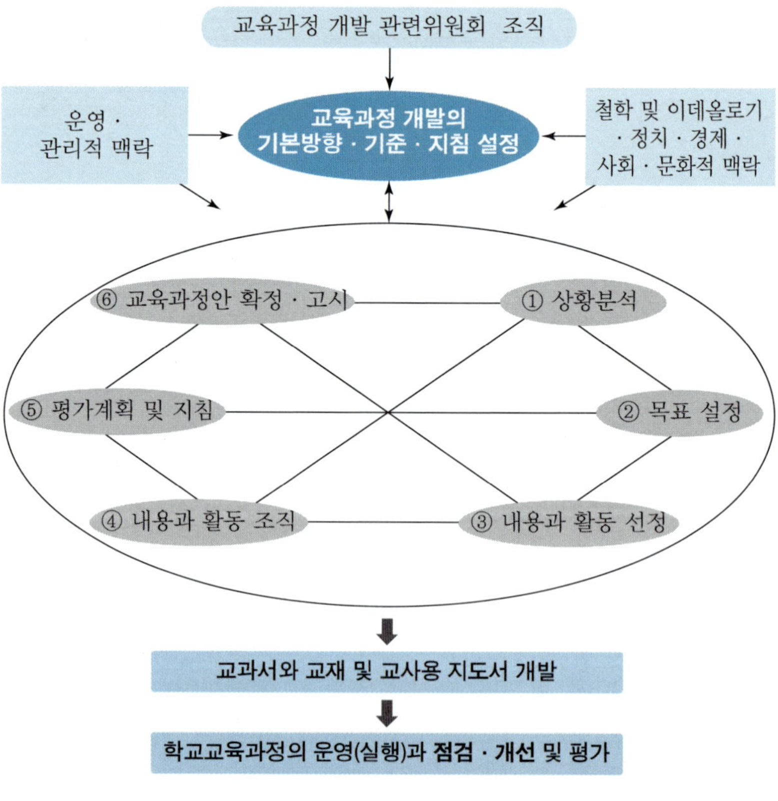

| 그림 4-28 | 국가수준 교육과정 개발의 일반모형

3. 교육과정 개발절차

교육과정 개발절차는 그 세부 단계가 고정되어 있지 않으므로 교육과정의 내용이나 상황에 따라 다양하게 논의할 수 있다. 여기에서는 그 절차를 크게 ① 교육과정 개발을 위한 '요구사정'(need assessment; 요구분석, 상황분석), ② 이를 토대로 이루어지는 '교육과정 설계'(curriculum design)로 구분하여 논의하고자 한다. 이 중 '교육과정 설계'는 그 하위 단계를 ㉠ 교육목적 설정, ㉡ 교육내용 선정 및 조직, ㉢ 지도계획 및 수업설계, ㉣ 평가계획, ㉤ 교수-학습과정안 작성 등으로 세분하여 상술하기로 한다.

1) 요구사정

(1) 요구의 의미와 유형

1 요구의 의미

일반적으로 요구(need; 욕구)란 '현재상태'와 '바라는 상태'(소망상태) 간의 격차(gap between what is expected and the existing conditions)를 지칭한다. 이에 대한 이해를 돕기 위한 도식은 아래와 같다.

바라는 상태 (what is expected)	−	현재상태 (the existing conditions)	=	요 구 (need; 욕구)
개인 또는 집단에 있어서 바라고 소망하는 수준		바라는 상태에 비교되는 개인 또는 집단의 현재 수준		둘 사이에 존재하는 격차 (discrepancy; 차이)

2 요구의 유형

요구는 그 성격에 따라 다양하게 구분될 수 있는데, 그 대표적인 유형으로서 규범적 요구, 인지된 요구, 표현된 요구, 상대적 요구 등에 관하여 살펴보기로 한다.

- **규범적 요구(normative need)** : 이는 교육전문가(교사)에 의해 규정되는 요구로서, 여기에서 규범이라는 의미는 이상이나 목적을 달성하기 위하여 마땅히 따르고 지켜야 할 기준을 의미한다. 따라서 규범적 요구란 전문적인 관점에서 이상이나 만족스러운 목적달성기준의 관점에서 규정되

는 욕구를 말한다. 이러한 요구의 중요한 강점은 객관적인 목표설정과 계량화가 쉽고 구체적인 변화의 표적(target)을 제공하는 것이며, 반면 가장 큰 약점은 요구기준이 전문가 개인이나 시간의 흐름에 따라 변화하기 쉽다는 것이다. 따라서 이는 자칫 논란을 일으킬 가능성이 많다.

- **인지된 요구(perceived need; 지각된 요구)** : 이는 개개인이 지각한 요구를 지칭하는 것으로, 개인적 바람(want)과 같은 의미로 파악된다. 인지된 요구는 주로 설문조사를 통해 개개인 응답자에게 그들이 필요로 하는 것을 물어보는 방식으로 파악된다. 그러나 여기에서는 교육전문가에 의해 규정되는 요구(규범적 요구)와 개개인이 지각한 요구(인지된 요구) 사이에는 적절한 균형을 유지하는 것이 중요하다. 특정 요구에 대한 지각은 각 개인들에 의해 이루어지지만, 그 요구들 중에서 그들이 실질적인 요구라고 간주(판단)하는 사람은 바로 전문가이고, 결국 그에 대한 서비스가 제공될 것이기 때문이다.

  인지된 요구를 바탕으로 타당한 교육과정을 개발하는 데 있어서의 문제점은 규범적 요구에서는 하나의 기준이 존재하는 데 반해, 인지적 요구는 각 개인들의 반응에 따라 그 기준이 다르며, 따라서 불안정하고 상황에 따라 수시로 변할 수 있다는 점이다. 인지된 요구는 개인마다 다르기 때문에 학생들의 '실제적 요구'를 추정하는 것은 쉽지 않다. 이때 학생들은 문제의 원인이 아니라 그 문제에 의한 실질적인 증상을 호소하는 데 반해, 교육전문가는 학생들의 실질적인 요구라고 간주되는 것에 대해 서비스를 제공하는 경우가 많다.
- **표현된 요구(expressed need)** : 이는 서비스의 필요의 관점에서 확인된 요구를 말하는 것으로, 이는 무엇인가에 대한 필요에 의해 인지된 요구가 실제로 표현된 것을 말한다. 따라서 여기에서는 전문가가 서비스를 필요로 하는지의 여부를 판단하기보다는 개인이 실제로 그 서비스를 얻기 위해 어떤 관심을 얼마나 갖고 있는지에 대해 중점을 둔다. 따라서 필요에 대한 통계치에 근거하여 후속조치를 마련하는 전문가들은 실제로 표현된 요구의 내용과 그것을 원하는 학생들의 수를 확인하고자 노력한다.
- **상대적 요구(relative need or comparative need; 비교요구)** : 이는 다른 사람이나 지역과의 비교를 통하여 확인된 요구를 말한다. 따라서 이는 충족되어야 할 기준이나 바람직한 수준의 서비스가 필요하다는 관점에서 파악하는 것이 아니라, 특정 대상에게 제공되는 서비스수준과 유사한 또

다른 대상에게 제공되는 서비스수준 간의 차이(격차)에 의해 측정된다. 이러한 요구는 각기 다른 집단이나 학교 또는 지역에서 실행되는 서비스 수준 상의 차이를 설명하기 위해 도입된 개념이다. 즉, 어떤 집단에게 실행되고 있는 서비스수준이 다른 비교집단에게 실행되고 있는 서비스수준보다 못할 경우 그 집단은 서비스의 보완을 필요로 한다고 볼 수 있다. 그러나 때때로 상대적 요구의 개념을 사용하여 새로운 교육과정에 대한 요구를 측정할 필요가 생긴다. 만약 다른 학교에서 실행된 교육과정이 이 학교에서도 실행된다면 학생들은 과연 이 교육과정으로부터 어떤 이득을 얻을 것인가를 예측해야 한다. 두 학교 간의 다른 특성들을 무시하고 단순히 두 집단의 요구를 비교하는 것은 위험한 결과를 초래할 수도 있다.

이상의 네 가지 요구의 유형 중 규범적 요구와 상대적 요구를 규정하는 주체는 교육전문가 혹은 사회이고, 인지된 요구와 표현된 요구는 특정 요구를 가진 당사자(학생들)이다. 그리고 이러한 네 가지 유형의 요구를 사정하는 방법은 서로 다를지라도 서로 배타적인 관계를 갖는 것은 아니기 때문에 상호 보완적인 관점에서 종합적으로 파악할 필요가 있다.

(2) 요구사정의 의미와 필요성

1 요구사정의 의미

요구사정(need assessment)이란 현실(실제)과 이상 간의 차이(격차)를 규명하고 비교하는 활동이라고 할 수 있는데, 이는 '요구분석'(need analysis) 또는 '상황분석'(situational analysis)이라는 용어로도 명명된다. 학교장면에서의 요구사정은 비단 교육과정 개발의 전조단계로만 필요한 것은 아니다. 이는 교육과정을 포함한 학교운영에 대한 계획을 수립하고, 이를 수정·보완할 경우에도 필수적으로 필요한 활동이기 때문이다. 그리고 요구사정은 단지 교육과정 개발을 위한 기초활동으로만 인식해서는 안 된다. 이는 교육과정 개발의 기본방향이나 목적을 도출하는 데 있어 필수적인 활동이기는 하지만, 교육과정 개발 및 운영이 실행되는 과정에서 시간과 상황의 흐름에 따라 어떤 변화가 일어나고 있는지에 대해서도 계속적인 관심을 가져야 하기 때문이다.

이처럼 요구사정은 교육과정 개발과 운영의 전 과정에 걸쳐 실행되는 것이지만, 여기에서는 교육과정 개발의 기본방향을 설정하고, 교육목적·목표와 교육내용 선정의 근거를 제공해 주는 기능에 중점을 두어 교육과정 개발의 첫 단계로 제안하고자 한다.

교육과정의 개발에 있어 요구를 사정하는 근본이유는 교육과정 개발의 참여자들(교육과정 전문가 및 개발자, 학생, 교사, 행정가, 지역인사 등)의 다양한 의견을 얻기 위해서이다. 새로운 교육과정 개발의 요구나 당위성이 현행의 교육과정의 미비점이나 문제점을 규명하는 것에서 시작되어야 한다고 본다면 교육과정 개발과 관련된 모든 활동의 기초가 되는 것은 현재의 요구와 상황에 대한 사정이라고 볼 수 있다.

2 요구사정의 필요성

지역사회와 학교구성원들이 가지고 있는 요구를 사정하지 않고는 진정한 교육과정을 개발하기 어렵다. 요구사정의 필요성은 다음과 같이 나열할 수 있다. 첫째, 요구사정은 교육관련자(특히 학생)들의 요구에 부합하는 교육과정을 개발하는 데 도움을 줌으로써 진정한 교육을 실천하도록 해준다. 둘째, 요구사정은 학교의 효율적·전문적 운영에 도움을 준다. 셋째, 요구사정은 교육과정을 학생들의 제반 특성의 변화에 따라 탄력적으로 대처할 수 있도록 해준다. 넷째, 요구사정은 학교를 포함하여 지역사회 내의 여러 조직들과의 협력을 이끌어내는 데 도움을 준다. 다섯째, 요구사정은 지역사회와 학교가 당면하고 있는 교육적 이슈와 문제를 부각시키고, 새로운 교육과정 개발의 필요성을 인식시킴으로써 사회구성원의 지원을 얻어낼 수 있다. 여섯째, 요구사정은 학교들이 사회로부터 그 존속과 필요의 정당성을 인정받고, 계속 지원을 받을 수 있는 근본적인 근거를 제공해 준다.

(3) 요구사정의 요소(대상)

교육과정 개발을 위한 요구사정의 요소(대상·내용·자료원)는 매우 다양하게 분류할 수 있으나, 이를 그 대상범위에 따라 크게 분류하면 국가 및 지역사회의 상황과 맥락, 학교의 상황과 맥락으로 양분할 수 있다.

① **국가 및 지역사회의 상황과 맥락** : 새로운 교육과정을 개발하고자 할 때는 우선 국가 및 지역사회의 상황과 맥락을 파악해야 한다. 교육과정

개발자들은 사전에 국가 및 지역사회의 행정구조를 포함한 제도와 정책 및 규범, 교육체제, 사회의 인적·물적 자원, 교육요구(특히, 기업주 또는 고용주의 요구), 기대되는 학문적(학업적) 표준, 교육관련 이익단체 및 시민단체의 요구나 압력 등의 요소들을 사정해야 한다.

② **학교의 상황과 맥락**: 교육과정 개발자들은 학교의 제반 상황과 맥락도 확인해 보아야 한다. 여기에는 교육과정을 포함한 학교 전반의 운영상의 현안 및 문제점, 구성원들의 요구, 교사의 전문성과 태도, 학생들의 배경과 경험 및 개인차, 학부모의 기대, 교육시설 및 설비조건, 이용 가능한 교육자료, 물리적 시설·설비 및 공간, 학교조직 풍토 등의 요소에 대한 사정이 포함된다.

한편, 교육과정 개발을 위한 요구사정의 요소를 위의 경우보다 더 세분화할 수도 있는데, 관련자와 프로그램 및 조직을 대영역으로 분류하고, 이를 보다 더 세분화하여 제시하면 <표 4-12>와 같다.

| 표 4-12 | 요구사정의 요소영역

대영역	중영역	소영역	변인의 실례
관련자	학 생	• 개인적 특성 • 태도, 가치, 흥미 • 목표, 우선순위 • 행동과 지식 • 인구학적 특성	연령, 종교, 성별 등 자아개념, 협동의식 등 진급·진학계획, 진로·직업계획 등 학교활동 참여도, 인지능력 등 거주지, 생활수준 등
	교 사	• 개인적 특성 • 학생, 학교 등에 대한 태도 • 목표, 우선순위 • 능력과 행동	연령, 결혼여부 등 자율성에 대한 태도 등 교직생애계획 등 교수역량, 의사결정유형 등
	행 정 가	• 개인적 특성 • 학생, 학교 등에 대한 태도 • 능 력	학위, 종교, 교수경험 등 학교구성원에 대한 태도 등 문제해결능력, 예산관리능력 등
	학부모와 지역사회	• 개인적 특성 • 현재조건 • 학생, 학교 등에 대한 태도 • 목표, 우선순위 • 사회적 특성	주거지, 생활수준 등 연령분포, 문화환경 등 학교, 교사에 대한 태도 등 자녀 학업성취도 열망도 등 사회적 풍토, 교육지원자원 등

대영역	중영역	소영역	변인의 실례
프로그램	교육과정 프로그램	• 내용과 계열성 • 전략과 방법 • 자 원	각종 교육과정 영역 등 각종 교육전략 등 도서관, 체육관 등
	단원 및 모 듈	• 내용과 계열성 • 전략과 방법 • 자 원	시민성, 비판력 등 합의적 논리 등 교수-학습자료 등
조 직	운영관리	• 방침(정책) • 구성체계	학칙, 인사원칙 등 이사진의 구성 등
	행 정	• 인 사 • 시 설 • 학 생 • 수 업	직무배정 및 훈련 등 학교의 건축, 시설 사용도 등 정원, 편입학 등 업적평가인정 등
	경 영 분 위 기	• 학교만족도 • 대인관계	자퇴율, 학생과 교사의 사기 등 교사 간의 인간관계 등

(4) 요구사정의 절차

요구사정의 절차는 ① 사전준비단계, ② 요구사정 목적의 설정단계, ③ 현재실태에 관한 자료수집단계, ④ 교육적 요구의 우선순위 결정단계 등의 순서로 이루어진다.

1 사전준비단계

요구사정을 위한 사전준비는 효과적인 요구사정을 실행하기 위해서 필요한 활동이다.

여기에는 요구사정의 필요성과 수행하는 데 필요한 책무성의 인지 및 기반조성, 요구사정을 수행하는 데 필요한 가용한 자원을 분석(인적 자원, 비용 등의 필요한 물적 자원의 가용문제는 요구사정의 범위 등을 결정하거나 제약하므로 이에 대한 조사는 매우 중요한 사전작업임), 요구사정을 실제 실시·수행할 행정관리기구의 조직, 요구사정의 범위와 대상수준 결정 등이 포함된다.

2 요구사정 목적의 설정단계

교육과정 개발에 대한 기초활동으로서 요구사정을 효과적으로 실행하기 위해서는 그 필요성과 방향에 대하여 심도 있는 논의가 필요하다. 교육과정 개발자들은 이러한 논의를 바탕으로 요구사정의 목적을 명확하게 규정하여 설정해야 한다. 만약 이러한 목적의식이 제대로 설정되지 못하면 요구사정을 위한 구체적인 활동이 밀도 있게 진행되지 않을 수 있다.

3 현재실태에 관한 자료수집단계

현재실태에 관한 자료수집단계에서는 ① 자료수집계획의 설계, ② 방법과 절차의 타당성 확인, ③ 표집집단 구성, ④ 조사도구 제작 또는 선정, ⑤ 자료의 수집 및 분석 등을 위한 활동을 전개해야 한다.

가. 자료수집계획의 설계

현재실태에 관한 자료수집에서는 우선 자료수집계획을 잘 설계하는 일이 필요하다. 여기서는 목적이 성취되었다는 것을 나타내 주는 자료 또는 지표가 무엇인지를 확인해야 하며, 어떤 출처원을 통해 자료 또는 지표를 얻을 수 있을 것인가를 파악하고, 이들을 수집·분석하는 절차는 무엇인지를 확인하는 작업이 필요하다. 일반적으로 교육과정 개발을 위한 요구사정을 위한 조사방법은 크게 세 범주(직접관찰법, 사례조사법, 간접자료조사법)로 구분할 수 있는데, 그들은 각기 장·단점을 함께 갖고 있기 때문에 상호보완적 관계를 취할 필요가 있다.

첫째, 직접관찰법(특성집단을 대상으로 그들의 요구를 직접 조사하거나 검증하는 방법)으로서, 여기에는 일반인구 조사방법과 표적인구 조사방법, 델파이(Delphi)방법, 관찰법, 직접경험방법, 지역사회 공개토론회(community forum; 공청회), 대화와 집단토의, 체크리스트, 테스트 등이 포함되는데, 이 방법들은 주로 '인지된 요구'를 밝히는 데 활용된다.

둘째, 사례조사법(대상집단을 직접 상대하거나 관계를 맺고 있는 제3자들을 접촉하여 그들의 요구를 조사하는 방법)으로서, 여기에는 교육과정 운영자 및 서비스 제공자 조사방법, 주요 정보제공자 조사방법, 서비스이용 통계치 활용방법, 결정적 사건 분석방법, 직무분석 등이 포함되는데, 이 방법들은 주로 '표현된 요구'를 밝히는 데 활용된다.

셋째, 간접자료조사법(기존의 기록이나 지표 또는 자료를 활용하거나 대상집단을 정확히 알지 못하지만, 그와 관련이 있는 증거들을 이용하여 그 대상집단의 요구를 조사하는 방법)으로서, 여기에는 사회지표 분석방법, 행정자료 조사방법, 개인별 기록자료 조사방법, 비활동자료 분석방법 등이 포함되는데, 이 방법들은 주로 '규범적 요구'를 밝히는 데 활용된다.

ONLINE RESOURCES

'요구사정을 위한 조사방법'에 관하여 체계적으로 논의한 자료가 필요할 경우 저자가 운영하는 웹사이트(welfare5.com)의 Online Resources 게시판을 통하여 다운을 받기 바랍니다('교육과정론'의 Online Resources 12 자료).

나. 방법과 절차의 타당성 확인

앞에서 언급한 바와 같이, 요구사정의 요소는 크게 관련자, 프로그램, 조직 등의 세 가지로 구분될 수 있는데, 각각의 자료를 수집할 시에 타당한 방법과 절차가 필요하다. 자료를 얻을 때는 사람이나 상황을 직접 조사하여 얻거나 문서를 통해서 간접적으로 얻는 방법들이 있다. 요구사정에서는 대체로 사람이나 상황으로부터 자료를 얻어내는 방법을 많이 활용하고 있으며, 문서를 통해서 자료를 얻는 방법은 지양된다. 자칫 잘못된 문서를 통해 수집된 자료는 절차의 타당성을 저해하기 때문이다. 그리고 특히 사람들을 자료원으로 삼을 때에는 그들의 태도, 가치관, 신념, 인식, 행동결과 등에 관한 자료가 주축을 이루며, 관찰법이나 질문지법, 집단토의법 등의 방법이 활용된다.

다. 표집집단 구성

모집단(전집)으로부터 얻어진 자료는 실제 전체의 요구를 나타내기에 사실적이고 유용한 정보가 될 수 있으나, 비용과 시간이 많이 소요된다. 어떤 상황에서는 전집조사보다는 집중적으로 표집조사를 하는 것이 더 정확할 때가 있다. 그러므로 대부분의 조사들은 모집단으로부터 일정한 표집을 추출하여 표집집단을 구성한다. 그런데 표집절차를 보다 더 잘 수행하려면 우선 조사대상 모집단의 분명한 규정과 파악이 있어야 한다. 이어, 표본의 크기를 정하는 일이 필요하다. 표본이 클수록 그 대표성은 커지지만, 비용과 시간도 동시에 늘어나므로 적절한 조정이 필요하다. 또한, 적절한 표집 방법을 선택하는 등의 활동이 필요하다.

라. 조사도구 제작 또는 선정

표집집단을 결정한 후에는 조사도구(검사도구)를 새롭게 제작하거나, 아니면 이미 제작된 적절한 도구를 선정하는 활동을 실행해야 한다. 여기에서는 우선 목표성취지표를 무엇으로 할 것이냐를 결정해야 하며, 요구사정의 세 가지 요소인 관련자·프로그램·조직의 특징이나 요구사항을 조사하기 위해 어떠한 조사도구가 적절한지를 파악해야 한다.

요구사정에서 활용하는 조사도구의 유형에는 직접관찰을 통해 자료를 기술적 또는 수량적으로 파악하는 방법, 설문이나 질문을 통해 자료를 기술적 또는 수량적으로 파악하는 방법, 문서분석을 통해 자료를 기술적 또는 수량적으로 파악하는 방법 등이 있는데, 이를 활용하기 위한 조사도구를 결정할 때는 그 타당도·신뢰도·객관도·실용도를 확인하여 좋은 조사도구로서의 조건을 제대로 갖추고 있는지를 점검해야 한다.

마. 자료의 수집 및 분석

조사도구가 결정된 후에는 이를 활용하여 자료를 수집해야 하고, 이를 분석하는 활동이 뒤따라야 한다. 통계분석 프로그램으로는 SPSS와 SAS 및 STATISTA 등의 프로그램이 활용된다. 적절한 통계분석과 처리는 자료의 타당성을 높여주고 결과에 대한 신뢰성을 확보하는 데 기여하는데, 이를 제대로 확보하기 위해서는 자료의 수집·분석과정에서는 주관과 편견이 가능한 한 철저하게 배제되어야 한다.

4 교육적 요구의 우선순위 결정 단계

요구사정에 대한 자료의 수집·분석이 완료되면 현재상태(현실, 실제)와 기대되는 소망상태 간의 차이(격차)가 확인되는데, 이처럼 현재상태가 규명되고 기대되는 소망상태에 관한 자료가 확보되면 그 차이가 명확하게 드러난다. 앞서 언급한 바와 같이, 현재상태와 기대되는 소망상태 간의 차이(격차)가 바로 요구가 된다. 그런데 이러한 교육적 요구는 다양하게 나타날 수 있으므로 이들 간의 우선순위를 결정하는 활동이 필요한데, 이에 앞서 교육적 요구, 즉 차이를 확인하는 방법을 먼저 검토할 필요가 있다.

교육적 요구를 확인하는 방법에는 다양한 형태가 있으나, 단순한 방법으로는 사실적으로 그 차이를 진술문 형태로 기술하는 방법이 있다. 그러나 이는 단순히 교육적 요구가 있다는 사실만을 밝혀줄 뿐이어서 어느 정도의 차이가 있으며, 각 소망상태(즉, 목적) 간의 관계를 설명해주지는 못한다. 교육적 요구를 확인하는 방법으로 현재 가장 널리 사용되고 있는 것은 구체적인 변인들을 포함시켜 작성한 측정도구를 통하여 현재상태와 소망상태(목적)를 동시에 확인하는 방법이다. 즉, 진술된 소망상태(목적)에 비추어 한편으로 기대수준척도에 응답하게 하고, 다른 한편으로 현실적인 수준척도를 교차시켜 응답을 하게 하는 방법이 가장 자주 활용된다.

교육적 요구의 우선순위 결정에는 여러 방법이 있는데, 여기에서는 ① 4간표 작성법, ② 루키(Rookey)의 목적우선순위와 차이 간의 4간표법, ③ 우선순위지수 산출법, ④ 기타 방법 등에 관하여 논의하기로 한다.

가. 4간표 작성법

우선순위 결정방법으로 가장 쉽게 활용되는 방법은 4간표 작성법인데, 이는 대비변인을 어떤 요인을 상정하느냐에 따라 여러 가지의 행렬표(matrix)로 나타낼 수 있다.

먼저, 한편에는 목적의 '현재접근정도'(성취정도)를 배열하고, 다른 한편에는 목적인 '소망정도'를 배열하여 교차시키면 네 칸의 목적영역이 만들어진다[그림 4-29]. 이를 통해 바로 교육과정 개발에서 가장 시급하게 우선적으로 고려되어야 할 교육적 요구는 칸 Ⅳ의 목적영역이라는 사실이 확인된다.

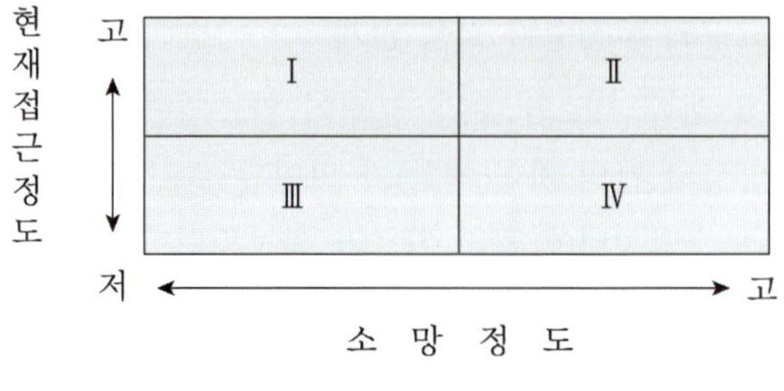

| 그림 4-29 | 현재접근정도(성취정도)-소망정도 4간표

또한, 한편에는 목적의 '중요성'(importance)을 배열하고, 다른 한편에는 목적의 '긴급성'(urgency)을 배열하여 교차시켜 우선순위를 결정할 수도 있다[그림 4-30].

비교기준		긴급성	
		낮음	높은
중요성	높음	3	1 (우선순위 가장 높음)
	낮음	4 (우선순위 가장 낮음)	2

| 그림 4-30 | 중요성(importance)-긴급성(urgency) 4간표

나. 루키(Rookey)의 목적우선순위와 차이 4간표법

루키는 먼저 목적우선순위 차원을 고·중·저 등으로 삼분하고, 이어 각 목적우선순위에서 현재상태를 결정한 다음, 그 차이(격차)를 고·중·저로 삼분하여 교차시켜 4간표를 작성하여 교육적 요구의 우선순위를 정하는 방법을 제안하였다.

[그림 4-31]의 9칸 중에서 칸 A의 교육적 욕구가 교육과정 개발에서 가장 우선적으로 반영되어야 한다.

목적우선순위	차 이 (격 차)		
	고	중	저
고	A	B	C
중	B	C	D
저	C	D	E

| 그림 4 31 | 목적우선순위 차이(격차) 4간표

다. 우선순위지수 산출법

교육적 요구에 대한 우선순위를 결정하는 또 다른 방법으로 우선순위지수 산출법을 활용할 수 있다. 이는 현재성취수준과 기대수준 및 중요도를 종합적으로 지수화하여, 그 우선순위지수의 높고 낮음을 기준으로 최종적으로 우선순위를 결정하는 방법이다.

예를 들어, 교육과정 개발자들이 '글자를 바르게 소리 내어 읽는다'(가)와 '한 자릿수 덧셈을 할 수 있다'(나)는 초등학교 1학생 아동들의 잠정적 목표를 두 가지로 설정하고 '기대수준'을 측정한 결과, 각각 90%와 80%를 얻었다.

그리고 관찰과 주위사람들의 보고 등을 통하여 두 목표의 '현재성취정도'를 측정한 결과, 각각 80%와 50%로 확인되었다. 끝으로, 교직원, 학부모, 아동, 지역사회주민들을 대상으로 '중요도'에 따라 우선순위를 매기도록 한 결과, 두 목표는 5단계 평점에서 각각 4.5와 4.6을 받았다.

이상과 같은 내용들을 종합해 보면 두 목표의 최종적인 우선순위는 다음과 같이 계산된다.

목 표	기대수준	현재성취수준	중요도	합 계	최종 순위
가	90% −	80% ×	4.5 =	45(0.45)	2
나	80% −	50% ×	4.6 =	138(1.38)	1

라. 기타 방법

교육적 요구에 대한 우선순위를 결정하는 방법은 위에서 논의한 것들 외에도 몇 가지가 더 있으나, 그 대표적인 방법은 [그림 4-32]와 같이 교육적 요구나 교육목적의 '영향도'의 수준과 '긴급도'의 수준을 상호 관련지어 우선순위를 확인할 수도 있다.

영향도 \ 긴급도	1 (높음)	2 (중간)	3 (낮음)
3 (낮음)	우선순위3	우선순위4	우선순위5
2 (중간)	우선순위2	우선순위3	우선순위4
1 (높음)	우선순위1	우선순위2	우선순위3

| 그림 4-32 | '영향도'와 '긴급도'의 상호관련성에 의한 우선순위 산출

2) 교육과정 설계

교육과정 설계에 관하여 본격적으로 논의하기에 앞서 교육과정 설계의 3대 기본유형에 관하여 잠시 언급하기로 한다. 교육과정의 설계는 이론적 관점이나 중점을 어디에 두느냐에 따라 다양한 방식으로 이루어질 수 있다. 그러나 모든 교육과정 설계는 근본적으로 교과중심 설계(subject-centered design)와 학습자중심 설계(learning-centered design) 및 문제중심 설계(problem-centered design; 사회중심 설계)의 세 가지 기본유형의 수정·변형이거나, 아니면 통합에 의해서 이루어진다고 볼 수 있다.

교육과정 설계의 3대 기본유형인 '교과중심 설계'와 '학습자중심 설계' 및 '문제중심 설계'는 역사적으로 볼 때 교육과정에 대한 상이한 관점으로부터 출현하였다.

첫째, '교과중심 설계'는 전통적이며 가장 널리 활용되는 유형이다. 여기에서는 지식내용이 학교교육의 중심이며, 교육과정의 필수적인 부분으로 인정되고 있는데, 이는 학문적 합리주의에 그 근거를 두고 있다. 학문에 바탕을 둔 교과를 통하여 학생들의 지적 능력을 도야하는 데 목적을 두는 학문적 합리주의는 교과중심 설계를 선호한다. 이러한 설계는 학문영역의 개별적 독립성을 존중할 경우 개별학문 설계로, 학문영역들 간의 논리적 관련성을 강조할 경우 간학문적 설계로, 여러 학문영역을 통합시켜 질적 비약을 이루어야 할 경우 다학문적 설계로 분류될 수 있다. 교과중심 설계의 일반적인 유형에는 교과 설계(subject design), 학문 설계(discipline design), 상관 설계(correlation design), 광역 설계(broad fields design), 과정 설계(process design) 등이 포함된다.

둘째, '학습자중심 설계'는 학습자들의 성장·발달과 자아실현을 돕는 데 관심을 두는 인본주의 관점과 학습자들이 교육과정의 중심이 되어야 한다는 진보주의 관점에 그 기초를 두고 있는 교육과정 설계유형을 말한다. 여기에서는 무엇보다도 학습자의 요구나 흥미 및 관심을 중심으로 교육과정을 설계하고자 한다. 이러한 학습자중심 설계에는 아동중심 설계(child-centered design), 경험중심 설계(experience-centered design), 급진적 설계(radical design; 낭만적 설계), 인간주의적 설계(humanistic design) 등이 포함된다.

셋째, '문제중심 설계'(사회중심 설계)는 교육과정 설계의 토대를 개인생활 및 사회생활의 문제해결에 둔다. 학생들의 사회적 적응과 미래생활에의 준비, 사회의 발전과 개혁 등을 돕고자 하는 사회재건주의적 관점에서 이러한 설계를 선호한다. 여기에서는 사회의 유지와 개선을 목적으로 하는 집단탐구중심의 프로젝트형 설계방식이 주로 채택된다. 이러한 문제중심 설계에는 생활상황 설계(life-situation design; 생활장면 설계, 항상적 생활장면 설계), 중핵 설계(core design), 사회문제와 재건주의적 설계(social problem and reconstructionist design) 등이 포함된다.

지금까지 논의한 교육과정 설계의 세 가지 기본유형의 특징을 종합적으로 이해하기 위하여 각각의 하위유형 및 그 강조점, 기초철학, 원천, 대표자 등을 상호 비교해 보면 <표 4-13>과 같다(박현주, 2005).

| 표 4-13 | 교육과정 설계의 기본유형 비교

설계 유형	강 조 점	기초철학	원 천	대 표 자
교과중심 설계				
교과 설계	분리된 교과들	본질주의, 항존주의	지식	Harris, Hutchins
학문 설계	학문들(수학, 생물학, 심리학 등)	본질주의, 항존주의	지식(과학)	Bruner, Phenix, Schwab, Taba
상관 설계	각자의 정체성을 유지한 채 분리된 교과들, 학문들	진보주의, 본질주의	생활(경험), 지식	Alberty and Alberty
광역 설계	간학문적 교과와 학문들	진보주의, 본질주의	생활(경험), 지식	Broudy, Dewey
과정 설계	다양한 학문의 절차적 지식, 정보처리, 사고의 일반적 방식	진보주의	생활(경험), 지식	Adams, Beyer, Dewey, Papert
학습자중심 설계				
아동중심 설계	아동의 흥미와 요구	진보주의	아동	Dewey, Kilpatrick, Parker
경험중심 설계	경험과 아동의 흥미	진보주의	아동	Dewey, Rugg and Shumaker
급진적 설계	경험과 아동의 흥미	재건주의	아동, 사회	Freire, Habermas, Holt, Illich
인간주의적 설계	경험, 개인과 집단의 흥미, 자아실현	인본주의, 실존주의	인간	Combs, Fantini, Maslow, Rogers
문제중심 설계				
생활상황 설계	생활(사회적) 문제	재건주의	사회	Spencer, Stratemeyer, Forkner, McKim
중핵 설계	사회적응과 사회문제	진보주의, 재건주의	아동, 사회	Alberty and Alberty, Faunce and Bossing

설계 유형	강 조 점	기초철학	원 천	대 표 자
사회문제와 재건주의 설계	사회문제 해결과 사회개혁에 초점	재건주의	사회(문제, 개혁)	Apple, Brameld, Counts, Rugg, Shane

이제, 본론으로 들어가 '교육과정 설계'의 실제에 관하여 논의하기로 한다. 교육과정 설계는 일련의 단계들을 거치면서 수행되는데, 그 기본적인 하위단계는 ① 교육목적 설정, ② 교육내용 선정 및 조직, ③ 지도계획 및 수업설계, ④ 평가계획, ⑤ 교수-학습과정안 작성 등으로 구분된다. 즉, 교육과정 설계는 '교육목적(교육목표) 설정'으로부터 시작하여, 설정된 교육목적을 달성하기 위한 '교육내용(학습내용, 학습경험) 선정 및 조직'의 단계를 거쳐, 선정·조직된 교육내용을 토대로 교수-학습에 대한 '지도계획 및 수업설계'를 실행하게 된다. 이어, 교육목적이 달성도 확인·반성에 관한 '평가계획'을 수립하고, 끝으로 지금까지의 계획들을 토대로 단원별로 '교수-학습과정안 작성' 등 일련의 과정을 통해 이루어진다.

특히 교육목적 설정으로부터 평가계획에 이르기까지의 일련의 과정을 교육의 과정(process)이라고 하는데, 이러한 전체적 과정에 관한 활동계획을 교육과정(curriculum)이라고 명명한다.

지금부터 이러한 순서에 따라 교육과정 개발의 단계를 차례대로 논의하기로 한다. 다만, '평가계획'에 관한 논의에서는 평가의 세 가지 측면(교육평가·교육과정평가·수업평가)과 「이원분류표」 작성에 관해서만 언급하고, 평가에 관한 종합적인 논의는 제6장(교육과정의 평가)에서 체계적으로 하기로 한다.

(1) 교육목적 설정

1 교육목적의 의미

교육목적이란 교육이 나아가야 할 기본방향 또는 지침이라고 말할 수 있다. 따라서 교육목적은 교육활동의 방향을 제시해 주고, 그 목적달성을 위한 가장 효과적이고 능동적인 노력을 촉발시키는 역할을 하게 된다. 교육목적은 결국 일련의 교육활동을 통해서 학생이 달성하여야 하기 때문에 학생의 입장에서 보면 종착점행동(terminal behavior; 도착점행동)의 형태로 상정되는데, 이는 출발점행동(entry behavior; 시발점행동)과 대비된다.

한편, '교육목적'과 직접 관련이 있는 용어로서 '교육이념'과 '교육목표' 도 함께 논의되어야 한다. 이 용어들은 흔히 동의어로 사용되기도 하지만, 그 의미는 분명히 다르다. 먼저, '교육이념'과 '교육목적' 및 '교육목표'의 상호관계를 도식으로 나타내 보면 [그림 4-33]과 같다.

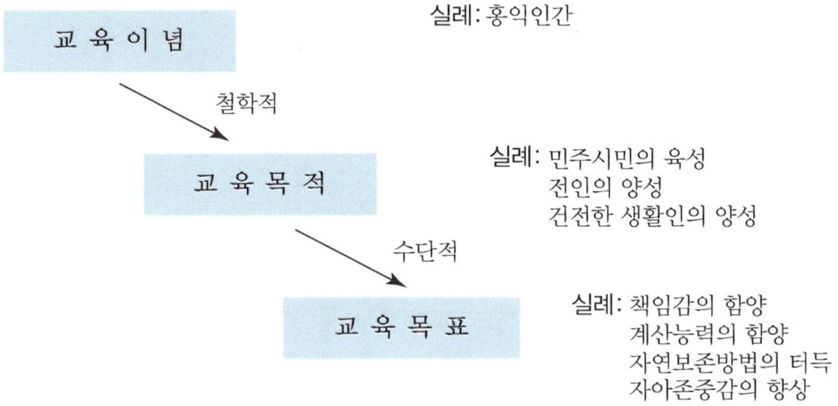

| 그림 4-33 | **교육이념과 교육목적 및 교육목표의 상호 관련성**

먼저, 교육이념은 교육이 지향하는 이상적인 인간상으로서, 국가의 교육 · 정치 · 경제 · 사회 · 문화 · 복지 등 모든 분야와 활동에 내재되어 있는 목적의식을 말한다. 이는 [그림 4-33]에서 확인할 수 있는 바와 같이 '교육목적'의 설정을 위한 철학적인 토대를 제공한다. 이와 같은 교육이념의 실례는 우리나라의 경우 국가적 수준의 이념인 '홍익인간'이 이에 해당한다. 이처럼 교육이념은 국가수준의 목적의식이라고 할 수 있다.

그리고 교육목적은 이러한 이념을 토대로 교육이 나아가야 할 기본방향이라고 할 수 있다. 따라서 교육목적은 '교육이념'을 토대로 설정되는데, 예를 들면 이상적 인간상으로서 요구되는 '민주시민의 육성', '전인의 양성', '건전한 생활인의 양성' 등이 여기에 속한다.

끝으로, 교육목표는 국가나 사회수준에서보다는 교육기관 내의 구체적인 교수-학습장면에서 학생들이 성취해야 할 행동변화라고 할 수 있다. 즉, 교육목표는 교사-학생의 입장에서 요청되는 구체적이고 좁은 의미의 목적의식을 말하는데, 이는 현실적 · 기술적 입장에서 교육목적의 성취를 위한 수단으로, 학습경험을 통한 학생들의 구체적인 행동변화로 지칭된다. 예컨대, '책임감의 함양', '계산능력의 함양', '자연보존방법의 터득', '자아존중감의 향상' 등이 여기에 해당된다.

이상을 종합해 볼 때 교육이념이란 한 사회나 국가의 교육분야뿐만 아니라 정치·경제·사회·문화·복지 등의 여러 분야와 활동에 내재해 있는 목적의식으로서, 교육목적의 철학적·사상적 토대가 된다고 할 수 있으며, 교육목표는 교육목적의 성취를 위한 구체적인 수단을 강조하는 것으로서 학습경험을 통한 학생들의 구체적인 행동변화를 지칭한다.

이렇게 본다면 교육목적은 교육이념의 하위개념이고, 이를 달성하기 위한 수단인 교육목표의 상위개념이라고 할 수 있다. 따라서 교육목표는 교육목적을 달성하는 수단이 되고, 교육목적은 교육이념을 달성하는 수단이 된다고 할 수 있다.

그런데 교육목적과 교육목표는 대체로 정확한 구분을 하지 않고 혼용하여 사용하는 경우가 많다. 본서에서도 특별한 경우를 제외하고는 서로 혼용하여 사용하기로 한다. 이 용어들을 구분하여 사용할 경우 대체로 국가나 지역수준에서는 '교육목적'이라는 용어를 사용하며, 학교·학년·교과·단원·시간수준의 경우에는 '교육목표'라는 용어를 주로 사용한다.

교육목적(교육목표)은 그 적용의 대상 또는 범위에 따라 국가수준 교육목적, 지역수준 교육목적, 학교수준 교육목표, 학년수준 교육목표, 교과수준 교육목표, 단원수준 교육목표, 시간수준 교육목표 등으로 구분된다. 그러나 이와 같은 수준별 교육목적은 각기 독립적인 것이 아니라 상호 관련성과 일관성이 유지되어야 한다. 수준별 교육목적(교육목표)의 위치와 성격 및 그 실례들을 제시하면 다음과 같다.

가. 국가수준 교육목적

국가수준 교육목적은 국가차원에서 설정되는 목적의식으로, 국가와 사회 내에서의 모든 교육활동을 통하여 달성하고자 하는 목적을 말한다. 우리나라의 경우 「교육기본법」 제2조에 명시된 국가수준의 목적의식인 '교육이념', 「초·중등교육법」 및 「고등교육법」에 명시된 '학교급별 교육목적', 그리고 교육부에서 고시한 '학교급별 교육과정의 교육목표' 등이 이에 해당된다.

가) 교육이념

우리나라의 국가수준 교육의식인 교육이념은 「교육기본법」 제2조에 '교육은 홍익인간의 이념 아래 모든 국민으로 하여금 인격을 도야하고 자주적 생활능력과 민주시민으로서 필요한 자질을 갖추게 하여, 인간다운 삶을 영위하게 하고 민주국가의 발전과 인류공영의 이상을 실현하는 데 이바지하게 함을 목적으로 한다'라고 규정되어 있다. 이를 도식으로 나타내면 [그림 4-34]와 같다.

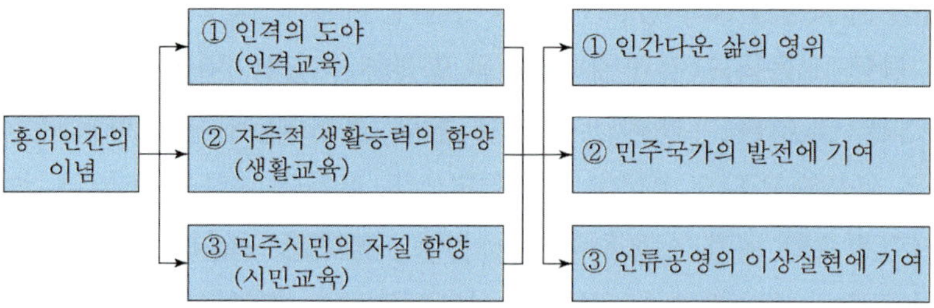

| 그림 4-34 | 우리나라 교육목적(교육이념)

여기에서 '홍익인간'은 우리나라의 건국신화인 단군신화에 나오는 용어로서, '널리 인간을 이롭게 한다'는 의미를 갖는데, 자기의 이익과 행복만을 추구하는 이해타산적인 입장에서 벗어나 상대방을 사랑하고, 나아가 그의 행복을 더해주는 봉사적인 입장을 견지하는 것, 즉 소아(小我)적인 입장이 아닌 대아(大我)적인 입장을 취하는 것을 지칭한다. 이는 우리 민족의 건국이념인 동시에, 우리나라 역사가 시작된 이래 우리 민족이 간직하여 온 민족적 신념이며 이상으로서, 8·15 해방 이후 우리나라의 교육이념이 되어 왔다. 따라서 홍익인간이야말로 우리가 영원히 계승해야 할 민족적 이상인 동시에 교육의 궁극적인 이념이라고 할 수 있다.

이러한 홍익인간의 이념에는 크게 네 가지의 의미가 포함되어 있다. 첫째, 홍익인간은 인본주의사상(인도주의사상)을 담고 있다. 즉, 홍익인간은 순수한 인간본심의 필연적 발로(發露)로서 인도주의의 색채를 갖는다. 이에 의하면, 인간관계에 있어서 다 같이 사랑해야 하며, 친절을 베풀고 도움을 주어야 한다는 것이 인간의 의무라는 것이다.

둘째, 홍익인간은 선타후아(先他後我)의 미덕을 담고 있다. 비합리적인 현실에서 초월하여 타인의 복지와 이익이 우선되게 하는 것을 근본으로 남을 먼저 생각한다는 사랑은 소아(小我)를 버리고 대아(大我)를 위주로 한다는 것을 의미한다.

셋째, 홍익인간은 차별성이 없다는 의미를 담고 있다(차별의 배제). 홍익이라는 원칙 위에서는 신분의 고하(高下)나 남녀의 성별, 더 나아가서는 집단의 차별이 없이 하나로 뭉쳐서 서로 남을 돕고, 또 남의 도움을 받아서 살기 좋고 밝고 아름다운 사회와 국가를 만들어 보려고 하는 것이 그 근본 정신이다.

넷째, 홍익인간은 평화의 애호(愛護)를 담고 있다. 평화는 협동심을 통해서 나타나는데, 여기에서는 분열이나 대립을 피하면서 협력과 배려정신을 중시하고 실천한다. 단군은 건국이념에서 협동심을 인간의 본성에 유래시켜서 언급하였는데, 인간이 신과 동물의 협동적 소산(所産)에 의해 창조된 것도 그 예라고 할 수 있다. 이 같은 오랜 역사적 유래를 가진 협동심은 한국민족의 생활사에 많은 미풍양속을 남겨놓았다. 이것은 인간을 이롭게 하는 세계에 대한 진리이며, 공존공여에 대한 원리라고 할 수 있다.

나) 학교급별 교육목적

국가수준의 교육목적을 구체적으로 달성하기 위하여 국가는 특정의 교육목적을 가진 각급학교를 설립·운영하고 있는데, 여기에서 유치원, 초등학교, 중학교, 고등학교, 특수학교, 기술대학, 전문대학, 방송·통신대학, 산업대학, 대학의 교육목적을 차례대로 제시하면 다음과 같다.

① **유치원 교육목적**: 「유아교육법」이 2004년 제정되었으나, 유치원의 교육목적은 아직 공식적으로 규정하고 있다. 일반적으로, "유치원 교육은 유아에게 알맞은 교육환경을 제공하여 유아를 교육하고 심신의 조화로운 발달을 돕는 것을 목적으로 한다"라고 볼 수 있다.

② **초등학교 교육목적**: 초등학교의 교육목적은 「초·중등교육법」 제38조에 "초등학교는 국민생활에 필요한 기초적인 초등교육을 하는 것을 목적으로 한다"고 규정되어 있다.

③ **중학교 교육목적**: 중학교의 교육목적은 「초·중등교육법」 제41조에 "중학교는 초등학교에서 받은 교육의 기초 위에 중등교육을 하는 것을 목적으로 한다"고 규정되어 있다.

④ **고등학교 교육목적** : 고등학교의 교육목적은 「초·중등교육법」 제45조에 "고등학교는 중학교에서 받은 교육의 기초 위에 중등교육과 기초적인 전문교육을 하는 것을 목적으로 한다"고 규정되어 있다.

⑤ **특수학교 교육목적** : 특수학교의 교육목적은 「초·중등교육법」 제55조에 "특수학교는 신체적·정신적·지적 장애 등으로 인하여 특수교육을 필요로 하는 자에게 유치원·초등학교·중학교 또는 고등학교에 준하는 교육과 실생활에 필요한 지식·기능 및 사회적응 교육을 하는 것을 목적으로 한다"고 규정되어 있다.

⑥ **기술대학 교육목적** : 기술대학의 교육목적은 「고등교육법」 제55조에 "기술대학은 산업체 근로자가 산업현장에서 전문적인 지식·기능의 연구·연마를 위한 교육을 계속하여 받을 수 있도록 함으로써 이론과 실무능력을 고루 갖춘 전문인력을 양성함을 목적으로 한다"고 규정되어 있다.

⑦ **전문대학 교육목적** : 전문대학의 교육목적은 「고등교육법」 제47조에 "전문대학은 사회 각 분야에 관한 전문적인 지식과 이론을 교수·연구하고 재능을 연마하여 국가사회의 발전에 필요한 전문직업인을 양성함을 목적으로 한다"고 규정되어 있다.

⑧ **방송·통신대학 교육목적** : 방송·통신대학의 교육목적은 「고등교육법」 제52조에 "방송·통신대학은 국민에게 정보·통신매체를 통한 원격교육으로 고등교육을 받을 기회를 부여하여 국가와 사회가 필요로 하는 인재를 양성함과 동시에, 열린 학습사회를 구현함으로써 평생교육의 발전에 이바지함을 목적으로 한다"고 규정되어 있다.

⑨ **산업대학 교육목적** : 산업대학의 교육목적은 「고등교육법」 제37조에 "산업대학은 산업사회에서 필요로 하는 학술 또는 전문적인 지식·기술의 연구와 연마를 위한 교육을 계속하여 받고자 하는 자에게 고등교육의 기회를 제공하여 국가와 사회의 발전에 기여할 산업인력을 양성함을 목적으로 한다"고 규정되어 있다.

⑩ **대학 교육목적** : 대학의 교육목적은 「고등교육법」 제28조에 "대학은 인격을 도야하고 국가와 인류사회의 발전에 필요한 학술의 심오한

이론과 그 응용방법을 교수·연마하며, 국가와 인류사회에 공헌함을 목적으로 한다"고 규정되어 있다.

다) 학교급별 교육과정의 교육목표

각급학교의 교육과정에 규정되어 있는 교육목표도 국가수준의 교육목적에 해당한다. 현행 유치원 교육과정(2019년 개정, 2020년 시행 교육과정 : 누리과정)의 목적과 목표, 초·중·고등학교 교육과정(2015년 개정, 2017년 시행 교육과정)의 교육목표들을 제시하면 다음과 같다.

① **유치원 교육과정(누리과정)의 목적과 목표** : 누리과정의 목적은 유아가 놀이를 통해 심신의 건강과 조화로운 발달을 이루고 인성을 바르게 하며, 민주시민의 기초를 형성하는 데에 있다. 이를 실현하기 위한 목표는 다음과 같다.

- 자신의 소중함을 알고, 건강하고 안전한 생활습관을 기른다.
- 자신의 일을 스스로 해결하는 기초능력을 기른다.
- 호기심과 탐구심을 가지고 상상력과 창의력을 기른다.
- 일상에서 아름다움을 느끼고 문화적 감수성을 기른다.
- 사람과 자연을 존중하고 배려하며, 소통하는 태도를 기른다.

② **초등학교 교육과정의 교육목표** : 초등학교 교육은 학생의 일상생활과 학습에 필요한 기본습관 및 기초능력을 기르고 바른 인성을 함양하는 데에 중점을 둔다.

- 자신의 소중함을 알고 건강한 생활습관을 기르며, 풍부한 학습경험을 통해 자신의 꿈을 키운다.
- 학습과 생활에서 문제를 발견하고 해결하는 기초능력을 기르고, 이를 새롭게 경험할 수 있는 상상력을 키운다.
- 다양한 문화활동을 즐기고 자연과 생활 속에서 아름다움과 행복을 느낄 수 있는 심성을 기른다.
- 규칙과 질서를 지키고 협동정신을 바탕으로 서로 돕고 배려하는 태도를 기른다.

③ **중학교 교육과정의 교육목표** : 중학교 교육은 초등학교 교육의 성과

를 바탕으로, 학생의 일상생활과 학습에 필요한 기본능력을 기르고 바른 인성 및 민주시민의 자질을 함양하는 데에 중점을 둔다.

- 심신의 조화로운 발달을 바탕으로 자아존중감을 기르고, 다양한 지식과 경험을 통해 적극적으로 삶의 방향과 진로를 탐색한다.
- 학습과 생활에 필요한 기본능력 및 문제해결력을 바탕으로, 도전정신과 창의적 사고력을 기른다.
- 자신을 둘러싼 세계에서 경험한 내용을 토대로 우리나라와 세계의 다양한 문화를 이해하고 공감하는 태도를 기른다.
- 공동체의식을 바탕으로 타인을 존중하고 서로 소통하는 민주시민의 자질과 태도를 기른다.

④ **고등학교 교육과정의 교육목표** : 고등학교 교육은 중학교 교육의 성과를 바탕으로, 학생의 적성과 소질에 맞게 진로를 개척하며, 세계와 소통하는 민주시민으로서의 자질을 함양하는 데에 중점을 둔다.

- 성숙한 자아의식과 바른 품성을 갖추고, 자신의 진로에 맞는 지식과 기능을 익히며 평생학습의 기본능력을 기른다.
- 다양한 분야의 지식과 경험을 융합하여 창의적으로 문제를 해결하고, 새로운 상황에 능동적으로 대처하는 능력을 기른다.
- 인문·사회·과학기술 소양과 다양한 문화에 대한 이해를 바탕으로 새로운 문화 창출에 기여할 수 있는 자질과 태도를 기른다.
- 국가 공동체에 대한 책임감을 바탕으로 배려와 나눔을 실천하며, 세계와 소통하는 민주시민으로서의 자질과 태도를 기른다.

나. 지역수준 교육목적

지역수준 교육목적이란 각 지역자치단체가 국가수준의 교육목적을 토대로 지역특성을 고려하여 설정한 교육지표를 말한다. 먼저, 광역자치단체인 특별시·광역시·도의 교육행정기관인 '시·도 교육청'은 해당지역의 특성을 고려한 특정의 교육지표를 설정하여 지역교육을 실천하는 좌표로 삼고 있다. 그리고 기초자치단체인 시·군·구의 '교육지원청'은 시·도교육청이 설정한 교육지표를 토대로 해당 지역의 특성을 살린 교육지표를 설정하여 지역교육의 발전에 매진하고 있다.

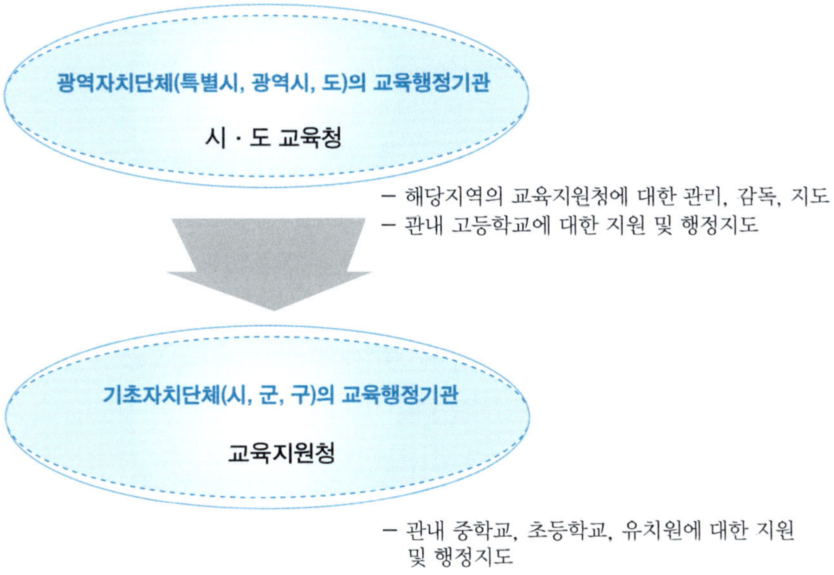

|그림 4-35| '시·도 교육청'과 '교육지원청'의 관계 및 주요역할

먼저, '시·도 교육청'은 국가수준의 교육목적을 토대로, 해당지역의 특성을 충분히 반영하는 교육활동을 실천하기 위한 기본방향이나 지표를 설정한다. 여기에서 광역자치단체인 특별시·광역시·도의 교육행정기관인 각 시·도 교육청이 설정한 지역수준의 교육의 기본방향이나 지표(2021년 1월 기준)를 제시하면 다음과 같다.

- **서울특별시** : 창의적 민주시민을 기르는 혁신미래교육[1)]
- **부산광역시** : 미래를 함께 여는 부산교육[2)]
- **대구광역시** : 학교 여건과 교육공동체 요구를 반영하여 학교에서 자율적으로 설정함[3)]

---

1) 서울특별시 교육청은 교육지표를 "창의적 민주시민을 기르는 혁신미래교육"으로 규정하고, 이를 달성하기 위한 방안을 "질문이 있는 교실, 우정이 있는 학교, 삶을 가꾸는 교육"으로 설정하였으나, 이는 교육지표 설정의 기준에 비추어 볼 때 타당하다고 볼 수 없으며, 그것을 달성하기 위한 하나의 방안임.

2) 부산광역시 교육청은 교육의 기본방향을 "미래를 함께 여는 부산교육"으로 설정했으나, 이는 서울특별시 교육청과 마찬가지로 타당한 설정이라고 볼 수 없음.

3) 대구광역시 교육청은 교육지표(인재상)를 설정하지 않고, 학교의 여건과 구성원들의 요구를 반영하여 학교단위별로 자율적으로 설정하도록 하였으나, 이는 지방교육행정기관으로서 무성의한 조치라고 할 수 있음. 광역자치단체의 교육청으로서 해당지역단위의 교육지표나 교육적 인간상을 설정하여 지역교육의 목적의식을 제시해야 함.

- **인천광역시**: 꿈이 있는 교실, 소통하는 학교, 공정한 인천교육[4)]
- **광주광역시**: 더불어 살아가는 정의로운 민주시민 육성
- **대전광역시**: 바른 인성과 창의성을 갖춘 세계시민 육성
- **울산광역시**: 삶을 가꾸는 학교, 미래를 열어가는 교육[5)]
- **강 원 도**: 모두를 위한 교육[6)]
- **경 기 도**: 학생과 현장이 주도하는 혁신교육으로 새로운 시대를 여는 교육을 만들어가겠습니다.[7)]
- **경상남도**: 함께 배우며 미래를 열어가는 민주시민 육성
- **경상북도**: 신나는 교실, 소통하는 학교, 함께 여는 미래[8)]
- **전라남도**: 미래사회를 함께 여는 민주시민 육성
- **전라북도**: 가고 싶은 학교, 행복한 교육공동체[9)]
- **제주특별자치도**: 배려와 협력으로 모두가 행복한 제주교육[10)]
- **충청남도**: 미래역량을 갖춘 민주시민 육성
- **충청북도**: 신나는 학교, 즐거운 배움, 따뜻한 품성[11)]

지금까지 광역자치단체의 교육행정기관인 '시·도 교육청'이 설정하고 있는 교육의 기본방향(교육지표)들을 살펴보았다. 우리는 이와 같은 교육의

---

4) 인천광역시 교육청은 교육지표(기본방향)을 "꿈이 있는 교실, 소통하는 학교, 공정한 인천교육"으로 설정하였으나, 서울특별시와 부산광역시와 마찬가지로 이는 교육지표라기보다는 그것을 달성하기 위한 하나의 방안이나 전략 또는 시책이라고 볼 수 있음.

5) 울산광역시 교육청은 교육의 기본방향을 "삶을 가꾸는 학교 미래를 열어가는 교육"으로 설정했으나, 이 역시 교육지표라기보다는 그것을 달성하기 위한 하나의 방안이나 전략 또는 시책이라고 볼 수 있음.

6) 강원도 교육청도 교육의 기본방향을 "모두를 위한 교육"이라고 설정하였으나, 위의 몇몇 시·도 교육청과 마찬가지로 이는 타당한 설정이라고 볼 수 없음.

7) 경기도 교육청은 교육지표나 기본방향을 제시하기보다는, '교육의 약속'이라는 명칭으로 위와 같은 내용을 제시하고 있음. 이 경우도 지역교육의 지표로서 타당한 설정이라고 볼 수 없음.

8) 경상북도 교육청의 경우도 교육지표나 기본방향을 제시하기보다는 그것을 달성하기 위한 하나의 방안이나 전략 또는 시책을 제시하고 있음.

9) 전라북도 교육청은 '슬로건'이라는 명칭으로 이와 같이 설정하고 있으나, 이러한 설정도 타당하다고 볼 수 없음.

10) 제주특별자치도 교육청은 교육지표를 위와 같이 설정하고 있으나, 이 역시 타당하다고 볼 수 없음.

11) 충청북도 교육청도 교육의 기본방향을 위와 같이 설정하고 있으나, 이도 타당하다고 볼 수 없음.

기본방향들이 교육학적 관점에서 타당하게 설정되었는지, 각 지역의 특성을 충분히 반영하여 적합하게 설정되었는지, 지역 간 차별화가 과연 이루어지고 있는지 등에 관하여 심도 있는 토론을 해볼 필요가 있다.

한편, 인터넷을 활용하여 각 기초자치단체(시·군·구)의 교육행정기관인 '교육지원청'이 설정한 교육의 방향이나 교육지표들을 구체적으로 확인해 보고, 이에 대해서도 토론을 해볼 필요가 있다.

지역수준의 교육목적체계에 대한 이해를 돕기 위한 실례로서 광역자치단체의 하나인 광주광역시 교육청의 교육목표체계(2021년 1월 현재)를 도식으로 나타내 보면 [그림 4-36]과 같다.

| 그림 4-36 | 광주광역시 교육청(www.gen.go.kr)의 교육목표체계

한편, 기초자치단체의 교육행정기관인 '교육지원청'은 광역자치단체의 교육행정기관(시·도 교육청)이 설정한 교육의 기본방향이나 지표를 토대로 해당지역의 특성을 충분히 고려한 나름의 교육방향을 설정해야 한다. 이에 대한 실질적 이해를 돕기 위하여 광주광역시 교육청 산하의 교육지원청인 '서부 교육지원청'과 '동부 교육지원청' 중 '동부 교육지원청'의 교육목표 체계(2021년 1월 현재)를 도식으로 나타내면 [그림 4-37]과 같다.

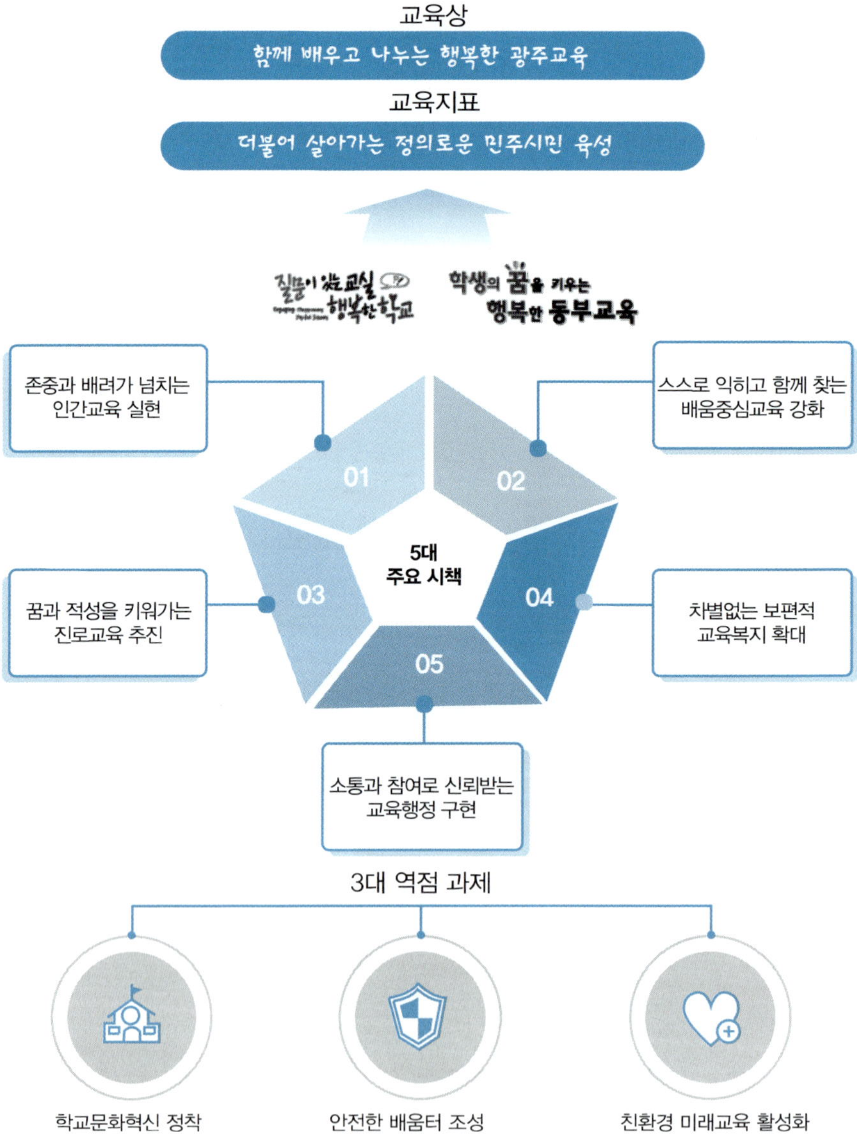

| 그림 4-37 | 광주광역시 동부 교육지원청(dongbu.gen.go.kr)의 교육목표체계

다. 학교수준 교육목표

학교수준 교육목표는 국가수준 및 지역수준의 교육목적을 토대로 학교 단위별로 그 수준 및 성격, 교사·학생·학부모 등의 교육구성원들의 요구와 기대 등을 종합적으로 고려하여 설정하게 된다. 여기에서 광주광역시 소재의 대표적인 유치원, 초등학교, 중학교, 고등학교의 교육목표체계(2021년 1월 현재)를 각각 도식으로 나타내 보면 [그림 4-38], [그림 4-39], [그림 4-40], [그림 4-41]과 같다.

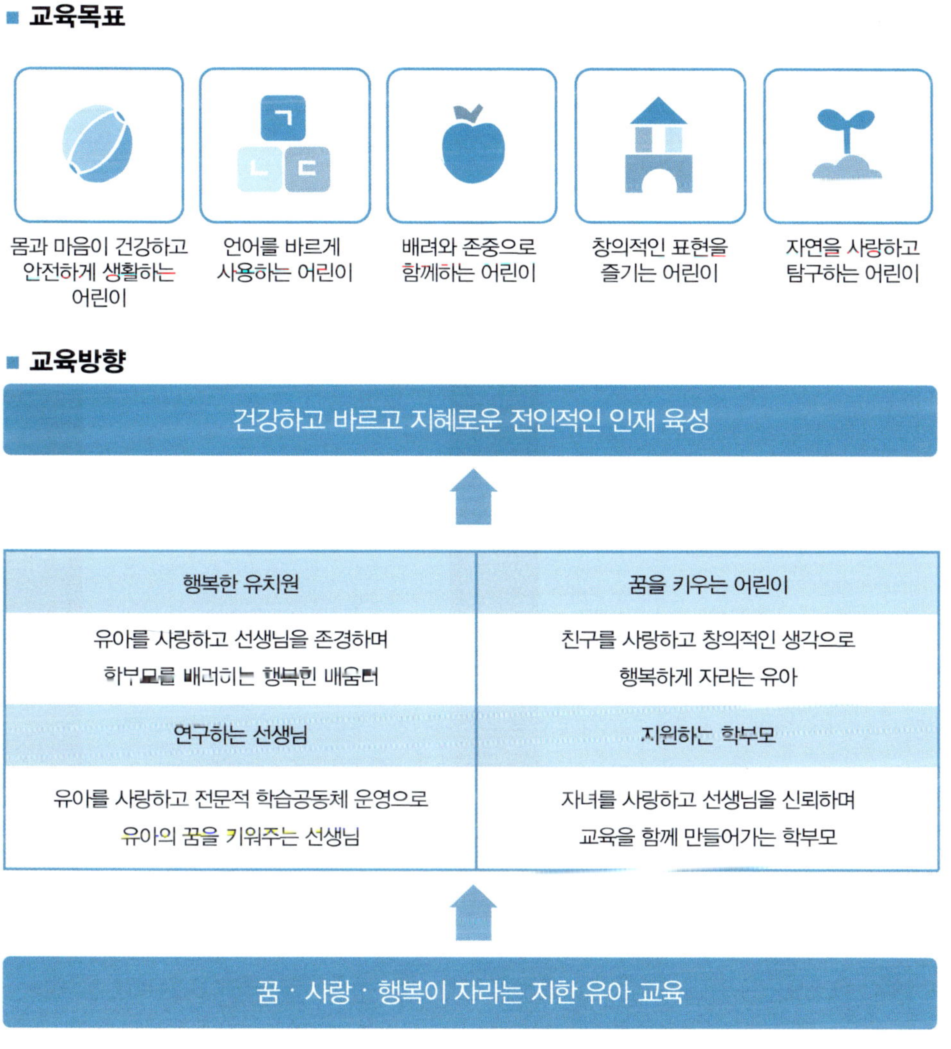

| 그림 4-38 | 광주 지한유치원(jihan.kg.kr)의 교육목표체계

교육의 기본방향

비 전	창의 융합형 미래인재 육성
학교장 경영관	기초 · 기본교육의 바탕 위에 「인성 · 창의 · 재능」을 키우는 행복교육
교육목표	• 서로 존중하고 인성이 바른 학생 • 즐겁게 배우며 창의력이 풍부한 학생 • 정성과 노력으로 재능을 키우는 학생 • 건강한 몸과 마음으로 행복을 가꾸는 학생
노력 중점	• 존중과 배려가 넘치는 인간교육(시민의식, 생태 · 인문학적 감수성) • 스스로 익히고 함께 찾는 배움중심교육(기초학습능력, 자기주도적 학습력) • 꿈과 적성을 키워가는 진로교육(창의성, 정보활용능력, 문제해결력) • 소통과 어울림이 있는 교육공동체 운영(소통능력, 비판적 사고능력)
특색 교육	온 몸으로 놀며 행복한 놀이 꿈터 만들기

| 그림 4-39 | 광주 계림초등학교(gyelim.gen.es.kr)의 교육목표체계

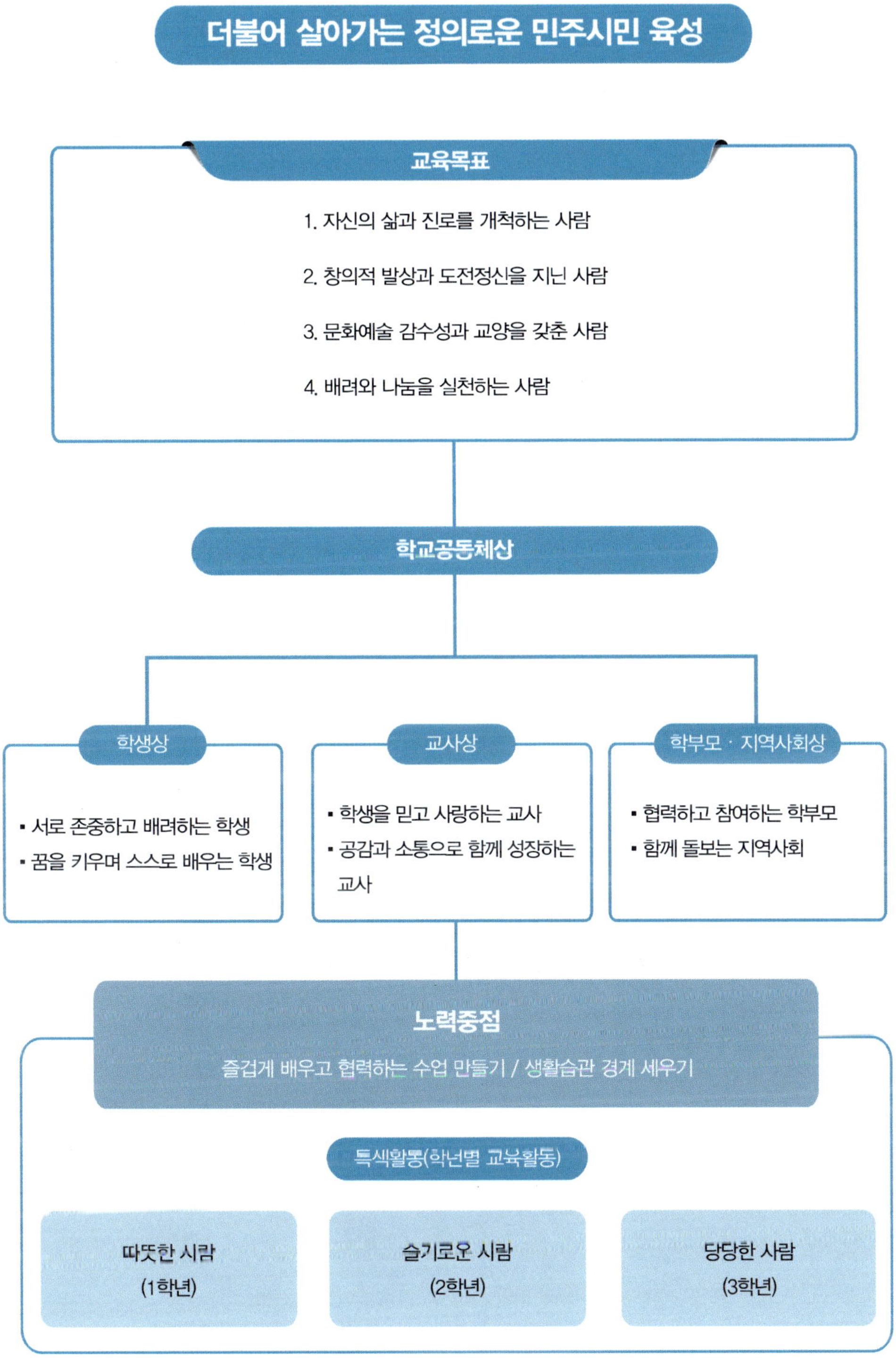

| 그림 4-40 | 광주 신용중학교(sinyong.gen.ms.kr)의 교육목표체계

교훈 정직 · 실력 · 창의

교육목표
아름다운 품성과 창의성을 갖춘
글로벌 융합인재 육성

도전정신

목표별 중점 교육활동

봉사인
협동심을 길러
봉사하는 사람

- 아름다운 학교 만들기
- 존중과 배려의 인성교육
- 애국애향 정신의 내면화
- 학생 생활지도의 내실
- 양성 평등 교육 강화

실력인
창의력을 갖춰
실력있는 사람

- 교실 수업 개선의 내실
- 학력 신장 활동의 충실
- 논술, 토론 교육 정착
- 독서교육의 활성화
- 학생중심 교육과정 편성 운영

개척인
근면을 바탕으로
진로를 개척하는 사람

- 적정한 진로지도
- 방과 후 학교 운영
- 환경교육의 충실
- 정보화 능력 향상
- 수학 교육의 충실
- 과학 교육의 활성화
- 특수 교육의 충실

건강인
자기관리를 하여
건강한 사람

- 체육 교육과정운영 충실
- 학생 체력 증진
  학교 보건실 운영 충실
- 학교 급식 운영의 내실화
- 학교 환경 위생 관리 충실
- 흡연, 약물 오 · 남용예방 교육 충실
- 교육 사기 진작 프로그램 운영

노력중점

- 과정중심평가를 통한 배움이 살아있는 수업 연구
- 풍암 율곡상 & 풍암 장영실상 운영을 통한 융합 인재 육성
- 풍암 SELF-STUDY 마일리지제 운영을 통한 미래 핵심역량 강화

특색사업

플러스원 +1 | 배움모아 교육과정

| 그림 4-41 | 광주 풍암고등학교(pungam.hs.kr)의 교육목표체계

라. 학년수준 교육목표

학년수준 교육목표는 학교수준 교육목표를 토대로 설정되는데, 이는 각 학년별로 학생들의 발달수준과 특성 등을 고려하여 규정되는 목적의식을 말한다. 그러나 학교현장에서는 이러한 학년별 교육목표를 공식적으로 따로 규정하지 않는 것이 관례이다. 학년수준별 교육목표는 다른 수준의 교육목표들과는 달리, 별도로 명백하게 설정되기보다는 그 하위목표인 교과수준 교육목표 속에 내재해 있다고 보아야 한다.

마. 교과수준 교육목표

교과수준 교육목표는 각 교과의 특성에 따라 규정되는 목적의식을 지칭하는데, 이는 학교수준의 교육목표 및 학년수준의 교육목표를 토대로 설정되어야 함은 물론이고, 특히 교육부에서 고시한 교육과정에 명시된 각 교과별 목표가 그 기반이 되어야 한다.

바. 단원수준 교육목표

단원수준 교육목표는 해당 교과수준의 목표를 배경으로 하여 단원내용 및 학습자의 심리적 요구와 필요를 기반으로 설정되는 목적의식을 말한다. 만약 대단원 속에 여러 개의 소단원들이 속해 있다면 대단원의 교육목표는 보다 광범위하게 설정되고, 각 소단원의 교육목표는 대단원의 교육목표 속에서 도출된다.

사. 시간수준 교육목표

시간수준 교육목표는 특정의 수업시간을 단위로 설정되는 가장 구체적인 목적의식인 바, 단위시간별 수업목표(학습목표)가 이에 해당한다.

이상의 교육목적(교육목표)들 중에서 학교·학년·교과·단원수준의 교육목표를 '교육과정 목표'라고 하는데, 위계상으로 볼 때 위로는 국가수준과 지역수준의 교육목적이 있고, 아래로는 시간수준의 교육목표가 위치하고 있다. 그러므로 교육과정 목표는 그 위에 위치하고 있는 목적의 성질과 아래에 위치하고 있는 목표의 성질이 혼합되어 있다.

지금까지 살펴본 교육목적들의 위계적 관계를 도식으로 나타내면 [그림 4-42]와 같다.

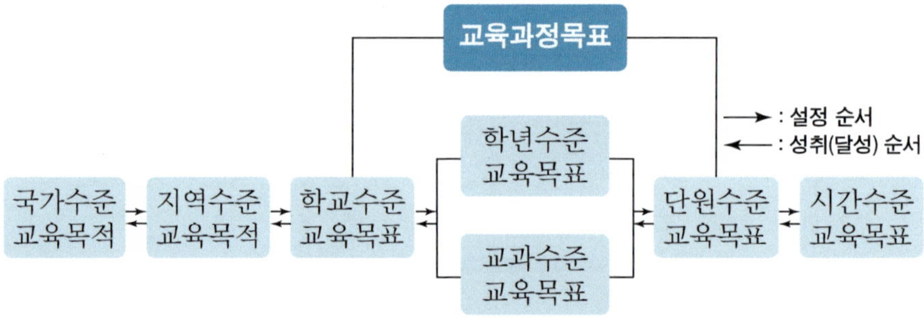

| 그림 4-42 | **교육목적의 위계적 관계**

한편, 상위의 교육목적이라 할 수 있는 국가 및 지역수준 교육목적과 하위의 교육목적이라 할 수 있는 시간수준 교육목표의 기본성질을 비교해 보면 <표 4-14>와 같다.

| 표 4-14 | **상·하위 교육목적(교육목표)의 기본성질 비교**

국가 및 지역수준 교육목적	시간수준 교육목표
포 괄 성	세 목 성
추 상 성	구 체 성
일 반 성	특 수 성
관 념 화	행 동 화
암 시 성	명 시 성

교육과정 목표에 속하는 목적들은 위 표에 나타난 양극성이 혼합된 성질을 지니게 된다. 즉, 교육과정 목표는 포괄성을 어느 정도 띠면서 세목화(細目化)될 수 있고, 또한 어느 정도 추상성을 띠면서 구체적으로 규정될 수 있다. 따라서 교육과정 목표에 속하는 목적들이 결정되면 상·하위에 있는 목적도 도출될 수 있다.

앞의 [그림 4-42]에서 본 바와 같이, 교육과정 목표도 그 나름의 위계를 지닌다. 따라서 초·중·고등학교의 교육목표는 그 하위에 있는 학년·교과·단원수준의 교육목표보다 국가 및 지역수준의 교육목적에 가까운 성질을 지닌 반면, 단원수준의 교육목표는 그 상위목적들보다 시간수준의 교육목표에 더 가까운 성질을 지닌다. 전체적으로 볼 때 학교수준 교육목표에서 학년이나 교과수준의 교육목표가 도출된다. 또한, 교과수준의 교육목표에서 단원수준의 교육목표가 도출되며, 단원수준의 교육목표에서 시간수준의 교육목표가 도출되기 때문에 교육과정 목표 간에는 위계성이 존재하게 된다.

그런데 어떤 수준의 교육목적이건 궁극적으로 바람직한 인간을 형성하는 방향을 제시해 주기 때문에 그것은 본질적으로 윤리적·도덕적 가치를 포함하게 된다. 또한, 교육목적에는 시대성, 사회성, 역사성 등이 내재되기 마련이다.

2 교육목적의 기능

교육목적은 교육활동을 실천하는 데 있어 나침반의 역할을 하기 때문에 교육의 모든 활동·조직·운영은 이를 성공적으로 달성하는 방향으로 실행되어야 한다. 교육목적이 지니는 기능을 구체적으로 살펴보면 다음과 같다.

첫째, 교육활동 방향제시의 기능이다. 교육목적은 교육활동이 어떠한 방향으로 나가야 할 것인가를 제시해 주는 역할을 한다. 즉, 교육활동은 교육목적을 달성하기 위한 과정이므로 교사는 이러한 목적이 제시하는 방향에서 후속적인 교육활동을 전개해 나가게 된다.

둘째, 교육내용 선정 및 조직, 교수-학습지도 및 생활지도 기준제시의 기능이다. 교육내용을 선정하고 조직하는 데 있어서 그 기준은 어디까지나 교육목적이 된다. 그러므로 교육목적의 달성에 도움이 되지 않는 교육내용을 선정하고 조직할 수는 없다. 또한, 교육목적은 적절한 교수-학습지도와 생활지도의 기준을 제공하는 기능을 한다.

셋째, 교육평가 기준(준거)제시의 기능이다. 수업절차가 실행되는 도중에 수시로, 그리고 끝난 뒤 평가를 실시하게 되는데, 특히 종료 후 평가는 학생들의 종착점행동을 확인하는 것으로 이때의 평가기준은 교육목적이 된다. 절대평가체제에서는 교육목적이 바로 평가의 준거가 된다.

넷째, 교육활동 조정(조절·통제)의 기능이다. 교육의 전 과정을 통하여 교육목적이 그 방향을 제시하므로 여기에 어긋난 교육활동은 규제됨으로써 전반적인 교육활동이 효율적으로 실천되도록 유도한다.

이와 같이 교육목적은 교육의 전반적인 활동이 보다 효과적이고 적절히게 실행되게 하는 매우 중요한 역할을 한다. 그렇기 때문에 교육목적의 설정 및 진술에서는 어느 일면만 강조되어서는 안 되며, 여러 자원(요소)을 종합적으로 고려하여 타당성 있게 이루어져야 한다. 이러한 측면이 고려되지 않은 교육목적은 비과학적이고 공허할 뿐만 아니라, 이로 인한 후속적인 교육활동은 무의미하게 된다.

3 교육목적의 설정방법과 절차

교육목적의 설정방법은 이론적·추리적 방법에서부터 과학적·실증적 방법에 이르기까지 다양하나, 교육목적의 설정은 어디까지나 창의적·협동적인 과정이어야 한다. 교육목적의 설정방법에는 다음과 같은 것들이 있다.

- **교육목적 설정위원회에 의한 방법** : 의견집적법(意見集積法)으로 전문위원회에 의하여 민주적 토의를 거쳐 교육목적을 설정하는 방법을 말한다.
- **교육전문가에 의한 방법** : 교육전문가들의 철학적 견해와 비판적 성찰에 기초하여 교육목적을 설정하는 방법을 말한다.
- **사회조사법에 의한 방법** : 사회의 실정과 동향 및 과제를 조사하여 그 요구에 기초하여 교육목적을 설정하는 방법을 말한다.
- **의식조사법에 의한 방법** : 사회구성원의 의식을 조사하여 그것을 기초로 교육목적을 설정하는 방법을 말한다.
- **활동조사법에 의한 방법** : 사회활동에 대한 직능분석(職能分析)에 의하여 교육목적을 설정하는 방법을 말한다.

한편, 교육목적의 설정절차를 몇 단계로 구분하여 간략하게 제시하면 다음과 같으나, 이는 일률적으로 고정되기보다는 융통성 있게 변형시킬 수 있다.

- **제1단계** : 타당하고 올바른 교육목적을 설정하기 위해 교육목적설정 분과위원회를 조직하는 단계이다.
- **제2단계** : 학생·사회·철학 등의 요구에 바탕을 두고, 다양한 방법을 통하여 교육목적의 자원을 확보하는 단계이다.
- **제3단계** : 확보된 자원에서 바람직한 교육목적을 추출하는 단계이다.
- **제4단계** : 학생·사회·철학 등에 비추어 타당성의 유무, 유사성의 유무, 모순대립성의 유무, 교육적 가치의 유무 등을 파악하여 교육목적을 종합·분류·검토(검증)하는 단계이다.
- **제5단계** : 이상에서 추출된 교육목적이 교육내용의 선정과 조직, 교수

-학습지도, 생활지도 및 교육평가에 도움을 줄 수 있도록 「내용」 차원과 「행동」 차원으로 이원분류(二元分類)하여 구체적인 행동적 용어로 진술하는 단계이다.

4 교육목적의 설정자원

학교단위의 교육목적(교육목표)은 위계별로 분류하면 학교 교육목적, 학년 교육목적, 학급 교육목적, 개인 교육목적 등으로 세분할 수 있다. 교육목적이 타당하게 설정되기 위해서는 여기에 여러 가지 요인들이 반영되어야 하는데, 이러한 요인들을 교육목적의 설정자원 또는 교육목적의 타당성 조건이라고 한다. 이미 [그림 4-1]에서 살펴본 바와 같이, 타일러(Tyler, 1949)는 일찍이 교육목적(교육목표)을 설정하는 데 있어 ① 학습자에 대한 연구, ② 동시대 생활에 대한 연구, ③ 교과전문가로부터의 제안, ④ 철학의 활용, ⑤ 학습심리학의 활용 등의 자원을 충실히 반영해야 한다고 주장하였다[그림 4-43].

| 그림 4-43 | 타일러(Tyler)가 제안한 교육목적 설정자원

첫째, '학습자에 대한 연구'를 통해 그의 발달수준과 특징, 흥미와 관심, 요구와 필요 등의 자원을 충분히 반영하여 교육목적을 타당하게 설정하여야 한다(학습자에의 타당성). 교육목적이 무엇보다도 그 성취의 당사자인 학습자들에게 적합하게 설정되기 위해서는 사전에 그들의 현재 발달적 특성을 제대로 파악하고, 그들이 갖는 제반 흥미와 관심의 내용과 정도, 그들이 학습을 통하여 변화하기 바라거나 얻기 원하는 요구와 필요 등을 철저하게 파악하고 있어야 한다. 교육목적의 설정에 있어 학습의 주체자인 학습자의 특성들은 일차적으로 고려되어야 할 중요한 자원이 아닐 수 없다.

둘째, '동시대 생활'(contemporary life)에 대한 연구'를 통해 확인된 현재 생활에서 요구되거나 필요로 하는 자질과 기능들은 물론, 현재 생활에 대한 탐구를 근간으로 예측되는 미래생활에 필요한 역량과 자세 등을 자원으로 활용하여 교육목적을 설정해야 한다(생활에의 타당성, 사회에의 타당성). 설정되는 교육목적은 일차적으로 학습자들의 개인적 특성에도 잘 부합되어야 하겠지만, 아울러 사회생활에서의 요구와 필요도 충족시킬 수 있도록 타당하게 제시되어야 한다. 사회가 추구하는 이념과 시대정신을 실현하고 사회의 제반 문제를 합리적으로 해결하며, 미래생활을 윤택하게 영위하기 위해 요구되는 역량들을 함양하고 사회생활을 통하여 자아를 실현하고, 타인들과 더불어 살아갈 수 있는 인간을 육성할 수 있도록 설정되지 않은 교육목적은 의미가 없다고 할 수 있다.

셋째, '교과전문가로부터의 제안'을 충분히 반영하여 교육목적을 설정해야 한다(교과에의 타당성). 교과전문가는 해당 교과의 본질과 기본특성, 지식체계 및 위계적 구조 등을 심도 있게 파악하고 있으므로 그들의 견해와 요구를 적극 반영하여 교육목적을 설정하여야 한다. 교육목적은 교과의 교육적 기능에 타당한 것이어야 하며, 교육목적의 설정은 관련 전문가들에게 수용될 만한 타당성이 있어야 한다.

넷째, '철학의 활용'을 통하여 교육목적을 타당하게 설정하여야 한다(철학에의 타당성). 교육목적에는 교육활동과 조화되거나 관련되는 철학적 관점이 타당하게 내재해 있어야 한다. 교육이론과 실제에 관한 사상적 기초를 제공하는 철학은 역사의 흐름에 따라 다양하게 출현하고 융성하기도 하고, 때에 따라 쇠퇴하기도 하였다. 현재는 교육현상에 관하여 다양하고 복잡하고 다양한 설명과 주장 및 이슈들을 내세우는 수많은 유형의 교육철학들이 혼재해 있는 상태이다. 이러한 철학사상들을 주요 관점과 사상적 근거별로 대분류해 보면 크게 5대 교육철학으로 구분할 수 있는데, 이를 교사-학생중심의 관점에서 분류하면 [그림 4-44]와 같다.

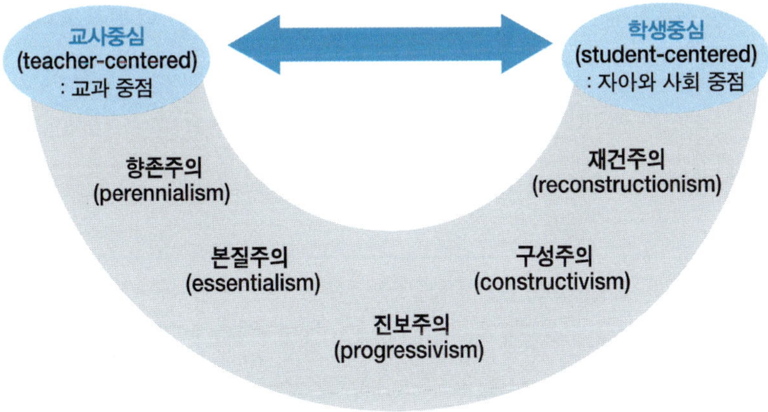

| 그림 4-44 | 5대 교육철학

그런데 이러한 교육철학은 일반철학의 5대 영역인 존재론(ontology), 인식론(epistemology), 가치론(axiology), 논리학(logic), 미학(aesthetics)으로부터 도출되거나 영향을 받아 정립되었다고 할 수 있다[그림 4-45].

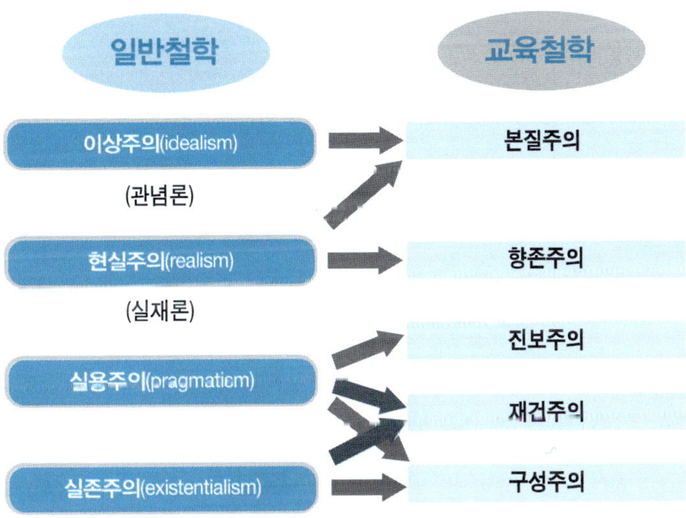

| 그림 4-45 | 4대 일반철학과 5대 교육철학의 관계

어떻든, 교육목적을 포함한 교육활동은 철학적 배경을 갖지 않을 수 없다. 교육과정의 기초이론으로서 '심리학적 탐구'와 '사회학적 탐구' 및 '역사학적 탐구' 못지 않게 '철학적 탐구'가 중요한 위치를 차지하고 있는 이유가 바로 여기에 있다. 양질의 교육활동을 설계하기 위해서는 상황과 필요에 따라 단일의 철학사상이나 복수의 철학사상을 충분히 활용하여 합당한 지식관과 세계관, 긍정적인 교육관과 학생관, 적절한 교육이념에 비추어 무엇보다도 교육목적이 타당성이 있도록 설정되어야 한다.

ONLINE RESOURCES

'교육철학'에 관하여 자세하게 논의한 자료가 필요할 경우 저자가 운영하는 웹사이트(welfare5.com)의 Online Resources 게시판에 등재되어 있는 02번 자료(교육과정의 기초이론) 중 '철학 및 역사적 기초' 부분을 참고하기 바랍니다.

다섯째, '학습심리학의 활용'을 통하여 교육목적을 타당하게 설정하여야 한다(학습심리학에의 타당성). 교육목적은 교수-학습활동을 통하여 학습자들에 의해 효과적·효율적으로 성취되어야 하는데, 교육목적의 설정을 포함한 일련의 교육활동은 어디까지나 현대 교육심리학을 통해 도출된 학습의 원리와 이론을 활용하여 실천되어야 한다. 철학적·관념적으로 아무리 이상적인 교육목적이 설정되었다 하더라도 학습심리에 비추어 실현가능성이 없다면 공허한 계획에 불과할 것이다.

ONLINE RESOURCES

'학습심리학'에 관하여 자세하게 논의한 자료가 필요할 경우 저자가 운영하는 웹사이트(welfare5.com)의 Online Resources 게시판에 등재되어 있는 02번 자료(교육과정의 기초이론) 중 '심리학적 기초' 부분을 참고하기 바랍니다.

결론적으로, 교육목적은 이상과 같은 주요자원들을 종합적으로 고려하여 설정될 때 보다 타당할 것이며, 효율적인 교육활동의 실천을 유도하여 결국 만족스러운 교육성과를 얻게 해 줄 것이다.

5 교육목적의 설정·진술 원리

교육목적의 설정·진술에 있어 고려해야 할 원칙들은 매우 다양하지만, 무엇보다도 특히 그것은 철학적으로 일관성이 있어야 하며, 구체적이어야 한다. 뿐만 아니라 포괄적이고 실현가능성이 있어야 하며, 교육의 주체자에의 내면화는 물론, 상황에 따라서 변경되어야 하는데, 이를 교육목적의 설정·진술의 원리라고 한다.

첫째, 교육목적의 철학적 일관성으로, 교육목적은 어디까지나 교육이념 및 철학에 부합되어야 한다.

둘째, 교육목적의 구체성으로, 교육목적은 교육내용의 선정(scope)·조직(sequence) 및 교육평가에 실질적인 시사를 줄 수 있도록 구체적이고 명료한 행동적 용어로 진술되어야 한다. 그러므로 교육목적을 설정·진술할 때에는 가능한 한 '안다', '이해한다', '깨닫는다', '파아한다', '인식한다', '믿는다', '감상한다', '사고한다' 등과 같은 암시적 동사보다는 '쓴다', '설명한다', '찾아낸다', '계산한다' 등과 같은 명시적 동사를 사용하는 것이 좋다.

셋째, 교육목적의 포괄성으로, 교육목적은 가능한 한 포괄적으로 설정·진술되어야 한다. 교육목적이 편협하여 다른 교육목적을 포용할 수 없다면 교육이 경직될 우려가 있다. 교육의 궁극적 목적이 전인의 육성인 만큼 교육목적의 설정 및 진술은 가능한 한 포괄적이어야 한다.

넷째, 교육목적의 실현가능성으로, 교육목적이 실현불가능한 이상만을 진술한다면 현실과 유리되어 의미가 없게 된다. 교육목적이 실현가능성을 갖기 위해서는 '내용'과 '행동'의 이원분류로 설정·진술되어야 하는데, 이는 교육목적이 행동화될 수 있어야 한다는 것을 의미한다.

다섯째, 교육목적의 주체에의 내면화로, 교육목적은 모든 교직원들에 의해 이해되고 받아들여져 결국 내면화되어야 하며, 또한 교육활동의 수행에 있어서도 항상 기준이 되어야 한다.

여섯째, 교육목적의 가변성으로, 교육목적은 고정불변하는 것이 아니라 상황에 따라서 변경될 수 있어야 한다. 교육목적은 교육내용의 선정·조직과 교수-학습지도, 생활지도, 교육평가 등과 역동적인 상호작용을 하므로 그 타당성이 교육의 전 과정에 걸쳐 항상 재검토되고 필요에 따라 변경되어야 한다.

6 교육목적의 이원분류

교육목적(교육목표, 학습목표)은 「내용」 차원과 「행동」 차원을 함께 포함시켜 진술되는 것이 일반적인데, 이를 '교육목적의 이원분류'라고 한다.

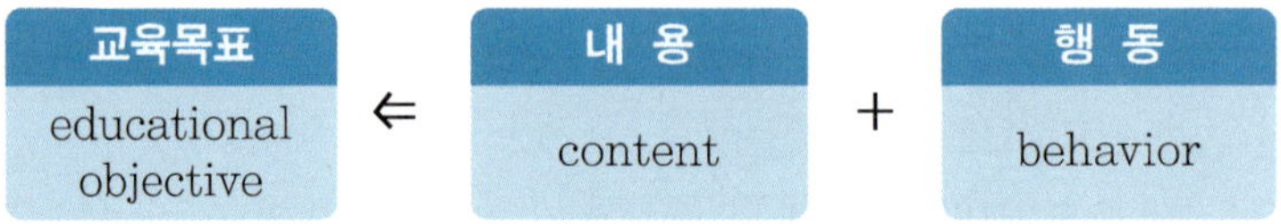

예컨대, '개구리의 성장과정을 설명할 수 있다'라는 교육목적의 경우 '개구리의 성장과정'은 「내용」 차원에 해당되며, '설명할 수 있다'는 「행동」 차원에 해당된다. 이러한 교육목적의 이원분류는 교육목적의 설정·진술 자체뿐만 아니라, 교육평가(수업평가, 학생평가)를 위한 준비작업으로서도 필요한데, 이는 특히 평가를 위한 문항제작의 기초작업으로서 중요하다.

먼저, 교육목적의 「내용」 차원은 일반적으로 교과영역이나 단원에 따라 달라진다. 예를 들면, 사회과를 내용면에서 분류할 때 역사·정치·경제·사회·문화·지리 등의 영역으로 분류될 수 있으며, 이 중 '역사' 영역의 경우를 예로 들어보면 단원구성에 따라 우리나라 역사, 일본 역사, 중국 역사, 미국 역사 등으로 분류될 수 있으며, 이 중 우리나라 역사는 다시 고조선시대, 삼국시대, 고려시대, 조선시대, 근대, 현대 등으로 구분되며, 이들 하나하나는 다시 계속적으로 더 세분될 수 있다. 한편, 유치원의 교육과정인 '3-5세 연령별 누리과정'의 경우 「내용」 차원은 크게 '신체운동·건강', '의사소통', '사회관계', '예술경험', '자연탐구' 등의 5개 영역으로 구분되며, 이들 영역들은 각각 다시 몇 개의 내용범주들로 세분되어 결과적으로 총 59개의 세부영역으로 구분된다.

그리고 교육목적의 「행동」 차원은 특정의 교수-학습활동을 통하여 학생들이 성취하여야 할 목표로서의 행동을 지칭하는데, 이에 대한 분류는 다양하게 시도되어 왔다. 일찍이 1950~60년대 블룸 등(Bloom et al., 1956), 크래드볼 등(Krathwohl et al., 1964), 심슨(Simpson, 1966) 등에 의해 제안된 교육목적 분류체계를 『전통적 교육목표 분류체계』라고 명명하는데, 이는 그동안 교육연구와 실제에 기여한 바 크나, 각 영역 간의 연계성이 고려되지 않았을 뿐만 아니라, 각 영역의 하위유목의 수가 너무 많고 복잡하다는 비판이 제기되어 왔다. 이러한 맥락에서 하우엔스타인(Hauentstein, 1998), 앤더슨(Anderson et al., 2001), 마재노(Marzano, 2000) 등에 의해 전통적 교육목표 분류체계가 수정·보완되었는데, 이 중 마재노는 20세기 후반부터 연구되기 시작한 신경교육학(neuroeducation), 즉 마음·두뇌·교육과학(mind, brain, and education science) 또는 교육신경과학(educational neuroscience)을 반영한 분류체계를 제시하였다. 이들이 제안한 분류체계들은 『새로운 교육목표 분류체계』라고 명명할 수 있다.

가. 전통적 교육목표 분류체계

블룸 등(Bloom et al., 1956)과 크래드볼 등(Krathwohl et al., 1964)이 제시한 『교육목표 분류체계』에 의하면, 교육목표의 영역(행동의 영역)은 그 성격에 따라 인지적 영역, 정의적 영역, 심리운동적(기능적) 영역으로 분류된다. 그렇지만 이들은 인지적 영역과 정의적 영역의 교육목표(행동)에 대한 지침만 내놓았다. 이에 따르면 인지적 영역(cognitive domain)의 교육목표(행동)는 ① 지식, ② 이해력, ③ 적용력, ④ 분석력, ⑤ 종합력, ⑥ 평가력 등으로 세분되며, 정의적 영역(affective domain)의 교육목표(행동)는 ① 수용(감수), ② 반응, ③ 가치화, ④ 조직화, ⑤ 인격화 등으로 세분된다.

그러나 이들은 음악, 미술, 체육, 기술 등의 교과목은 물론, 그 밖의 다른 교과목에서 운동기능의 학습과 훈련이 많이 요구됨에도 불구하고 심리운동적 영역의 교육목표(행동)에 대해서는 거의 관심을 갖지 않았다. 이에 심슨(Simpson, 1966)은 블룸과 크래드볼의 방식에 따라 심리운동적 영역(psycho-motor domain; 기능적 영역)의 교육목표(행동) 세부화를 시도하였는데, 그것은 바로 ① 지각, ② 태세, ③ 유도반응, ④ 기계화, ⑤ 복합외현반응, ⑥ 순응, ⑦ 창안 등이다.

그럼 여기에서 '인지적 영역'과 '정의적 영역' 및 '심리운동적 영역'의 교육목표 분류체계(행동위계체계)에 관하여 구체적으로 살펴보기로 한다.

가) 인지적 영역의 교육목표 분류체계

- **지 식**: 학습한 내용, 즉 사실·개념·원리·방법·유형·구조 등을 인지하거나 기억에 의하여 재생하는 능력

- **이해력** : 이미 배운 내용에 관한 의미를 파악하는 능력, 즉 자료의 내용이 다소 변경되어도 그 의미를 파악하는 능력으로서 번역·해석·추론(추리)하는 능력
- **적용력** : 학습한 내용, 즉 개념·규칙·원리·이론·기술·방법 등을 구체적인 또는 새로운 장면에 활용(응용)하는 능력
- **분석력** : 주어진 자료를 그 구성부분으로 분류하는 능력, 요소를 분석하고 그 상호관계를 파악하는 능력 및 자료를 전체적으로 묶고 있는 조직원리를 밝혀내는 능력
- **종합력** : 비교적 새롭고 독창적인 형태, 원리, 관계, 구조 등을 만들어내기 위하여 주어진 자료의 내용 및 요소를 정리하고 조직하는 능력
- **평가력** : 어떤 특정한 목적과 의도를 근거로 하여 주어진 자료, 또는 방법이 갖고 있는 가치를 판단하는 능력

그런데 인지적 영역의 교육목표 분류체계는 [그림 4-46]에서 확인할 수 있는 바와 같이 위계적 관계를 이루고 있다. 즉, '지식'의 토대 위에서 '이해력'이 형성되고, '지식'과 '이해력'의 토대 위에서 '적용력'이 형성되는 순서로 상위의 행동이 점진적으로 형성되고 성취된다. 따라서 학생들로 하여금 이러한 행동들을 성취하도록 지도할 때는 이와 같은 위계적 관련성을 충분히 고려해야 한다.

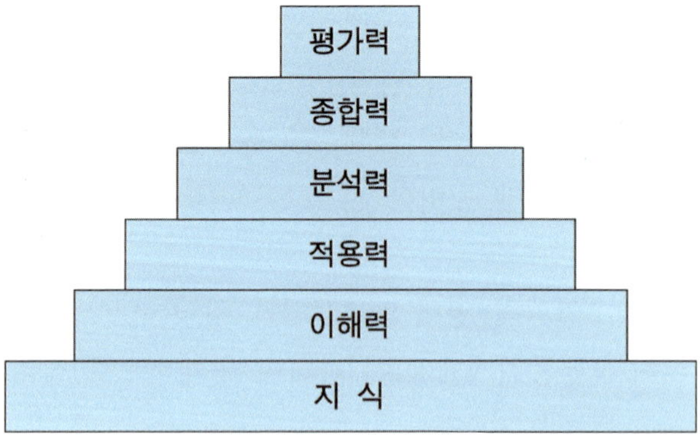

| 그림 4-46 | 인지적 영역의 행동들 간의 위계적 관계

끝으로, 인지적 영역의 교육목표 분류체계 전체를 분류번호 및 분류사항별로 나열하면서 그 의미 및 각각의 목표진술에 필요한 명세적 동사들을

구체적으로 제시하면 다음과 같다.

분류번호 및 분류사항	의미 및 목표진술에 필요한 명세적 동사

1.00 지식(knowledge) ………… 지식은 이미 배운 내용, 즉 사실, 개념, 원리, 방법, 유형, 구조 등을 인지하거나 기억에 의해 재생하는 능력을 말한다. – 정의하다, 기술하다, 말하다, 찾아내다, 명명하다, 열거하다, 짝짓다, 약술하다, 재생하다(상기하다), 가려내다, 진술하다, 구별하다, 확인하다, 기억하다, 인지하다

1.10 특정 사상(事象; event)에 관한 지식
  1.11 용어에 관한 지식
  1.12 구체적 사실에 관한 지식
1.20 특정 사상을 다루는 방법과 수단에 관한 지식
  1.21 형식에 관한 지식
  1.22 경향과 순서에 관한 지식
  1.23 분류와 유목에 관한 지식
  1.24 준거에 관한 지식
  1.25 방법에 관한 지식
1.30 보편적 및 추상적 사상에 관한 지식
  1.31 원리와 법칙(통칙)에 관한 지식
  1.32 이론(학설)과 구조에 관한 지식

2.00 이해력(comprehension) ………… 이해력은 이미 배운 내용에 관한 의미를 파악하는 능력을 말하는데, 이는 단순히 학습한 내용을 기억하는 수준을 넘어 그 의미를 번역·해석하거나 추론하는 능력을 말한다. – 전환하다(변환하다), 변호하다, 구별하다, 추정하다, 설명하다, 부연하다, 번역하다, 해석하다, 추론하다, 예시하다, 의역

하다, 예측하다, 자기 말로 표현하다, 읽다, 다른 말로 표현하다, 재진술하다, 재배열하다, 그리다, 시범을 보이다, 결론 내리다

2.10 번역(변환)
2.20 해석
2.30 추론(추리)

3.00 적용력(application) ………… 적용력은 이미 배운 내용, 즉 개념, 규칙, 원리, 이론, 기술, 방법 등을 구체적인 또는 새로운 장면(사태)에 활용하는 능력을 말한다. – 변환하다, 적용하다, 응용하다, 일반화하다, 계산하다, 예증하다, 준비하다, 관계짓다, 나타내다, 풀어내다, 사용하다(이용하다), 작성하다, 선택하다, 발전시키다, 조직하다, 재구조화하다, 분류하다

4.00 분석력(analysis) …………… 분석력은 조직, 구조 및 구성요소의 상호관계를 이해하기 위하여 주어진 자료의 구성 및 내용을 분류하는 능력을 말한다. – 세분하다, 도식하다, 변별하다, 구분하다, 식별하다, 찾아내다, 예증하다, 추론하다, 약술하다, 지적하다, 관계짓다, 가려내다, 분류하다, 세별하다, 탐색하다, 확인하다, 유목화하다, 환원하다, 분석하다, 대비하다, 비교하다

4.10 요소의 분석
4.20 관계의 분석
4.30 조직원리의 분석

5.00 종합력(synthesis) ………… 종합력은 비교적 새롭고 독창적인 형태, 원리, 관계, 구조 등을 만들어내기 위하여 주어진 자료의 내용 및 요소를 정리하고

조직하는 능력을 말한다. – 종합하다, 병합하다, 편집하다, 구성하다, 창조하다, 고안하다, 설계하다, 설명하다, 지어내다, 변용하다, 조직하다, 계획하다, 재정리하다, 재구성하다, 바꾸어 쓰다, 요약하다, 말하다, 쓰다, 관련짓다, 생산하다, 수정하다, 제안하다, 구체화하다, 도출하다, 개발하다, 분류하다, 형성하다

5.10 독특한 의사전달자료의 창조
5.20 조작(작업)의 계획 및 절차의 창안
5.30 추상적 관계의 도출

6.00 평가력(evaluation) ………… 평가력은 어떤 특정한 목적과 의도에 근거하여 주어진 자료 또는 방법이 가지고 있는 가치를 판단하는 능력을 말한다. – 감정하다, 비판하다, 평가하다, 비교하다, 결론짓다, 서술하다, 구분하다, 설명하다, 주장하다, 해석하다, 관련짓다, 요약하다, 입증하다, 판단하다, 토론하다, 타당화하다, 총평하다, 결정하다, 감상하다, 고려하다, 대비하다, 표준화하다

6.10 내적 준거에 의한 판단
6.20 외적 준거에 의한 판단

나) 정의적 영역의 교육목표 분류체계

- **수용(감수)** : 어떤 현상이나 대상에 대해서 민감성을 가진다든가, 즐겁게 주의를 기울이는 경향성(주의 · 관심)
- **반 응** : 어떤 현상이나 대상에 대해서 피상적인 반응에서부터 적극적인 반응을 보이는 것(흥미)
- **가치화** : 어떤 현상이나 대상에 대하여 수용과 반응의 수준을 넘어서 그 의의와 가치를 부여하는 행동(가치 · 태도)
- **조직화** : 여러 가지 종류의 가치를 종합하여 가치체계를 확립하는 것

(가치 조직화)

- **인격화**: 조직화된 가치관이 한 개인에게 내면화됨으로써 개인이 독특한 성격을 형성하는 것

정의적 영역의 행동들도 인지적 영역처럼 위계적 관계를 이루고 있기 때문에 이러한 행동들을 지도할 때는 이를 충분히 고려하여야 한다.

끝으로, 정의적 영역의 교육목표 분류체계 전체를 분류번호 및 분류사항별로 나열하면서 그 의미 및 각각의 목표진술에 필요한 명세적 동사들을 구체적으로 제시하면 다음과 같다.

분류번호 및 분류사항	의미 및 목표진술에 필요한 명세적 동사
1.00 수용(receiving ; 감수) ………	수용(감수)은 어떤 자극이나 대상을 기꺼이 받아들이고 자발적으로 주의를 기울이게 되는 민감성을 말한다. – 묻다, 가려잡다, 관심 갖다, 주의하다, 주다, 갖다, 찾아내다, 이름 짓다, 지적하다, 선택하다, 대답하다, 사용하다, 분별하다, 분리하다, 나누다, 모으다, 종합하다, 받아들이다, 경청하다, 주목하다, 대조하다
1.10 감지	
1.20 자발적 감수	
1.30 선택적 주의집중	
2.00 반응(responding) ……………	반응은 어떤 자극 또는 활동에 적극적으로 참여하고 자발적으로 응대하며, 그러한 참여와 응대에서 만족감을 얻게 되는 행동을 말한다. – 대답하다, 조력하다, 편집하다, 확인하다, 인사하다, 돕다, 명명하다, 실행하다, 연습하다, 제시하다, 읽다, 암송하다, 보고하다, 선택하다, 말하다, 쓰다, 복종하다, 따르다, 수락하다, 자진해서 하다,

논의하다, 연주하다, 칭찬하다, 성원하다, 토론하다, 환호하다

2.10 묵종반응
2.20 자진반응
2.30 반응에 대한 만족

3.00 가치화(valuing) …………… 가치화는 특정한 대상, 활동 또는 행동에 대하여 의의와 가치를 직접 형성화하고 행동으로 나타내는 것을 말한다. – 완성하다, 기술하다, 구분하다, 설명하다, 추종하다, 형성하다, 선도하다, 초대하다, 참가하다, 입증하다, 제안하다, 읽다, 보고하다, 분담하다, 공부하다, 일하다, 능률을 높이다, 수량을 높이다, 구체화하다, 포기하다, 돕다, 보조하다, 지원하다, 거부하다, 반대하다, 투쟁하다, 논쟁하다

3.10 가치 수용
3.20 가치 선택(선호)
3.30 확신

4.00 조직화(organization) ……… 조직화는 일관성 있는 가치체계를 내면화시키는 전초 단계로서, 서로 다른 수준 또는 종류의 가치를 비교하고 연관시켜 통합하는 것을 말한다. – 주장하다, 변경하다, 정리하다, 결합하다, 비교하다, 완성하다, 변호하다, 설명하다, 일반화하다, 찾아내다, 수정하다, 조직하다, 차례 짓다, 준비하다, 관련짓다, 논의하다, 이론화하다, 비교하다, 추상적 수준으로 수렴하다, 조화시키다, 구성하다, 정의하다

4.10 가치의 개념화
4.20 가치체계의 조직

5.00 인격화(characterization) ………인격화는 가치관이 한 개인의 행동 및 생활의 기준이 되며, 지속성과 일관성이 있고, 또 그것이 그의 행동을 예측할 수 있을 정도로 확고하게 그의 성격의 일부로 내면화되는 것을 말한다. – 활동하다, 변별하다, 나타내다, 영향을 미치다, 수정하다, 경청하다, 실행하다, 실천하다, 제안하다, 한정하다, 묻다, 개정하다, 봉사하다, 해결하다, 사용하다, 증명하다, 개선하다, 변화시키다, 완성하다, 요구하다, 회피하다, 저항하다, 잘 다루다

5.10 일반화된 행동태세

5.20 성격화

다) 심리운동적 영역의 교육목표 분류체계

- **지 각** : 운동기능을 수행하는 첫 단계로서, 감각기관(감각수용기)을 통해 대상의 질과 관계 등을 수용하는 것
- **태세(set)** : 지각의 결과를 토대로 특정 행동이나 기능을 하기 위한 예비적 준비상태
- **유도반응** : 타인의 지도나 유도에 의해 외현적 행동을 보이는 것
- **기계화** : 상황에 따라 행동이 자동적으로 나타나거나 상황이 요구하는 것에 따라 자기가 가지고 있는 행동목록(behavior repertoire)에서 일정한 행동을 선택하여 자동적으로 반응하는 것
- **복합외현반응** : 최소한의 노력이나 시간을 들여 가장 유효하고 원활하게 일련의 복잡한 행동을 수행하는 것
- **적 응** : 복합외현반응을 근간으로 주어진 상황에 적절하게 행동을 수정 또는 변화시켜 나가는 것
- **창 안** : 개인이 주어진 상황이나 조건에 적절한 행동들을 적극적으로 개발해 나가는 것

심리운동적 영역의 행동들도 다른 영역과 마찬가지로 위계적 관계를 이

루고 있기 때문에 이러한 행동들을 지도할 때는 이를 충분히 고려해야 한다.

끝으로, 심리운동적 영역의 교육목표 분류체계 전체를 분류번호 및 분류사항별로 나열하면서 그 구체적인 의미를 제시하면 다음과 같다.

분류번호 및 분류사항	구체적 의미
1.00 지각(perception)	어떤 반응 또는 동작을 하려면 감각기관을 통하여 먼저 대상과 그 특성 및 관계 등을 인식하는 과정이 반드시 필요한데, 그 과정의 제일 첫 단계가 바로 지각이다. 지각은 상황–해석–동작이라는 일련의 신체운동과정에서 매우 중요한 의미를 갖는다.
1.10 감각적 자극(sensory stimulation)	
1.20 단서 선택	
1.30 번역	
2.00 태세(set)	자세 또는 준비태세라고도 하는데, 이는 포괄적으로는 정신적·신체적·정서적 준비상태를 의미한다. 여기서 태세는 주로 신체적 준비상태를 뜻하며, 특정한 행동에 필요한 준비적 적응을 의미한다.
2.10 정신적 태세	
2.20 신체적 태세	
2.30 정서적 태세	
3.00 유도반응(guided response)	타인의 지도 또는 조력을 받아서 수행하는 외현적 동작을 말하는데, 이는 다음 단계의 보다 복잡한 운동기능을 구사하는 데 필요한 기초동작이 된다.
3.10 모방	
3.20 시행착오	
4.00 기계화(mechanism)	동작을 함에 있어 숙련도와 자신감을 갖추어 습관적으로 반응을 구사하는 것을 말한다.

5.00 복합외현반응(complex overt response) … 특정 흐름과 연결을 요하는 비교적 복잡한 일련의 동작들을 최소한의 시간으로 아주 자연스럽고 효과적으로 실행하는 것을 말한다.

5.10 불확실성 해결
5.20 자동적 수행

6.00 적응(adaptation) …………… 복합외현반응들을 근간으로 주어진 상황에 적절하게 행동을 수정·변화시켜나가는 것을 말한다. 예를 들면, 다양한 특정 상황에 적절한 행동을 구사해 나가는 것이다.

7.00 창안(orgination) …………… 주어진 상황과 조건에 맞는 행동들을 능동적으로 개발해 나감으로써 행동을 정교화하고 그 성과를 최대화하는 것을 말한다.

나. 새로운 교육목표 분류체계

교육목표 분류에 대하여 블룸 등(Bloom et al., 1956), 크래드볼 등(Krathwohl et al., 1964), 심슨(Simpson, 1966) 등이 제안한 인지적 영역(cognitive domain), 정의적 영역(affective domain), 심리운동적 영역(psycho-motor domain)의 교육목표 분류체계는 지금까지 교육연구와 실천에 기여한 바는 대단하다. 그러나 1990년대부터 이에 대한 수정·보완의 필요성이 보다 적극적으로 제기되었다. 즉, 전통적 교육목표 분류체계에서는 전술한 바와 같이 각 영역을 상호 분리된 독립적 실체로 전제하며, 가끔 양립하기 어려운 내용도 포함되어 있어 교실수업에 적용하기 곤란한 부분도 있다는 지적들이 제기되어 왔다. 그리고 각 영역의 유목과 하위유목의 수가 너무 많아 교사가 이를 수업장면에서 모두 적용하기 어렵다는 지적도 제기되어 왔다. 이러한 한계점들로 인해 교육목표를 재정의하고, 그 유목의 수를 재조정하여 단순·축소화할 필요가 있음이 지적되었다. 아울러, 사회의 급변에 따라 시대정신이 변화되었을 뿐만 아니라, 과거와는 다른 인간상이 요구되고 있는 현실을 고려할 때 교육목표의 분류체계는 개정될 필요가 있었다. 이러한 맥락에서 하우엔스타인(Hauenstein, 1998), 앤더슨(Anderson et al., 2001), 마재노(Marzano, 2000) 등은 교육과정 개발자와 현장교사들을 돕기 위한 새로운 교육목표 분류체계를 제안하였다.

여기에서는 하우엔스타인이 제안한 새로운 교육목표 분류체계에 관하여 자세하게 논의하기로 한다. 교육의 근본역할은 학생들이 현재는 물론, 장차 보다 유익하고 적극적으로 사회생활을 영위하도록 돕는 데 있다. 학교는 학생들이 세상에 대한 유익한 지식(정보)을 널리 갖추고, 주변의 문화를 익히고 즐기며, 사회생활에 필요한 기능을 갖추는 등 성공적인 삶을 영위해 나갈 수 있는 역량을 충분히 기르도록 도와주어야 한다. 하우엔스타인의 새로운 교육목표 분류체계는 전통적 교육목표 분류체계에 대하여 통합적인 접근을 취하는 것이 그 핵심적인 특징인데, 이에 대한 이해를 돕기 위해 먼저 그가 제안한 수업체제를 도식으로 제시하면 [그림 4-47]과 같다.

여기에서 보는 바와 같이, 하우엔스타인의 교육목표 분류체계에서는 '목표'(objectives) 자체만 강조하는 것이 아니라, 이를 성취하기 위해 투입하는 '내용'(contents)과, 이들 간의 상호작용에 의해 산출되는 결과로서의 '성과'(outcomes) 간의 유기적인 관계를 강조하는 수업체제에 관심을 갖는 것이 특징이다. 특히, 하우엔스타인은 '목표'를 크게 ① 인지적 영역의 목표, ② 정의적 영역의 목표, ③ 심리운동적 영역의 목표, ④ 행동적 영역(복합체)의 목표 등으로 구분하고, 다시 각 영역별로 하위목표들을 세분화하였다.

그런데 여기에서 그가 특히 강조한 점은 목표의 네 영역이 블룸 등(Bloom et al., 1956; Krathwohl et al., 1964)이 전제한 바와는 달리 상호 독립적이고 별개적인 관계를 갖는 것이 아니라, 먼저 인지적·정의적·심리운동적 영역의 목표들이 상호 유기적으로 달성된 다음 이들의 복합(통합)에 의해 '행동적 영역'의 목표가 성취된다는 것이다.

가) 내용(contents)

하우엔스타인은 일련의 목표들을 성취하기 위해 투입되어야 할 '내용'을 지식으로 규정하면서, 이를 네 범주로 구분하였는데, 상징적 지식, 규범적(처방적) 지식, 기술적(記述的) 지식, 기술공학적 지식이 그것이다[그림 4-48].

<u>내용(contents)</u>

상징적 · 기술적(記述的) · 규범적 · 기술공학적 지식(정보)

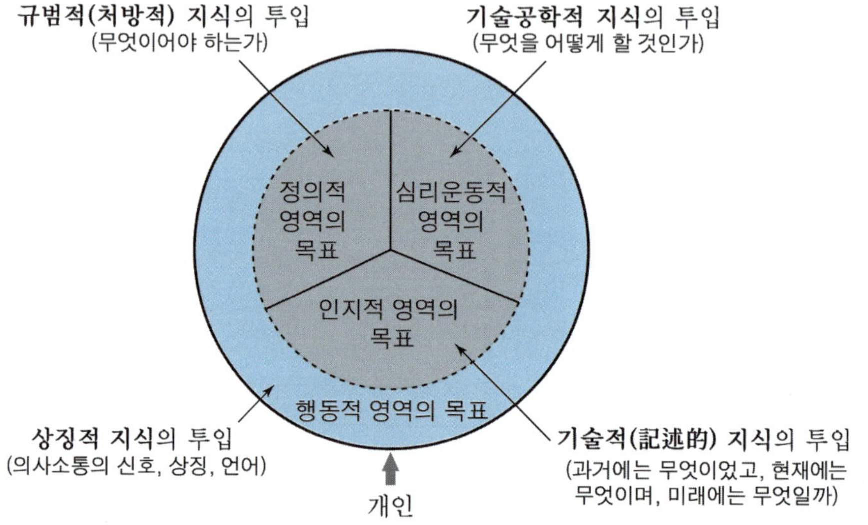

<인지적 · 정의적 · 심리운동적 · 행동적 영역의 목표를 달성하기 위해 투입되는 지식>

<u>목표(objectives)</u>

- **인지적 영역의 목표 : 개념화, 이해, 적용, 평가, 종합**
  (지적 능력의 발달과 관련 있는 지식영역의 목표)
- **정의적 영역의 목표 : 수용(감수), 반응, 가치화, 신념화, 행동화**
  (감정, 가치, 신념 등의 성향과 관련 있는 지식영역의 목표)
- **심리운동적 영역의 목표 : 지각, 시뮬레이션, 적합화, 산출, 숙달**
  (신체적 기능을 발달시키는 것과 관련 있는 지식영역의 목표)
- **행동적 영역(위 3개 영역의 복합체)의 목표 : 획득, 동화, 적응(순응), 수행, 포부**
  (인지적 · 정의적 · 심리운동적 영역의 지식들을 복합적으로 활용하는 영역으로서, '지식이 풍부하고' '문화적인 교양이 있으며', '숙련된 기능을 갖춘' 인간을 육성하는 것과 관련있는 종합적인 지식영역의 목표)

<u>성과(outcomes)</u>

지식이 풍부하고, 문화적인 교양이 있으며, 숙련된 기능을 갖춘 인간

| 그림 4-47 | **하우엔스타인(Hauenstein)이 제안한 '수업체제'의 도식화**

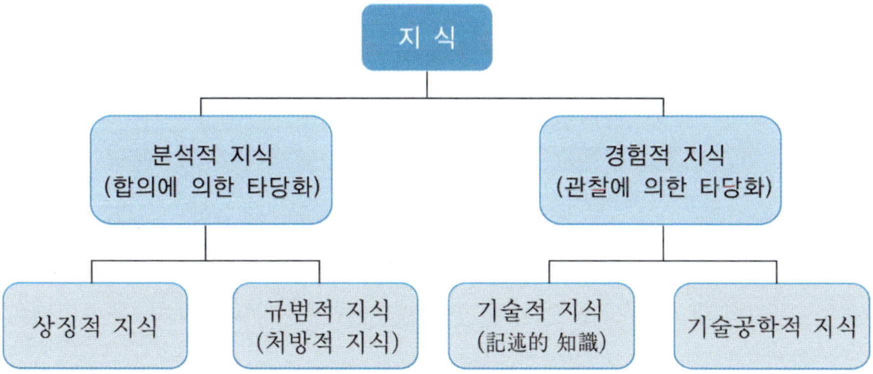

| 그림 4-48 | 지식의 분류

위와 같은 네 범주의 지식이 갖는 각각의 의미와 속성에 관하여 차례대로 살펴보면 다음과 같다.

첫째, '상징적 지식'은 합의(동의)에 의해 확정된 것으로, 이는 우리가 모든 의사소통을 하기 위하여 사용되는 의미 있는 아이디어와 개념을 표현하는 '신호와 상징의 도구'로 총칭된다. 모든 여타의 지식은 이러한 상징적 지식을 담고 있을 수밖에 없다. 언어, 예술, 문학, 연극, 음악, 미술, 그림, 그래픽, 수학, 과학, 물리, 화학 등의 모든 교과(학문)에 내재해 있는 신호와 상징들은 의사소통상의 목적을 위하여 아이디어와 개념을 표현하는 기능을 수행하게 된다.

둘째, '규범적 지식'(처방적 지식)도 합의(동의)에 의해 확정된 것으로, 이는 특정 대상이나 사건 또는 존재에 대한 당위성(what ought to be)인 규범이나 가치(선·악, 미·추, 정(正)·오(誤), 진·위, 행복·불행, 도덕·부도덕, 합법·탈법 등과 같은 양극단적인 이속선싱의 판단)와 관련되는 아이디어와 개념을 지칭한다. 이는 주로 철학, 논리학, 윤리학, 도덕, 법학, 신학 등에서 다루는 것으로서, 사유(사색)에 의한 의견 및 결론과 관련되는 지식이 이에 해당한다. 사유는 특정의 형식, 사건, 가치, 실제 등에 관하여 이루어지는데, 먼저 형식(form)에 관한 사유는 구조와 관련이 있고, 사건(event)에 관한 사유는 발생(occurrence)과 관련되어 있으며, 가치(value)에 관한 사유는 가치로움과 관련이 있고, 실제(practice)에 관한 사유는 주로 방법론과 관련이 있다.

셋째, '기술적 지식'(記述的 知識)은 관찰(실증)에 의해 확정된 것으로, 이는 관찰·경험한 사건 또는 현상을 표현하는 아이디어나 개념을 의미하는

데, 이러한 지식은 무언가가 사실이라는 가능성을 증가시킬 수도 있고, 감소시킬 수도 있다. 사실이란 곧 특정 사건이나 현상의 발생빈도와 그 일관성을 관찰함으로써 확인될 수 있다. 기술적 지식은 과거에는 무엇이었고, 현재에는 무엇이며, 미래에는 무엇일까를 표현하는데, 예를 들면 역사나 고고학 등은 '과거에는 무엇이었다'에 관심이 있고, 대수학·물리학·화학·생물학 등은 '현재에는 무엇이다'에 관심이 있으며, 과거에서 현재까지의 시계열 데이터의 경향성을 토대로 미래를 예측하는 미래학 등은 '미래에는 무엇일까'에 관심이 있다.

넷째, '기술공학적 지식'도 관찰(실증)에 의해 확정된 것으로, 이는 의도한 것을 도출(생성, 생산)하거나 가치 있는 결과를 산출하기 위하여 무엇을 하며, 어떻게 행동할 것인가와 관련되는 아이디어나 개념을 지칭한다. 이러한 지식은 특히 인간행동의 효과성과 효율성을 증가시키는 것과 관련이 깊다. 기술공학적 지식은 경험을 통하여 효과적이고 효율적이라고 확인된 실제(수행이나 적용)를 토대로 확정되는 것이 보통인데, 이는 농업, 공학(engineering), 의학, 판매, 회계, 교육 등의 영역과 관련이 깊다.

그런데 위에서 언급한 바와 같이, 모든 여타의 지식은 상징적 지식을 통해서 표현되므로 교육의 '내용'으로서의 기술적·규범적·기술공학적 지식은 각각 상징적 지식과 결합된 형태로 존재할 수밖에 없다.

나) 목표(objectives)

위에서 언급한 교육의 '내용'은 일련의 '목표'를 성취하도록 돕는다. 즉, 교육장면에서의 상징적·규범적 지식의 투입은 정의적 영역의 목표를, 상징적·기술적 지식의 투입은 인지적 영역의 목표를, 상징적·기술공학적 지식의 투입은 심리운동적 영역의 목표를 각각 달성하도록 돕고, 이들의 복합(통합)에 의해 최종적으로 행동적 영역의 목표(복합체)가 성취된다.

교육목표에 대한 이와 같은 통합적 접근은 교육목표의 설정 및 교육활동의 전개에 대해 하나의 유용한 개념적 틀을 제공해 주는데, 여기에서는 교육의 내용과 목표 및 성과 간의 유기적 관련성이 매우 강조된다. 또한, 전통적 교육목표 분류체계와는 달리, 인지적·정의적·심리운동적 영역의 교육목표를 상호 별개적으로 인식하기보다는 이들의 상호 결합에 의해 형성되는 복합체로서 '행동적 영역'(behavioral domain)의 교육목표를 새롭게 상정함으로써 실제 총체적 학습이 이루어질 수 있는 토대를 마련하였다.

즉, 인지적·정의적·심리운동적 영역의 교육목표들의 복합에 의한 '행동적 영역'의 교육목표를 상정함으로써 학교현장에서 새로운 수업설계와 운영체제에 의한 통합적 수업활동과 총체적 학습활동을 가능하게 해주었다.

새로운 교육목표 분류체계에 포함되는 '인지적 영역', '정의적 영역', '심리운동적 영역', '행동적 영역'을 전통적 교육목표 분류체계와 비교하면서 차례대로 살펴보기로 한다. 아울러, 각 영역의 목표를 성취하기 위한 수업체제에 대한 도식도 함께 제시하고자 한다.

(가) 인지적 영역의 교육목표 분류체계 및 관련 수업체제

인지적 영역의 목표 (Bloom 등, 1956)	재정의된 인지적 영역의 목표 (Hauenstein, 1998)
1.00 지식(knowledge) 1.10 특정 사상(事象; event)에 관한 지식 1.20 특정 사상을 다루는 방법과 수단에 관한 지식 1.30 보편적 및 추상적 사상에 관한 지식	1.0 개념화 1.1 확인 1.2 정의 1.3 일반화
2.00 이해력(comprehension) 2.10 번역(변환) 2.20 해석 2.30 추론(추리)	2.0 이 해 2.1 번역 2.2 해석 2.3 추론
3.00 적용력(application)	3.0 적 용 3.1 명료화 3.2 해결
4.00 분석력(analysis) 4.10 요소의 분석 4.20 관계의 분석 4.30 조직원리의 분석	4.0 평 가 4.1 분석 4.2 적격판정
5.00 종합력(synthesis) 5.10 독특한 의사전달자료의 창조 5.20 조작(작업)의 계획 및 절차의 창안 5.30 추상적 관계의 도출	5.0 종 합 5.1 가설 5.2 결정
6.00 평가력(evaluation) 6.10 내적 준거에 의한 판단 6.20 외적 준거에 의한 판단	

1.0 개념화 : 특정 맥락에서 아이디어를 확인하고, 정의하고, 일반화하는 능력

1.1 확인 : 주어진 맥락에서 아이디어, 대상 혹은 현상과 관련된 특정 신

호 그리고 상징을 연상하고 기억하고 상기하는 능력 – 확인하다, 명명하다, 진술하다, 명칭을 붙이다, 열거하다, 관련짓다, 재생하다

1.2 정의 : 어떤 개념의 속성, 한계 그리고 의미를 구별하는 능력 – 정의하다, 관련짓다, 진술하다, 결합하다

1.3 일반화 : 개념의 전반적인 구성과 성질을 전달하기 위하여 어떤 아이디어, 대상, 혹은 현상의 특수사상들을 통합하는 능력 – 기술하다, 재생산하다, 개설하다, 서술하다, 설명하다, 일반화하다

2.0 이　해 : 특정 아이디어나 자료를 번역하고 해석하고 추론할 수 있는 능력

2.1 번역 : 주어진 아이디어나 자료를 자신의 말로 진술하거나 단어나 구문 또는 문장을 번역하거나 악보를 읽거나 도표/도식/기호를 기술하는 능력 – 번역하다, 전환하다, 끌어내다, 도표화하다, 관련짓다, 기술하다

2.2 해석 : 특정 아이디어나 자료의 숨겨진 의미나 심층적인 의미를 도출하거나 독창적인 방식으로 재창조하는 능력 – 해석하다, 바꿔 쓰다, 설명하다, 말하다, 나타내다

2.3 추론 : 주어진 자료를 활용해 예측·추정하거나 원리나 결론을 도출하는 능력 – 추론하다, 예측하다, 예언하다, 추정하다, 도출하다, 연역하다

3.0 적　용 : 특정 문제나 상황을 분명하게 정의하거나 구별하고, 이를 해결하는데 적절한 원리나 절차 등을 활용하는 능력

3.1 명료화 : 주위 맥락으로부터 단일 문제나 상황이 지니는 요소들을 분리할 수 있는 능력 – 명료화하다, 확인하다, 정의하다, 분간하다, 분리하다, 진단하다

3.2 해결 : 특정 문제나 상황의 해결시 적절한 절차나 원리를 활용하는 능력 – 해결하다, 결심하다, 결정하다, 대답하다, 분석하다, 보여주다, 산출하다, 사용하다, 실험하다

4.0 평　가 : 주어진 정보나 자료 혹은 상황을 분석하여 판단을 내리는 능력

4.1 분석 : 아이디어나 대상을 세분하여 부분들이 어떻게 관련되어 있고, 조직되어 있는지를 확인하는 능력 – 분석하다, 양화하다, 분할하다, 분리하다, 한정하다, 인과관계를 밝히다, 구분하다, 진단하다

4.2 적격판정 : 어떤 기준이나 준거와 관련지어 가치, 편차정도 또는 수용

정도를 결정하는 능력 – 분별하다, 비교하다, 분간하다, 구분하다, 조정하다, 병렬하다, 교화하다, 합리화하다, 자격을 부여하다, 예측하다, 결론짓다, 비판하다, 정당화하다, 연역하다

5.0 **종 합** : 인지적 영역의 최상위 능력으로, 복잡한 문제를 해결하기 위해 창의적 · 확산적(발산적) · 반성적 · 문제해결적 사고를 통하여 가설을 설정하고 검증하는 능력

5.1 가설 : 논리적 혹은 경험적 귀결을 이끌어내거나 검증하기 위해 잠정적인 가정을 설정하는 능력 – 가설을 세우다, 고안하다, 예측하다, 가정하다, 사색하다, 예지하다, 예언하다, 이론화하다, 실험하다, 조사하다

5.2 결정 : 복잡한 문제를 해결하는 능력 – 계획하다, 해결하다, 혁신하다, 창안하다, 발명하다, 처방하다, 고안하다, 재구성하다, 개정하다, 다시 쓰디, 재정의하다

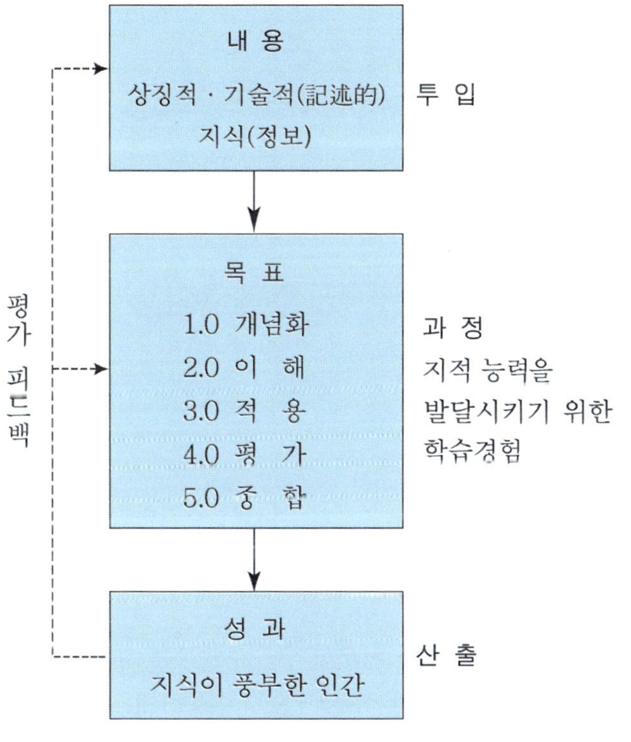

| 그림 4–49 | **인지적 영역의 목표성취를 위한 수업체제**

(나) 정의적 영역의 교육목표 분류체계 및 관련 수업체제

정의적 영역의 목표 (Krathwohl 등, 1964)	재정의된 정의적 영역의 목표 (Hauenstein, 1998)
1.00 수용(receiving; 감수) 1.10 감지 1.20 자발적 감수 1.30 선택적 주의집중	1.0 수용(감수) 1.1 감지 1.2 자진성 1.3 주의
2.00 반응(responding) 2.10 묵종반응 2.20 자진반응 2.30 반응에 대한 만족	2.0 반 응 2.1 묵종 2.2 순종 2.3 평가
3.00 가치화(valuing) 3.10 가치 수용 3.20 가치 선택(선호) 3.30 확신	3.0 가치화 3.1 수용 3.2 채택 3.3 확정
4.00 조직화(organization) 4.10 가치의 개념화 4.20 가치체계의 조직	4.0 신념화 4.1 신뢰 4.2 확신
5.00 인격화(characterization) 5.10 일반화된 행동태세 5.20 성격화	5.0 행동화 5.1 시연 5.2 수정

1.0 수용(감수) : 특정 자극이나 대상을 기꺼이 감지하고 주의를 기울이는 능력

1.1 감지 : 자신 주변의 삶을 의식하는 성향 – 느껴 알다, 보다, 듣다, 지각하다, 감지하다

1.2 자진성 : 특정 경험을 거부하거나 무시하는 대신에 그 경험을 인내하려 하고, 기꺼이 자발적으로 숙고·수용하려는 성향 – 제공하다, 주시하다, 듣다, 인내하다, 자진해서 하다, 선택하다, 열망하다

1.3 주의 : 산만한 자극에도 불구하고 특정 경험에 참여하려는 성향 – 관찰하다, 전시하다, 주의하다, 흥미를 느끼다, 집중하다

2.0 반 응 : 특정 상황에 대해 묵종하고 순종하며 평가하려는 성향

2.1 묵종 : 다른 사람이 가치 있다고 제안하는 아이디어, 행동 그리고 책무성을 수용하려는 성향 – 인정하다, 받아들이다, 수용하다, 좇다

2.2 순종 : 재촉하지 않아도 행동하려는 성향 – 동의하다, 순응하다, 준수하다, 따르다, 복종하다, 협력하다, 자원하다

2.3 평가 : 어떤 반응에 관한 느낌을 감정하려는 성향 – 좋아하다/싫어하다, 원하다/원치 않다, 즐기다, 흥미가 있다/흥미가 없다, 활동이 쉽다고 느끼다/어렵다고 느끼다, 만족하다/만족하지 않다, 확신하다/확신하지 않다, 양가적이다

3.0 가치화 : 특정 가치를 수용, 채택, 확정하려는 성향

3.1 수용 : 기본적 가치를 받아들이려는 성향 – 수용하다, 동의하다, 승인하다, 선택하다, 거절하다, 반대하다

3.2 채택 : 대안적 가치들 중에서 적절한 것을 선택하려는 성향 – 선호하다, 선택하다, 찬성하다, 지지하다, 선정하다, 비교하다, 판별하다

3.3 확정 : 경험을 통하여 특정 가치의 진가를 확인하여 확실하게 정하려는 성향 – 확인하다, 추단하다, 합리화하다, 검사하다, 정당화하다, 지지하다, 타당화하다, 확정하다, 판단하다, 해야 한다/하지 말아야 한다, 하려고 하다/하지 않으려 하다

4.0 신념화 : 특정 가치를 신뢰하고 확신하려는 성향

4.1 신뢰 : 어떤 가치를 확신하고 믿는 성향 – 신뢰하다, 간주하다, 의지하다, 존중하다, 믿다

4.2 확신 : 가치를 내면화하고 준수하는 성향 – 지시하다, 참가하다, 주장하다, 실천하다, 결합하다, 신봉하다, 순종하다

5.0 행동화 : 가치 혹은 신념에 부합하는 행동을 시연하고 수정하는 성향

5.1 시연 : 가치 혹은 신념에 부합하는 행동을 시험적으로 해보려는 성향 – 행하다, 행동하다, 수행하다, 처신하다, 시연하다, 실천하다, 봉사하다, 사용하다

5.2 수정 : 가치 혹은 신념에 일치되도록 자신의 행동을 조정하거나 세련화시키는 성향 – 조정하다, 수정하다, 세련화하다, 교정하다, 변경하다

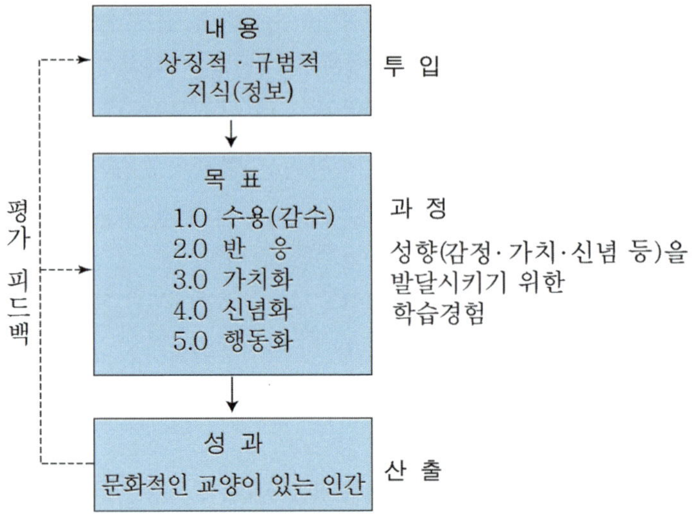

| 그림 4-50 | 정의적 영역의 목표성취를 위한 수업체제

(다) 심리운동적 영역의 교육목표 분류체계 및 관련 수업체제

심리운동적 영역의 목표 (Simpson, 1966)	재정의된 심리운동적 영역의 목표 (Hauenstein, 1998)
1.00 지각(perception) 1.10 감각적 자극(sensory stimulation) 1.20 단서 선택 1.30 번역 2.00 태세(set) 2.10 정신적 태세 2.20 신체적 태세 2.30 정서적 태세 3.00 유도반응(guided response) 3.10 모방 3.20 시행착오 4.00 기계화(mechanism) 5.00 복합외현반응(complex overt response) 5.10 불확실성의 해결 5.20 자동적 수행 6.00 적응(adaption) 7.00 창안(origination)	1.0 지 각 1.1 감각 1.2 인식 1.3 관찰 1.4 선행경향성 2.0 시뮬레이션 2.1 활성화 2.2 모방 2.3 조정(협응) 3.0 적합화 3.1 통합 3.2 표준화 4.0 산 출 4.1 유지 4.2 조절 5.0 숙 달 5.1 창안 5.2 완성

1.0 지 각 : 특정 개념, 대상, 현상과 관련된 자극들을 받아들이고 인식하는 능력

1.1 감각 : 하나 이상의 감각을 통하여 자극을 인식하는 능력 – 보다, 듣다, 맛보다, 냄새 맡다, 느끼다, 인식하다, 식별하다

1.2 인식 : 자극에 대한 감각적 경험을 토대로 특정 개념, 아이디어, 대상, 현상들을 관련짓거나 가려내는 능력 – 인식하다, 가려내다, 연합하다, 연결짓다, 골라내다

1.3 관찰 : 특정 개념, 아이디어, 대상, 현상들에 대한 인식을 토대로 그 특징이나 차이 또는 흐름이나 변화를 알아내는 능력 – 관찰하다, 식별하다, 검토하다, 조사하다, 탐구하다

1.4 선행경향성 : 특정 개념, 아이디어, 대상, 현상들에 대한 일반적 의미나 가치를 파악하고, 특정한 방향으로 행동을 하려는 능력 – 행동하다, 반응하다, 응답하다, 좋아하다, 느끼다, 지각하다

2.0 시뮬레이션 : 일반적 상황에 대한 행동이나 그 패턴을 형성하기 위해 선천적인 능력을 활성화하고 모방하며, 조정하는 능력

2.1 활성화 : 주어진 상황에 대처하려는 행동을 가동하는 능력 – 잡다, 점프하다, 붙들다, 들어 올리다, 흔들다, 구부리다, 뒤틀다, 말하다, 웃다, 발음하다

2.2 모방 : 특정 모델의 동작(행동)이나 과제수행을 본받는 능력 – 흉내 내다, 되풀이하다, 모방하다, 본뜨다, 복사하다

2.3 조정(협응) : 상황에 따라 움직임의 순서나 계열에 맞추어 행동을 구사하는 능력 – 조정하다, 수행하다, 패턴화하다, 연기하다, 도구를 사용하다

3.0 적합화 : 설정된 기준이나 준거에 맞추기 위해 기능을 충분히 발휘하는 능력

3.1 통합 : 보다 복잡한 과제를 수행하기 위해 적성들을 관련(연결)시키는 능력 – 통합하다, 합병하다, 조정하다, 쓰다, 그리다, 조립하다, 분해하다

3.2 표준화 : 다양한 상황에 적용할 수 있는 규준적인 기능패턴을 개발·구사하는 능력 – 동조하다, 실증하다, 수행하다, 만들다, 본뜨다, 채택하다

4.0 산 출: 일련의 행동이나 기능을 유지·조절하여 일정한 목적을 달성하거나 결과물을 산출하는 능력

4.1 유지: 특정 목적을 달성하거나 결과물을 얻기 위해 일련의 행동이나 기능을 보존하는 능력 – 산출하다, 연습하다, 수행하다, 작동하다, 일하다, 모으다, 건축하다, 철거하다, 분해하다, 측정하다, 조작하다, 유지하다

4.2 조절: 실제 상황에 맞게 기능이나 절차를 변화시키는 능력 – 주입하다, 조정하다, 수정하다, 순응시키다, 적응하다, 조절하다

5.0 숙 달: 심리운동적 영역의 행동 중 최고 수준으로, 지금까지 익힌 기능들을 탁월하게 세련화시키는 능력

5.1 창안: 특정의 목적을 달성하기 위해 이미 익힌 기능들을 창의적으로 변화시키는 능력 – 창안하다, 혁신하다, 수정하다, 조절하다, 디자인하다, 개정하다, 개선하다, 개발하다

5.2 완성: 보다 높은 수준의 전문적 기능과 예술적 재능을 발휘하는 능력 – 찾다, 추구하다, 완성하다, 숙달하다, 탁월하게 하다

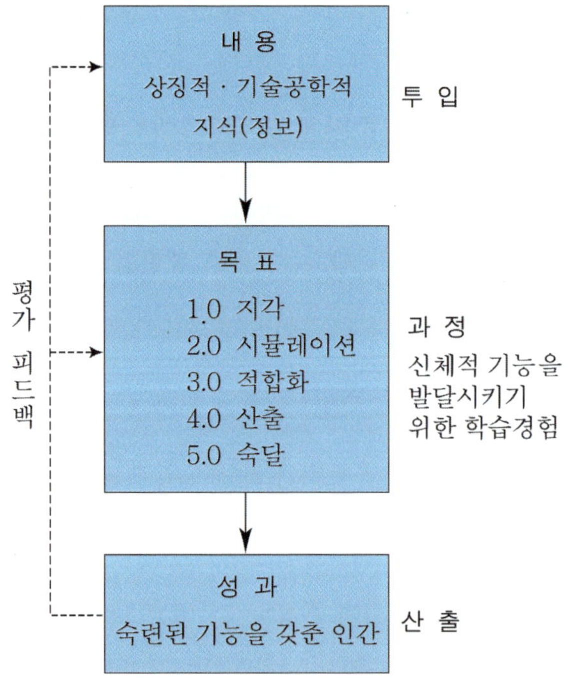

| 그림 4-51 | 심리운동적 영역의 목표성취를 위한 수업체제

(라) 행동적 영역(복합체)의 교육목표 분류체계 및 관련 수업체제

1.0 획 득

- 개념화(인지적 영역의 첫째 목표)
- 수용(정의적 영역의 첫째 목표)
- 지각(심리운동적 영역의 첫째 목표)

}의 복합(결합)

2.0 동 화

- 이해(인지적 영역의 둘째 목표)
- 반응(정의적 영역의 둘째 목표)
- 시뮬레이션(심리운동적 영역의 둘째 목표)

}의 복합(결합)

3.0 적응(순응)

- 적용(인지적 영역의 셋째 목표)
- 가치화(정의적 영역의 셋째 목표)
- 적합화(심리운동적 영역의 셋째 목표)

}의 복합(결합)

4.0 수 행

- 평가(인지적 영역의 넷째 목표)
- 신념화(정의적 영역의 넷째 목표)
- 산출(심리운동적 영역의 넷째 목표)

}의 복합(결합)

5.0 포 부

- 종합(인지적 영역의 다섯째 목표)
- 행동화(정의적 영역의 다섯째 목표)
- 숙달(심리운동적 영역의 다섯째 목표)

}의 복합(결합)

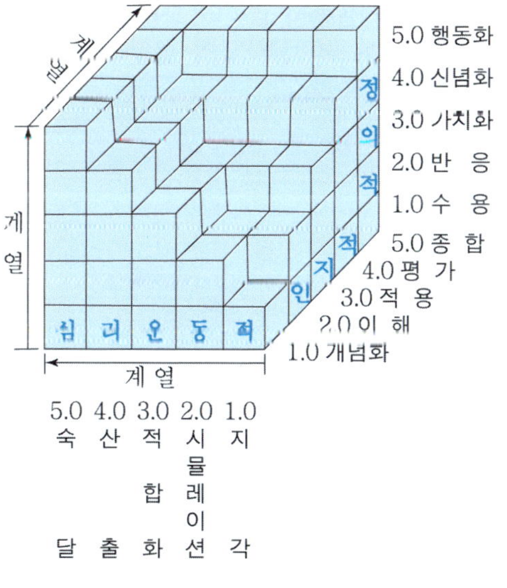

1.0 획 득 : 개념화 · 수용(감수) · 지각의 통합에 의하여 새로운 지식(정보/내용)을 습득하는 능력

2.0 동 화 : 이해 · 반응 · 시뮬레이션의 통합에 의하여 새로운 지식을 이미 알고 있는 것과 관련짓는 능력

3.0 적응(순응) : 적용 · 가치화 · 적합화의 통합에 의하여 알고 있는 것을 다양한 문제나 상황에 적응시키는 능력

4.0 수 행 : 평가 · 신념화 · 산출의 통합에 의하여 주어진 상황을 확인하여 그에 적절한 행동을 구사하는 능력

5.0 포 부 : 종합 · 행동화 · 숙달의 통합에 의하여 자신의 신념과 기능에 부합되는 보다 정교한 행동을 구사하려 하고, 수월성을 추구하는 능력

행동적 영역의 목표체계에 대한 이해를 한층 더 높이기 위해 위의 내용들을 다른 양식으로 제시하면 <표 4-15>와 같다. 여기에서 보는 바와 같이, 행동적 영역의 목표 중 '획득'과 '동화' 및 '적응'(순응)은 단기목표로서 단시수업을 통해 달성될 수 있으며, '수행'과 '포부'는 장기목표로서 단원수업을 통해 달성될 수 있다.

| 표 4-15 | **인지적 · 정의적 · 심리운동적 영역의 교육목표 분류체계 및 이들의 결합에 의해 달성될 수 있는 복합체로서의 '행동적 영역'의 교육목표 분류체계**

분류	인지적 영역	정의적 영역	심리운동적 영역	행동적 영역	목 표
1.0	개념화 1.1 확 인 1.2 정 의 1.3 일반화	수용(감수) 1.1 감 지 1.2 자진성 1.3 주 의	지 각 1.1 감 각 1.2 인 식 1.3 관 찰 1.4 선행경향성	**획 득** 개념화 수용(감수) 지 각	단기목표 (단시수업목표)
2.0	이 해 2.1 번 역 2.2 해 석 2.3 추 론	반 응 2.1 묵 종 2.2 순 종 2.3 평 가	시뮬레이션 2.1 활성화 2.2 모 방 2.3 조정(협응)	**동 화** 이 해 반 응 시뮬레이션	
3.0	적 용 3.1 명료화 3.2 해 결	가치화 3.1 수 용 3.2 채 택 3.3 확 정	적합화 3.1 통 합 3.2 표준화	**적응(순응)** 적 용 가치화 적합화	

분류	인지적 영역	정의적 영역	심리운동적 영역	행동적 영역	목 표
4.0	평 가 4.1 분 석 4.2 적격판정	신념화 4.1 신 뢰 4.2 확 신	산 출 4.1 유 지 4.2 조 절	**수 행** 평 가 신념화 산 출	장기목표 (단원목표)
5.0	종 합 5.1 가 설 5.2 결 정	행동화 5.1 시 연 5.2 수 정	숙 달 5.1 창 안 5.2 완 성	**포 부** 종 합 행동화 숙 달	

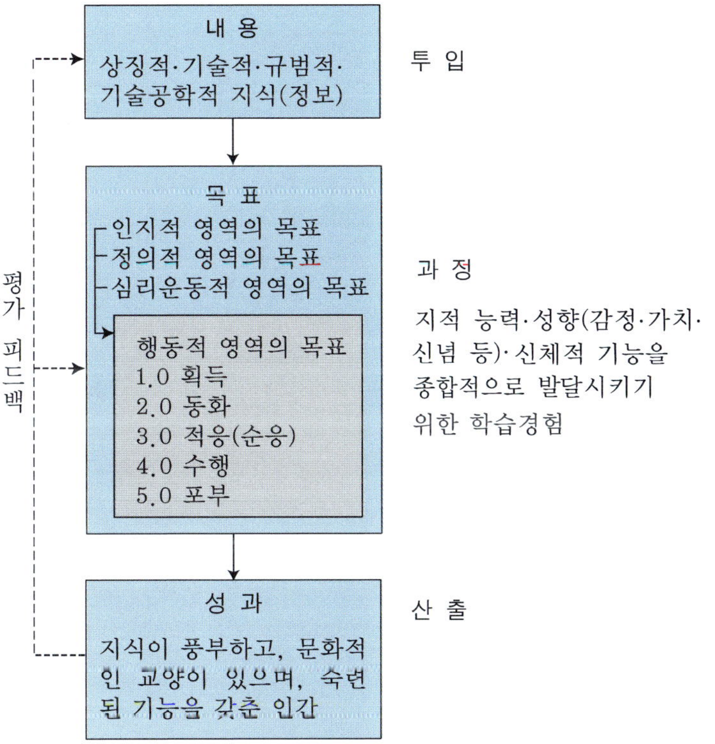

| 그림 4-52 | **행동적 영역(복합체)의 목표성취를 위한 수업체제**

한편, 학교현장에서는 일단 학생들이 인지적 영역과 정의적 영역 및 심리운동적 영역의 목표들을 조화롭게 성취하도록 지도해야 하는데, 세 영역의 목표성취를 위한 구체적인 교육활동을 어떻게 전개하느냐에 따라 학생들의 각 영역별 발달벡터의 양상은 달라지게 된다. 인지적·정의적·심리운동적 영역의 발달벡터 양상을 도식적으로 나타내면 [그림 4-53], [그림 4-54], [그림 4-55]와 같다.

먼저, [그림 4-53]은 정의적·심리운동적 영역 발달벡터 간의 상호작용에 의한 인지적 영역의 발달벡터 양상을 표현한 것이고, [그림 4-54]는 인지적·심리운동적 영역 발달벡터 간의 상호작용에 의한 정의적 영역의 발달벡터 양상을 표현한 것이며, [그림 4-55]는 인지적·정의적 영역 발달벡터 간의 상호작용에 의한 심리운동적 영역의 발달벡터 양상을 표현한 것이다.

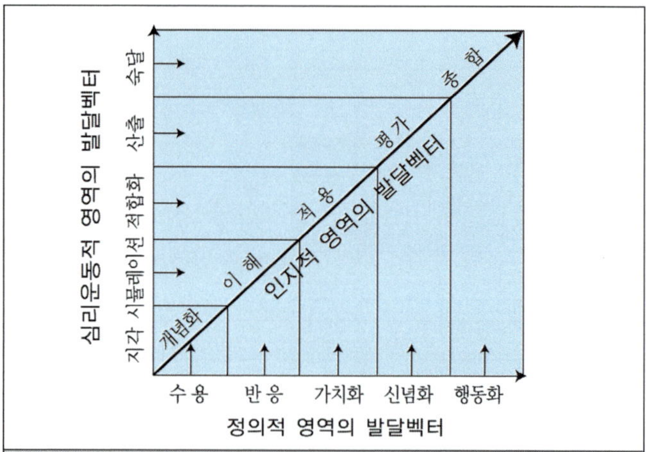

인지적·정의적·심리운동적 영역 간의 관계

	1.0	2.0	3.0	4.0	5.0
인 지 적 영 역 :	개념화	이해	적용	평가	종합
정 의 적 영 역 :	수용(감수)	반응	가치화	신념화	행동화
심리운동적 영역 :	지각	시뮬레이션	적합화	산출	숙달

| 그림 4-53 | 정의적 · 심리운동적 영역 발달벡터의 상호작용에 의한 인지적 영역의 발달벡터 양상

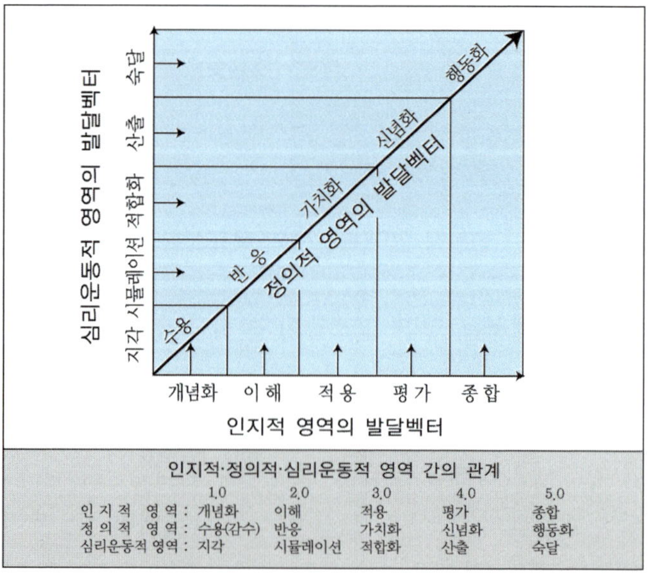

인지적·정의적·심리운동적 영역 간의 관계

	1.0	2.0	3.0	4.0	5.0
인 지 적 영 역 :	개념화	이해	적용	평가	종합
정 의 적 영 역 :	수용(감수)	반응	가치화	신념화	행동화
심리운동적 영역 :	지각	시뮬레이션	적합화	산출	숙달

| 그림 4-54 | 인지적 · 심리운동적 영역 발달벡터의 상호작용에 의한 정의적 영역의 발달벡터 양상

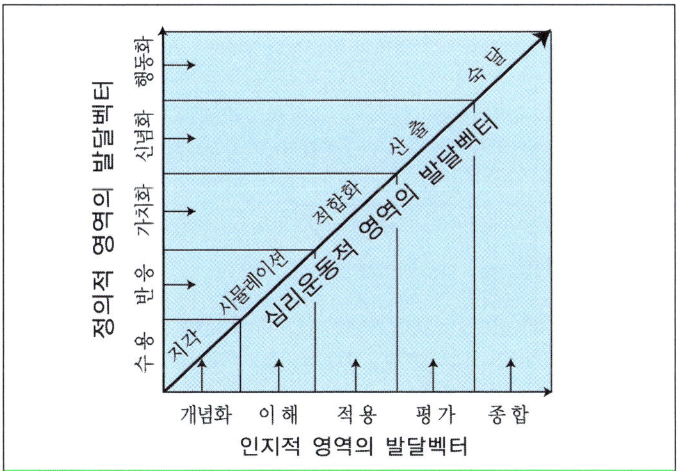

인지적·정의적·심리운동적 영역 간의 관계

	1.0	2.0	3.0	4.0	5.0
인 지 적 영 역 :	개념화	이해	적용	평가	종합
정 의 적 영 역 :	수용(감수)	반응	가치화	신념화	행동화
심리운동적 영역 :	지각	시뮬레이션	적합화	산출	숙달

| 그림 4-55 | 인지적 · 정의적 영역 발달벡터의 상호작용에 의한 심리운동적 영역의 발달벡터 양상

수업활동에서는 어떤 내용을 가르치든 인지적 영역과 정의적 영역 및 심리운동적 영역의 목표들이 상호 조화로운 통합을 이루어 성취되도록 함으로써 총체적 학습(whole learning)을 유도해야 한다. 수업활동에서 어떠한 영역의 목표 성취를 얼마나 강조하느냐에 따라 학생들의 구체적인 발달벡터의 양상은 달라지게 되는데, 이에 대한 이해를 돕기 위한 실례를 제시하면 [그림 4-56]과 같다. 이는 인지적 영역과 정의적 영역의 발달벡터 간의 상호작용에 의해 결정되는 심리운동적 영역 발달벡터의 여러 양상을 나타낸 것으로, '인지적 영역'과 '정의적 영역'의 발달벡터 크기 간의 상호작용(통합)에 의해 형성되는 '심리운동적 영역'의 발달벡터 양상을 도식화한 것이다.

여기에서 보는 바와 같이, 인지적 영역의 '개념화' 크기와 정의적 영역의 '수용' 크기가 동일하게 상호작용하게 되면 심리운동적 영역의 '지각' 발달벡터는 균형 있게 형성되나, 인지적 영역의 큰 '이해' 크기와 정의적 영역의 작은 '반응' 크기 간의 불균형적인 상호작용은 심리운동적 영역의 '시뮬레이션' 발달벡터의 균형을 깨뜨린다. 이어, 인지적 영역의 큰 '적용' 크기와 정의적 영역의 작은 '가치화' 크기 간의 불균형적인 상호작용도 심리운동적 영역의 '적합화' 발달벡터를 바람직하지 않은 방향으로 이끌어 간다.

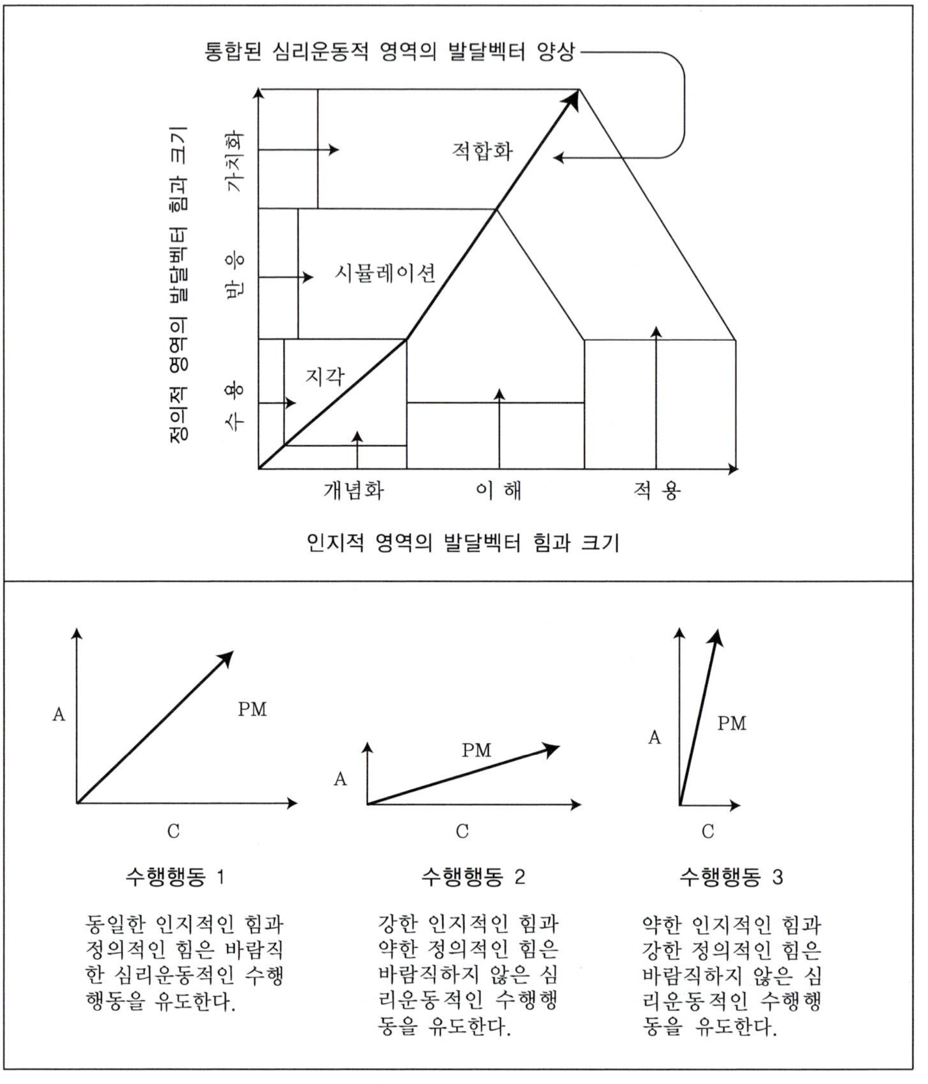

| 그림 4-56 | **인지적 영역(C)과 정의적 영역(A)의 발달벡터 힘과 크기 간의 상호작용에 의해 결정되는 심리운동적 영역(PM)의 발달벡터 양상**

따라서 교육장면에서 인지적·정의적·심리운동적 영역의 발달벡터 간의 균형을 이루어 학생들이 조화로운 전인적 성장과 발달을 달성하도록 하기 위해서는 어떠한 교육활동에서든 세 영역의 목표들 간의 균형 있는 통합을 꾀하여 결국 '행동적 영역'의 목표들을 균형 있게 성취하도록 하는 총체적 학습을 적극 유도해야 한다.

다) 성과(outcomes)

이상과 같은 교육의 '내용'을 통하여 일련의 '목표'의 성취를 돕는 통합적 수업활동과 총체적 학습(whole learning)은 그 '성과'로서 결국 '지식이 풍부하고, 문화적인 교양이 있으며, 숙련된 기능을 갖춘 인간'을 육성하게 해준다.

ONLINE RESOURCES

기타 새로운 교육목표 분류체계로서의 앤더슨 등(Anderson et al., 2001) 및 마재노(Marzano, 2000)의 교육목표 분류체계에 관한 자료가 필요할 경우 저자가 운영하는 웹사이트(welfare5.com)의 Online Resources 게시판을 통하여 다운을 받기 바랍니다('교육과정론'의 Online Resources 13 자료).

7 교육목적의 진술방법

교육목적의 진술은 구체화되지 않으면 안 된다. 교육목적의 구체화에 대한 주장은 조작주의(operationalism)에 그 근거를 두고 있다. 조작주의란 추상성과 모호성을 제거하기 위해 개념(대상) 측정의 수행절차를 기술하여 정의하는 것을 말하는데, 이는 교육목표의 명세화에 많은 도움을 주었다.

이러한 조작주의에 토대를 두고 있는 타일러(Tyler), 메이거(Mager), 가네(Gagné), 그론룬드(Gronlund)의 교육목표 진술방법을 차례대로 살펴보기로 한다.

먼저 타일러에 의하면 교육목표는 '학생'(학습자)의 입장과 특정의 행동을 성취하는 데 필요한 '내용'이 포함되어야 할 뿐만 아니라 학생에게 기대되는 '행동'도 충분히 세분화되어 진술되어야 한다. 예를 들면, 다음과 같다.

- 학생은 삼각형의 합동조건을 열거할 수 있다.
  <학생> <내용> <행동>
- 학생은 탄소동화작용의 과정을 말할 수 있다.
  <학생> <내용> <행동>
- 학생은 임진왜란의 발발원인을 설명한다.
  <학생> <내용> <행동>
- 학생은 자아개념을 증진한다.
  <학생> <내용> <행동>
- 학생은 자신의 분노를 조절할 수 있는 생각과 행동을 실행한다.
  <학생> <내용> <행동>

한편, 메이거도 타일러와 유사한 방법을 주장하였으나, 그의 방법은 조작주의적인 경향이 더욱 강하다. 그에 의하면 목표진술에는 학생의 '행동'을 나타내는 행위동사를 사용해야 하며, 그의 행동이 발생되리라고 기대되는 '조건'을 제시할 뿐만 아니라, 성취되어야 할 행동수준에 대한 수락기준인 '준거'(평가기준)도 함께 제시해야 한다. 그런데 이 준거는 수락할 수 있는 시간적 제한이나 답의 수(양) 또는 답(작품)의 질 등으로 구분된다. 예를 들면, 다음과 같다.

- 7개의 일차방정식을 주었을 때 30분 안에 풀 수 있다.
  <조건> <준거> <행동>
- 30개의 화학원소를 주었을 때 최소한 25개의 원자가를 말할 수 있다.
  <조건> <준거> <행동>
- 마름질 용구들을 주었을 때 순서에 맞추어 마름질을 할 수 있다.
  <조건> <준거> <행동>
- 해당지역의 지도와 나침반을 주었을 때 3시간 안에 지정한 목적지에 도착한다.
  <조건> <준거> <행동>
- 토론주제를 제시했을 때 1시간 내에 결론을 도출한다.
  <조건> <준거> <행동>

또한, 가네에 의하면 목표진술에는 '학습능력'과 '행위동사'를 포함시켜야 할 뿐만 아니라 그 행동을 나타낼 수 있는 구체적인 '상황'도 포함시키며, 아울러 '대상'과 '도구'도 함께 제시해야 한다. 예를 들면, 다음과 같다.

- 원자료를 제시했을 때 컴퓨터를 이용하여 입력함으로써 문서를 작성할 수 있다.
  <상황> <도구> <행위동사> <대상> <학습능력>
- 청소년의 영양권장량에 대한 자료를 주었을 때 하루 필요에너지와 필요영양분의 수치를 확인하여 분석함으로써 일주일의 식단을 작성할 수 있다.
  <상황> <도구> <행위동사> <대상> <학습능력>
- 집단활동의 기회를 주었을 때 놀이를 통하여 상호작용을 함으로써
  <상황> <도구> <행위동사>

사회성을 함양한다.
<대상> <학습능력>

- 또래집단에 참여시켰을 때 토론활동을 통해 상호작용을 함으로써
  <상황> <도구> <행위동사>

  사회생활에 필요한 기본기능을 습득한다.
  <대상> <학습능력>
- 집단토론의 기회를 주었을 때 적극적인 참여를 통하여 자신의 가치관을
  <상황> <도구> <행위동사>

  정립하여 올바른 청소년상을 확립한다.
  <대상> <학습능력>

끝으로, 그론룬드에 의하면, 교육목표는 일반적 목표와 명세적 목표로 구분하여 2차원적으로 진술되어야 한다. 즉, 기대하는 행동결과로서의 일반적 목표(포괄적 목표, 주목표, 상위목표)를 먼저 진술한 다음, 그것을 토대로 구체적인 행동증거가 될 수 있는 명세적 목표(구체적 목표, 종속목표, 하위목표)를 제시하는 2차원적인 목표진술을 하는 것이 바람직하다는 것이다. 그런데 이 중 일반적 목표는 내용과 함께 '안다' 또는 '이해한다' 등과 같은 암시적 동사를 사용하여 내현적(내재적) 행동으로 진술되어야 하는데, 이는 외현적(외재적) 행동이 일반적 목표의 진술에 포함될 수 없다는 의미가 아니고, 목표가 적절한 일반성의 수준을 유지하자면 내현적 행동으로 진술하는 것이 바람직하다는 것을 의미한다. 반면, 명세적 목표는 반드시 관찰되고 측정될 수 있는 외현적 행동으로 진술되어야 한다.

- 소설 [춘향전]을 읽고 주요내용을 파악한다.

  1. 소설 [춘향전]의 줄거리를 말한다.
  2. 소설 [춘향전]의 중심사상을 요약한다.
  3. 소설 [춘향전]이 소설적 특징을 지적한다.

- 집단활동을 통하여 자아정체감을 확립한다.

  1. 인간관계훈련을 통하여 자신의 특성과 현실을 인식한다.
  2. 자기성장훈련을 통하여 긍정적인 자아개념을 형성한다.

3. 자신의 특성과 현실에 부합되는 진로계획을 수립한다.

- 초등학교 교육은 학생의 일상생활과 학습에 필요한 기본습관 및 기초능력을 기르고 바른 인성을 함양하는 데에 중점을 둔다.

1. 자신의 소중함을 알고 건강한 생활습관을 기르며, 풍부한 학습경험을 통해 자신의 꿈을 키운다.
2. 학습과 생활에서 문제를 발견하고 해결하는 기초능력을 기르고, 이를 새롭게 경험할 수 있는 상상력을 키운다.
3. 다양한 문화활동을 즐기고 자연과 생활 속에서 아름다움과 행복을 느낄 수 있는 심성을 기른다.
4. 규칙과 질서를 지키고 협동정신을 바탕으로 서로 돕고 배려하는 태도를 기른다.

(2) 교육내용 선정 및 조직

교사(개발자)들이 교육활동의 전개에 관한 제반 계획(설계)을 수립할 때 가장 많은 노력과 시간을 투입하는 데는 바로 이미 설정된 교육목적(교육목표)의 성취에 필요한 교육내용(contents)을 결정하는 것이다. [그림 4-57]에서 확

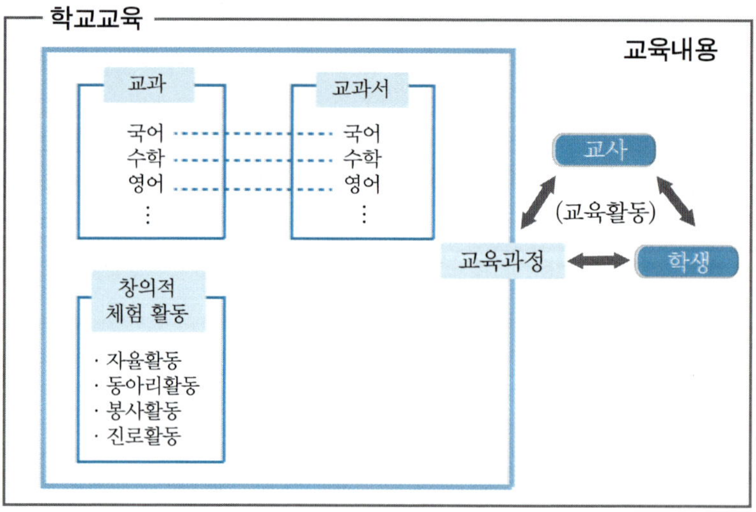

| 그림 4-57 | 학교교육과 교육내용 및 교육과정의 관계

인할 수 있는 바와 같이, 교육내용은 소정의 교육목적을 달성하기 위한 교수-학습활동의 매개체로서, 교육과정의 2대 영역인 '교과'와 '창의적 체험활동'을 포함하여 학생들의 전인적인 성장·발달을 촉진할 수 있는 것으로, 학교에서 제공하는 모든 것을 지칭한다. 이는 넓게는 포괄적인 목적과 목표에서부터 교육과정의 목적과 목표, 좁게는 수업목적과 목표(학습목적과 목표)를 달성하기 위하여 학교현장에서 가르치고 배우는 대상으로, 특정의 지식이나 가치 또는 기능이 될 수도 있고, 통합적인 의미의 경험이 될 수도 있다.

소정의 목적과 목표를 달성하기 위하여 어떤 내용이 선정되고, 이어 그것이 어떻게 조직되어야 하는지 등의 과업은 교육과정의 개발에 있어 핵심적인 과업 중의 하나이다.

1 교육내용의 선정

교육목적과 목표들이 설정되면, 그 다음에는 그 목적과 목표를 달성하기 위해 학생들이 배워야 할 교육내용을 선정하는 단계가 뒤따라야 한다. 교육내용의 선정이란 설정된 교육목적·목표를 달성하는 데 필요한 교재나 교과 또는 경험과 활동내용을 선택하여 그 범위를 결정하는 것을 말한다. 이러한 교육내용이나 학습경험의 범위를 원어로 'scope'라고 하는데, 이는 교육내용을 선정하는 데 있어서 횡축을 뜻하는 것으로, 곧 무엇(what)을 교육내용으로 결정할 것인가를 말한다.

교육내용의 선정기준을 보면, 교육내용은 설정된 교육목적·목표를 달성할 수 있는 것이어야 하며, 사회성과 시대성에 부합하는 가치 있고 역동적인 것이어야 할 뿐만 아니라 학생의 흥미·필요·능력 등 발달수준에 적절해야 하며, 교육내용의 양은 가능한 한 최소요구량(minimum essentials; 최소핵심내용)이어야 한다.

가. 교육내용의 선정원리

첫째, 타당성(적절성)의 원리인데, 이는 교육내용(학습경험)은 설정된 교육목적·목표를 달성하는 데 타당한 것으로 선정되어야 함을 말한다. 교육내용은 어디까지나 교육목적·목표의 성취에 적합한 것으로 결정하지 않으면 안 된다. 교육내용은 교사-학생 및 학생-학생 간의 매개체로서 소정의 교육목적·목표를 성취하기 위한 수단이 되므로 타당하고 적절한 것으로 선정되어야 한다.

둘째, 동기유발의 원리인데, 이는 교육내용이 직접적으로 학습자의 내적 욕구와 관심 및 필요 등을 충족시킬 수 있는 것으로 선정되어야 한다는 것을 의미한다. 또한, 교육내용은 설정된 교육목적·목표를 달성할 수 있는 것으로서, 학습자에게 흥미와 자극을 줄 수 있는 것으로 선정되어야 한다는 것을 의미하기도 한다. 따라서 이를 '흥미의 원리' 또는 '만족의 원리'라고도 표현한다.

셋째, 기회의 원리인데, 이는 교육목적·목표가 제시하는 바의 행동을 학습자가 실제로 수행하고 경험할 수 있는 기회를 제공하는 교육내용을 선정해야 한다는 것을 지칭한다. 학습자는 교육내용을 통하여 구체적인 행동의 습득(행동의 변화)을 이루어야 하므로 교육내용의 선정에 있어서는 이를 보장하는 실질적인 방안이 확보되어야 한다. 예를 들어, "배영의 수영을 실행할 수 있다"라는 체육교과의 교육목표를 효율적으로 달성하기 위해서는 교수-학습과정에서 학습자가 실제로 배영의 수영을 경험(연습)해 볼 수 있는 교육내용의 선정이 필요하다.

넷째, 가능성의 원리인데, 이는 학습자들이 능히 성취할 수 있는 수준의 교육내용이 선정되어야 한다는 것으로, 학습자의 능력과 경험적 배경 그리고 현재의 발달수준에서 이해되고 숙달할 수 있는 교육내용을 선정해야 한다는 것을 지칭한다. 이는 선정된 교육내용이 너무 쉽거나 어렵기보다는 적당히 어려워야 한다는 의미를 담고 있다.

다섯째, 다목적 달성(다성과)의 원리인데, 이는 일련의 학습활동을 통하여 학습자들이 가능한 한 여러 가지 목적을 달성할 수 있는 교육내용의 선정이 되어야 함을 말한다. 이를 위해서는 학습자들이 다양하고 복합적인 학습성과를 얻을 수 있도록 보장하는 교육내용이 확보되어야 한다.

여섯째, 전이가능성의 원리인데, 교육목적·목표를 효율적으로 달성할 수 있는 것으로서 최대한의 전이(적용과 응용 및 활용)가 이루어질 수 있는 교육내용의 선정이 이루어져야 한다는 것을 말한다. 이를 보장하기 위해서는 잡다한 내용들보다는 전체를 포괄하고 함축하는 핵심(core, essence)을 중심으로 교육내용이 확보되어야 한다.

일곱째, 다경험(多經驗)의 원리인데, 이는 설정된 소정의 교육목적·목표를 충분히 성취하도록 돕기 위해서는 학습자의 다양한 경험들을 보장하는 교육내용의 선정이 필요하다는 것을 말한다. 따라서 교육내용은 이론적이고 추상적인 경험을 넘어 실제적이고 다양한 체험을 수시로 보장하는 방향으로 결정되어야 한다.

여덟째, 유용성의 원리인데, 이는 교육내용이 사회적으로 활용의 가치가 있고 실용성이 높아야 한다는 것을 말한다. 이러한 원리가 준수될 때 학습자들은 사회생활에 보다 효율적으로 적응할 수 있게 될 뿐만 아니라, 학교에서 배운 내용을 토대로 사회의 제반 문제를 쉽게 해결할 수 있고, 사회생활에 잘 적응할 수 있게 될 것이다.

나. 교육내용의 선정방법

교육과정의 종류가 다양하므로 교육내용을 선정하는 방법도 여러 가지가 있을 수 있다. 교육내용의 선정방법으로 하랩(Harap, 1928)은 주제법, 문화사법, 생활기능법 등 세 가지를 들었고, 캐스웰과 캠벨(Caswell & Campbell, 1935)은 교과서법 및 교재법, 목표법, 주제법, 활동분석법, 흥미중심법, 사회기능법, 항상적 생활장면 분석법(문제영역법) 등을 제시하였다. 교육내용의 선정방법을 캐스웰과 캠벨의 분류기준에 따라 논의하면 다음과 같다.

첫째, 교과서법 및 교재법인데, 먼저 교과서법은 국정·검인정 또는 기타 교과서를 교육내용 선정의 기준으로 삼는 것이며, 교재법은 교과나 교재의 논리적 체계에 따라 교육내용을 선정한다. 그러므로 교과서법보다 교재법은 다소 융통성이 있다. 그러나 미리 결정된 교재를 정해진 순서로 교수한다는 점은 같다. 이러한 방법의 장점은 역사적으로 가장 오래되어 보편적이며, 전문가에 의하여 논리적·체계적으로 구성되기 때문에 지도하고 이해하기가 쉽고, 중앙집권적 통제가 용이하다는 점이다. 반면, 단점은 교육내용의 선정에 교사와 특히 학생의 참여가 불가능하고, 학생들의 자발적·능동적 활동과 경험이 도외시될 뿐만 아니라, 지역적 특성이 고려될 수 없다는 점 등이다.

둘째, 목표법인데, 이 방법의 주창자는 보비트(Bobbitt, 1924)로서 교육목표를 일반적인 것에서 특수한 것으로 분석하여 학년에 따라 단계를 세분화하고, 그에 의해 교육내용의 범위를 결정하는 방법으로, 이는 교과서법이나 교재법보다 개선된 방법이다. 이 방법의 장점은 교육목표에 따라 내용을 논리적으로 선택하기 때문에 교육목적의 세분화에 과학적 방법을 사용한다는 점이다. 반면, 단점은 교육내용의 선정기준(교육과정의 표준)을 다분히 성인사회에 두고, 교육을 장래생활의 준비과정으로 보며, 구체적인 목표들의 집적(集積)이 최후의 성인생활의 준비가 된다는 오류를 범하고 있다는 점이다.

셋째, 주제법인데, 이는 교육내용을 교과서나 교재에만 국한시키지 않고, 교수해야 할 특정한 주제의 모든 내용을 그 범위로 한다. 이 방법은 주로 사회과목 등에서 많이 활용된다. 장점은 사회를 종합적으로 이해시킬 수 있다는 점이고, 단점은 주제설정이 성인의 합리적인 사고방식에 토대를 두고 있다는 점이다.

넷째, 활동분석법인데, 이는 인간생활의 중요한 활동을 그 구성요소별로 분석하여, 거기에 내포되어 있는 지식·기능·태도를 추출하여 교육내용으로 삼는 방법인데, 주창자는 보비트(Bobbitt, 1924)이다. 장점은 교육내용을 과학적인 방법으로 구성하고 인간생활과의 밀접한 관련성 하에서 교육내용을 선정한다는 점이다. 반면, 단점은 모든 성인의 활동이나 성인의 사회를 분석하여 학습자에게 학습시키므로 성인중심이 되기 쉽다는 점이다.

다섯째, 흥미중심법인데, 이는 학생들의 흥미를 중심으로 교육내용을 선정하는 것으로, 아동·청소년욕구법이라고도 명명한다. 흥미중심법의 주창자는 알버티(Alberty, 1947)로서, 학생들의 흥미를 끌기 쉬운 대상이나 활동을 선정하여 그것을 교육내용으로 선정한다. 장점은 교육내용을 학생들의 흥미와 욕구, 필요에 중점을 두고 선정한다는 점이다. 반면, 단점은 이 방법만을 단독으로 사용하기 힘들고 다른 방법과 병행하여 사용해야 한다는 점이다.

여섯째, 사회기능법인데, 이 방법의 주창자는 캐스웰과 캠벨(Caswell & Campbell, 1935)로서, 사회생활에 필요한 기능을 교육내용의 범위로 삼고, 사회의 관심·필요 등의 사회요구를 교육내용의 조직원리로 삼아 교육내용을 결정하는 방법이다. 즉, 사회성원의 필요를 결정하기 위해 사회기능을 분석하여 이 결과에 따라 교육내용을 선정하는 방법이다. 그런데 이의 구체적인 방법으로는 사회요구를 논리적으로 분석하는 방법과 사회요구에 대한 실태를 조사하는 방법이 있다. 사회기능법의 장점은 변화하는 사회동태에 쉽게 대처할 수 있다는 점이고, 단점은 사회의 요구를 강조한 나머지 개인의 요구를 경시 내지는 무시할 우려가 있다는 점이다.

일곱째, 항상적 생활장면분석법(항상적 생활사태분석법)인데, 이 방법은 스트라트메이어 등(Stratemeyer et al., 1947)에 의해 제안된 것으로, 학생들의 항상적 생활장면(일반적인 문제영역)을 중심으로 교육내용을 구성하는 것을 말한다. 즉, 교육조사를 통하여 학생들의 공통적인 생활장면(생활사태)을 파악하여, 이를 교육내용의 범위로 삼는 방법을 말한다. 여기에서 '항상적 생활장면'이란 아동들의 경험배경이나 발달단계에 관계없이 모든 아동들이 당면하게 될 공통적인 생활사태(생활실태)를 말한다. 이 방법의 장점은 개인과 사회를 잘 조화시킴으로써 학생의 지속적인 사회적응을 가져올 수 있다는 점이고, 그 단점은 교육내용을 학습 단원화하기 위해서는 사전연구와 계속적인 교육조사가 조직적으로 필요하다는 점이다.

2 교육내용의 조직

객관적 또는 주관적 기준에 따라 교육내용을 선정한 다음에는, 교수-학습 활동이 가능하도록 적절한 방법으로 그 교육내용을 배열해야 하는데, 이것을 교육내용의 조직(sequence)이라고 한다. 교육내용의 선정에 있어 'scope'라는 원어가 '범위'의 의미로서 횡축의 뜻이라면, 'sequence'라는 원어는 교재배열의 '순서'라는 종축의 뜻을 갖는다. 여기에서는 교육목적을 달성하기 위해 특정의 학습활동 다음에 어떤 학습활동을 전개시키는 것이 가장 효과적일까 하는 문제와 학생의 발달단계에 맞추어 각 활동경험을 어떻게 위치시킬 것인가 하는 문제가 핵심이 된다. 그러므로 'scope'가 'what'의 의미라면, 'sequence'는 'when'에 해당한다고 볼 수 있다.

가. 교육내용의 조직원리

첫째, 계속성의 원리인데, 이는 교육내용의 조직에 있어서 경험의 계속성이 유지되도록 구성해야 한다는 것을 지칭한다. 이는 선정된 교육내용을 조직화 하는 데 있어 중요한 교육내용을 반복하여 구성함으로써 그 강화되는 효과(정교한 이해와 충분한 학습 및 숙달)를 얻자는 것이다.

둘째, 계열성의 원리인데, 이는 선정된 교육내용을 조직화 하는 데 있어 쉬운 것으로부터 점차 어려운 것으로, 구체적인 것으로부터 추상적인 것으로, 가까운 것으로부터 먼 것으로, 이미 알고 있는 것으로부터 모르는 것으로, 기초적인 것으로부터 고차적인 것으로 등등 순차적이고 위계적인 구조화가 이루어질 수 있도록 계열화하는 것을 말한다. 이는 교육내용이 그 깊이와 넓이에 있어서 점진적인 증가(심화·확대)가 이루어질 수 있도록 조직화 되어야 한다는 의미를 담고 있다.

앞에서 언급한 '계속성의 원리'와 함께 '계열성의 원리'는 교육내용의 '수직적 조직원리'(종적 조직원리)로서 매우 중시되는데, '나선형 교육과정'은 이 원리들을 복합적으로 잘 반영하고 있다.

셋째, 통합성의 원리인데, 이는 선정된 교육내용들 사이에 상호 관련성이 유지되고 통합적인 체제로 구성되도록 조직해야 한다는 것을 지칭한다. 이는 여러 교육내용들 사이에 상호보완적 관계를 유지시켜 줌으로써 개개의 경험들이 서로 연결되고 통합되게 하여 학습자의 조화로운 성장·발달을 보장하자는 데 중점을 두는 원리이다.

넷째, 균형성의 원리인데, 이는 여러 교육내용들 사이에 균등성이 유지되어야 한다는 것을 말한다. 이는 교육내용의 조직에 있어서 균형과 조화가 이루어져야 함을 강조한 것이다. 그 실례를 들면, 인지적 영역과 정의적 영역 및 심리운동적 영역, 이론과 실습(실기), 교과의 지적 체계와 학습자의 흥미·관심, 개인적 요구와 사회적 요구, 교양교육(일반교육)과 전문교육(직업교육) 등 간의 균형과 조화가 이루어지도록 교육내용의 조직화가 이루어져야 한다.

다섯째, 다양성의 원리인데, 이는 학습자들마다 가지고 있는 제반 특성·요구·흥미·관심 그리고 능력 등이 충분히 반영될 수 있는 학습활동이 보장되도록 교육내용 조직의 다양화가 이루어져야 한다는 것을 말한다. 예를 들면, 광범위한 개인차와 수준에 부합하는 코스 개설, 필수 코스와 선택 코스의 다양한 개설, 다양한 적성과 관심분야를 충족시키는 뷔페(buffet)식 코스 개설 등이 이루어져야 한다.

'통합성의 원리'와 '균형성의 원리'와 함께 '다양성의 원리'는 교육내용의 '수평적 조직원리'(횡적 조직원리)라고 할 수 있는데, 이 중에서도 통합성의 원리가 특히 중요시된다고 볼 수 있다.

나. 교육내용의 조직방법

첫째, 논리적 조직방법을 들 수 있는데, 이는 전통적 조직방법으로서 각 교과가 갖는 고유의 논리체계에 따라 교육내용을 배열하는 방법을 말한다. 연대순서에 따라 배열하는 역사교과, 발생계통에 따른 생물교과 등을 예로 들 수 있다. 이 방법은 학생의 발달단계에 따른 능력, 흥미나 관심, 필요를 경시한다는 문제점이 있다. 이는 교과중심 교육과정에서 많이 사용된다.

둘째, 심리적 조직방법인데, 이는 진보적 조직방법으로 학생들의 현재 생활경험을 기반으로 그들로 하여금 흥미와 관심을 가지고 학습하게 하며, 쉽게 이해할 수 있도록 친근한 것으로부터 시작하여 점차 학습경험의 영역을 확대해 가는 심리적 조직방법을 말한다. 따라서 여기에서는 학생의 발달단계에 따른 능력과 흥미 등을 고려하여 교육내용을 ① 구체적인 것에서 추상적인 것으로, ② 쉬운 것에서 어려운 것으로, ③ 단순한 것에서 복잡한 것으로, ④ 가까운 것에서 먼 것으로, ⑤ 이미 아는 것에서 모르는 것으로 배열하는 데 중점을 둔다. 이는 경험중심 교육과정에서 많이 사용한다.

셋째, 절충적 조직방법으로, 이 방법은 전술한 논리적 조직방법과 심리적 조직방법을 절충한 것을 말한다. 즉, 교과의 논리적 체계를 강조하면서도 학생의 흥미·관심영역을 고려하여 교육내용을 조직하는 방법을 말한다. 이는 학문중심 교육과정에서 주로 사용한다.

(3) 지도계획 및 수업설계

설정된 교육목적·목표를 달성하기 위하여 교육내용을 선정·조직하였다고 해서 그것을 그대로 지도활동으로 전개시킬 수 없다. 여기에 정해진 형태에 따라 학생들이 학습할 내용을 제시·전개하는 구체적인 지도전략이 필요하다. 즉, 구체적인 지도계획과 수업설계에 관한 계획을 세워 지도활동이 실제적으로 펼쳐져야 한다.

❶ 지도계획

학교현장에서의 교수-학습지도활동(수업활동)은 주로 '교과' 단위로 이루어지는데, 그 구체적인 활동은 단원(unit)을 중심으로 실천된다. 그러나 학교교육은 교과지도만으로 이루어지는 것은 아니다. 교과지도가 주로 학생의 인지적·기능적 측면을 성장·발달시키는 데 그 주안점이 주어진다면, 생활지도·상담은 학생의 전반적인 인격완성을 도모하는 데 강조점이 주어진다. 그러므로 진정한 학교교육이 이루어지기 위해서는 교과지도뿐만 아니라 생활지도·상담이 상호보완적으로 실천되어야 한다. 그럼에도 불구하고 학교현장을 자세히 살펴보면 교과지도에는 지나칠 정도로 관심을 갖는 반면, 생활지도·상담은 그저 소극적으로 행해지고 있는 듯하다. 어떻든, 교과지도와 생활지도·상담이 제대로 실천되어 교육목적과 목표가 효과적으로 달성되기 위해서는 무엇보다도 지도계획을 잘 수립해야 한다. 이러한 지도계획의 수립은 기간별 및 절차별로 이루어질 필요가 있다.

1 기간별 지도계획

지도계획은 기간별로 구분해 보면 크게 '장기계획'과 '단기계획'으로 분류된다. 이 중 장기계획에는 연간계획·월간계획·단원계획 등이 포함되며, 단기계획에는 주간계획·일일계획·시간계획 등이 포함된다.

지도계획
- **장기계획**
  - 연간계획(학교 연간계획 · 학년 연간계획 · 학급 연간계획)
  - 월간계획(학교 월간계획 · 학년 월간계획 · 학급 월간계획)
  - 단원계획
- **단기계획**
  - 주간계획(週案)
  - 일일계획(日案)
  - 시간계획(時案)

첫째, 연간계획은 1년간의 교과지도 및 생활지도·상담을 포함한 모든 교육활동에 대한 포괄적인 계획을 말하는데, 여기에는 교과지도 및 생활지도·상담과 관련된 학교·학년·학급 연간계획이 포함된다. 먼저, 학교 연간계획에는 해당년도에 학교에서 이루어지는 교무행정, 학사행정에 속하는 학교행사, 학교환경구성, 총 수업일수, 연간 수업주수, 휴업일 등에 대한 일람표가, 학년 연간계획에는 해당학년의 교육목표 확인 또는 설정, 교과 및 비교과 교육활동, 학년행사 등에 대한 계획이, 마지막으로 학급 연간계획에는 학교·학년 연간계획을 기초로 한 각 학급의 교과별 지도 목표·내용·방법·평가 및 시간 수, 생활지도·상담에 대한 계획이 포함된다.

이와 같은 연간계획을 수립한 후에는 대체로 이를 토대로 월간계획을 실행하지만, 이에 앞서 학기별 계획을 수립하는 경우도 있다.

둘째, 월간계획은 연간계획을 기초로 하여 수립된 교과지도 및 생활지도·상담과 관련된 월별 학교·학년·학급의 월간계획을 말하는데, 이는 연간계획을 월별로 구체화한 계획안이라고 할 수 있다.

셋째, 단원계획은 각 교과의 단원별 지도계획을 말한다. 각 교과의 단원별 내용을 살펴보면, 한 단원이 일주일에 학습할 양의 단원이 있기도 하지만, 1개월을 초과해야 할 단원도 있다. 대체로 학년 초에 단원지도에 대한 연간별(학기별 포함) 및 월간 계획을 먼저 수립하는 경우가 많다.

넷째, 주간계획을 수립해야 하는데, 이는 연간계획에 근거하여 수립된 월간계획과 단원계획을 토대로 각 주별로 작성된 구체적인 계획을 말한다. 이를 간략히 주안이라고도 명명하는데, 여기에는 크게 두 가지 계획이 포함되는데, 하나는 한 주에 수행해야 될 교수-학습지도계획이고, 또 하나는 일반 학사행정에 관한 주간계획이다. 그러나 일반적으로 주간계획이라 하면 대체로 교수-학습지도에 관한 주간계획을 뜻한다.

다섯째, 일일계획은 주간계획인 주안에 근거하여 작성된 일간계획을 말한다. 이것은 하루의 일과표에 의해서 매시간 지도할 학습내용, 학습방법 및 활동, 준비물 등을 요약하여 밝혀주는 것을 말한다. 여기에는 일반 학사행정에 대한 계획도 포함되나, 일반적으로 일일계획이라 하면 교과지도와 생활지도·상담에 대한 일간계획을 지칭한다.

여섯째, 시간계획은 매 시간별 교과지도와 생활지도·상담에 관한 계획을 말한다. 대체로 주간계획보다 일일계획이, 일일계획보다 시간계획이 더 구체적인 성격을 유지하며 계획·작성된다. 그런데 주간계획, 일일계획, 시간계획의 양식은 일정하지 않으며, 각 학교별로 차이가 있으나 학습목표·학습내용·학습방법 및 활동 등이 공통적으로 포함된다.

2 절차별 지도계획

지도계획을 절차별로 구분해 보면 '사전계획'과 '본계획'으로 분류된다.

가. 사전계획

교과지도와 생활지도·상담에 관한 '사전계획'을 수립해야 하는데, 이는 교과지도와 생활지도·상담에 관한 본계획을 수립하기 전에 학교행사나 수업일수와 시수를 확인하기 위해 먼저 이루어지는 계획을 말한다. 여기에는 연간 행사계획, 연간 수업일수계획, 연간 수업시수계획 등이 포함된다.

가) 연간 행사계획 : 연간 행사는 학교가 1년간 치를 행사를 의미한다. 연간 행사계획을 잘 수립해야만 수업이 이루어질 수 있는 날과 그렇지 못한 날이 분명하게 확인되며, 교과지도 및 생활지도·상담에 대한 본 계획을 잘 수립할 수 있다. 연간 행사계획을 수립할 때는

월력과 전년도의 학교행사력을 참고해야 한다.

연간 행사계획

( )학년도 ( )학교

월	주	일	행 사
3	1	1~3	3.1절(1), 입학식(3)
	2	5~10	
	3	12~17	개교기념일(15)
	4	19~24	
	5	26~31	

나) 연간 수업일수계획 : 연간 수업일수는 1년간 수업할 총 일수를 의미한다. 1년간 수업해야 할 일수를 현행 교육과정에서는 연간 34주를 기준으로 하고 있다. 이는 연간 행사계획을 참고로 하여 이를 만족시킬 수 있도록 계획을 수립해야 한다.

연간 수업일수계획

( )학년도 ( )학교

월	주	일	행 사	수업 일수(예정/누계)		
				1학년	2학년	3학년
3	1	1~3	3.1절(1), 입학식(3)	1/1	2/2	2/2
	2	5~10		6/7	6/8	6/8
	3	12~17	개교기념일(15)	5/12	5/13	5/13
	4	19~24		6/18	6/19	6/19
	5	26~31		6/24	6/25	6/25

다) 연간 수업시수계획 : 연간 수업시수는 연간 수업일수에 맞추어 1년간 수업할 총 수업시수를 의미한다. 여기서는 매 주당 수업할 시간수를 통산하여 그 확보계획을 수립해야 한다.

연간 수업시수계획

( )학년도 ( )학교

월	주	일	행 사	수업 일수(예정/누계)			수업시수
				1년	2년	3년	(예정/실시)
3	1	1~3	3.1(1), 입학식(3)	1/1	2/2	2/2	0/0
	2	5~10		6/7	6/8	6/8	2/2
	3	12~17	개교기념일(15)	5/12	5/13	5/13	1/3
	4	19~24		6/18	6/19	6/19	2/5
	5	26~31		6/24	6/25	6/25	2/7

나. 본계획

사전계획의 수립이 완료되면 이를 토대로 '본계획'을 수립해야 하는데, 이는 크게 교과지도의 본계획과 생활지도·상담의 본계획으로 구분된다.

가) 교과지도의 본계획

이미 수립된 사전계획(선행계획)을 토대로, 교육부에서 고시한 교육과정, 교과서, 교사용 지도서 등을 참고자료로 활용하여 ① 연간 교과진도계획, ② 단원지도계획 등 교과지도에 직접 관계되는 계획을 수립하여야 한다.

(가) 연간 교과진도계획

먼저, 교육부에서 고시한 교육과정에는 각 교과별 목표, 내용 그리고 지도 및 평가의 유의점과 단위(시간) 배당도 함께 명시되어 있다. 그러므로 이와 같은 교육과정의 세부사항을 준거로 하여 지도계획을 잘 수립해야 하는데, 이때는 특히 다음 사항에 유의해야 한다.

- 학교의 교육목표와 방침을 설정할 때 교육과정의 준거를 벗어나서는 안 된다.
- 교과지도의 방침을 세울 때 교육과정이나 학교의 교육목표 및 방침과 관련지어야 한다.
- 학년별 교과배당이나 단위(시간)배당을 할 때 교육과정을 준거로 삼

아야 한다.

- 교과지도 및 평가를 실시함에 있어 교육과정에 제시된 유의사항을 준수해야 한다.

교과서는 교육과정에서 제시한 교과내용을 상세하게 구성·해설한 교재이고, 교사용 지도서는 교육과정에 준거하여 교과를 지도할 때 참고해야 할 사항을 안내해 놓은 지침서인데, 교과서를 보면 지도내용의 수준과 분량을 알 수 있고, 교사용 지도서를 보면 단원지도 목표, 내용별 시간배당 그리고 지도 및 평가의 유의사항 등을 파악할 수 있다. 따라서 교과지도계획을 수립할 때 교과서와 교사용 지도서는 아주 좋은 자료로 활용된다.

이상과 같은 사항들에 대한 검토가 완료되면 이를 토대로 연간 교과진도계획을 수립해야 하는데, 이는 1년간 지도해야 할 교과내용 범위를 확보된 수업시간에 맞추어 어느 정도씩 지도해 나갈 것인가에 대한 계획을 말한다. 다시 말하면, 주어진 내용과 시간으로써 설정된 교과목표가 가장 효율적으로 달성될 수 있도록 각 단원에 대한 시간배정과 아울러, 이의 학습순서를 결정하여 학년 초부터 학년 말에 이르기까지 지도내용을 순서대로 배열해 놓은 것이 바로 연간 교과진도계획이다. 교과진도는 너무 느리게 하여 소정의 범위를 일정한 기간에 지도하지 못하거나, 진도를 너무 빠르게 하여 지도성과가 좋지 않으면 교사로서 계획성 있는 교과지도를 수행했다고 볼 수 없다. 지도성과는 목표한 바와 같이 성취하면서, 일정한 기간에 소정의 진도를 마칠 수 있도록 계획을 세워야 한다. 대체로 다음과 같은 요령으로 연간 교과진도계획을 수립해야 한다.

- 각 단원에 대한 시간배정을 한다. 각 단원에 대한 시간은 단원의 비중을 고려하여 적절히 배정한다. 여기에서 말하는 단원의 비중이란 어떤 단원이 그 학년에서 가장 중심적인 단원인가, 각 단원별로 어떠한 학습활동이 이루어져야 하는가를 의미한다. 아무래도 쉬운 내용보다는 어려운 내용에서 진도가 좀 느리게 나갈 수밖에 없고, 또한 같은 비중의 내용이라도 어떤 학습활동을 하느냐에 따라 소요시수가 다를 수밖에 없다.
- 각 단원의 소단원에 대한 시간배정을 한다. 소단원의 시간배정 역시 위에서 말한 각 단원에 대한 시간배정과 같은 요령으로 한다.
- 각 단원 및 소단원에 대한 시간배정이 이루어졌으면, 이어 단원의 학

습순서를 정한다.

학습순서는 내용의 논리적 계통성, 학습자의 심리적 계열성, 학교 및 지역사회와의 관련성, 국가행사 또는 계절과의 관련성, 다른 교과와의 관련성 등을 고려하여 배열해야 한다. 연간 교과진도계획수립의 실례를 들어 보면 다음과 같다.

연간 교과진도계획

(　　　　)학년도　　　　　　　　　　(　　　　　　　　)학교

월	주	일	행　사	수업일수 (예정/누계)			수업일수 (예정/실시)	교과진도
				1년	2년	3년		
3	1	1~3	3.1절(1) 입학식(3)	1/1	2/2	2/2	0/0	
	2	5~10		1/7	6/8	6/8	2/2	우리의 사회 환경
								우리의 사회 환경
	3	12~17	개교기념일(15)	5/12	5/13	5/13	1/3	인간 행동
								인간 행동
	4	19~24		6/18	6/19	6/19	2/5	문화의 특성과 개념
								문화의 특성과 개념
	5	26~31		6/24	6/25	6/25	2/7	문화변동
								문화변동

(나) 단원지도계획

연간 교과진도계획이 수립된 다음에는 각 단원 또는 수업주제에 해당하는 학습과제에 대한 분석(학습과제분석)을 토대로 단원지도계획을 수립해야 한다.

먼저, '단원'이란 용어를 처음으로 사용한 사람은 헤르바르트(Herbart) 학파의 질러(Ziller)인데, 그는 헤르바르트의 명료·연합·계통·방법의 4단계 교수법에서 '명료'의 단계를 분석과 종합으로 세분하여, 분석·종합·연합·계통·방법의 5단계 교수법을 주장하였다. 역시 헤르바르트 학파의 한 사람인 레인(Rein)도 예비(준비)·제시·비교·총괄·응용의 5단계 교수법을

주장하였다. 이러한 단계에 따라 다루어지는 교재의 분량을 방법적 단원이라고 한다. 이는 헤르바르트의 주지주의적 심리학을 근거로 하였기 때문에 일정분량의 교재라는 뜻이다. 이것은 미국에서 unit로 번역되었는데, 킬패트릭(Kilpatrick, 1918)의 구안법(project method)에 의해 단원의 개념이 변화되었다. 즉, 킬패트릭파의 맥머리(McMurry, 1927)는 단원을 구안단원(project unit)이라고 명명하였다.

한편, 모리슨(Morrison, 1924)은 헤르바르트의 교수단계설을 응용하여 모리슨식 단원교수법(Morrison plan)을 확립하였는데, 그는 교수활동이 조사(탐구)·제시·동화·조직·발표(반복)의 5단계로 진행되어야 한다고 주장함으로써 단원학습의 선구를 이루었다. 그는 이에 의해 학습되는 것을 학습단원(learning unit)이라고 명명하였다.

오늘날의 의미로 볼 때 단원이란 통일성 있는 학습활동을 전개시킬 학습재료의 한 묶음이라 할 수 있다. 즉, 단원은 교과 전체와의 유기적 관련 속에서 세분되는 통일된 단일적인 교육내용의 분절단위를 말한다. 이때 교수-학습활동으로 전개시킬 학습재료의 한 묶음이 논리적이고 체계적인 지식중심의 묶음이냐 혹은, 경험중심(활동위주)의 묶음이냐에 따라 교재단원과 경험단원으로 구분된다.

먼저, 논리적 지식체계를 중시하는 교과중심 교육과정에서는 교재 또는 문화를 학습내용의 전체라 보고, 이것을 자원으로 해서 논리적·체계적으로 그 내용을 분절하여 통일성 있게 학습의 최저단위를 조직하는데, 이를 교재단원이라고 한다. 반면, 생활경험을 중시하는 경험중심 교육과정이나 중핵 교육과정에서는 학생들의 흥미나 필요 혹은 사회문제나 기능 등을 학습의 중심자원으로 하여 학습의 최저단위인 하나의 경험을 전체의 경험과 유기적으로 관련지어 조직하는데, 이러한 단원을 경험단원이라고 한다.

이외에도 단원에는 자료단원과 학습단원이 있는데, 먼저 자료단원은 교사가 학습단원을 계획하고 전개시키며, 또한 평가하는 데 도움이 되는 모든 자료를 체계적으로 조직한 것을 말한다. 이러한 자료단원은 학습단원의 극단적인 형식화를 막으려는 것이다. 교사는 학생과 지역사회의 실정에 따라 적절한 자료를 개발하여 조직함으로써 효율적인 학습지도가 이루어지도록 해야 한다. 한편, 학습단원은 자료단원을 참고로 하여 교사가 학생의 특성과 지역사회의 실정, 학교의 특성 등을 고려하여 학습집단에 알맞도록 계획된 학습활동의 조직을 말하는데, 이는 학생들의 경험 자체를 말하기 때문에 학생수준의 학습경험이라고 할 수 있으며, 교사의 입장에서는 교수단원이라고 할 수 있다.

한편, 단원지도계획이란 교사의 지도하에서 전개될 구체적인 학습활동의 계획을 의미한다. 이는 사전계획과 공동계획으로 나누어 생각할 수 있다. 교과중심 교육과정에서는 주로 교사의 사전계획에 의해서 전개되나, 경험중심 교육과정에서는 사전계획과 공동계획이 모두 필요하다.

- **사전계획** : 사전계획에서는 먼저 단원계획을 수립한다. 즉, 사회조사, 학생조사, 교육부에서 고시한 교육과정 등을 기초하여 단원계획을 세워야 한다. 그리고 나서 단원전개를 위한 기본적인 방향을 설정한다. 즉, 단원목표 설정, 단원요지 제시, 단원접근법 계획, 교수활동계획, 평가계획, 참고문헌·지역사회의 자료조사 등이 이루어져야 한다. 마지막으로, 자료단원을 준비한다. 자료단원은 자료준비에 중점을 두는 단원계획을 의미하는 것으로 교사가 학습단원을 계획하고 전개시키고 평가함에 있어서 도움이 될 여러 자료에 대한 체계적이고 종합적인 조사분석과 조직을 말한다. 이러한 자료단원은 일반적으로 교사들에 의하여 작성되는데, 이는 학습자료의 저장고라고 할 수 있다. 따라서 자료단원을 참조해서 학습단원을 구성하는 것이 바람직하다. 그러나 자료단원이 바로 학습단원이 되는 것은 아니며, 학습단원은 학습지도면에 중점을 두는 단원계획을 말한다. 이러한 자료단원은 경험중심 교육과정에서 보다 더 필요하다. 즉, 경험중심 교육과정에서는 학습단원이 사전에 완전하게 계획되지는 않기 때문에 자료의 준비가 더 필요하다는 것을 의미한다.

- **공동계획** : 교사가 사전계획에 의하여 준비된 자료단원을 토대로 학생들과 공동으로 실제 학습단원을 계획하는 것을 말하는데, 이는 특히 진보주의 교육사상과 구성주의 수업설계모형 등에서 강조되고 있다. 교사와 학생의 공동계획은 학습자의 필요·능력 등을 기반으로 계획되므로, 강한 학습동기를 일으킬 수 있다는 교육적 의의를 지니고 있다. 이렇게 계획된 학습단원은 교사의 입장에서는 교수단원(수업단원)이 된다.

나) 생활지도·상담의 본계획

여기에서는 전술한 사전계획에 기초하여 효율적인 생활지도·상담을 실천할 수 있는 구체적인 계획을 수립한다. 본계획에는 ① 생활지도·상담의 목표 및 지도방침 설정, ② 연간–월간–주간–일일 생활지도·상담계획, ③ 생활지도·상담의 내용 선정 및 평가계획 등이 포함되어야 한다.

(가) 생활지도·상담의 목표 및 지도방침 설정

생활지도·상담이 그 소기의 목적을 달성하기 위해서는 지역사회의 특성, 학교의 특성, 학생의 발달수준과 특성 및 요구 등을 고려하여 생활지도·상담의 목표가 수립되어야 하며, 아울러 그 지도방침도 결정되어야 한다.

(나) 연간–월간–주간–일일 생활지도·상담계획

생활지도·상담의 목표와 지도방침이 설정되면, 이를 달성하기 위한 연간–월간–주간–일일계획을 수립해야 한다.

(다) 생활지도·상담의 내용 선정 및 평가계획

생활지도·상담의 내용을 체계적으로 구체화하고, 아울러 평가계획도 수립해야 한다.

❷ 수업설계

교육내용의 선정 및 조직이 완료되고 이를 토대로 지도계획을 수립한 다음에는 수업전개에 대한 청사진을 작성해야 한다. 즉, 선정·조직된 교육내용을 전개하는 데 적용할 수업모형을 확정하고 구체적으로 활용할 교수방법 및 매체를 선정하는 등의 계획을 세워야 하는데, 이것이 바로 수업설계(instruction design)이다.

수업설계란 수업을 어떻게 전개할 것인가를 다루는 전문적인 활동으로서, 특정 학생들을 대상으로 학습내용을 전개하는 데 있어 어떠한 교수방법을 언제 사용할 것인가를 처방하는 청사진이라고 할 수 있다. 다시 말하면, 학습목표를 명확히 설정하여 수업내용, 방법, 평가 등에 이르는 수업체제의 전 과정을 유기적으로 상호 관련시켜 조직화하여 수업활동을 체계적이고 합리적으로 실행할 수 있도록 제반 활동을 수립하는 것이다.

수업설계는 충분하고 세밀한 계획 후의 수업이 더 효과적일 것이라는 기본가정에 근거하고 있는데, 이는 무한한 정보와 지식의 홍수 속에서 가치 있고 효과적인 교육내용을 선정·조직하고, 학습자의 개인차를 고려하여 수업방법 및 매체를 선별하는 수업의 개별화 원칙에 충실해야 하므로 필요하며, 또한 수업에서의 오류와 실패를 최소화시키기 위해서 필요하다.

수업설계를 매력적으로 하게 되면 복잡하고 다양한 수업활동을 체계화할 수 있고, 학습자의 개인차를 최대한 고려할 수 있으며, 수업의 결과로서 높은 학습성과를 산출할 수 있다. 또한, 학습자들에게 학습코스의 방향을 잘 제시해 주며, 수업을 효과적/효율적으로 수행할 수 있게 해준다.

한편, 수업설계의 목적은 여러 가지로 논의할 수 있으나, 이는 근본적으로 교수력과 학습력을 증진시키기 위해 교수-학습관련 요소들을 조직화하고, 학생들의 개인차를 최대로 고려한 수업활동을 전개하고자 하는 데 목적을 두고 있다. 그리고 새롭게 연구·개발된 수업프로그램, 소프트웨어 및 코스웨어, 첨단교수공학매체 등을 교수-학습과정에 적극적으로 활용하고자 하는 데에도 그 목적이 있다. 또한, 새로운 수업체제를 적용해 보기 위한 설계를 실행해 봄으로써 교수이론과 학습이론을 검증하거나 정립하기 위한 목적도 가지고 있다. 끝으로, 수업에 대한 체제적 접근을 적용하여 문제해결과 피드백과정에 의해 교수활동과 학습활동을 개선하고자 하는 데에도 그 목적이 있다. 결론적으로, 수업설계는 설정된 학습목표를 효과적이고 효율적으로 성취시키기 위해 학습자가 지니고 있는 내적 조건과 학습을 촉진시키기 위한 외적 조건이 최적의 상호작용을 이루도록 교수-학습환경을 개발하고 처방하는 데 그 본질적인 목적이 있다.

끝으로, 수업설계시 고려할 사항들이 있는데, 이를 몇 가지로 구분하여 제시하면 다음과 같다.

첫째, 수업설계에서는 학습자 개개인의 학습이 활성화되도록 도와주는 일에 초점을 두어야 한다. 즉, 개인차를 최대한 고려하고 개인의 독특한 특성에 알맞은 수업이 전개되도록 해야 한다.

둘째, 수업설계에서는 단기수업계획과 장기수업계획을 각각 별도의 작업으로 수립해야 한다. 단기수업계획은 수업 시작 전에 교과담당교사가 짜는 몇 시간 분량의 수업계획이며, 장기수업계획은 단원이나 교과목수준의 수업계획을 수립하거나 새로운 자료를 개발하는 것으로 교사, 교과전문가, 교수설계자 등이 공동으로 연구·개발하는 것이 바람직하다.

셋째, 수업설계를 통해 학생들로 하여금 계획적이고 방향성이 있는 학습활동을 전개하게 함으로써 미래의 사회생활에 적응해 나가고, 그들의 능력을 충분히 신장시킬 수 있는 학습기회를 제공해 줄 수 있도록 해야 한다.

넷째, 일련의 학습목표를 설정하고, 수업과정을 거치는 가운데 학습자들이 설정된 목표를 성취하였는지 확인하는 활동이 포함되어야 한다.

다섯째, 수업설계는 '학습자가 어떻게 능력을 획득하게 되는가'라는 문제에 관한 지식과 이론을 토대로 이루어져야 한다.

여기에서는 먼저 '수업모형의 결정'에 도움이 되는 다양한 수업모형들에 관하여 논의한 다음, '수업전략과 방법의 결정'에 관하여 논의하고자 한다. 한편, 여러 학자들이 제안한 수업설계의 모형들에 대해서는 뒤에서 안내하는 Online Resources 자료를 참조하기 바란다.

1 수업모형의 결정

가. 수업목표에 따른 수업모형분류

조이스와 웨일(Joyce & Weil, 1986)은 이전에 연구·발전되어 온 80여 가지의 수업모형들 중에서 대표적인 것들을 골라 크게 네 가지 유형(정보처리 수업모형·개별화 수업모형·사회적 상호작용 수업모형·행동체제 수업모형)으로 묶어 분류하였다.

- **정보처리 수업모형(information-processing instruction model)** : 정보처리 수업모형은 교육의 궁극적인 목적을 인지능력의 향상에 둔다. 따라서 이 모형은 정보나 자극을 지각하여 자료를 조직하고 문제를 인식하여 그 해결책을 탐색하며, 언어적·비언어적 기호나 상징을 활용하는 방식 등에 주된 관심을 갖는다. 즉, 외부로부터 개인에게 들어오는 정보나 자극을 지각하여 문제해결을 위한 자료를 조직하고 문제의 본질을 파악하며, 개념을 도출하여 문제를 해결하고, 이를 각종 기호를 활용하여 표현할 수 있는 정보처리능력이 교수-학습지도의 목적이라는 점을 강조하기 때문에 지식의 내면화에 초점을 둔다. 여기에는 여러 가지 모형이 포함되는데, 이들은 학생의 사고력 및 문제해결력 그리고 각 학문(academic discipline)에서 도출된 개념과 정보의 획득을 강조한다. 대표적인 정보처리 수업모형을 제시하면 <표 4-16>과 같다.

| 표 4-16 | 정보처리 수업모형

모 형	주요 이론가	주 요 목 표
개념획득 모형	Bruner	귀납적 추리, 개념의 획득
귀납적 사고 모형	Taba	귀납적 과정, 학문적 추리, 이론 구성
탐구훈련 모형	Suchman	귀납적 과정, 학문적 추리, 이론 구성
선행조직자 모형	Ausubel	지적 정보처리 능력의 증진
기억 모형	Lucas, Lorayne	기억력 증진
인지발달 모형	Piaget, Kohlberg	인지 발달, 도덕성 발달
생물학적 탐구 모형	Schwab	과학적 탐구능력의 함양

- **개별화 수업모형(personal instruction model)** : 개별화 수업모형 또는 개인통합 수업모형(personal integration instruction model)은 교육의 궁극적인 목적을 학습자 개개인의 내면적인 자아개발에 둔다. 따라서 이 모형은 개인에 초점을 두고, 그 자아의 발달을 도모하는 데 목적을 두며, 개인이 현실세계를 구성하고 조직하는 과정에 관심을 집중한다. 또한, 여기에서는 대체적으로 사람들의 정서적 삶에 주목한다. 이는 개인으로 하여금 자신의 주위환경 및 인물과 바람직한 관계를 갖도록 할 뿐만 아니라, 자신들을 능력 있는 존재로 보도록 돕는 데 초점을 둔다. 그러므로 이 모형은 학습자의 정의적 능력의 개발이나 학습자 개개인의 자아에 대한 이해와 인식의 함양을 위한 개별적 융통성이 최대한 허용되는 자아개발 교수모형이라 할 수 있다. 여기에 포함되는 대표적인 수업모형들을 소개하면 <표 4-17>과 같다.

| 표 4-17 | 개별화 수업무형

모 형	주요 이론가	주 요 목 표
비지시적 모형	Rogers	자아의 실현(반말기능인의 육성)
창의적 해결 모형	Gordon	창의력과 창의적 문제해결력 향상
인식훈련 모형	Perls, Schutz	자아탐색과 자아인식력 증진
학급회의 모형	Glasser	자기이해 및 책임감의 함양

- **사회적 상호작용 수업모형(social interaction instruction model)** : 사회적 상호작용 수업모형은 사회 또는 타인과의 관계지움에 강조점을 두는 모형으로서, 교육의 궁극적 목적을 개인으로 하여금 사회나 타인과의 관계지움의 능력을 향상하도록 돕는 데 목적을 둔다. 따라서 이 모형은 사회성 개발에 중점을 두는 바, 여기에서 강조하는 것은

개인이 그가 속한 사회 그리고 그 사회 속의 다른 사람들과의 관계지움 형성이다. 따라서 여기에서는 다른 사람과의 친밀한 관계유지, 민주적 과정에의 참여, 사회 속에서 창의적으로 일하는 능력의 함양에 우선을 둔다. 그러나 사회성을 강조하는 모형이라고 해서 지적 탐구나 개인의 자아개발을 소홀히 하는 것은 아니다. 대표적인 사회적 상호작용 수업모형들은 <표 4-18>과 같다.

| 표 4-18 | **사회적 상호작용 수업모형**

모 형	주요 이론가	주 요 목 표
집단탐구 모형	Thelen, Dewey	민주적 사회과정에의 참여능력 개발
역할극 모형	Shaftel	개인적·사회적 가치의 탐구
법리적 모형	Oliver	사회문제에 대한 법리적 접근
실험실 훈련 모형 (T집단 훈련 모형)	Bethel, Maine	대인관계능력의 개발
사회적 탐구 모형	Massialas, Cox	사회적 문제해결능력의 함양

- **행동체제 수업모형(behavioral systems instruction model)** : 행동체제 수업모형은 교육의 궁극적인 목적을 학습자의 행동변화(습득)에 두는 모형으로서, 그 이론적 토대는 행동주의 심리학에 두고 있다. 여기에서는 학습자의 비자발적인 행동보다는 자발적이고 능동적인 행동을 이끌어내 적절한 후속자극(강화자극)을 제공함으로써 행동을 수정·변화시키는 데 강조점을 둔다. 여기에 해당되는 대표적인 수업모형을 소개하면 <표 4-19>와 같다.

| 표 4-19 | **행동체제 수업모형**

모 형	주요 이론가	주 요 목 표
완전학습/직접수업 모형	Bloom/Rosenshine	수행능력 향상
자기통제 모형	Skinner	사회적 행동 및 기능의 습득
모의학습 모형	Smith & Smith	사고 및 기능의 습득
자기주장훈련 모형	Wolpe, Lazarus, Salter	사회적 상황에서의 주장과 감정의 표현력 증진

나. 교사·학생·교육내용 간 관련성 양상에 따른 수업모형분류

랩, 벤더, 엘렌우드 및 존(Lapp, Bender, Ellenwood & John, 1975)은 교사와 학생 및 교육내용 간의 관련성 양상에 초점을 두어 수업모형을 네 가지(전통적 수업모형·공학적 수업모형·개별화 수업모형·상호작용적 수업모형)로 분류하였다. 이들은 교사·학생·교육내용 간의 관련성 양상을 도식으로 나타내어 설명함으로써 수업상황에서 각자의 역할양상과 정도를 알기 쉽게 표현하고 있는데, 그 기본모형은 [그림 4-58]과 같다. 다음에 소개할 각 수업모형에서는 '교사'와 '학생'을 나타내는 원의 크기와 위치 그리고 매개체 역할을 하는 '교육내용'을 나타내는 양방화살표의 크기와 모양이 각각의 역할양상과 정도를 표현하고 있다.

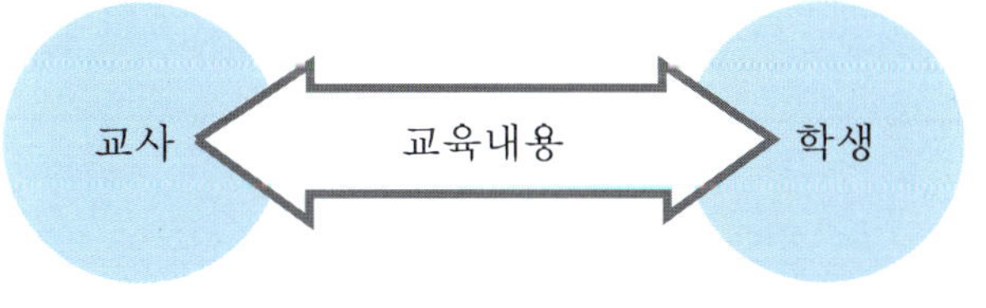

| 그림 4-58 | 교사·학생·교육내용 간의 관계양상에 대한 기본모형

- **전통적 수업모형(classical instruction model)** : 전통적 수업모형에서는 교사와 교육내용을 강조하는 대신, 학생의 능동적 입장은 인정되지 않고 단지 수동적으로 교육내용을 전달받는 존재로 인정한다. 이를 도식으로 나타내면 [그림 4-59]와 같다.
  - ㉠ 교육내용 : 교과서가 가장 중요한 역할을 하는데, 그 교과서는 많은 전통적 문화와 사상 중에서 정선된 정보와 개념으로 구성된다. 또한, 이러한 교과서의 조직은 객관적이고 논리적으로 구성되기 때문에 교육내용은 학습자의 흥미나 관심에 부합되기보다는 조직된 순서대로 학습자에게 제공된다.
  - ㉡ 교 사 : 교사는 전문가일 뿐만 아니라 본보기가 되어야 한다. 또한, 교사는 수업방법보다는 교육내용에 더 관심을 갖게 되므로 교과내용(지식) 자체를 학습자에게 잘 전달해 주는 데 강조점을 두면서, 그것을 학생에게 주입시키는 데 중점을 둔다.
  - ㉢ 학 생 : 학생은 교과서에 제시된 정보와 개념을 수동적으로 받아들이는 존재로 인정된다. 학생에게 교육은 훈련이며 과제의 완성과

정이다. 학습은 경쟁적인 분위기에서 성취하게 되는데, 여기에서는 정의적 성장이나 사회적 적응보다는 주로 지적인 훈련이 강조된다.

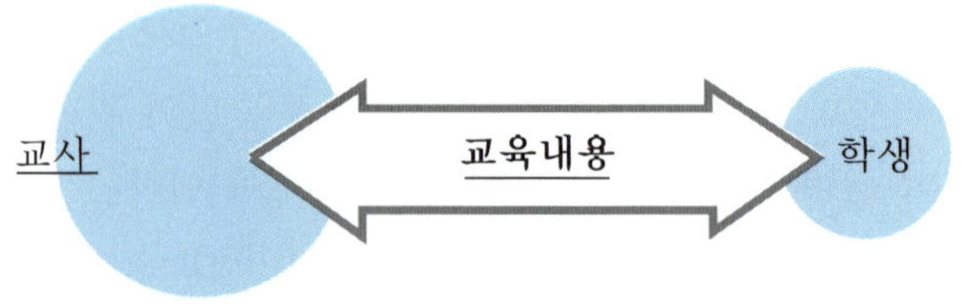

| 그림 4-59 | 전통적 수업모형에서의 교사·학생·교육내용 간의 관계양상

아래의 [그림 4-60]은 전통적 수업모형에서 행해지는 교수활동을 쉽게 이해할 수 있도록 그림으로 나타낸 것이다. 이러한 방식의 교수활동은 본질주의 교육사상과 항존주의 교육사상에서 특히 강조된다.

| 그림 4-60 | 전통적 수업모형에서의 수업상황

- **공학적 수업모형(technological instruction model)** : 공학적 수업모형에서는 교사나 학생보다는 교육내용 자체에 강조점을 두는데, 이를 도식으로 나타내면 [그림 4-61]과 같다.
  ㉠ 교육내용 : 교육내용은 특정영역에서 전문가에 의해 엄선되며, 이러한 내용은 객관적인 자료와 직업적 능력과 관련된 행동적 기능에 초점이 맞추어진다.
  ㉡ 학　　생 : 학생은 방대하고 복잡한 자료와 행동양식을 효율적으로 받아들인다. 학생이 새로 습득한 기능은 즉각 사회생활에 유용하

게 된다.

㉢ 교 사 : 교사는 뒷전으로 물러나 있게 된다. 교수기계(teaching machine)나 컴퓨터가 학생으로 하여금 복잡한 과제를 익히도록 하는 데 효율적이고 정확하다는 관점이 우세하므로 인간교사는 학습자의 비지적인 영역에 더 많은 관련을 맺게 된다.

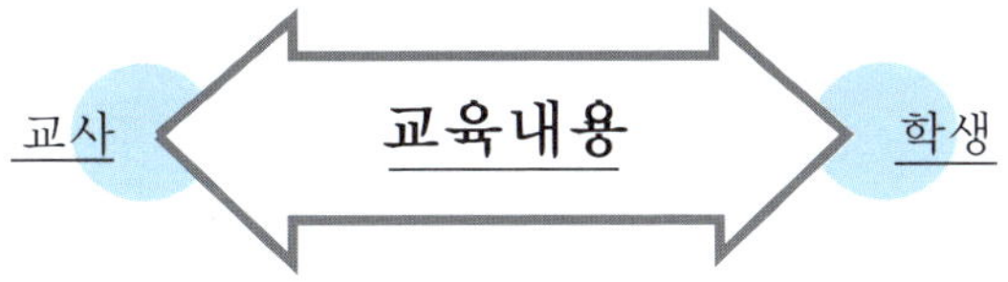

| 그림 4-61 | 공학적 수업모형에서의 교사·학생·교육내용 간의 관계양상

위와 같은 공학적 수업모형에서 행해지는 수업활동을 이해하기 쉽게 그림으로 나타내 보면 [그림 4-62]와 같다. 이러한 수업모형은 특히 미래지향적이고 관찰·측정 가능한 세계에 관심을 갖는 공학적 교육에서 강조되는데, 고전적 조건화 및 작동적 조건화, 프로그램 학습법, 컴퓨터보조 수업, 시각·청각·다감각 매체에 의한 교수, 수행계약제 교수 등이 여기에 포함된다.

| 그림 4-62 | 공학적 수업모형에서의 수업상황

- **개별화 수업모형(personalized instruction model)** : 개별화 수업모형은 다시 '진보주의 교육의 수업모형'과 '낭만주의 교육의 수업모형'으로 구분되는데, 두 수업모형에서는 교사보다는 학생의 특성과 요구가 매우 중시된다. 그런데 낭만주의 교육에서는 교사의 역할이 덜 중시되는 것이 특징이다.

- **진보주의 교육의 수업모형** : 진보주의 교육에서 교사의 역할은 기본모형에서보다 덜 강조되는 반면, 학생의 능동적 활동은 매우 중시된다. 이를 도식으로 나타내면 [그림 4-63]과 같다.
  - ㉠ 학 생 : 학생의 인지적 발달만큼이나 정의적 발달과 사회적 적응을 강조하여 소위 전인(whole person)으로서의 인간을 형성하게 한다.
  - ㉡ 교 사 : 교사는 학생에 이어 두 번째 존재가 된다. 그는 교육조력자(교육적 산파; educational midwife), 심리학자, 방법전문가, 촉진자, 자원자가 되어야 하며, 그는 교육내용을 전달하는 것이 아니라 학생의 발달방향과 경험에 비추어 학생을 인도하고 조력한다.
  - ㉢ 교육내용 : 교육내용은 학생의 경험으로부터 창출된다. 이러한 경험들은 학생으로 하여금 사고하고 이해하여 자신을 통제할 수 있는 능력을 획득하는 기초를 제공한다.

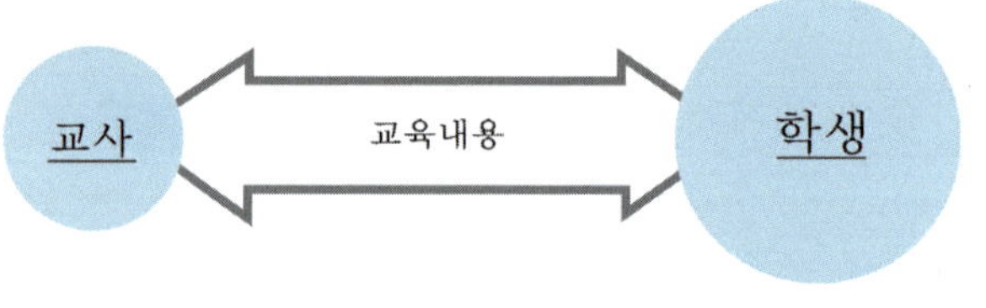

| 그림 4-63 | **진보주의 교육의 수업모형에서의 교사·학생·교육내용 간의 관계양상**

- **낭만주의 교육의 수업모형** : 낭만주의 교육의 수업모형은 그 성격이 진보주의 교육의 수업모형과 비슷하나, 교사의 역할이 보다 덜 강조된다. 이를 그림으로 나타내면 [그림 4-64]와 같다.
  - ㉠ 학 생 : 모든 학습은 학생과 환경과의 상호작용에 의해 이루어지며, 학생의 능력은 내부로부터 자연적으로 계발된다.
  - ㉡ 교육내용 : 경험은 학생의 자연적 교사이다. 학생은 환경과 상호작용하고 내적 호기심에 따르고 그 자신의 행동결과를 경험하게 된다. 학생은 자신의 내적 발달양상에 따라 기성세대가 개발해 놓은 지식을 탐색한다.
  - ㉢ 교 사 : 교사는 학생을 일방적으로 가르치기보다는 스스로 학습하도록 허용한다. 따라서 교사는 학생을 위하여 교육적인 환경을 조성하고, 교사 자신도 환경적 자원으로서 역할을 하게 된다.

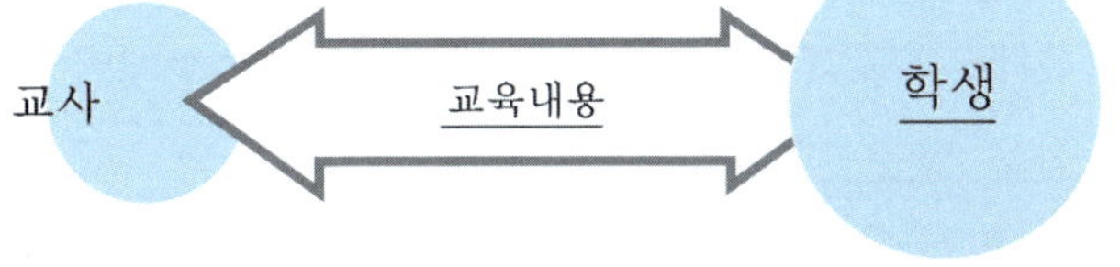

| 그림 4-64 | 낭만주의 교육의 수업모형에서의 교사·학생·교육내용의 관계양상

[그림 4-65]는 개별화 수업모형에서 행해지는 수업활동을 이해하기 쉽게 그림으로 나타낸 것이다. 이러한 수업모형에 포함되는 수업방법은 달톤 프랜(Dalton plan), 위네트카 시스템(Winnetka system), 무학년제, 욕구대응 학습프로그램 모형, 계약체제 수업모형, 영국의 유아학교 수업모형 등이다.

|그림 4-65| 개별화 수업모형에서의 수업상황

- **상호작용적 수업모형(interactional instruction model)** : 상호작용적 수업모형은 가장 최근에 발달한 수업모형이라고 할 수 있는데, 여기에서는 교사와 학생 간 상호작용이 매우 강조된다. 그 양상을 그림으로 나타내면 [그림 4-66]과 같다.
  - ㉠ 교 사 : 교사는 상호의존적이고 신뢰적인 대화의 '공동체'(community) 분위기를 창출하는 의무를 가진다. 교사는 자신의 경험이 보다 풍부하고 성숙하다는 인식을 가지고 학습자들과 입장을 함께하며 그들과의 적극적인 상호작용에 많은 관심을 기울인다.
  - ㉡ 학 생 : 학생은 타인과 대화관계를 유지함으로써 배우며, 학습은 상호의존적인 노력에 의해 이루어진다고 믿는다. 학생들은 현실에 대한 지각을 공유하며 타인들의 지각에 대하여 의도적으로 귀

를 기울여서, 자신이 학습한 것으로부터 세계관을 형성한다.

ⓒ 교육내용 : 현시적(現時的)인 사회문화적 세계의 특정 문제들에 초점을 맞춘 다음, 학생은 그러한 문제들의 본질적인 목적과 가치를 밝히려고 시도한다. 학생은 인간의 존엄성의 관점에서 그러한 목적과 가치를 비판적으로 평가하고 문제를 해결하며, 그의 새로운 지각에 따라 자신의 생(生)을 재조정한다. 그리고 나서 그의 보다 광범위한 경험은 새로운 지각을 확장하거나 보다 깊게 재평가한다.

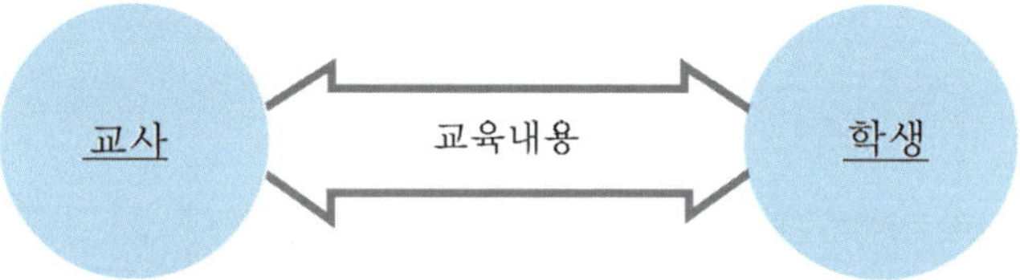

| 그림 4-66 | 상호작용적 수업모형에서의 교사·학생·교육내용 간의 관계양상

[그림 4-67]은 상호작용적 수업모형의 수업활동을 상징적인 그림으로 나타낸 것이다. 상호작용론자들은 시간의 흐름에 의해 낡아 버린 집을 새로운 문화적인 집으로 개조하는 교육학자들인데, 이들은 인간의 과거업적의 중요성을 인정하면서, 아울러 생의 새로운 가치와 목적을 가진 새로운 사회문화를 모색하고 건설하려고 시도한다. 상호작용적 수업모형에 포함되는 수업체제를 나열해 보면 협동교수제(team-teaching), 자아개념 개발모형, 집단상호작용모형, 집단토의모형, 글래서(Glasser)의 학급회의모형(classroom meeting model), 가치명료화 교수모형, 역할연기모형 등이다.

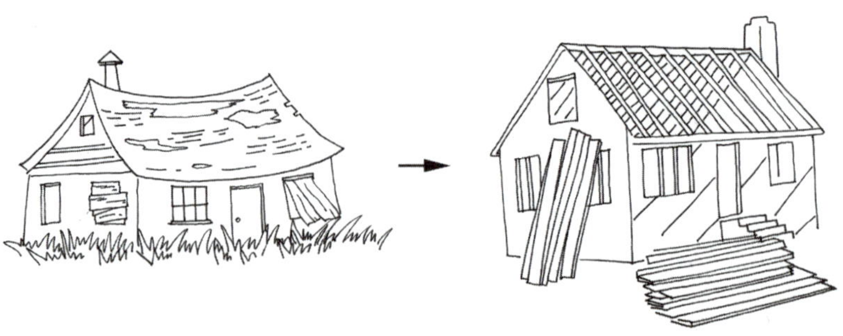

| 그림 4-67 | 상호작용적 수업모형에서의 수업상황

다. 교수-학습과정 패러다임에 의한 수업모형분류

수업모형은 교수-학습과정 패러다임(paradigm), 즉 교수-학습과정의 관련요소(목적 · 교수자 · 내용 · 학습자 · 환경)를 기준으로 하여 여섯 범주로 분류할 수도 있다. 이것은 어떤 이론체계의 결과라기보다는 교수-학습과정에 포함되는 여러 요소의 양상을 분석하여, 그 결과를 기초로 기존 수업방법들을 재분류한 것이다.

- **전통적 수업모형** : 전통적 수업모형은 근본적으로 학습자의 정의적 성장이나 사회적 적응보다는 지적인 훈련에 목적을 두는데, 강의법, 발문법(문답법) 등의 전통적인 수업방법들이 여기에 속한다. 전통적 수업방법을 활용하는 데는 대체로 다음과 같은 신념이 전제된다. 학습자가 성장하여 성인세계로 진입하려면 반드시 알아야만 하는 고정된 특정 지식체계를 습득해야 하는데, 그것을 습득하는 데에는 보다 정형화된 기본적인 사고과정이 필요하다고 믿는다. 이러한 생각은 대체로 항존주의나 본질주의와 같은 교육사상에 그 뿌리를 두고 있다. 항존주의가 다분히 과거의 발전되고 수용된 지식을 존중한다면, 본질주의는 당대의 지식을 더 중시한다고 할 수 있으나, 이들의 공통적인 특징은 교육을 미리 체계화된 지식을 전달하는 활동으로 생각하고 있다는 점이다. 즉, 교육은 교수자가 준비하여 학습자에게 전달하는 지식내용으로서, 이때의 지식은 특정 개인의 편견이나 정서, 느낌, 가치 등으로부터는 완전히 분리된 기본적인 지식이나 기능(skills) 또는 영구불변의 진리들이다. 따라서 여기에서는 정서적인 활성이 없는 개념 위주의 정보들이 객관적이고 논리적인 체계화를 통하여 학습자들에게 전달된다.

  여기에서 교수자는 지식전달자 또는 문화전승자로서 그 분야에서 전문지식인으로 역할을 수행한다. 이러한 전문인으로서의 교수자들은 어떻게 가르치느냐보다는 무엇을 가르치느냐에 관한 교육이나 훈련을 더 받은 경우가 많으며, 자칫하면 정보 또는 지식의 주입만을 교육의 주된 행위로 삼을 우려가 매우 크다. 그러한 경우 학습자들의 역할은 지극히 수동적인 자세를 갖기 쉽고, 배우는 일은 언제나 어렵고 힘든 일로만 인식될 우려가 크다.

- **지력개발 수업모형** : 지력개발 수업모형은 지적 과정(intellectual process)의 계발에 목적을 둔다. 즉, 학습하는 방법의 학습(learning to learn)에 초점을 두고 있다. 학습자가 정보를 수집하고, 이해하고, 분석·평가하고, 또 그것을 나름대로 통정할 수 있는 힘을 키워, 결국 문제를 스스로 해결하고 스스로 개념을 창출해 나갈 수 있도록 돕는 데 중점을 둔다. 탐구학습법(탐구법)이나 창의적 사고력 계발을 위한 수업방법(창의력 계발법)이 이러한 부류의 수업방법에 해당된다.
  이러한 수업방법은 앞서의 전통적 수업모형과 마찬가지로 가르치고 배우는 내용을 매우 중시하지만, 교수자의 입장에서 학습자에 주입시키기보다는 학습자위주의 인지과정의 촉진·변화에 많은 관심을 기울인다. 따라서 학습자의 인지구조나 사고체계의 분석을 교수자의 매우 중요한 역할로 간주하며, 교수자는 체계 또는 정보의 처리와 조작에 있어서 인지과정의 이상적인 모델로서 역할을 수행한다. 특히, 교수자는 학습자로 하여금 학습활동에 능동적으로 참여하도록 조장하여 학습자 스스로 정보나 지식을 내면화시켜 학습자 개개인마다 독특한 자기 나름의 현상학적 의미를 발견하고 탐구하도록 돕는다. 가르치고 배우는 주된 내용은 탐구방법, 즉 지식을 검증하고 가치를 구명하는 방법이나 지식 또는 학문의 준거틀을 이해하고 분석하며, 그 지식분야에서의 기본개념이나 통합적 개념을 습득하여 그들 자신의 삶과 주변에 적용하도록 적극 돕는다.

- **사회적 상호작용촉진 수업모형** : 사회적 상호작용촉진 수업모형은 타인과의 관계지움 능력을 키우는 데 초점을 두는 수업모형이다. 민주주의적 과정으로서의 대인관계의 기능 또는 사회적 기능(social skills)을 발달시켜 나가도록 돕는 데 주된 목적이 있다. 예컨대, 집단 속에서의 효과적인 의사소통, 집단과정의 분석과 개선, 집단 속에서의 역할수행, 사회적 행동에 영향을 미치는 제반 요소의 이해, 상호의존적인 대인관계상황에서의 자기책무성 인식, 민주주의적 집단과정의 증진 그리고 대인관계상황에서의 자아통제와 같은 능력을 키우는 데 중점목표를 둔다.
  토의법이나 역할극(역할놀이) 등은 이러한 사회적 상호작용촉진 수업모형의 대표적인 예로서, 적극적으로 활용되어 오고 있다. 도덕성 개발이나 윤리 및 가치관 발달의 수업모형도 이러한 맥락에서 발전되어 왔다. 이들 사회적 상호작용촉진 수업모형은 대체로 환경론적 사고와 집단역학이론에 근거하고 있으며, 심리학적으로는 인본주의 심리학에 그 뿌리를 두고 있다. 앞서의 전통적 수업모형에 비해서는 미래지향적인 성격이 강한 수업방법이라고도 볼 수 있다. 특히, 사회적 상호작용촉진 수업모형이 공통적으로 갖고 있는 특징의 하나는 이 세상에는 완전한 영구불변의, 그래서 의문의 여지가 전혀 없는 지식이나 가치는 존재하기 어렵다는 믿음을 갖는다는 것이다. 따라서 모든 지식과 가치는 언제나 비판적인 평가나 분석의 대상이 되어야 하며, 그것에 대한 의식의 제고가 곧 교육이라고 믿는다. 사회적 상호작용촉진 수업모형에서는 가르치고 배우는 내용 자체보다는 교수자와 학습자가 공동으로 형성하는 공동체(community) 안에서의 관계지움을 매우 중시한다. 따라서 교수자와 학습자의 관계는 공동참여자 및 동반자의 관계이며, 이들은 서로 자신의 지각을 타인과 나누어 갖는 기쁨을 매우 의미 있는 것으로 생각한다.

- **개별화 수업모형** : 개별화 수업모형은 낭만주의적인 자연성계발 교육관을 비롯하여, 아동중심 및 경험중심 교육에 관한 철학에 그 뿌리를 두고 있다. 심리학적으로는 인본주의 심리학에서 발전된 여러 가지 사고에 크게 영향을 받았다. 그런데 개별화 수업모형은 교수자주도(교사중심) 개별화 수업모형과 학습자주도(학습자중심) 개별화 수업모형으로 크게 분류할 수 있다. 개별화 수업모형은 학습자 개개인의 개별적 독특성(idiosyncrasy)을 최대한 존중하면서 신장시키고 개발하는 데 근본목적이 있다. 이는 자아분화를 통한 자아의 발견과 개발 및 통합을 추구하는 접근으로, 교수-학습과정에서는 무엇보다도 학습자가 가장 중요하게 여겨진다. 가르치고 배우는 내용도 학습자의 경험·흥미·욕구 등을 근간으로 선정되고 조직된다. 따라서 실제 교과 내용이 중요한 것이 아니라 학습자가 그 내용을 자신의 독특한 특성과 방식으로 얼마나 통정시키느냐가 교수-학습과정에서 교수자의 중요한 관심사가 된다. 교수자는 학습자들을 가르칠 수는 없고, 다만 그들이 배울 수 있도록 조건들을 정비해 주어야 한다고 믿는다. 교수자의 역할은 학습자들에게 배우는 분위기를 조성하는 환경조성자와 조

장자 및 자원인사의 역할을 수행한다. 한마디로 교육적인 산파의 역할이라고 할 수 있다. 그러기 위해서 교수자는 그 분야의 지식과 탐구방법의 전문가로서 언제나 개개 학습자들의 요구에 응할 수 있는 준비를 갖추고 있어야 한다.

- **공학적 수업모형** : 공학적 수업모형은 교육공학에서 발전한 기술공학적인 방법이나 매체들을 교수-학습과정에 활용하는 접근이다. 공학적 수업모형이 지향하는 목적은 다양한데, 어떠한 공학적 방안들을 활용하느냐에 따라 인지적 특성의 계발에 초점을 맞추기도 하고, 정의적 특성 또는 심리운동적 특성(기능적 특성)의 계발에 초점을 맞추기도 한다.

  공학적 수업모형에서는 역시 전통적 수업모형에서처럼 교과전문가인 교수자가 모든 교수-학습내용을 선정·조직하는 것이 상례이다. 이때 선정되는 정보는 대체로 객관적인 정보나 행동적 기능들이 주류를 이룬다. 교수공학의 활용에 있어서는 학습자 개개인의 능력 또는 준비도가 중요하게 고려되며, 그것에 맞추어 전개되는 교수-학습활동은 효율성을 높이는 데 중점을 둔다. 이러한 수업모형은 복잡한 정보와 행동유형을 체계적으로 전달할 수 있다는 이점을 지니고 있다. 그러나 자칫하면 학습자들은 수동적인 수용자 또는 관찰자의 입장에 그치는 경우도 있음을 부인하기 어렵다. 앞서 제시한 개별화 수업모형을 효과적으로 활용하기 위해서 공학적인 방안들이 적극 활용되기도 한다. 예컨대, 컴퓨터보조 수업방법, 프로그램 학습법 또는 공학매체활용 수업방법 등이 바로 여기에 해당한다.

- **치료적 수업모형** : 치료적 수업모형(행동수정 수업모형, 심리치료 수업모형)은 교수-학습과정에서 학습자에게 야기되는, 또는 이미 형성되어 있는 문제들을 치료함으로써 개개인의 학습에 대한 권리와 자유를 최대한 신장시켜 주는 데 근본목적이 있다. 즉, 인지적·신체적·정의적·사회적으로 학습과정에서 여러 가지 어려움을 겪는 학습자들에게 그 어려움을 극복할 수 있도록 도와주는 데 목적을 두는 수업모형이다.

이상과 같은 여섯 가지 수업모형의 특징을 교수-학습과정의 여러 요소에 비추어 상호 비교해 보면 <표 4-20>과 같다.

| 표 4-20 | 교수-학습과정 패러다임에 따른 수업모형들의 비교

비교항목 / 수업모형	교수-학습 목적	중심요소	교수자의 역할	학습자의 역할	교수-학습 환경	실례
전통적 수업모형	지식의 전달	내용 및 교수자	전문가, 권위자, 전달자	수동적 순종	교수자 지향	강의법, 발문법
지력개발 수업모형	정보의 조작과 처리	내용 및 학습자	전문가, 조장자, 촉진자	내면화	학습자 지향	탐구법, 창의력 개발법
사회적 상호작용 촉진 수업모형	사회적 상호작용	교수자 및 학습자	관계형성자, 공동학습자, 조장자	동일시	상호작용, 간접경험	토의법, 역할극
개별화 수업모형	자아개발	학습자	조장자, 중재자, 조력자	내면화	학습자 지향	개별화 교수, 계약학습, 개방교실
공학적 수업모형	정보처리 및 자아개발	내 용	전문가, 중재자	순종, 내면화	자동화, 간접경험, 직접경험	시청각 교수법, 컴퓨터 보조 교수법, 프로그램 학습법
치료적 수업모형	문제의 진단 및 치유	학습자	전문가, 진단자, 치료자	내면화	직접경험, 학습자 지향	행동수정 교수법, 심리치료 교수법

라. 정의교육 관련 수업모형분류

밀러(Miller, 1976)는 정의교육(affective education)을 위한 17가지 수업모형을 종합·정리하여 크게 네 범주의 교수모형(발달적 수업모형·자아개념 수업모형·감수성 및 집단지향 수업모형·의식확장 수업모형)으로 분류하였다<표 4-21>.

첫째, 발달적 수업모형은 발달심리학적 관점에서의 정의교육을 다루는 모형인데, 여기에서는 개인의 발달단계에 부합되는 정의교육방법과 지도절차를 강구한다.

| 표 4-21 | 정의교육을 위한 수업모형

수업모형		대표자	특징	목적
발달적 수업모형	1. 자아발달모형 2. 심리교육모형 3. 심리-사회모형 4. 도덕발달모형	Erikson Mosher, Sprinthall Rayn, Hoffman Kohlberg	심리적 특성 계발	자아위기의 극복 자아 및 인지적·도덕적 발달의 촉진 긍정적 자아개념과 사회적 기능의 습득 도덕적 성장
자아개념 수업모형	5. 가치명료화모형 6. 정체감 교육모형 7. 학급회의모형 8. 역할수행모형 9. 자기주도학습 모형	Raths, Kirshenbaum, Harmin Weinstein, Fantini Glasser Shaftel Rogers	자아개념 증진	자아의 형성 긍정적 정체감의 형성 자기이해 및 책임감의 함양 긍정적 자아개념, 집단응집력, 문제해결력의 증진 자아의 실현(만발기능인의 육성)
감수성 및 집단 지향 수업모형	10. 의사전달모형 11. 감수성-사려성 모형 12. 교류분석모형 13. 인간관계훈련 모형	Carkhuff McPhail Berne, Ernst National Training Laboratory	감수성 함양	의사소통기능의 함양 타인의 필요와 느낌의 이해 개방적 의사소통 및 개인적 성숙 대인관계기능의 증진
의식확장 수업모형	14. 명상모형 15. 창조적 문제 해결모형 16. 융합교육모형 17. 심리통합모형	Ornstein Gordon Brown, Hillman Assagioli, Crampton	의식 확장	감지 및 집중력 함양 창조력 및 상상력 함양 통합 및 전체적 지각 증진, 인지적·정의적 특성의 통합적 계발 집중력을 통한 통합력 증진

둘째, 자아개념 수업모형은 자아와 정체감의 발달에 초점을 두고, 자신이 어떤 사람이고 자신의 가치가 자기지각을 어떻게 반영하고 있는지에 관한 개인의 생각과 느낌을 명확하게 정립하도록 돕는다.

셋째, 감수성 및 집단지향 수업모형은 타인에 대한 개방성과 감수성을 촉진시켜 개인적 통합을 이루게 함과, 동시에 사회적 기능을 발달시키는 데 강조점을 둔다.

넷째, 의식확장 수업모형은 전통적으로 뇌의 좌반구와 관련된 논리적·언어적·분석적·객관적·주지적(主知的) 특성의 계발에 중점을 두는 것에 대한 반작용으로서, 뇌의 우반구와 관련된 직관적·형태적·종합적·주관적·주정적(主情的) 특성의 계발을 통하여 의식확장을 꾀하는 모형을 말한다.

| 표 4-22 | 좌뇌와 우뇌의 기능적 특성

좌뇌의 기능적 특성	우뇌의 기능적 특성
1. 이성적·분석적·추상적 능력을 발휘한다.	1. 감성적·직관적·지각적 능력을 발휘한다.
2. 이름을 잘 파악한다.	2. 얼굴을 잘 기억한다.
3. 언어적인 자료에 잘 반응한다.	3. 시각적인 자료(비언어적인 자료)에 잘 반응한다.
4. 체계적인 통제 속에서 실험한다.	4. 제한을 덜 받으며 임의로 계획 없이 실험한다.
5. 문제를 부분적으로 나누어 순서에 따라 논리적으로 해결한다.	5. 문제를 전체적인 구조 속에서 파악하며, 예감이나 육감으로 해결한다.
6. 객관적으로 사고하고 판단한다.	6. 주관적으로 사고하고 판단한다.
7. 계획적이고 구조적이다.	7. 유동적이며 자발적이다.
8. 확고하고 확실한 지식을 좋아한다.	8. 포착하기 힘들고 확실치 않는 정도에 흥미를 느낀다.
9. 분석적으로 독서한다.	9. 종합적으로 독서한다.
10. 사고와 기억은 일차적으로 언어에 의존한다.	10. 사고와 기억은 일차적으로 심상(image)에 의존한다.
11. 말하고 글 쓰는 것을 좋아한다.	11. 그림 그리기와 사물 조작을 좋아한다.
12. 구체적으로 계획된 과제나 활동을 좋아한다.	12. 개방적이고 주관적인 과제나 활동을 좋아한다.
13. 선택형 질문을 좋아한다.	13. 자유반응식 질문을 좋아한다.
14. 위계적 구조를 좋아한다.	14. 통합적(전체적) 구조를 좋아한다
15. 감정을 자제한다.	15. 자유로운 감정을 갖는다.
16. 청각적 자극에 잘 반응한다.	16. 시각적 자극에 잘 반응한다.
17. 몸짓언어를 잘 이해하지 못한다.	17. 몸짓언어(body language)의 이해에 능하다.
18. 주어진 환경과 사태에 수동적으로 반응한다.	18. 주어진 환경과 사태에 능동적으로 반응한다.
19. 은유나 유추는 거의 사용하지 않는다.	19. 은유나 유추를 자주 사용한다.
20. 논리적 문제해결을 좋아한다.	20. 직관적 문제해결을 즐기다.
21. 단일변인 연구를 좋아한다.	21. 다변인 연구를 즐긴다.
22. 내용을 부분적으로 나누고 논리적·계열적으로 해결하기 좋아한다.	22. 내용을 전체적으로 묶고 주관적으로 해결하기 좋아한다.
23. 구조화된 과제의 해결을 좋아한다.	23. 비구조화된 과제의 해결을 좋아한다.
24. 전형적이고 보편적인 문제해결을 좋아한다.	24. 독창적이고 창의적인 문제해결을 좋아한다.
25. 내향적이고, 진지하다.	25. 외향적이고, 유머스럽다.
26. 언어·수학·과학 등의 교과영역에 강하다.	26. 음악·미술·무용 등의 교과영역에 강하다.

ONLINE RESOURCES

'좌·우뇌의 기능분화와 학습프로그램 개발'에 관하여 논의한 자료가 필요할 경우 저자가 운영하는 웹사이트(welfare5.com)의 Online Resources 게시판을 통하여 다운을 받기 바랍니다('교육과정론'의 Online Resources 14 자료).

밀러는 각각 수업모형의 이론적 근거, 학급적용, 교사역할, 학습환경 등을 상술하면서, 교사들은 이러한 여러 방법을 스스로 시도해 보고 자신에게 가장 효과적인 모형들을 선택할 수 있으며, 또한 여러 방법을 통합해 보거나 자기 나름의 수업모형을 개발해 볼 수도 있다고 덧붙였다.

2 수업전략과 방법의 결정

수업모형이 결정되면 이제 어떻게 수업활동을 펼칠 것인가에 관하여 탐색해 보아야 한다. 즉, 수업전략과 방법을 결정해야 하는데, 여기에는 ① 수업형태(수업방법)와 전략의 결정, ② 수업자원(자료)의 선정 또는 개발, ③ 학습요소별 시간계획의 수립 등이 포함된다.

이 중에서 특히 교사는 다양한 수업형태와 전략들을 통달하여 교육내용에 맞추어 적절히 활용해야 한다. 수업방법과 관련하여 유념해야 할 점은 다른 방법보다 더 나은 유일한 방법이란 없다는 것이며, 모든 학생들이 동일한 하나의 방법으로 효과적으로 배우는 것은 아니라는 점이다. 예컨대, 사실적인 정보를 회상하도록 하기 위해 설계된 수업전략으로는 창조적 사고나 문제해결력을 키우지 못할 것이다. 또한, 어떤 학생은 구조화된 학습상황에서 더 잘 학습하는 반면, 어떤 학생은 더 개방적인 환경에서 더 잘 배우게 된다. 어떤 학생은 스스로 문제를 풀고자 하고, 다른 학생은 해결방안이 주어질 때 더 안정감을 갖기도 한다. 어떤 학생은 연역적으로 사고하고 어떤 학생은 귀납적 사고를 통하여 문제를 해결하기도 하며, 혼자서 더 잘 배우는 학생이 있는 반면, 집단 속에서 학습을 더 잘하는 학생도 있다.

그러므로 가르치는 활동은 매우 복잡하고 역동적일 수밖에 없다. 그때그때의 목적과 목표에 따라서도 달라질 수 있고, 내용이나 학습자 또는 상황조건 등에 따라서도 얼마든지 다양화될 수 있는 것이 수업형태와 전략이다. 이는 특히 목적과 내용에 따라 달라지는데, 정보나 지식의 전달에는 설명식 수업방법이나 토의법, 탐구법, 관찰법이 활용되며, 구체적인 지식과 기능의 획득에는 프로그램 학습법, 연습과 훈련방법이 활용될 수 있다. 그리고 인간적 특성과 과정을 중시하는 경우에는 역할놀이, 모의학습, 문제해결, 탐구훈련, 가치명료화 방법이 적용되며, 사회적 기능을 기르기 위해서는 집단조사법, 법리적 탐구법이 유용하고, 학생의 흥미와 활동이 중시되는 경우는 창조적 문제해결법, 비지시적 방법 등이 활용될 수 있다.

한편, 교수-학습장면에서 누가 주도권을 잡느냐에 따라서도 수업형태와 전략은 달라질 수 있다. 대체로 교사가 주도하는 경우에는 설명식 수업방법과 유의미 수용학습법 등이, 학생이 주도하는 경우에는 완전학습법, 개별화 교수법, 프로그램 교수법, 개념획득 교수법, 개념발달 교수법, 집단조사법, 협동학습법 등이, 교사와 학생의 상호작용이 강조되는 경우는 인지적 도제 교수법, 발문법, 역할극 등이 활용될 수 있다.

ONLINE RESOURCES

'수업방법의 분류 및 수업설계의 모형들'에 관한 자료가 필요할 경우 저자가 운영하는 웹사이트(welfare5.com)의 Online Resources 게시판을 통하여 다운을 받기 바랍니다('교육과정론'의 Online Resources 15 자료).

(4) 평가계획

교육과정 개발을 위한 '요구사정'을 토대로 교육과정 설계에서는 교육목적 설정, 교육내용 설정 및 조직, 지도계획 및 수업설계 등이 완료되면 이어 평가활동에 대한 계획을 수립해야 한다. 물론, 평가계획은 반드시 이 단계에서만 실행되는 것은 아니다.

교육장면에서 사용하는 '평가'라는 용어는 대상범위로 보면 교육평가, 교육과정평가, 수업평가 등의 세 측면으로 구분된다. 이 세 가지 용어는 상호 깊은 관련성을 맺으며 보완적인 관계를 유지하고, 경우에 따라서는 서로 대체적인 용어로 사용되기도 한다. 물론, 이 중 가장 포괄적이고 광범위한 용어는 '교육평가'인데, 이는 학교와 같은 교육기관에서 이루어지는 모든 활동과 대상에 대한 평가로서, ① 학생평가 : 교육목표 달성도 확인·반성, 행동특성(인지적·정의적·심리운동적 행동특성) 수집·해석, 개인차(개인내 차 및 개인 간 차) 확인·분석, ② 교육과정평가, ③ 환경평가, ④ 행정 및 경영평가 등을 포함한다. 이와는 대조적으로 '수업평가'는 범위가 가장 좁은 의미로서, 학생들의 학업성취정도와 교사의 교수방법을 포함한 수업활동 전반에 대한 평가를 지칭한다. 그리고 '교육과정평가'는 교육평가보다는 좁은 의미로 사용되지만, 수업평가보다는 더 넓은 의미로서, 교육과정 운영 전반(교육과정 개발·실행·평가)에 대한 평가를 지칭한다(박도순, 1989).

수업평가에 대한 계획에는 '진단평가'와 '형성평가' 및 '총합평가'에 관한 계획이 포함되어야 한다(p.377 [그림 6-17] 참조). 즉, 계획된 수업을 전개하기 전에 그와 관련된 선행학습의 정도를 확인하는 '진단평가', 수업 도중에 수시로 학생들의 학습진전상황과 그 장애요인을 확인하여 수업활동을 개선하기 위한 '형성평가', 학생들이 최종적으로 달성하게 될 학업성취정도를 종합적으로 확인하기 위한 '총합평가'에 대한 계획이 수립되어야 한다.

특히, 총합평가에 대한 계획을 수립하는 데 있어서는 무엇보다도 이원분류표(two-way specification table)의 작성이 요구된다. 이원분류표는 학생들이 학습한「내용」차원과 성취해야 할「행동」차원을 횡렬(가로)과 종렬(세로)로 나열한 후 상호 교차시켜 이들의 성취정도를 확인할 수 있는 평가문항의 수나 비율을 정하여 써넣는 방식으로 작성된다. 평가의 주된 목적은 학생들의 교육목표 달성도를 확인·반성하는 데 있으므로 평가계획에서는 교육목표가 담고 있는「내용」차원과「행동」차원을 관련지어 평가문항을 개발(작성·출제)할 구체적인 준비를 해야 한다.

이원분류표는 전집(全集)의 대표성을 지닌 문항의 제작을 가능하게 할 뿐만 아니라, 제작된 문항을 검토·분석할 수 있게 해준다. 그러므로 직접 문항제작에 들어가기 전에 반드시 이원분류표에 의해 문항제작계획을 세우고, 또 실제 문항을 제작해야만 의도했던 목적에 부응하는 평가를 실시할 수 있고, 어느 한쪽에 치우치지 않는 문항을 출제할 수 있다. 한 검사 또는 시험에 포함될 전체 문항수가 정해지면 '내용'과 '행동'이 교차되는 각 칸에 배정되는 문항수는 그 칸에 해당되는 목표의 비중과 수에 따라 결정된다.

이원분류표는 평가의 기본계획인 셈이며, 각 칸 속에 기입되는 숫자는 바로 출제문항의 수나 비율인데, 이 기준에 따라 문항을 출제하는 것이 교육목적의 달성도를 확인하는 타당한 방법이라고 할 수 있다. 이원분류표의 작성과정을 단계적으로 제시하면 다음과 같다.

- **1단계** : 인지적 영역, 정의적 영역, 심리운동적 영역에 속하는 모든 행동요목(목표)을 빠짐없이 횡렬에 기입한다.

- **2단계** : 교육과정 해설을 참고하여 교과에서 다루어진 내용요목을 종렬에 기입한다.
- **3단계** : 1～2단계에서 만든 행동요목과 내용요목을 교차시켜 출제문항의 수나 비율을 기입한다.
- **4단계** : 행동요목과 내용요목이 교차되는 칸이 출제문항의 숫자가 없는 빈칸인 경우 종렬과 횡렬은 삭제한다.

위와 같은 절차에 따라 과학교과와 보건교과의 특정단원을 대상으로 작성된 이원분류표의 실례를 제시하면 <표 4-23>, <표 4-24>와 같다.

| 표 4-23 | 과학교과 이원분류표 실례(70문항)

행동(인지적 영역) / 내용	지식				이해		적용	분석			종합	평가	문항 합계
	1.11	1.12	1.25	1.31	2.20	2.30	3.00	4.10	4.20	4.30	5.20	6.20	
	용어	사실	방법	원리법칙	해석	추론	적용	요소	관계	조직원리	조작	외적준거	
1.00 질량과 밀도													
1.10 물질의 양	·	·	·	·	·	1	·	·	·	·	·	·	1
1.20 질 량	·	·	1	·	·	·	1	·	·	1	·	·	3
1.30 밀 도	1	·	1	1	·	1	1	1	1	·	·	1	8
2.00 녹는 점과 끓는 점													
2.10 녹는 점	·	·	·	·	·	·	1	·	·	·	1	·	2
2.20 끓는 점	·	·	·	·	·	·	1	·	·	·	·	1	2
3.00 용해도													
3.10 용해와 용액	1	1	·	1	1	1	2	·	1	1	1	·	10
3.20 용해도	·	·	1	·	·	1	·	·	·	2	·	1	5
4.00 기체의 성질													
4.10 수 소	·	·	·	1	·	1	·	·	·	2	1	1	6
4.20 이산화탄소	·	·	·	·	1	·	1	1	3	1	·	·	7
4.30 산 소	·	·	·	1	·	1	1	·	·	2	1	2	8
4.40 이산화황	·	·	·	·	1	·	2	1	1	·	1	·	6
4.50 기체의 용해도	·	1	1	2	·	1	2	·	1	1	2	1	12
문항 합계	2	2	4	6	3	7	12	3	7	10	7	7	70

| 표 4-24 | 보건교과 이원분류표 실례(16문항)

단원	문항번호	내 용	행 동								난 이 도			문항형태		
			인 지				정 의		심리운동							
			지식	이해	적용	평가	반응	가치화	기계화	적응	상	중	하	객관식	주관식	실기
1. 비만	1	비만의 정의	○									○		○		
	2	비만의 원인		○									○	○		
	3	비만의 합병증					○						○	○		
	4	비만의 위험성		○								○			○	
	5	BMI 계산하기			○							○			○	
2. 식사	6	영양소의 역할		○									○		○	
	7	올바른 식습관								○		○				○
	8	올바른 식사규칙			○						○				○	
	9	음식의 칼로리			○						○				○	
	10	5대 영양소	○									○		○		
3. 운동	11	운동의 효과				○					○				○	
	12	운동 시 주의점		○									○		○	
	13	운동방법			○							○				○
	14	운동의 중요성						○					○		○	
	15	올바른 운동습관					○					○				○
	16	건강체조							○		○					○
문항 합계			16								16			16		

(5) 교수-학습과정안 작성

일련의 개발과정을 거쳐 확정된 교육과정(좁은 의미의 '수업설계')이 실질적으로 실행되기 위해서는 구체적인 교수-학습활동이 전개되어야 하기에 교수-학습과정안이 작성되어야 한다. 교수-학습과정안은 교육과정 개발의 구체적인 결과물로서 교사가 교육목표(수업목표)를 가장 효과적·효율적·매력적으로 성취하기 위하여 수행해야 할 교수활동의 전체 내용을 체계적으로 정리한 수업설계도이다. 즉, 이는 교수-학습지도의 계획서라고 할 수 있는데, 교수–학습지도안, 수업지도안, 학습지도안 또는 간단히 교안이라고도 부른다.

교사는 교수–학습과정안을 작성함에 있어 해당 교과내용의 선정 이유와 그 내용의 전반적인 이해 그리고 현재의 교실상황을 예상하고 그에 따라 최선의 계획을 세워야 한다. 지도계획에 있어서의 기초적인 고려는 '무엇을 가르치며', '누구를 가르칠 것인가'에 두어야 하는데, 교과서의 참고만을 통하여 이루어진 수업계획은 아무런 의미를 지니지 못한다. 따라서 교사가 학습의 필요에 어느 정도 대응할 수 있느냐의 정도는 교과내용에 대한 전문적인 지식과 학생에 대한 이해의 정도에 따라 달라지므로 교육내용의 조직과 적용할 교수방법을 사전에 구체적으로 구상해야 한다.

교수–학습과정안을 작성하는 데는 많은 시간과 노력이 소요된다. 그러나 한 번 작성된 교수–학습과정안에 대한 수정·보완을 쉽게 하기 위해서는 관련 컴퓨터 프로그램을 이용하면 노력과 시간을 훨씬 절약할 수 있다.

교수–학습과정안에 포함되이야 할 내용에 대한 주장은 학자에 따라 다르다. 버튼(Burton, 2004)에 의하면, 교수–학습과정안은 효과적인 수업이 진행되도록 교수–학습활동 및 자료를 적절히 융합하는 것인데, 여기에 포함되어야 할 항목으로서 다음과 같은 것을 들었다.

- 목 적 : 교사의 교수목표와 학생의 학습목표
- 교 재 : 교과서 및 참고서의 페이지 혹은 대체적인 개요의 진술
- 활용될 교수방법
- 수업활동 : 도입, 전개, 정리 등
- 과 제 : 예습과 복습
- 교수–학습자료

위의 내용 외에도 다음과 같은 사항이 교수–학습과정안에 포함되는 내용으로 고려될 수 있다.

- 전시와 본시와의 연결
- 학습동기 유발의 방안
- 시간배당 : 교재의 각 영역을 다루는 데 필요한 시간
- 판서계획
- 질 문 : 예상되는 학생의 질문과 교사의 답변준비
- 과 제
- 평 가 : 진단·형성·총합평가를 위한 계획이나 문항제작

한편, 교수-학습과정안을 작성할 때 고려해야 하는 유의점은 관점에 따라 여러 가지가 있을 수 있겠으나, 특히 교직의 경험이 거의 없는 예비교사들이 준수해야 할 유의사항은 다음과 같다.

- 활용할 수 있는 교수-학습자료는 가능한 한 많이 준비해야 한다.
- 일정 관점에 따라 계열적으로 조직해야 한다.
- 학습목표는 행동적 용어로 진술한다.
- 학생의 능력 및 흥미수준을 고려한다.
- 교사지도서의 방침에 따른다.
- 학습내용에 따른 가장 적절한 교수방법을 선택한다.
- 학생의 교과서에 제시되어 있는 학습자료를 참고한다.
- 전시의 수업과 논리적·발달적 연결을 시킨다.
- 적절한 과제를 포함시킨다.
- 과제를 부과할 때는 학생이 활용할 수 있는 보조자료를 고려한다.
- 수업목적을 달성하기 위하여 활동의 논리적 순서를 조정한다.
- 적절한 요약과 판서계획을 준비한다.
- 형성평가에 따라 원래 계획을 수정·개선하여 효율적인 수업이 전개될 수 있도록 융통성 있는 계획을 수립한다.
- 수업의 각 활동에 적절한 시간을 배정한다.
- 학습이나 교수의 결과를 평가할 수 있는 적절한 방법을 강구한다.

끝으로, 교수-학습지도의 실제는 교수-학습과정에 관련된 제반 변인(학교수준·교과나 단원의 성격·지역의 특수성·학습자의 특성 등)에 따라 그 형태가 달라지기 때문에 교수-학습과정안은 일정한 형식이 없으나, 학교현장에서 일반적으로 활용되고 있는 교수-학습과정안의 양식에는 '간략형'과 '세밀형'이 있다.

먼저, '간략형'에는 단원명, 단원설정의 이유(필요성), 단원의 학습목표, 단원지도계획, 단원지도상의 유의점, 본시 지도계획(제재나 제목, 본시학습목표, 도입·전개·정리·평가·발전 등의 교수-학습활동) 등이 포함되는데, 그 표준 양식은 다음과 같다.

(　　)과 교수-학습과정안

월　일　요일　제　교시
제　학년　반
지도교사 :

(1) 단 원 명 :

(2) 단원설정의 이유(필요성)
① 학습자의 입장
② 학교의 입장
③ 국가 및 사회의 입장

(3) 단원의 학습목표 :

(4) 단원지도계획

차 시	주요내용 및 활동	자 료 준 비	기 타
1			
2			
3			
4			
5			
6			

(5) 단원지도상의 유의점 :

(6) 본시 지도계획(본시 학습지도안)
① 제 재 :
② 학습목표 :
③ 교수-학습활동

구 분 / 단 계	수 업 내 용	교수-학습활동		시간배당	자료 및 유의점
		교수활동(교사활동)	학습활동(학생활동)		
도 입					
전 개					
정 리					
평 가					
발 전					

한편, '세밀형'은 '간략형'에 비해 보다 체계적이고 구체적인 내용들이 포함되는데, 이는 크게 계획단계, 진단단계, 지도단계, 발전단계, 평가단계 등으로 세분되어 작성된다. 그 표준양식을 제시하면 다음과 같다.

(   )과 교수-학습과정안

단 원	
기 간 (예정 시수)	( )
대 상	
장 소	
지 도 교 사	

결재	계	부 장	교 감	교 장

○ ○ ○ 학 교

Ⅰ. 계획단계

1. 단원의 개관

1) 단원설정의 이유(학습문제) :

2) 발전계통 : 선수학습, 본 단원학습, 후속학습의 관련성 제시(도식으로)

3) 지도상의 유의점 :

2. 단원의 목표

1) 인지적 영역의 목표 :

2) 정의적 영역의 목표 :

3) 심리운동적 영역(기능적 영역)의 목표 :

3. 단원의 내용구조 (도식으로)

4. 단원지도계획 (도표로)

Ⅱ. 진단단계

1. 실태 파악

1) 학생의 지적 수준 :

2) 해당 교과에 대한 흥미도 :

3) 해당 교과 참고도서 소지현황 :

4) 이전 학년이나 해당 교과 또는 이전 단원의 성적분포 :

2. 진단평가문항

3. 분석 및 대책

4. 교정학습

5. 심화학습

Ⅲ. 지도단계

1. 본시 학습지도안

<table>
<tr><td>대단원</td><td></td><td>중단원</td><td></td><td>소단원</td><td></td></tr>
<tr><td>학 습
주 제</td><td colspan="3"></td><td>차 시</td><td></td></tr>
<tr><td>본 시
학 습
목 표</td><td colspan="5"></td></tr>
</table>

<table>
<tr><td rowspan="2">지 도
단 계</td><td rowspan="2">학 습 내 용</td><td colspan="2">교수-학습활동
(예상되는 발문과 응답 포함)</td><td rowspan="2">학습자료 및
지도상 유의점</td></tr>
<tr><td>교 사</td><td>학 생</td></tr>
<tr><td>도 입
(분)</td><td>수업분위기 조성
전시학습 확인
본시 학습내용 소개
학습목표 제시
동기 유발</td><td></td><td></td><td></td></tr>
<tr><td>전 개
(분)</td><td></td><td></td><td></td><td></td></tr>
<tr><td>정 리
(분)</td><td></td><td></td><td></td><td></td></tr>
<tr><td>평 가
(분)</td><td></td><td></td><td></td><td></td></tr>
<tr><td>발 전
(분)</td><td>차시 예고

과제 제시</td><td></td><td></td><td></td></tr>
</table>

2. 판서안

Ⅳ. 발전단계

1. 형성평가문항

2. 결과분석 및 대책

3. 보충학습

4. 심화학습

Ⅴ. 평가단계

1. 이원분류표

2. 평가문항 및 정답

ONLINE RESOURCES

「교수-학습과정안」의 다양한 실례들에 관한 자료가 필요할 경우 저자가 운영하는 웹사이트(welfare5.com)의 Online Resources 게시판을 통하여 다운을 받기 바랍니다('교육과정론'의 Online Resources 16 자료).

05 CHAPTER

교육과정의 실행

1. 교육과정 실행의 의미와 접근방법

1) 교육과정 실행의 의미

교육과정은 하나의 계획으로 시작되어 실제 교육장면에서 학생들을 대상으로 실행될 때 드디어 그 가치가 드러나게 되는데, 이러한 실행에는 모든 참여자들의 노력이 요구되는 복잡한 활동들로 이루어진다. 여기에서 실행이란 용어는 교육과정 혹은 교수요목(syllabus)이 의도한 바의 목적과 목표의 달성을 위해 전개·실현되는 과정을 말한다. 학교에서 특정 교육과정을 성공적으로 실행하기 위해서는 국가수준과 지역수준에서부터 그 실행장소인 학교장면과 학급상황에 이르기까지의 전개과정에 개입되는 여러 요소들을 탐색하고, 그에 따른 체제적 수준에서의 역할과 책임을 규명하여 합리적인 실행계획을 수립해야 한다(윤광보, 2000).

교육과정 실행(curriculum implementation)이란 개발된 교육과정을 학생들을 대상으로 효과적으로 전개하는 것으로, 교육과정이 교육현장에서 잘 실행될 수 있도록 제반 여건을 정비하고 관리하는 측면이 모두 포함된다. 먼저 자이스(Zais, 1976)에 의하면, 교육과정 실행은 개발·구성된 교육과정을 실제로 전개하는 것으로, 여기에서는 교육과정 개발과 구성에 대한 평가적 피드백을 제공하며, 그 평가자료는 교육과정 수정 및 개선을 위해 유용하게 활용될 수 있다. 한편, 풀란(Fullan, 1989)은 교육과정 실행이란 교육과정이나 교과목에 의한 실제적인 교육활동을 펼치는 것으로, 학교현장의 변화와 학생들의 바람직한 교육목표 달성을 위해 현재의 상태를 변화시키는 과정이라고 보았다.

교육과정 실행은 대비적으로 ① 학교 외부에서 개발된 교육과정을 학교현장에서 그대로 실행에 옮기는 것과, ② 학교 내에서 자체적으로 개발된 교육과정을 실행에 옮기는 것으로 대별될 수 있다. 이 중 전자는 교육과정 전문가들에 의해 개발된 교육과정을 교육실천가인 교사들이 학교현장에서 실행에 옮기는 것이므로, 이를 '교육과정 적용'이라고 명명한다. 이러한 경우 교사가 직접 참여하여 개발한 교육과정을 실행에 옮기는 것이 아니므로 개발자와 실천자는 서로 다르게 되므로 교육과정 실행은 교육과정 개발과는 분리된 별개의 활동이 된다. 개발된(계획된) 교육과정이 마치 연극의 대본이라면 실행되는 교육과정은 연극의 실연과 같다.

2) 교육과정 실행의 접근방법

교육과정 실행의 대비적 접근방법에 관해 바로 위에서 언급하였는데, 여기에 중간적인 실행형태를 더하여 세 가지의 접근방법으로 ① 외부에서 개발된(계획된) 교육과정의 학교현장에서의 실행, ② 외부에서 개발된 교육과정의 수정·보완 또는 재구성에 의한 실행, ③ 학교와 교사가 자체적으로 개발한 교육과정 실행을 상정할 수 있다. 이는 각각 ① 외부에서 개발된 교육과정을 학교현장에 충실하게 적용하는 '충실적 접근', ② 외부의 교육과정 개발자와 학교현장에서의 실행자(교사) 간의 상호교류와 협력을 통하여 유연성 있게 실행하는 '상호작용적 접근'(상호적응적 접근), ③ 교사와 학생의 상호협력(공동)에 의해 자체적으로 창안한 교육과정을 실행해 나가는 '생성적(형성적) 접근'이라고 명명할 수 있다. 이에 관하여 차례대로 살펴보면 다음과 같다.

첫째, '충실적 접근'은 외부에서 개발된 교육과정이 계획된 대로 학교현장에서 잘 적용되었는지를 파악하고, 그러한 적용을 촉진시키거나 방해하는 요인들을 밝혀내는 데 중점을 둔다. 이러한 관점을 지지하는 사람들은 교육과정의 개발(혁신) 자체의 중요성을 강조한다. 이러한 관점에서는 교육과정을 실행하는 데 있어 구조화된 접근이 권고되는데, 여기에서는 교사들에게 단원 혹은 코스를 어떻게 가르칠 것인가에 대한 명백한 지침이 주어지는 것이 보통이다. 교사에게 제공되는 이러한 지침은 사전에 구체적으로 작성된다. 한편, 교육과정 실행에 대한 이러한 관점은 교사가 새로운 교육과정이나 프로그램을 실행하기 위해 사전에 철저히 훈련되어야 한다는 점을 매우 강조한다. 새로운 교육과정 패키지를 활용하기 위해 일선교사들은 필요한 연수(훈련)를 체계적으로 이수하여야 하고, 일단 이 연수를 마친 뒤에는 높은 수준의 교수기술을 숙달하여 외부 교육과정을 충실하게 전개해 나가는 주로 수동적인 수령인으로서의 주된 역할을 하는 것으로 전제된다.

둘째, '상호작용적 접근'(상호적응적 접근)은 외부의 교육과정 개발자(설계자)와 학교현장의 실행자인 교사 간의 상호교류와 협력을 통해 교육과정을 유연성 있게 실행하는 방법을 말한다. 여기에서는 교육에서 추구하는 변화나 혁신은 상당히 복잡한 과정을 통하여 이루어지고, 따라서 어떤 하나의 요인으로 쉽게 측정하기 어려운 과정이라고 전제된다. 이러한 접근의 지지자들은 학교교육의 변화나 혁신이 외부에서 개발된 교육과정과 학교 내부의 조직특성·교사의 요구 등 현장의 제반 요인들 간의 능동적인 상호작용에 의해 나타나게 될 수밖에 없다고 인정한다. 상호작용적 접근은 외부 교육과정 개발자와 학교현장 실행자 간에 이루어지는 합리적인 상호교류와 협력에 의해 교육과정의 성공적 실행이 보장될 것으로 간주한다.

셋째, '생성적(형성적) 접근'은 교사와 학생들이 학교현장의 다양한 특성과 요구들을 반영하여 공동으로 개발한 교육과정을 토대로 교수-학습활동을 펼쳐나가는 데 강조점을 둔다. 앞서 언급한 '충실적 접근'이나 '상호작용적 접근'의 근간인 외부에서 개발된 교육과정이나 프로그램은 본질이라기보다는 어디까지나 교수-학습활동의 보조도구로서의 의미를 강하게 갖기 때문에 학교현장에서는 교육참여자인 교사와 학생의 주체적 참여가 보장되지 않는다. 이에 반하여 '생성적 접근'에서는 교사와 학생이 공동적으로 교수-학습활동의 목표와 전개과정을 실질적으로 결정짓는 핵심적인 위치를 차지하게 된다.

2. 교육과정 실행의 원리와 영향요인

교육과정을 성공적으로 실행하기 위해서는 다양한 요인들을 고려할 필요가 있는데, 특히 교육과정 실행의 원리를 잘 따라야 한다. 아울러, 교육과정 실행에 영향을 미치는 제반 관련요인들에 대한 고려가 필요하다.

1) 교육과정 실행의 원리

(1) 합목적성의 원리

교육과정의 실행은 궁극적으로 교육목적과 목표를 성취하기 위해 실질적으로 이루어지는 활동이므로, 이는 이미 설정된 목적 및 목표의 달성에 부합되도록 이루어져야 한다.

(2) 합법성의 원리

교육과정의 실행은 어디까지나 제반 관련 법률이나 규정에 합치되게 이루어져야 한다.

(3) 민주성의 원리

교육과정의 실행은 적절한 권한위임과 상호존중의 원칙하에서 상호협력적·평등적(균등적) 참여에 의해 이루어져야 한다.

(4) 학습자 존중의 원리

교육과정의 실행에 있어 학습자의 요구와 필요, 발달수준, 능력, 적성 및 특기, 진로, 애로사항 등이 충분히 반영(수용)되고 존중되어야 한다.

(5) 자율성의 원리

교육과정의 실행은 학교와 교사가 부당한 외부 간섭에서 벗어나 자율적인 결정과 실천에 의해 이루어져야 한다.

(6) 전문성의 원리

교육과정의 실행은 일상적이고 상례적으로 이루어지기보다는 전문적이고 과학적인 활동에 의해 이루어져야 한다.

(7) 책무성의 원리

교육과정의 실행에 대한 주된 책임은 학생들에게 있는 것이 아니라, 근본적으로 학교당국 및 교사에게 있음을 유념해야 한다.

(8) 효과성의 원리

교육과정의 실행은 어디까지나 소정의 교육목적과 목표 달성정도를 극대화하는 방향으로 이루어져야 한다.

(9) 효율성의 원리

교육과정의 실행은 인적·물적 자원을 포함한 비용과 시간 및 노력을 최소한으로 투입하여 최대의 성과(산출)를 얻을 수 있도록 이루어져야 한다.

(10) 계열성의 원리

교육과정의 실행은 학교별과 학년별 및 교과별로 선수학습과 후속학습, 초급·중급·고급의 교육내용과 활동이 수직적(종적)으로 연계되도록 이루어져야 한다.

(11) 통합성의 원리

교육과정의 실행은 전체 교육과정과의 통합적인 체제를 유지하면서 이루어져야 한다. 즉, 교육내용과 활동이 단절되거나 중복되지 않고, 상호 강화되는 방향으로 수평적(횡적)으로 연계되도록 전개되어야 한다.

(12) 균형성의 원리

교육과정의 실행에 있어 개인과 사회, 필수과목과 선택과목, 일반교육(교양교육)과 전문교육(직업교육), 교과내용의 폭과 깊이, 전통적인 내용과 현대적인 내용, 학생의 개성과 보편성(공통가치), 학습과 놀이 등이 균형 있게 조화를 이루어야 한다.

(13) 현실성의 원리

교육과정의 실행은 교사조직의 특성, 교원들의 전문성, 학생들의 특성, 학교의 물리적 환경, 지역사회의 여론과 이용 가능한 자원, 재정여건, 시간, 관련법규, 외부기관의 지원과 통제정도 등의 주어진 여건을 충분히 고려하여 현실성 있게 이루어져야 한다.

(14) 적응성의 원리

교육과정의 실행은 사회변화에 따른 새로운 요구나 상황, 학생들의 능력·요구·관심·흥미 등의 변화에 부합하도록 신축성 있게 이루어져야 한다.

(15) 안정성의 원리

안정성의 원리는 적응성의 원리와 대응되는 원리로서, 교육과정의 실행이 어느 정도 일관성과 지속성을 유지하여야 한다는 것을 말한다. 교육과정 운영은 사회변화에 따라 달라져야 하지만, 지나친 변화는 오히려 혼란을 야기할 우려가 있으므로 어느 정도 일정한 상태가 유지될 필요가 있다.

2) 교육과정 실행의 영향요인

개발된 교육과정의 실체는 학교현장에서 이루어지는 교육활동을 통하여 학교와 학생들에게 변화가 일어나야 함을 의도하고 있다. 교육과정이 실행되는 데에는 인적·물적 요인 이외에도 시간적 변인과 경제적·문화적 변인 등의 다양한 요인들이 영향을 미치게 되나, 그 중 가장 중요한 요인은 그 실행자인 교사와 관련된 요인이라고 볼 수 있다. 그러나 교육과정 실행의 영향요인은 그 주체자인 교사요인뿐만 아니라, 그 연속선상에서는 여러 요인들이 작용하므로 운영 전반과 관련지어 논의되어야 한다. 이렇게 본다면 교육과정 실행에는 ① 실행자인 '교사 요인'(철학과 인성 포함), ② '학습자 요인', ③ '교육정책적 요인', ④ '교육과정 자체 요인', ⑤ '환경 요인'(지원체제 포함) 등의 요인들이 영향을 미친다고 볼 수 있다.

한편, 온스타인과 헌키스(Ornstein & Hunkis, 1988)는 교육과정 실행에 영향을 미치는 주요요인으로 ① 국가수준 및 지역수준의 정책, ② 실행계획과 실행 자체 간의 유기적 관련성, ③ 교육과정 관련자들 간의 의사소통, ④ 협력 및 지원체제 등을 들었다.

그리고 장원조(1994)는 관련선행연구들을 종합하여, 교육과정 실행에 영향을 미치는 요인범주를 크게 ① 교육과정 자체 요인, ② 교사 요인, ③ 인적·

물적 지원체제 요인으로 구분하였다. 이러한 요인들을 교육과정 운영이라는 연속선상에서 보면, '교육과정 자체 요인'은 교육과정을 개발(계획·설계)하는 단계에서부터 고려해야 할 요인으로 인정되며, '교사 요인'과 '인적·물적 지원체제 요인'은 실행 단계에서 고려해야 할 요인으로 간주된다.

첫째 범주는 교육과정 변화와 혁신 그 자체의 본질과 성격을 담고 있는 교육과정 개발로서의 '교육과정 자체 요인'이다. 풀란(Fullan, 1991)은 이에 관련되는 요인으로 교육과정 변화와 혁신의 필요성, 교육과정의 질, 교육과정의 명확성(명료성), 교육과정의 복잡성 등의 네 가지를 들었는데, 이들은 교육과정의 효과적인 실행에 유의미한 영향을 미치는 것으로 간주된다. 교육과정의 실행이 촉진되기 위해서는 그 교육과정이 함의하고 있는 변화와 혁신의 필요성과 당위성이 분명하고 질적인 면에서 양호해야 하며, 교육과정의 의도와 내용은 명확한 반면, 복잡하지 않아야 한다. 특히, 교육과정의 명확성과 복잡성의 문제는 실행자인 교사의 교육과정에 대한 이해정도와 밀접한 관련성을 갖는데, 그 명확성이 낮게 되면 불충분한 이해와 혼란 및 좌절감 등으로 인하여 교육과정 실행이 제대로 이루어지지 못하며, 그 복잡성이 높게 되면 교사는 그만큼 많은 노력을 해야 하므로 교육과정 실행이 더 어려워지게 된다.

둘째 범주는 '교사 요인'이다. 질 높은 교육과정이 개발되었다 해도 그것이 학교교육현장에 효율적으로 실행되기 위해서는 그 교육과정에 대한 교사들의 이해와 호의적인 태도와 관심은 물론, 교사들은 전문적 자질과 자신감 및 효능감 등을 갖추어야 한다. 이 중에서도 교육과정 실행과 관련성이 가장 높은 것은 전문적 자질이라고 볼 수 있는데, 여기에는 해당교과와 학습자 및 교육활동 구안에 대한 전문적 지식과 기능이 포함된다. 이러한 맥락에서 본다면 교육과정의 성공적인 실행을 위해서는 현직교원을 대상으로 하는 연수활동이 매우 중요하다. 학교교육현장에서 교육과정이 실행되는 수준은 모방적·원형유지적 수준, 중개적 수준, 창조적·재해석적 수준 등으로 구분할 수 있는데, 교육과정이 교육현장에서 생명력을 가지게 되고, 창조적·재해석적 수준으로 교육과정을 실행하려면 교사가 그만큼 높은 전문적 자질을 갖추어야 한다.

셋째 범주는 교육과정의 실행에 필요한 '인적·물적 지원체제 요인'이다. 교육과정이 잘 개발되고 교사가 갖추어야 할 조건들을 제대로 갖추었다 하더라도 실행에 필요한 지원체제가 동원되지 못하면 그 실행은 만족스럽지 못할 것이다. 교육과정 실행에 있어 지원체제적 요인은 크게 인적 지원체제 요인과 물적 지원체제 요인으로 분류된다. 먼저, 인적 지원체제 요인에는 행정가의 지도성, 행정가–교사 간 및 교사 상호간의 신뢰적인 인간관계, 행정가와 동료교사들의 지원 등이 포함된다. 그리고 물적 지원체제 요인에는 교육과정 관련자료, 시간, 재정, 시설 등이 포함되는데, 특히 이 중에서도 교육과정 관련자료가 매우 큰 비중을 차지하므로 교육과정 편성·운영에 관한 국가 및 지역수준의 지침을 포함한 교육과정자료의 개발과 보급에 많은 노력을 기울여야 한다.

끝으로, 교육과정의 실행에 영향을 미치는 요인들은 '이해관계자'(stakeholders; 이해당사자)의 관점에서 분류될 수도 있다. 교육과정 실행의 이해관계자에는 관련 개인들뿐만 아니라 단체와 기관 및 제도 등이 포함되는데, 그 대표적인 요인들을 열거하면 ① 학습자(learners), ② 교사(teachers), ③ 교육과정 관리자 및 운영자(curriculum managers & administrators), ④ 학부모(parents), ⑤ 지역사회(community), ⑥ 기타 이해관계자(other stakeholders; 정부 : 교육부·교육청, 교육관련 시민단체, 교육관련 전문가집단, 교사협의회 및 교원조직·단체 등) 등이다.

3. 교사에 의한 교육과정 재구성 : 통합교육과정 운영

교육과정의 개발과 운영은 ① 국가수준, ② 지역수준(시·도 교육청 및 교육지원청), ③ 학교수준, ④ 교실수준(교사) 등으로 분류된다. 이 중 학교중심 교육과정 개발과 학교의 자율적 운영이 강조되고 있는 최근의 흐름에 비추어 볼 때 교사에 의한 교육과정의 재구성은 중요한 의미를 갖는다.

과거에는 교사연구가 주로 효율성의 측면에서 교사의 행동에 초점이 맞추어졌으나, 현대에는 교사의 사고과정에 더 많은 관심을 집중하고 있다. 교사의 지식에 대한 시각 및 상황에 대한 판단은 교육과정에 대한 해석과 재구성에 큰 영향을 미친다. 따라서 교사의 역할은 교육과정을 주어진 실체로 파악하여 전달하는 것으로 인식되기보다는 상황과 각자의 관점 및 수업상황에 따라 해석하고 재구성하는 것으로 인식되어야 한다. 교사에 의한 교육과정의 재구성은 교육내용의 적합성을 높이기 위한 활동으로 교사의 자율성 신장과 반성적 사고자 및 의사결정자로서의 역할변화와 맞물려 있다(박현주, 1996).

학교현장에서의 기본적인 교사역할은 교육과정과 교과서 및 교재를 해석하여 학생들의 요구와 학교의 실정에 적합하도록 재구성하여 가르치는 일이다.

여기에서 교육과정과 교과서 및 교재를 해석한다는 것은 교육과정의 운영을 담당하는 일선의 전문가로서 교사가 지역사회와 학교의 특성, 학생들의 요구, 교사 자신의 요구와 신념 등을 종합하여, 교육내용의 전달자가 아닌 진정한 교육과정의 실행자로서의 역할수행이 강조된다는 의미를 담고 있다.

교사의 본질적인 역할은 수업활동을 통해 학생들의 인지적·정의적·심리운동적 역량을 개발시키는 데 있다. 교사의 수업활동은 반성적 사고(reflective thinking)를 통한 끊임없는 가치선택과 의사결정 및 행위선택의 과정이다. 따라서 교사는 주어진 교육과정을 피동적으로 전달하는 수동적인 역할에서 벗어나 적극적이고 능동적인 의사결정자로서의 역할을 수행해야 한다.

ONLINE RESOURCES

'학교중심 교육과정 개발의 의의(구성주의적 관점)'에 관한 자료가 필요할 경우 저자가 운영하는 웹사이트(welfare5.com)의 Online Resources 게시판을 통하여 다운을 받기 바랍니다('교육과정론'의 Online Resources 17 자료).

교사에 의한 교육과정의 재구성으로서의 통합교육과정 운영에 관하여 논의하고자 한다. 먼저, 학자들이 분류한 통합교육과정의 유형에 관하여 논의한 다음, 학교수준의 통합교육과정 운영방안에 대하여 살펴보기로 한다.

1) 통합교육과정의 유형

(1) 인그램(Ingram)의 분류

인그램(Ingram, 1979)은 교과통합의 접근방법(유형)을 크게 '구조적 통합'과 '기능적 통합'으로 양분한 다음, 이를 각각 세분화하였다[그림 5-1].

1 구조적 통합

구조적 통합은 교과에서 다루는 내용들을 통합적인 학습경험의 핵심으로의 내용 재구조화(지식의 구조화)에 통합의 주된 관심을 둔다. 여기에서는 지식들을 논리적으로 정립해 놓은 교과를 기초로 하여 통합적인 교육내용을 선정하고, 내용의 조직에서도 지식체계 자체를 중시하는 논리적 측면이 강조된다. 그러므로 이는 교과나 학문의 논리적·인식론적 체계가 통합의 핵심이 되는 교사중심의 통합이다.

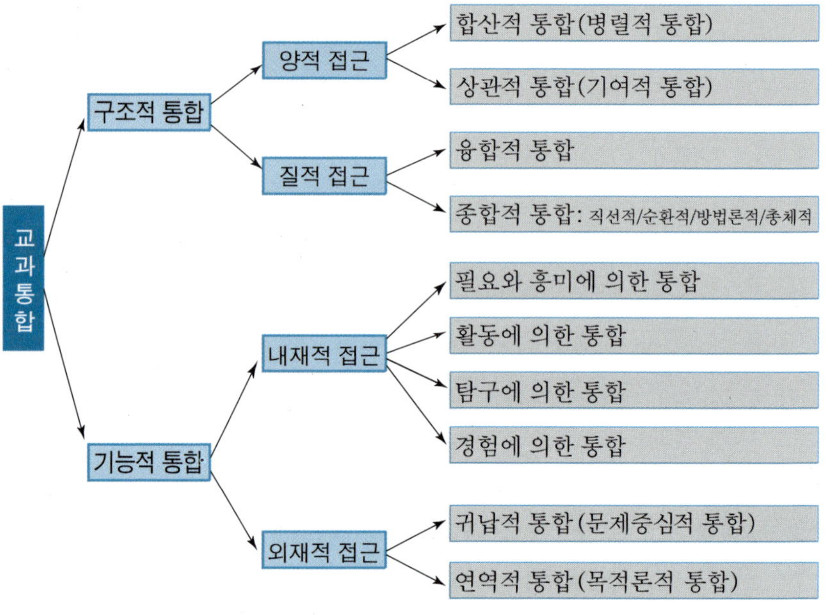

| 그림 5-1 | **인그램(Ingram)의 교과통합의 분류**

그런데 이러한 구조적 통합은 크게 '양적 접근'과 '질적 접근'으로 구분되는데, 먼저 양적 접근은 다시 '합산적 통합'(병렬적 통합)과 '상관적 통합'(기여적 통합)으로 세분되고, 그리고 질적 접근은 다시 '융합적 통합'과 '종합적 통합'으로 세분된다.

첫째, 합산적 통합은 '병렬적 통합'이라고도 하는데, 이는 통합의 가장 기본적인 방식으로, 둘 이상의 교과영역을 분리하여 별도로 가르치지 않고 더 포괄적인 단위로 만들기 위해 상호 연결하는 방식이다. 예를 들어, 지리, 문화, 역사, 경제, 정치 등의 영역을 '사회과'로 통합하여 지도하는 것을 말한다.

둘째, 상관적 통합은 '기여적 통합'이라고도 하는데, 이는 두 가지 이상의 교과영역이 각각 독립성을 유지한다는 점에서 합산적 통합과 유사하나, 여기에서는 단순히 교재를 재배열하여 코스를 결합하는 것이 아니라, 두 개 이상의 교과가 서로 기여할 수 있는 공통적 요소를 중심으로 서로 관련을 맺는 방식으로 통합이 이루어진다. 즉, 교과들을 내적으로 상호 관련시켜 통합시키는 방식으로 운영된다. 여기에는 ① 사실의 상관(국어과의 '독립선언문'과 국사과의 '3·1운동'을 연관시켜 가르침), ② 원리의 상관(심리학의 '욕구이론'(공격의 원리)과 역사의 '혁명사건'을 연관시켜 가르침),

③ 규범의 상관(국어과의 '유관순의 애국심'과 서양사의 '잔 다르크의 애국심'을 연관시켜 가르침) 등의 접근방법들이 포함된다.

셋째, 융합적 통합은 단순히 둘 이상의 교과내용을 재조직하거나 한 교과의 코스내용을 다른 교과의 코스내용으로 보완하는 것이 아니라, 교과들의 공통적인 이슈나 관심사 또는 원리에 기초하여 교육과정을 완전히 재구성하는 방식을 말한다. 즉, 공통적인 문제나 관심영역 또는 연결원리 등에 기초하여 두 개 이상의 교과목들을 단순히 병렬시키는 것이 아니라, 교과들을 완전히 뒤섞어 보다 포괄적으로 혼합시키는 방법이다.

넷째, 종합적 통합은 개별 교과나 학문 그리고 그들의 공통적인 관심영역에 초점을 두기보다는 여러 교과들 간의 공통적인 개념의 확인, 공유되고 있는 의미의 탐색, 서로 다른 앎의 방식들의 비교, 문제해결에 대한 여러 접근방식들의 해석, 서로 다른 가치에 대한 판단들에 대한 정확한 평가, 이미 알려진 사실을 발견하는 여러 방식들에 대한 탐색 등을 통하여 교과통합을 시도하는 방법을 말한다. 이는 하나의 관점에서 지식 전체를 통합하거나 단지 지식의 통합성을 강조하는 데 관심을 두는 것이 아니라, 어떤 현상의 유사점과 차이점을 모두 인정하며, 서로 다른 발견양식들의 정점과 단점을 충분히 탐색하여 타당한 발견양식을 적절하게 활용하려는 데 중점을 둔다.

종합적 통합의 하위유형에는 직선적 통합, 순환적 통합, 방법론적 통합, 총체적 통합이 포함된다. ① '직선적 통합'은 지식형식(지식의 원래 '논리적 구조')에 따라 교과를 조직하는 것으로, 지식 자체보다는 지식형성과정에 초점을 맞춘다. 실례는 교과를 논리적 구조에 따라 지식형식으로 묶은 피터스와 히스트(Peters & Hirst, 1970)의 분류(논리학과 수학, 자연과학, 인간과학, 역사, 종교, 문학과 예술, 철학, 도덕)이다. ② '순환적 통합'은 지식형식을 고려하면서도, 발달수준에 적합한 방식(발달심리학적 원리에 따른 방식)으로 교과를 조직하는 것을 말한다. 실례는 브루너(Bruner, 1960)의 나선형 교육과정이다. ③ '방법론적 통합'은 특정 교과의 지도방법을 다른 교과에 적용하는 방법상의 통합을 말한다. 실례는 사회교과에서 활용되는 창의적 사고함양지도방법을 도덕교과에 활용하는 것이다. ④ '총체적 통합'은 앞의 세 가지 통합방식이 교과들을 상호 관련짓고 지식분화에 기초하며, 특수한 것으로부터 일반적인 것을 추출하는 '귀납적 통합'을 시도하는 것과 달리, 경험의 통일성에 중점을 두면서 일반적인 것으로부터 특수한 것을 추출하는 '연역적 통합'의 방식을 취한다. 실례는 교과를 '인간과 사회'나 '인간과 환경' 등과 같이 광범위하게 조직하는 것이다.

2 기능적 통합

기능적 통합은 지식을 통합적 학습경험의 수단으로 활용한다. 즉, 지식은 통합적 경험을 촉진시키는 자료로 활용되며, 학습자들의 생활이나 경험 자체가 핵심적 위치를 차지하게 된다. 따라서 기능적 통합은 학습자중심의 통합으로, 여기에서의 통합은 지식이 관련 경험으로부터 유리되는 경향을 막고 직접적인 경험이 항상 수반되는 학습이 이루어지도록 하는 데 중점을 둔다. 따라서 인간이 살아가는 데 직접적으로 필요한 기술과 기능 및 관심 영역을 교육내용으로 선정하고, 내용조직에 있어서도 학습과정과 관련된 심리적 측면이 중시된다. 결국 기능적 통합은 학습자의 심리적·사회적 특성을 통합의 핵심으로 삼으며, 통합적 학습의 경험을 촉진시키는 데 중점을 둔다.

그런데 이러한 기능적 통합은 다시 '내재적 접근'과 '외재적 접근'으로 구분될 수 있다.

먼저, 내재적 접근은 학습자들의 학습과정에 관심을 가지며, 학습과정 자체가 통합적인 학습경험을 제공해야 한다는 점에 초점을 맞추고 있는데, 이는 다시 '필요와 흥미에 의한 통합', '활동에 의한 통합', '탐구에 의한 통합', '경험에 의한 통합' 등으로 세분된다.

그리고 외재적 접근은 교과들을 통합하는 목적이나 이유가 학습과정보다 더 광범위한 맥락에서 추출되는 것으로, 통합의 원천으로서 사회적 요구를 중시하는데, 이는 다시 '귀납적 통합'(문제중심적 통합)과 '연역적 통합'(목적론적 통합)으로 세분된다. 이상의 구체적인 여섯 가지 접근들을 간략하게 설명하면 다음과 같다.

첫째, 필요와 흥미에 의한 통합은 학생의 필요와 흥미를 근간으로 교과의 통합을 실행하는 것을 말한다.

둘째, 활동에 의한 통합은 사회적 활동을 중심으로 교과의 통합을 실행하는 것을 말한다.

셋째, 탐구에 의한 통합은 여러 교과에 대한 탐구활동을 통하여 공통적인 원리와 결론을 도출하는 접근방법을 말한다.

넷째, 경험에 의한 통합은 여러 교과들과 연계되는 일상생활의 경험활동을 중심으로 통합하는 방법을 말한다.

다섯째, 귀납적 통합은 '문제중심적 통합'이라고도 명명되는데, 여기에서는 특정의 사회문제에 대한 이해와 그 해결을 위해 간학문적 학습이 시도된다. 즉, 여러 교과들에서 논의되는 문제의 이해 및 해결에 관한 시도들을 상호 관련지어 논의한다.

여섯째, 연역적 통합은 '목적론적 통합'이라고도 명명하는데, 여기에서는 여러 교과들을 포괄하는 초월적 목적이나 이데올로기 등에 의해 교과들을 통합하여 운영한다.

(2) 드레이크(Drake)의 분류

드레이크(Drake, 1993)는 교육과정 통합의 유형을 학문영역(교과)이 연결되는 방식(통합의 정도)에 따라 다학문적 통합(multidisciplinary integration), 간학문적 통합(interdisciplinary integration), 초학문적 통합(transdisciplinary integration; 탈학문적 통합)의 세 가지 유형으로 분류하였다[그림 5-2].

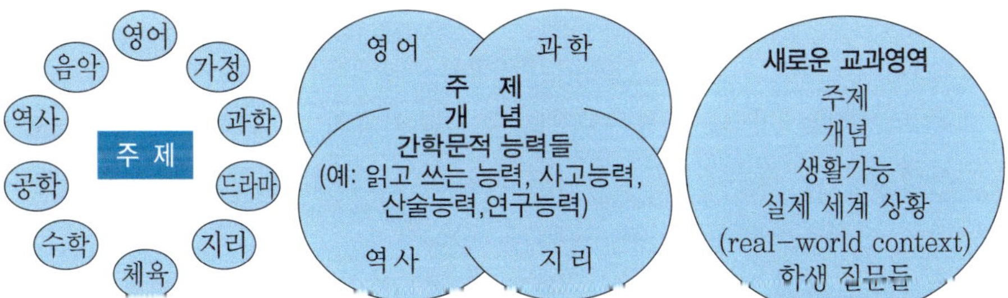

| 그림 5-2 | 드레이크(Drake)가 분류한 통합의 유형

1 다학문적 통합

다학문적 통합은 독립적인 학문(교과)영역들의 공통적인 주제를 통합적으로 다루는 것을 말한다. 즉, 각 학문영역의 독립성이 인정되는 가운데 다른 영역과 관련되는 주제를 추출하는 것으로서, 여러 학문(교과)의 요소들이 다른 학문(교과)의 입장에서 다각적이며 종합적으로 다루어진다.

이러한 통합에서는 정치적 이슈·인구문제·범죄(일탈행위)·문화 등과 같은 '사회현상' 및 자원고갈·환경오염·자연보호 등과 같은 '자연현상'과 관련되는 문제의 해결책을 찾는 과정에 여러 학문이 다양하게 연계된다. 즉, 특정의 현상이나 문제에 관하여 한 측면이 아니라 여러 측면이 종합적으로 연계되면서 그 해결방안이 탐구된다.

다학문적 통합의 구체적인 방법에는 ① 학문 내(교과 내) 통합(intradisciplinary integration), ② 융합적 통합(fusion integration; 정규 교육과정에서 지식, 기능, 심지어 태도 등을 상호 융합적으로 가르치는 것), ③ 봉사학습(service learning)에 의한 통합(학생들이 학교에서 학습한 내용을 지역사회에서의 관련 봉사활동을 통하여 강화시키는 것으로, 교실에서 배운 것을 지역사회에서의 실습을 통해 강화하는 '학습' 측면과 '봉사' 측면의 통합적 접근법), ④ 학습센터/학문병렬적 통합(learning centers/parallel disciplines; 몇 개 교과의 공통적 토픽이나 주제를 중심으로 운영하는 통합적 접근), ⑤ 주제중심 단원(theme-based units)에 의한 통합 등이 포함된다.

2 간학문적 통합

간학문적 통합이란 두 개 이상의 학문(교과) 사이에 새롭고 의미 있는 통합이 이루어지도록 운영하거나 한 학문분야에 다른 학문의 방법 혹은 모델을 적용하는 방법으로서, 적어도 두 개 이상의 개념·방법·절차 등에서 유사성이 있을 경우 이를 결합하거나 상호 관련시켜 운영하는 것을 말한다. 따라서 간학문적 통합은 둘 이상의 학문분야의 구조적 혹은 탐구방법상의 관련성을 토대로 특정 학문분야에 다른 학문분야의 탐구방법이나 접근모형을 적용하여 이와 관련되는 내용을 구조적으로 묶는 방식으로 진행된다. 이러한 과정을 통하여 각 학문영역은 단독적으로 운영되는 것이 아니라 두 개 이상의 학문영역 간에 새롭고 의미 있는 통합이 이루지게 된다.

간학문적 통합은 대체로 세 가지 접근방식으로 분류된다. 첫째는, 동일한 개념 또는 방법이나 절차를 둘 이상의 학문에 적용하는 방식으로, 예를 들면 '변화'라는 개념을 역사학, 사회학, 정치학 등의 사회과학영역뿐만 아니라 지리학, 생물학, 화학, 물리학, 지학 등의 자연과학영역에 적용하여 갖가지 현상의 발전과 개선 및 순환 등을 탐색하는 활동을 들 수 있다. 둘째는, 특정 학문의 개념이나 방법, 절차를 다른 학문의 문제해결에 적용하는 방식으로, 예를 들면 생물학이나 물리학의 실험방법을 사회과학분야에 적용하여 인간의 사회적 행동을 탐구하는 것이 있다. 셋째는, 특정 학문을 주축으로 하여 다른 학문들을 주위에 배치하여 상호 연계시키는 방식으로, 예를 들면 수학의 '집합'의 개념과 원리를 중심으로 사회교과나 과학교과를 상호 관련시켜 수업활동을 전개하는 경우가 이에 해당한다.

3 초학문적 통합

초학문적 통합(탈학문적 통합)은 다학문적 통합이나 간학문적 통합의 수준을 넘어서 여러 학문영역으로부터 추출된 내용을 토대로 전혀 새로운 주제영역을 설정하여 운영하는 방식을 말한다. 따라서 여기에서는 통합적 접근이 학문의 개념 또는 방법이나 절차를 고려하여 두 개 이상의 학문들 사이의 연결을 중심으로 시도하는 것이 아니라, 학습자의 능동적인 문제해결활동이나 자유로운 표현활동을 통한 프로젝트중심의 학습활동이 강조된다. 따라서 이는 학생중심적 관점에서 자유로운 표현활동과 문제해결활동을 강조하는 통합방식이라고 할 수 있다.

초학문적 통합의 구체적인 방법은 먼저 '관심의 초점'에 따라 ① 흥미중심 통합(학생들이 흥미와 관심을 갖는 내용을 중심으로 수업을 전개함), ② 표현중심 통합(학생들이 생각하고 느낀 것을 자유롭게 표현하는 활동을 중심으로 수업을 전개함), ③ 경험중심 통합(학생들의 생활경험을 중심으로 수업을 전개함) 등으로 분류되기도 하고, 또한 '활동의 유형'에 따라 ④ 프로젝트중심 학습(project-based learning)에 의한 통합, ⑤ 교육과정 협상(negotiating the curriculum)에 의한 통합 등으로 분류되기도 한다.

(3) 제이콥스(Jacobs)의 분류

제이콥스(Jacobs, 1989)는 통합의 정도에 따라 교육과정 통합의 접근을 학문기초적 통합(discipline-based integration), 학문병렬적 통합(discipline-paralleled integration), 다학문적 통합(multi-disciplinary integration), 간학문적 통합(interdisciplinary integration; 간학문적 단원/코스), 통합일(integrated day) 운영, 완전통합 프로그램(complete integrated program) 운영 등의 여섯 가지로 구분하였다[그림 5-3].

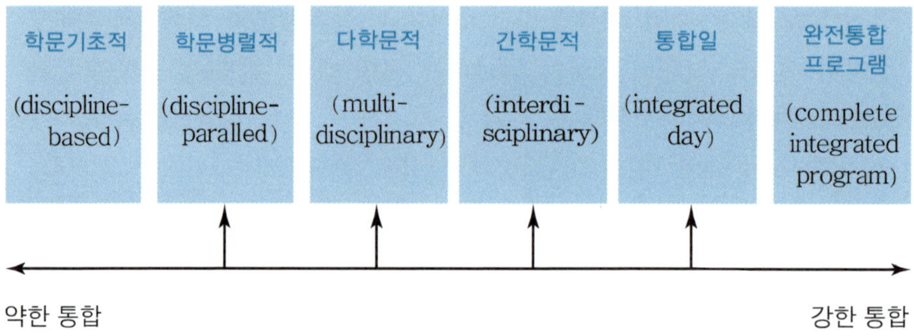

| 그림 5-3 | 제이콥스(Jacobs)의 교육과정 통합의 분류

1 학문기초적 통합(discipline-based integration)

학문기초적 통합(학문별 통합 또는 교과별 통합)은 각 학문영역(교과)을 엄격하게 구분하여 시간표를 편성하고, 이에 따라 각 학문영역을 각각 운영하는 방법을 말한다. 따라서 여기에서는 학문영역들의 통합을 위한 어떠한 시도도 하지 않으며, 통합을 위한 시도 자체를 회피한다.

2 학문병렬적 통합(discipline-paralleled integration)

학문병렬적 통합은 특정 학문영역을 담당하는 교사가 자신의 수업내용을 다른 학문영역의 관련 내용과 연계시키는 것을 말한다. 예를 들면, 사회과 교사가 봄학기 초에 제2차 세계대전을 가르치면, 영어과 교사가 사회과 단원에 맞추기 위해 가을학기에 가르칠 '독일병사의 여름'이라는 단원의 지도계획을 수정하여 이를 봄학기에 가르치는 것을 말한다. 그러므로 여기에서는 학습내용 그 자체는 변하지 않으며, 단지 내용이 제시되는 순서만 바뀌게 된다. 따라서 여기에서 중시되는 것은 학생들이 특정 교과에서 공부한 내용을 다른 교과의 내용과 관련지음으로써 얻어지는 효과이다. 그러나 학문병렬적 통합에서는 여러 학문분야의 교육내용을 상호 연결짓지는 않으며, 단순히 기존의 교육과정을 재계열화할 뿐이다.

3 다학문적 통합(multidisciplinary integration; 학문보완적 단원/코스)

다학문적 통합(보완적 통합)은 한 가지 주제나 쟁점이 되는 문제를 탐구하기 위하여 관련이 있는 몇몇 교과들을 하나의 형식적 단원이나 강좌로 함께 묶는 것을 말한다. 따라서 이러한 접근은 개별 학문이 지닌 고유의 영역이나 계열에 초점을 두는 '학문병렬적 통합'과는 질적으로 다르며,

여러 학문영역들을 함께 묶는 완전한 통합의 방법인 간학문적 통합과도 구분된다.

4 간학문적 통합(interdisciplinary integration; 간학문적 단원/코스)

간학문적 통합은 교육과정에서 다루는 여러 학문들(교과들)을 결합하여 주기적인 학습단원이나 코스를 개발하는 것을 말한다. 즉, 언어, 수학, 사회, 과학 등의 교과들을 결합하여 수업활동을 전개하거나 미술, 음악, 체육 등의 교과들을 결합시켜 운영하는 것이 이에 해당된다. 따라서 여기에서는 학생들에게 종합적인 인식론적 경험을 제공할 수 있으며, 이러한 경험은 학생과 교사들을 자극하고 동기를 유발시키는 데 효과적이다.

5 통합일(integrated day) 운영

통합일 운영은 전일제(全日制) 통합 프로그램으로, 학생의 관점에서 추출된 주제와 문제들을 바탕으로 구성된다. 이러한 접근에서는 학교나 국가차원의 교수요목에서 결정된 내용이 아니라, 학생의 흥미와 관심사에 기초하여 교실활동을 유기적으로 구성할 것을 강조한다. 따라서 통합일 운영에서는 인위적인 수업시간표가 없는 날이며, 학습활동은 어디까지나 학생들의 필요나 흥미에 따라 조직되고, 교육과정도 학교나 교사의 요구가 아니라 학생들의 필요를 중심으로 계획된다. 실례로는 이 통합모형을 활용하고 있는 미국 코네티컷(Connecticut) 주의 노리치(Norwich)에 소재한 1997년 개교의 통합일 차터스쿨(Integrated Day Charter School : IDCS)을 들 수 있다.

6 완전통합 프로그램(complete integrated program) 운영

완전통합 프로그램 운영은 가장 극단적인 형태의 간학문적 통합모형인데, 학생들이 학교에서 생활하지만 그들의 모든 활동은 일상생활과 완전히 일치하게 이루어진다. 영국의 서폭크(Suffolk)에 자유주의 교육사상가이자 실천가인 니일(Neill)이 1921년 설립한 서머힐 학교(Summerhill School)가 이 모형을 활용한 가장 대표적인 사례이다.

(4) 곽병선의 분류

곽병선(1983)은 교과통합에 대한 다양한 접근들을 종합하여 통합교육과정 구성의 측면을 크게 ① 교육내용 구조면, ② 중심내용면, ③ 수업운영 면으로 구분하여 제시하였다<표 5-1>.

| 표 5-1 | 통합교육과정 구성의 세 측면

교육내용 구조면	중심내용면	수업운영면
① 전체적 통합 ② 부분적 통합/전면적 통합 ③ 종적 통합/횡적 통합 ④ 다학문적 통합/간학문적 통합/탈학문적 통합	① 주제중심 통합 ② 문제중심 통합 ③ 기초기능중심 통합 ④ 탐구중심 통합 ⑤ 경험중심 통합 ⑥ 표현활동중심 통합 ⑦ 흥미중심 통합	① 통합의 날 운영 ② 융통성 있는 시간표 운영

이 중에서 '교육내용 구조면'의 통합적 접근과 '수업운영면'의 통합적 접근에 대해서는 앞에서 다른 학자들이 분류한 접근을 통하여 어느 정도 논의되었으므로, 여기에서는 '중심내용면'의 통합적 접근에 관하여 논의하기로 한다.

1 주제중심 통합

주제중심 통합은 학문영역(교과) 간의 경계를 가로질러 특정 주제에 관하여 탐색하는 접근방법을 말하는데, 여기에서 주제란 사물을 다루는 데 있어서 중심이 될 만큼 중요한 사상, 원리, 방법 등을 내포한다. 예를 들어, '인간과 환경'이라는 주제를 중심으로 생물학, 물리학, 화학, 심리학, 사회학, 생태학 등의 학문분야에서 관련 내용을 추출하여 새로운 교육내용을 구성할 수 있다.

2 문제중심 통합

문제중심 통합은 일상생활에 있어서 곤란을 일으키는 문제를 중심으로 그 해결에 관하여 탐구하게 함으로써 학생들로 하여금 자신들이 직면하게 되는 문제에 대한 대응능력을 함양하도록 하는 데 효과적인 방법이다. 여기에서는 현대사회의 여러 가지 문제를 단원으로 구성하여 문제를 해결하는 과정에서 여러 가지 지식, 자료, 정보 등이 종합적으로 활용되도록 하는 데 중점을 둔다.

3 기초기능중심 통합

기초기능중심 통합은 일상생활에 필요한 기초적인 기능을 함양하도록 하기 위해 다양한 학습경험을 제공하는 것을 말한다. 예를 들면, 학습자의 기초언어능력이나 기초수학능력 등을 기르도록 하기 위해 통합적인 교육활동을 전개할 수 있다.

4 탐구중심 통합

탐구중심의 통합이란 탐구의 결과로 구성된 내용이나 중요하다고 인식하는 문제를 중심으로 통합하는 것이라기보다는 탐구의 과정 또는 탐구방식 자체를 중심으로 통합적 접근을 시도함으로써 탐구능력을 함양하도록 돕는 방법을 말한다.

5 경험중심 통합

경험중심 통합은 학생들이 생활경험에서 부딪치는 문제나 일반적인 아이디어를 중심으로 교육과정을 구성하는 것으로, 여기에서는 학습과 생활을 연결시켜 교육의 적절성을 높이며, 실생활경험을 교육의 과정에 끌어들여 학습을 용이하게 할 뿐만 아니라 일상생활에의 적응을 돕는 데 중점을 둔다.

6 표현활동중심 통합

표현활동중심 통합은 학습자의 생각과 느낌을 자유롭게 표현하는 활동이 수업의 중심이 되도록 통합하는 방식을 말한다. 특히, 이러한 접근은 언어나 예능분야에서 창의성을 발달시키며, 학습자의 자발성을 기르는 데 도움이 된다.

7 흥미중심 통합

흥미중심 통합은 학습자의 심리적 측면을 고려한 접근으로, 학습자가 흥미나 관심을 가질 수 있는 내용을 중심으로 통합하는 것을 말한다. 따라서 여기에서는 지식의 성격보다는 학습자의 흥미에 기반을 두고 교육과정을 운영하기 때문에 사전에 수업계획을 구체화시키는 것은 다소 무리가 있게 되므로 수업현장에서 생동하는 학습자의 흥미를 고려할 수 있는 탄력적 인 수업운영이 필요하다.

이상의 통합적 접근들을 인그램(Ingram, 1979)의 분류기준에 맞추어 보면, 먼저 주제중심 통합, 문제중심 통합, 기초기능중심 통합은 '구조적 통합'에 해당되며, 지식의 재구조에 의한 교사중심의 통합이라고 할 수 있다. 그리고 탐구중심 통합, 경험중심 통합, 표현활동중심 통합, 흥미중심 통합은 '기능적 통합'에 해당되며, 학생중심의 통합적 접근이라고 할 수 있다.

(5) 포가티(Fogarty)의 분류

포가티(Fogarty, 1991)는 교육과정 통합의 접근을 크게 교과 내 통합, 교과 간 통합, 학습자 내 및 학습자 간 통합 등의 세 가지로 범주화하고, 이를 다시 세분하여 교과통합의 유형을 10가지로 구분하였다[그림 5-4].

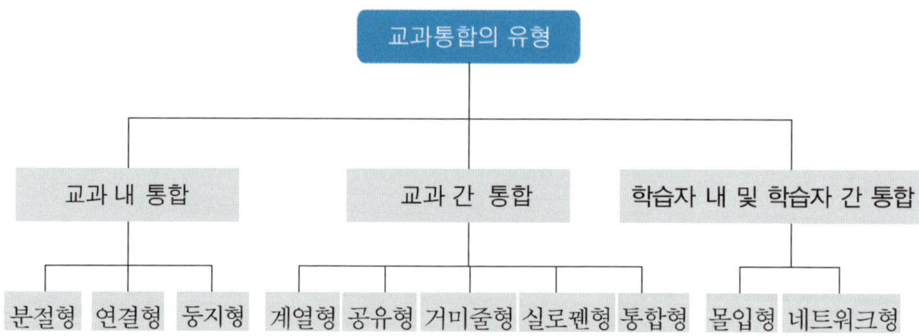

| 그림 5-4 | 포가티(Forgaty)의 교과통합의 유형

1 교과 내 통합 : 분절형, 연결형, 둥지형

- **분절형(cellular or fragmented model)** : 분절형은 단일 교과(학문) 내에서 어떤 기준을 정하여 가르치는 순서를 재배열하여 수업을 전개하는 방법을 말한다[그림 5-5]. 따라서 이는 다른 교과와 연계한 통합적 수업을 위한 노력은 거의 하지 않은 채, 단지 단일 교과의 범위 내에서 단원이나 단위내용들의 순서를 변경하는 유의미한 재배열을 통해 가르치는 것으로, 통합의 가장 낮은 형태라고 볼 수 있다.

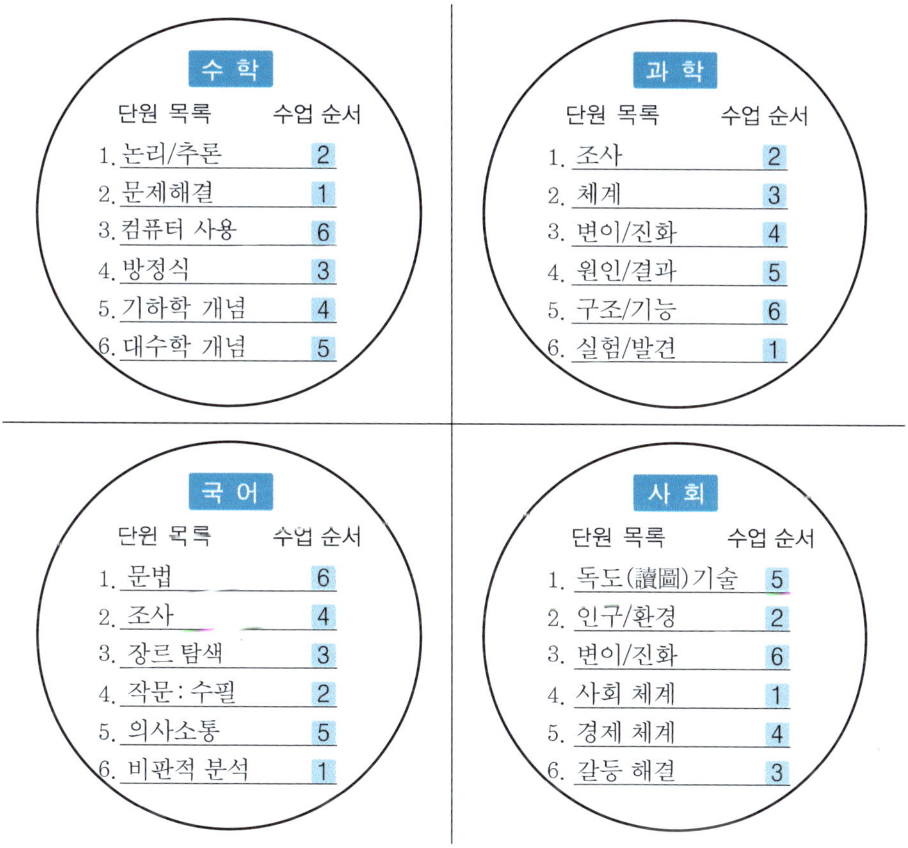

| 그림 5-5 | **분절형의 실례**

분절형의 장점은 개별 교과(학문)의 순수성이 훼손되지 않은 채 효율적인 수업을 실행할 수 있고, 학생들이 교과 내의 다양한 내용들의 관련성을 융통성 있게 파악하며 학습의 관점을 풍부하게 가질 수 있다는 점이다. 반면, 단점은 ① 학생들이 제반 개념과 관점들을 관련시키고 통합하기 쉽지 않고, ② 관련된 개념이나 기능 또는 태도 등을 섭렵하기 어려우므로 새로운 상황으로의 학습전이효과를 발휘하기 어려우며, ③ 학습내용들 간 다양하고 역동적인 관련성을 파악해야 하므로 많은 정보와 파세들에 파묻힐 수 있다는 점이다.

- **연결형(connected model)** : 연결형은 교과 내 영역들이 형식적으로는 분리된 채 구성되어 있지만, 각 영역들을 필요에 따라 상호 관련지어 연결시켜 수업을 실행하는 것을 말한다[그림 5-6]. 예를 들면, 주제간, 개념간, 기능간, 일간(日間), 학기간, 학년간의 학습이 상호연결이 이

| 그림 5-6 | **연결형의 실례**

루어지도록 시도하는 것이다. 수업장면에서 교사들이 기대한 만큼 학생들은 학습내용들 간의 관련성을 자동적으로 이해하지 못하는 경우가 많으므로 교사들은 이러한 통합적 접근을 취할 필요가 있다.

연결형의 장점은 학생들이 학습내용에 대한 다양한 관점을 이해하게 되어, 머릿속에 전체적 맥락(big picture)을 그릴 수 있으며, 핵심개념·원리·법칙 등을 제대로 내면화시킴으로써 전이를 보다 촉진시킬 수 있다는 점이다. 반면, 단점은 교과들 간 연결을 시도하지 않으므로 다른 교과와의 통합은 이루어지지 못한다는 것이다.

- **둥지형(nested model; 동심원형)** : 둥지형은 단일교과 내에서 사회기능이나 사고기능 등의 많은 기능들을 동시에 개발하고자 하는 접근이다 [그림 5-7]. 이는 '분절형'과 '연결형'보다 통합정도가 더 강하다.

둥지형의 장점은 학습경험 속에 내재해 있는 많은 능력과 기능들을 동심원 속에 포함시켜 동일한 틀 속에 묶음으로써 풍요롭고 유기적인 학습을 가능하게 한다는 점이다. 반면, 단점은 하나의 수업에서 두세 개 혹은 그 이상의 학습목표나 준거를 둥지화 할 경우 수업을 세심하게 실행하지 않거나 단원구성이 피상적이거나 인위적이면 학생들에게 많은 혼란을 야기시키며, 교사들이 학습의 다양한 층(layers)이나 위계를 명확하게 표현하기 어려울 경우도 있어 학생들이 개념이나 기능들을 적용하거나 전이시키는 양이 거의 없을 수 있다는 점이다.

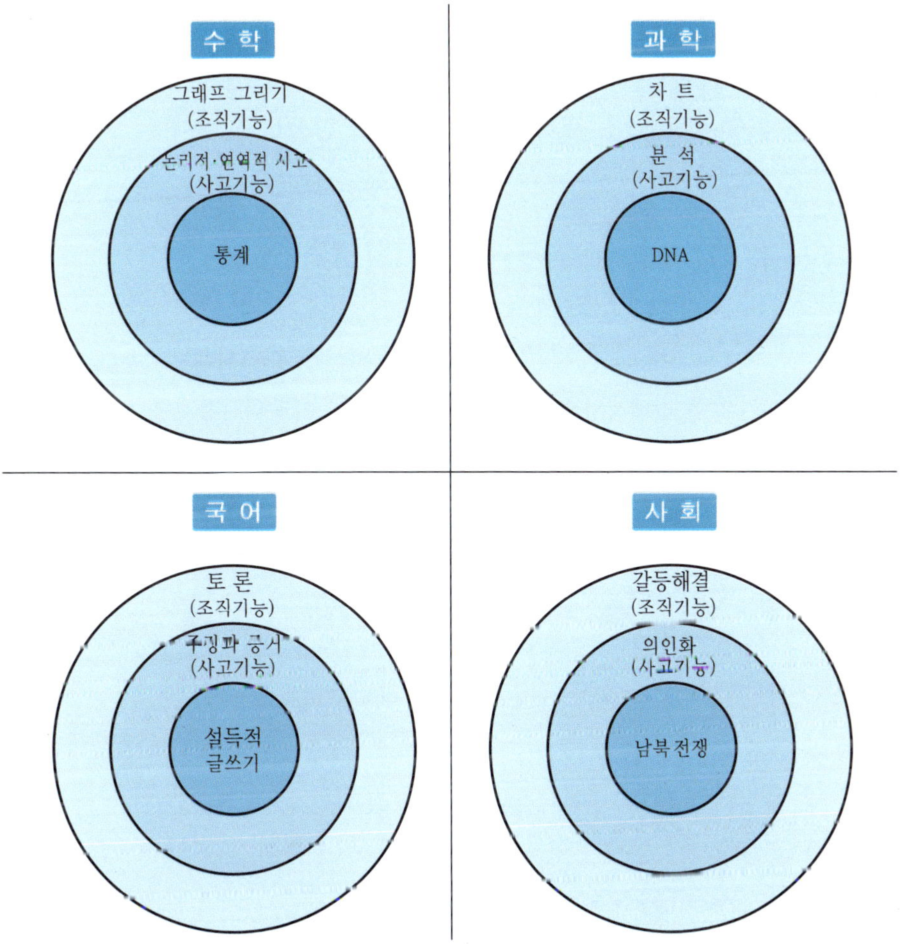

| 그림 5-7 | **둥지형(동심원형)의 실례**

2 교과 간 통합 : 계열형, 공유형, 거미줄형, 실로꿴형, 통합형

- **계열형(sequenced model)** : 계열형은 교과들 간에 관련된 단원이나 토픽이 존재할 경우 그 제시순서를 재계열함으로써 관련 단원을 병렬적으로 또는 이어서 가르치는 통합적 접근을 말한다[그림 5-8]. 그러므로 여기에서는 본질적으로 한 개의 교과가 다른 교과와 병행되어 수업이 진행되고, 그 역도 마찬가지이다.
  계열형의 장점은 학생들이 교과들 간 연관성이 있는 내용들을 상호 관련지어 배우기 때문에 학습이 폭넓고 심층적으로 이루어지고 전이도 촉진된다는 점이다. 반면, 단점은 이런 접근을 시도하는 데 있어 타협(compromise)이나 절충이 쉽지 않다는 점인데, 교사들이 다른 교사나 관련자와 협력을 할 때 교과내용들의 계열성을 재조정하는 데 있어 자율성(autonomy)을 포기해야 할 경우도 발생하게 된다.

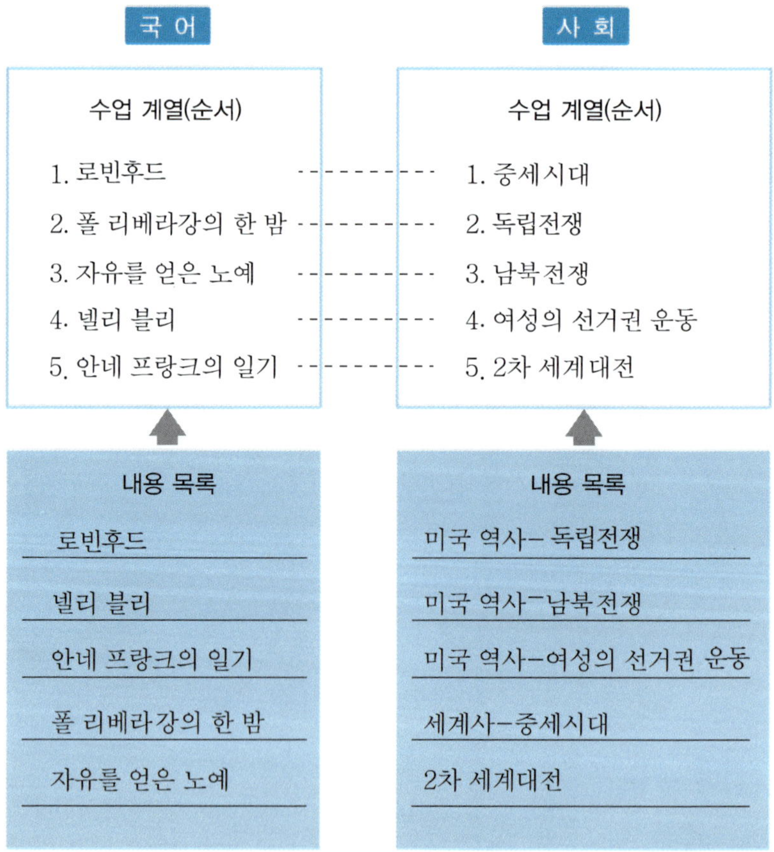

| 그림 5-8 | 계열형의 실례

- **공유형(shared model)** : 공유형은 광역교과(상이한 하위교과들의 묶음) 안에서 공유되는 개념, 태도, 기능 등을 상호 연계시켜 공유단원을 개발·전개하는 것을 말한다[그림 5-9]. 예를 들면, 문학과 역사 및 철학은 '인문'으로, 미술과 음악과 무용 및 연극은 '예술'로, 컴퓨터공학과 산업기술 및 가정은 '실용기술'로 묶을 수 있는데, 이러한 광역 교과영역 안에서 서로 공유되는 개념, 태도, 기능에 초점을 맞추어 수업활동을 전개할 수 있다. 즉, 과학교사와 수학교사는 자료수집, 표 그리기, 그래프 그리기를 팀티칭방식으로 가르칠 수 있다. 이는 각각의 교과에서 추출된 아이디어가 교과 간에 동일할 때 가능하므로 그 연결고리를 찾는 방식은 '주제중심적 접근'과 근본적으로 다르다. 즉, 공유형에서는 두 교과가 공유하는 요소로부터 공통개념이나 아이디어를 찾지만, 주제중심적 접근(후술할 '거미줄형'이 이에 해당함)에서는 각 교과의 밖에서 선정한 주제를 중심으로 여러 교과(학문)를 연결시킨다는 점에서 차이가 있다.

  공유형은 몇 개의 교과를 포괄하여 보다 완전한 통합으로 나아가는 전 단계로서, 그 장점은 공유하는 교과내용을 추출하여 보다 깊이 있고 폭넓은 학습을 가능하게 하고, 그 결과 전이를 용이하게 한다는 점이다. 반면, 단점은 공유단원을 개발하는 데 많은 노력과 시간이 소요되고, 융통성 있는 교육과정 운영과 교사들 간의 타협이 필요하다는 점이다.

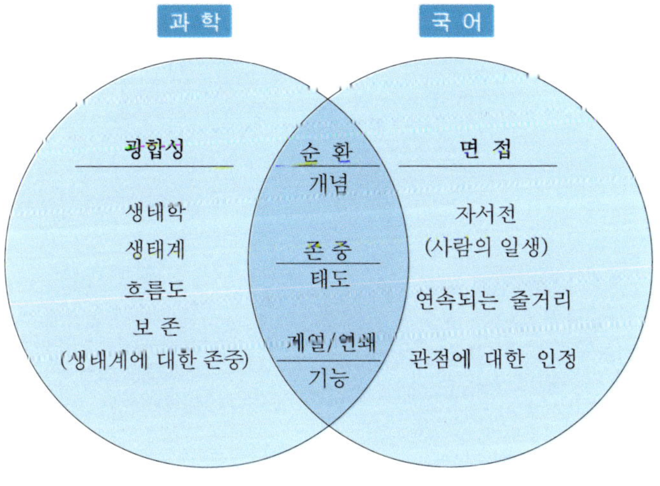

| 그림 5-9 | 공유형의 실례

• **거미줄형(webbed model)** : 거미줄형은 주제중심으로 교과들을 통합하는 것으로, '주제중심적 접근'이라고도 지칭된다. 예를 들면, 여러 교과 담당교사팀이 통합교육을 위한 주제로 '변화'를 선정 · 운영한다[그림 5-10]. 주제를 선정할 때는 팀구성원인 교사들이 대화를 통해 다양한 아이디어를 제시한다. 선정된 주제는 마치 좋은 렌즈와 같아서 광범위하게 적용되고 여러 영역에 걸쳐 관련성을 가지며, 근본적인 패턴을 밝혀주고 유사성과 차이점을 드러내며, 학생들에게도 매력적이어야 한다. 거미줄형의 장점은 흥미로운 주제를 선정하면 학습동기화를 높이고, 폭넓고 포괄적인 학습을 유도한다는 점이다. 반면, 단점은 유용하고 자연스러우며 논리적인 주제를 찾기가 쉽지 않고, 선정된 주제에 적합한 활동을 전개하는 데 세심한 주의를 기울여야 한다는 점이다.

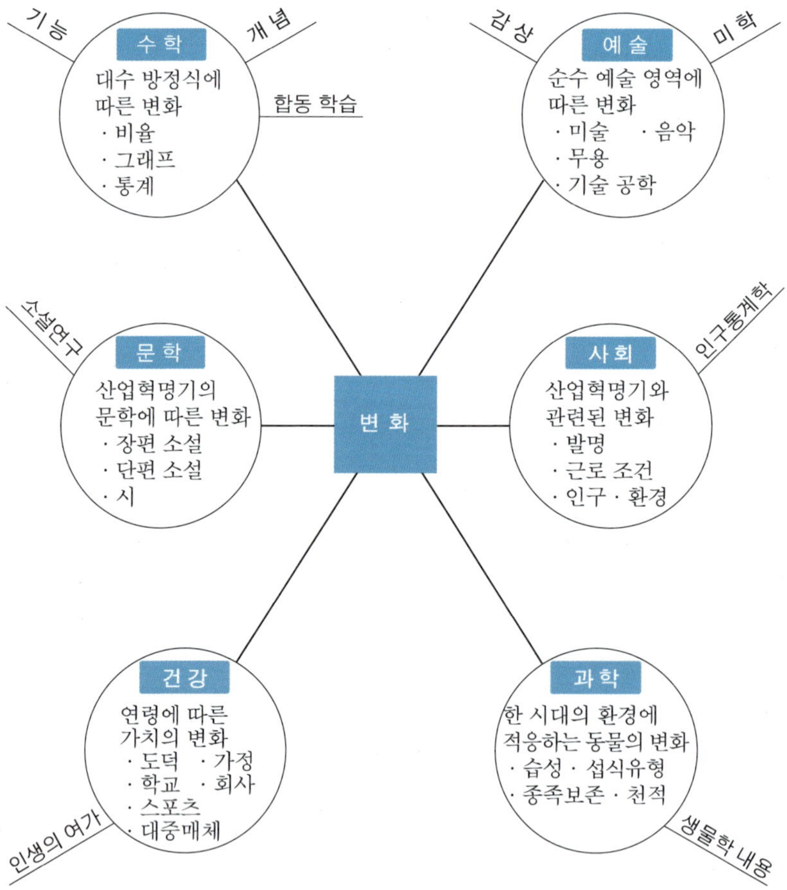

| 그림 5-10 | **거미줄형의 실례**

- **실로꿴형(threaded model)** : 실로꿴형은 '메타(meta) 교육과정'에 초점을 두는 것으로, 단순히 교과내용을 가르치기보다는 여러 교과내용의 본질(essence, heart)을 꿰뚫는 내용들을 단원화하여 가르치는 것을 말한다. 즉, 다수 교과내용의 핵심을 가로지르는 메타 교육과정에 초점을 두고 통합이 이루어진다[그림 5-11]. 예를 들면, '예언' 능력은 수학에서의 측정, 현대사에서의 예측, 소설에서의 추리, 과학에서의 가설설정 등의 장면에서 사용되는 사고기능이다. 또, 사고기능 중 '분석'을 선택하여 과학에서의 분류, 사회과에서의 비교나 대조, 문학과에서의 심리분석, 수학에서의 수열 등과 관련지어 통합단원을 구성할 수 있다.
  실로꿴형의 장점은 메타 교육과정, 즉 교육과정의 내용을 뛰어넘는 사고와 학습에 관한 기능과 전략을 인식·개발(학습방법 학습)하는 데 중점을 둔다는 점이다. 반면, 단점은 사고기능이나 사회기능에 관련된 '별도'의 교육과정을 덧붙여야 할 경우가 많고, 메타 교육과정을 운영하기 위해 교사가 관련 기능과 전략들을 미리 섭렵해야 한다는 점이다.

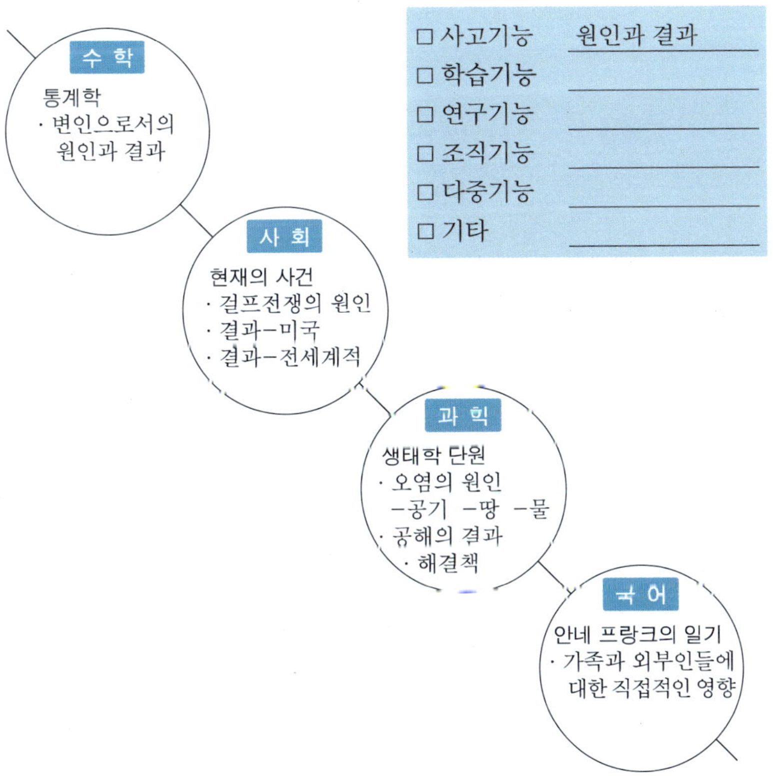

| 그림 5-11 | **실로꿴형의 실례**

• **통합형(integrated model)** : 통합형은 앞의 공유형처럼 간학문적 접근을 취하면서도 통합대상인 교과들을 완전히 융합하는 것으로, 각 교과의 공통 개념, 태도, 기능 등을 추출해서 별도의 통합단원을 구성한다. 이는 공유형처럼 각 교과의 내용에서 아이디어를 선정하여 통합하지만, 거미줄형처럼 먼저 주제를 정하고 그에 일치하는 내용을 각 교과에서 추출하는 것이 아니라, 교과들 간에 공통점이 있을 때 가능하다. 예를 들어, 중등학교의 경우 교사들이 공통의 내용개념을 탐색하여 '창의성'이라는 개념을 통합의 아이디어로 선정할 수 있다[그림 5-12]. 한편, 초등학교수준에서의 대표적인 사례는 '총체적 언어접근'인데, 이는 자연스러운 상황에서의 실용적인 언어사용을 강조함으로써 실제생활에서의 언어활용능력 개발에 중점을 둔다.
통합형의 장점은 학습자가 교과들 간 상호 관계성 및 연결성을 쉽게 파악할 수 있게 한다는 점이다. 반면, 단점은 충실하고 성공적인 실행이 쉽지 않아 숙련된 교사만이 실행할 수 있고, 교사팀들이 함께 계획하여 동일한 시간대에 가르쳐야 하며, 많은 관련자료들을 검토해야 한다는 점이다.

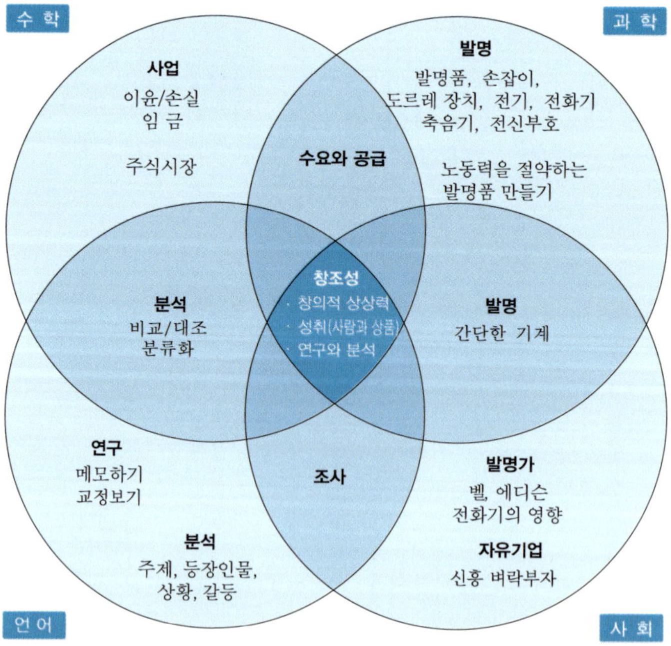

| 그림 5-12 | 통합형의 실례

3 학습자 내 및 학습자 간 통합 : 몰입형, 네트워크형

- **몰입형(immersed model)** : 몰입형은 전문가들, 영재, 대학원생들처럼 학습자가 자신의 연구(학습)분야에 전혀 외부적 중재(intervention) 없이 완전히 몰입하는 것을 말한다. 학습자는 미시적 렌즈를 통해 관련학문이나 교과영역을 걸러내어 자신의 좁은 관심분야를 섭렵해 나가면서 스스로 자신의 내부에서 통합을 이루어 나가게 된다[그림 5-13]. 예를 들어, 화학을 전공하는 대학원생이 컴퓨터강좌를 듣거나 독학을 통해 각종 화학실험을 컴퓨터로 모의실험을 수행할 수 있는 능력을 기른다든가, 곤충에 관심이 많은 초등학교 6학년 학생이 끊임없이 거미, 나비, 딱정벌레 등에 관한 글을 읽고 쓰거나, 그림을 그리고 노래를 부르면서 곤충에 대한 통합적 안목을 길러 나갈 수 있다.

  몰입형의 장점은 자기동력화(self-driven)에 의해 학습자 내에서 통합이 필연적으로 발생한다는 점이다. 반면, 단점은 풍부한 경험과 전문분야를 검토하는 광범위한 토대가 오히려 학습자의 시야(perspective)의 폭을 좁히는 결과를 가져올 수 있다는 점이다. 따라서 관심분야에 몰입하는 초기에는 그것을 가로지르는 교양과 기초분야에 관한 경험들을 풍부하게 쌓을 필요가 있다.

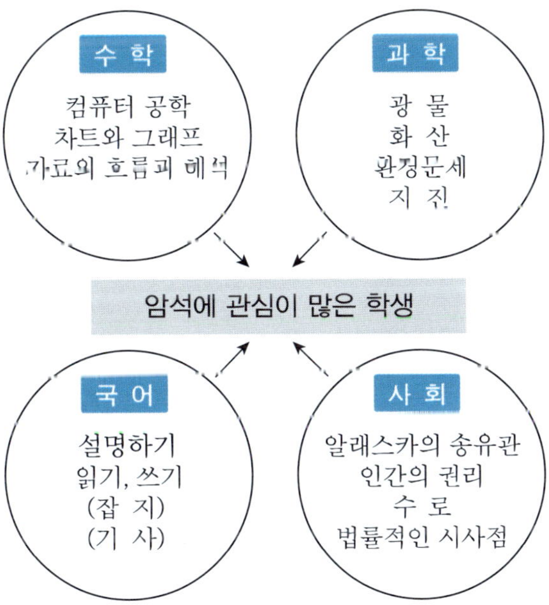

| 그림 5-13 | 몰입형의 실례

• **네트워크형(network model)** : 네트워크형은 특정학습분야 내외의 많은 전문가들로부터 새롭고 정교한 아이디어들을 제공받아 자기주도적으로 학습활동을 이끌어가게 하는 것을 말한다[그림 5-14]. 이를 통해 학생은 내외 정보원을 활용해 통합적 안목을 기르게 된다. 예를 들면, 공룡에 관심이 많은 초등학생은 그간 공룡이 등장하는 영화, 소설, 공상과학책자 등을 통해 공부를 해왔다. 부모가 이웃대학의 하계특강인 공룡체험강좌를 수강하도록 하면, 이 아이는 많은 관련전문가들과의 만남을 통해 관심사를 인접학문분야로 확대해가면서 공룡에 대한 통합적 안목을 기르게 된다. 이후 전문가들의 도움으로 더 넓은 안목을 가지게 된다.

네트워크형의 장점은 학습활동을 주도적으로 이끌어간다는 점인데, 이를 위해서는 멘토들의 지원활동이 계속 수반되어야 한다. 반면, 단점은 관심분야에 심취한 결과 곁길로 새기도 하고 두뇌를 심히 어지럽힐 가능성도 있으며, 노력에 비해 얻는 것이 크지 않을 수 있다는 점이다.

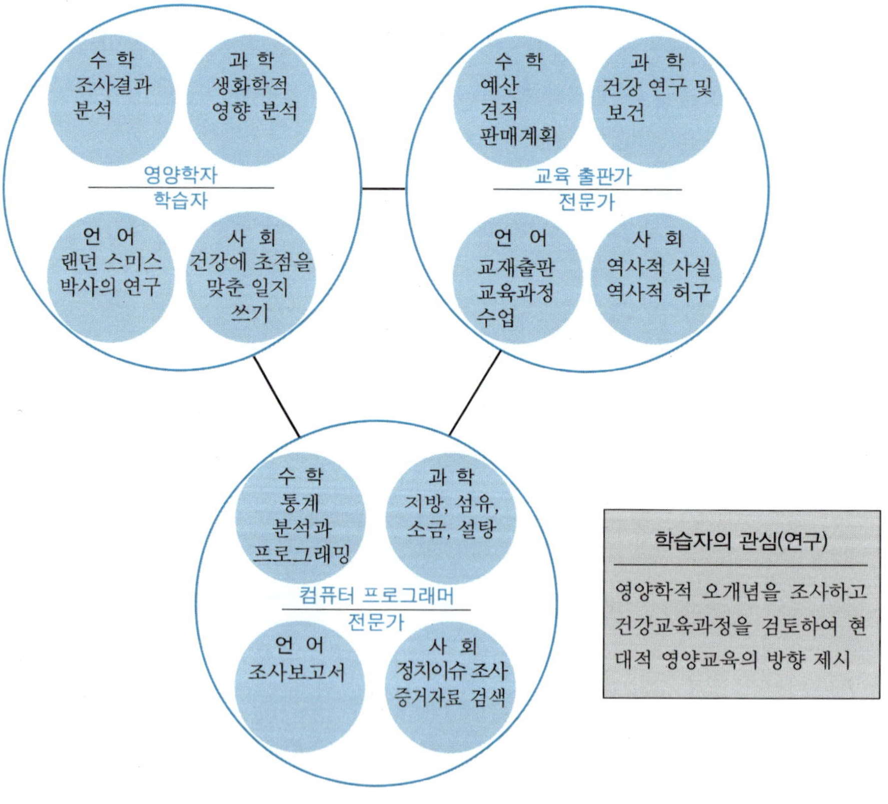

| 그림 5-14 | **네트워크형의 실례**

2) 학교수준 통합교육과정 운영

학교수준 통합교육과정 운영의 유형은 크게 ① 교과서 재구성, ② 교육과정 재구성, ③ 통합코스 개발 등으로 구분된다. 각 유형의 의미와 통합방식에 따른 하위유형을 정리해 보면 [표 5-2]와 같다.

| 표 5-2 | 학교수준 통합교육과정 운영의 유형

구 분	교과서 재구성	교육과정 재구성	통합코스 개발
의 미	가장 일반적인 교수-학습자료인 교과서의 내용을 재구성함(국가수준에서 제시하는 교수-학습자료를 수정·보완하는 접근) 교사가 교과서의 내용을 참고로 하여 학습내용을 최종적으로 결정함(학습자들의 수준과 흥미를 고려하는 정도)	국가수준 교육과정 문서에 근거하여 각 교과의 학습내용을 적절하게 재구성하고, 그에 따라 교수-학습자료를 새롭게 만듦(국가수준에서 제시하는 교육과정을 수정·보완하는 접근) 교사가 국가교육과정의 문서를 근거로 학습내용을 최종적으로 결정함(학습자들의 수준과 흥미를 고려하는 정도)	기존 교과와 별개로 학생들의 특성을 반영한 코스 또는 교과를 개발함(국가수준의 교육과정과는 별도로 학생들의 필요에 부합되는 코스나 교과를 새로 개발하여, 학생 스스로 학습과제를 선택·학습함) 범교과 주제중심 코스 개발의 경우는 코스의 주제를 선정하거나 주제에 따른 내용을 결정할 때 학습자들의 의견을 반영함 프로젝트 학습단원의 경우 학생들이 연구과제를 결정하므로 학생의 주도권이 많이 인정됨
통합 방식에 따른 하위유형	① 한 교과서의 특정 단원을 중심으로 하여, 다른 교과서에서 관련 내용을 끌어오는 경우(다학문적 접근) ② 각 교과서에 다루는 공통적인 소재를 중심으로, 여러 교과서의 내용을 관련시키는 경우(다학문적 접근)	① 여러 교과내용중심 통합(다학문적 접근) ② 교과들의 공통 개념, 원리, 법칙, 탐구방법중심 통합(간학문적 접근) ③ 공통소재중심의 여러 교과내용 통합 : 학습자의 흥미를 유발하는 새 소재를 중심으로 여러 교과의 내용 연관 (다학문적 접근, 간학문적 접근)	① 범교과 주제중심 코스: 교과의 구분 없이 범교과 학습(민주시민 교육, 성교육, 경제교육, 인성교육, 보건교육, 대중매체교육 등)을 위하여 개발함(초학문적 접근) ② 프로젝트 학습단원: 학습자들이 다양한 흥미나 관심영역 또는 수준에 맞는 학습과제를 개발함(다학문적 접근, 초학문적 접근)

(1) 교과서 재구성(교과서 내용의 통합)

교과서 재구성(교과서 내용 통합)은 국가수준의 교수-학습자료인 교과서의 내용을 수정·보완하는 등의 재구성적 접근을 말한다. 교과서 재구성의 유형은 ① 교과서의 특정 단원을 중심으로 하여 다른 교과서에서 관련 내용을 끌어오는 경우(다학문적 접근), ② 각 교과서에 다루는 공통 소재를 중심으로, 여러 교과서의 내용을 관련시키는 경우(다학문적 접근) 등으로 구분된다.

한편, 교과서 재구성에 의한 통합단원의 운영절차는 그 유형에 관계없이 다음과 같이 다섯 단계로 이루어지는 것이 일반적이다.

1 제1단계 : 팀 구성 및 교과별 지도계획표 작성

교과서의 내용을 통합하여 재구성할 때는 같은 학년의 담당교사들로 팀을 구성한다. 이어, 교사용 지도서와 학교교육계획서를 참고하여 통합단원을 구성하고자 하는 학년의 교과별 연간 지도계획을 수립한다.

2 제2단계 : 통합단원의 학습내용 결정

통합단원의 중심내용을 선정해야 한다. 중심내용은 여러 교과의 내용을 관련시킬 수 있는 것이 적당하다. 이어, 여러 교과의 지도계획을 살펴서 중심내용을 토대로 관련 내용을 결정한다.

3 제3단계 : 통합단원의 구성

통합단원의 주제를 중심으로 먼저 단원명을 결정하고, 단원설정의 근거와 이점 등을 포함한 단원의 개관을 기술한다. 이어, 단원목표를 확정하고, 다루게 될 소단원과 학습내용들의 순서 등을 담은 단원전개도를 작성한 후 상세한 수업계획서를 첨부한다.

4 제4단계 : 학교교육과정 연간계획의 조정

통합단원을 운영하기 위해 기존 수업계획 및 시간표를 조정할 필요가 있다. 통합단원의 운영시수와 시기를 결정하고, 통합의 대상이 되는 교과별 단원에 원래 배당된 시간과 시기를 이에 맞추어 조정한다.

5 제5단계 : 통합단원의 운영

개발된 통합단원을 운영하기 위한 기존의 해당 교과 관련 수업계획과 시간표의 조정이 완료되면 적절한 시기에 통합단원을 실제로 운영한다.

ONLINE RESOURCES

'교과서 재구성(교과서 내용 통합)에 의한 통합단원 운영'은 ① 주제선정, ② 1차 마인드맵핑, ③ 통합대상 교과영역 설정, ④ 통합대상 교과영역별 마인드맵핑, ⑤ 통합대상 교과별 수업진행(교수-학습과정안 포함), ⑥ 통합단원 활동시간 마련, ⑦ 평가 실시 등의 단계로 실행될 수도 있습니다. 이에 관한 실례가 필요할 경우 저자가 운영하는 웹사이트(welfare5.com)의 Online Resources 게시판을 통하여 다운을 받기 바랍니다('교육과정론'의 Online Resources 18 자료).

(2) 교육과정 재구성(교육과정 통합)

교육과정 재구성(교육과정 통합)은 국가수준 교육과정 문서에 근거하여 각 교과의 학습내용을 적절히 재구성하고, 그에 따라 교수-학습자료를 새로 개발하는 것으로, 국가수준에서 제시하는 교육과정을 수정·보완하는 것을 말한다.

교육과정 재구성의 유형은 재구성 단원의 중심내용을 결정하는 방법에 따라 ① 여러 교과내용중심 통합, ② 여러 교과의 공통적인 개념·원리·법칙·탐구방법중심 통합, ③ 공통소재중심의 여러 교과내용 통합 등으로 구분된다.

첫째, 여러 교과내용중심 통합인데, 이는 국가교육과정의 교과별 내용 중의 특정 부분을 그대로 중심내용으로 선택하여 다루는 것을 말한다. 즉, 사회과나 자연과 등의 교과에서 다른 교과의 내용과 관련 있는 내용을 골라 교육과정을 재구성하는 것을 말한다(다학문적 접근). 교육과정 통합방법 중 국가교육과정을 가장 충실하게 가르칠 수 있는 방법이지만, 학습내용 통합정도에는 한계가 있다. 그러나 관련된 교과의 시수를 가져오는 방법과 국가교육과정 문서를 분석할 때의 용이성, 교수-학습자료로서 교과서를 적극적으로 이용할 수 있는 점 등에서 볼 때 다른 교육과정 통합에 비하여 교사들의 접근이 쉽다.

둘째, 여러 교과의 공통 개념·원리·법칙·탐구방법중심 통합인데, 이는 각 교과들에서 다루어지는 개념, 원리, 법칙, 탐구방법 등을 찾아 이 중 교과의 구분과 상관없이 중요하게 다루는 공통 개념, 원리, 법칙, 탐구방법 등을 골라 교육과정으로 통합한다. 즉, 국가교육과정의 교과별 내용을 통해 학습해야 하는 상위의 개념, 원리, 법칙, 탐구방법 등을 중심내용으로 삼은 것을 말한다(다학문적 접근). 이는 중심내용을 논리적으로 분석하여 학습내용을 결정하므로 학문적인 입장에 있어 통합성이 대단히 강하며, 국가교육과정의 교과별 내용에는 표면적으로 드러나지 않지만, 학습자들에게 특히 중요한 개념, 원리, 법칙, 탐구방법 등을 지도할 경우나 교과내용의 심화학습에 이용할 수 있다.

셋째, 공통소재중심의 여러 교과내용 통합인데, 이는 교육과정에서 제시하는 교과별 체계와는 다른 체계를 가진, 학습자중심의 내용을 핵심내용으로 삼는다(다학문적 접근, 간학문적 접근). 즉, 학습자의 흥미를 끌 수 있는 제재를 선정하여 그에 관련된 학습내용을 교과 구분 없이 결정한다. 이러한 유형에서는 소재를 중심으로 학습내용을 결정한 후 국가교육과정과 관련된 부분이 있는가를 살피기 때문에 교육과정 통합이 비교적 쉽고 간단하다. 특히, 국가교육과정을 모두 학습한 후 심화 또는 반복학습을 위해 이를 활용할 수 있다.

한편, 이상과 같은 교육과정 재구성에 의한 통합단원의 운영절차는 그 유형에 크게 상관없이 일반적으로 다음과 같은 다섯 단계로 이루어진다.

1 제1단계 : 팀 구성 및 국가교육과정 분석

팀 구성은 교육과정 통합단원을 만들고자 하는 사람들로 이루어진다. 따라서 통합단원을 학습하게 되는 특정 학년의 담당교사들이 중심이 되며, 교육과정 전문가와 행정담당 등의 인력이 팀의 구성원이 될 수 있다.

한편, 분석대상이 되는 국가교육과정 문서는 교육부 고시에 의한 '초·중등학교 교육과정'을 말하는데, 특히 각 교과별 내용, 즉 교과의 종류와 교과별 내용에는 어떤 것이 포함되어 있는가를 확인한다.

2 제2단계 : 통합 단원(재구성 단원)의 학습내용 결정

교육과정 재구성의 결과로서 통합단원을 개발할 수도 있고, 독립된 코스로 개발할 수도 있는데, 특히 통합단원을 개발할 경우 다루게 될 학습내용은 국가교육과정 교과별 내용을 토대로 결정한다. 통합단원에서는 무엇을 단원의 중심내용으로 삼을 것인가에 따라 학습내용에 많은 차이가 있으며, 단원의 중심내용은 그 성격에 따라 몇 가지로 구분될 수 있다.

3 제3단계 : 통합단원의 구성

통합단원에서 다루어야 하는 학습내용(첫 번째 단계에서 결정함)을 토대로 단원계획을 수립한다. 이러한 단원계획에는 단원명, 단원의 개관, 단원의 목표, 시간계획, 단원의 전개도 등이 포함된다.

4 제4단계 : 학교교육과정 연간계획 조정

통합단원이 만들어지면 이를 전개하기 위해 시간표를 포함한 교육과정 운영에 대한 기존 연간계획을 조정해야 한다. 새로운 재구성단원에서는 여러 교과의 내용을 다룸과 동시에, 단원의 학습내용들이 교과 간 구분 없이 전개되기 때문이다. 통합단원 개발과 관련된 교과의 시간배당으로부터 통합단원 운영에 필요한 시간을 가져올 경우 연간 진도표를 참고해야 한다.

5 제5단계 : 통합단원의 운영

통합단원을 운영하기 위한 교육과정 운영에 대한 기존의 연간계획의 조정이 완료되면 적절한 시기에 통합단원을 실제로 운영한다.

ONLINE RESOURCES

'좋은 수업을 위한 유연한 교육과정 운영'에 관하여 논의한 자료가 필요할 경우 저자가 운영하는 웹사이트(welfare5.com)의 Online Resources 게시판을 통하여 다운을 받기 바랍니다('교육과정론'의 Online Resources 19 자료).

ONLINE RESOURCES

'가드너(Gardner)의 다중지능이론을 적용한 통합단원 구성'에 관한 자료가 필요할 경우 저자가 운영하는 웹사이트(welfare5.com)의 Online Resources Service를 통하여 다운을 받기 바랍니다('교육과정론'의 Online Resources 20 자료)

(3) 통합코스 개발(재량활동 운영을 위한 통합코스 개발)

통합코스 개발은 기존 교과와 별개로 학생들의 특성을 반영한 코스(또는 교과)를 개발하는 것으로, 국가수준의 교육과정과는 별도로 학생들의 필요에 부합되는 코스나 교과를 새로 개발하여, 스스로 자신의 학습과제를 선택하여 학습하게 하는 접근을 말한다.

통합코스 개발의 유형에는 ① 범교과 주제중심 코스(교과 구분 없이 범교과 학습을 위한 민주시민교육, 인성교육, 환경교육, 경제교육, 대중매체교육, 에너지교육, 근로정신함양교육, 보건교육, 안전교육, 성교육, 소비자교육, 진로교육, 통일교육, 한국문화정체성교육, 국제이해교육 등을 위해 개발하는 코스), ② 프로젝트 학습단원(학습자들의 흥미나 관심영역 또는 수준에 맞는 학습과제 개발)이 포함된다.

1 범교과 주제중심 코스

국가의 교육과정은 교과별 체계를 갖추고 있으며, 학교의 수업도 대개 교과별로 이루어진다. 그런데 학생들이 도달해야 할 목표나 배워야 할 내용 중에는 교과별 교육과정 체계나 교과별 학습으로는 달성하기 어렵거나 효과적이지 않은 것들이 있다. 예를 들어, 인성교육이나 성교육 등과 같은 주제는 도덕이나 체육과 같은 특정 교과에서 다루기보다는 학교교육활동 전반에 걸쳐 통합적으로 다룰 때 효과적인 주제학습이 된다(초학문적 접근). 범교과 주제는 대개 학문적 성격을 반영하기보다는 학습자들의 요구나 사회의 요구를 반영하여 선정하는 것이 보통이다.

학교에서 개발하여 운영할 수 있는 범교과 주제중심 코스는 매우 다양하다. 학습자와 사회의 요구는 범교과 학습주제를 선정하는 데 가장 우선적으로 고려해야 할 사항들이다. 교육부에서는 범교과 주제로 민주시민교육, 인성교육, 환경교육, 경제교육, 대중매체교육, 에너지교육, 근로정신함양교육, 보건교육, 안전교육, 성교육, 소비자교육, 진로교육, 통일교육, 한국문화정체성교육, 국제이해교육 등을 제시하고 있는데, 단위학교에서는 이를 참조하여 적절한 주제를 설정할 수 있다.

범교과 주제중심 코스의 운영절차는 일반적으로 다음과 같다.

가. 제1단계 : 범교과 주제중심 코스의 개발을 위한 팀 구성 및 범교과적인 주제 결정

코스개발팀을 구성하고, 학생·학부모·지역사회 등의 요구를 수렴하여 범교과 주제를 결정하는 것으로, 코스중심주제 결정, 코스주제를 학습해야 하는 이유와 코스조직방식 등을 포함한 코스설정근거를 진술해야 한다.

나. 제2단계 : 코스의 학습내용 결정

범교과적인 주제의 결정이 이루어진 후에는 그에 기초하여 코스의 학습내용을 선정하여 적절한 크기로 단원들을 구분하고, 각 단원명을 결정한다.

다. 제3단계 : 단원계획

각 단원별로 상세한 단원계획을 작성한다. 먼저 단원의 설정근거가 드러나도록 단원에 대한 개관을 작성하고, 이를 토대로 단원목표를 설정해야 한다. 이어, 단원의 운영순서와 학습내용을 한눈에 알아볼 수 있는 단원의 전개도와 단원진도계획표를 작성하고, 이어 이를 바탕으로 단시 수업전개안을 작성한다.

라. 제4단계 : 단원운영

단원의 개관 및 목표의 설정, 단원의 전개도 및 진도계획표 작성, 단시 수업전개안 작성 등이 완료되면 이를 토대로 단원을 실제 운영한다.

2 프로젝트 학습단원

현대교육은 정보화시대, 급격한 변화를 수반하는 유동적 사회와 다양한 생활방식과 가치관이 공존하는 다원적 사회에 살아갈 인간을 육성해야 한다. 즉, 알고 있는 지식을 새로운 상황에 응용하는 능력, 다양한 가치를 선별할 수 있는 판단력, 새로운 아이디어를 끊임없이 창출하는 창의성과 강한 지적 호기심을 가진 인간을 육성해야 한다. 이러한 맥락에서 보면 학생이 학습주제를 선택하고 학습계획을 세우고 학습문제를 해결하는 프로젝트 학습의 필요성과 중요성은 더욱 증대된다(다학문적 접근, 초학문적 접근).

그러나 현재의 교과중심 학교교육체제에서는 프로젝트 학습이 제대로 운영되기 어려우므로 교과진도에 얽매이지 않고 학습자들이 자신들의 개성에 따라 학습의 주체로서 참여할 기회를 제공하기 위해서는 재량활동시간을 이용해 프로젝트 학습을 보다 적극적으로 운영할 필요가 있다. 프로젝트 학습은 특정 주제에 대하여 깊이 있게 연구하는 활동으로서, 학습자들이 학습활동을 직접 계획하고 운영하고 교사는 이에 대한 안내와 보조의 역할을 담당하는 것이 특징인데, 이는 과제를 조사·발표하는 것보다는 규모가 크고 체계적인 학습활동으로 이루어진다. 전통적으로 교과목을 통해

체계적으로 학습하는 교수-학습활동이 학생으로 하여금 다양한 지식과 기능을 획득하도록 돕는 것이라면, 프로젝트 학습활동은 이러한 지식과 기능들을 의미 있는 상황에 적용하게 하므로 일반 교과목 학습을 보다 의미 있고 심도 있게 해 줄 수 있다. 프로젝트 학습은 교사에 의해 주도되는 교과학습을 지원하고 확장해 주는 역할을 할 뿐만 아니라, 연구활동을 통해 새로운 지식을 생산해 내도록 유도하기도 한다.

한편, 프로젝트 학습활동의 유형은 여러 가지로 분류되나, 규모와 기간 및 장소에 따라 그 유형을 분류해 보면 다음과 같다.

첫째, 프로젝트 학습활동은 학습집단의 규모(크기)에 따라 학급 내 모둠별 프로젝트, 학급 전체 프로젝트, 학년 프로젝트, 학교 프로젝트 등으로 구분된다. 대개 학급 내 모둠별 프로젝트나 학급 프로젝트는 학급 내 학생들의 관심영역에 근거하여 연구주제를 선택하게 된다. 예를 들어, 학급에서의 모둠이나 학급 전체는 '우리가 살고 있는 고장의 인물, 지리, 역사, 문화에 대한 조사와 발표'라는 주제를 선택하여 프로젝트를 수행할 수 있다. 그리고 학년 프로젝트나 학교 프로젝트는 동 학년이나 전 학년에서 공동으로 할 수 있는 과제를 주제로 선택한다. 예를 들어, 환경문제와 같은 주제를 동 학년이나 전 학년 또는 학교 전체의 공동 관심사로 하여 학급별 혹은 학년별로 역할을 배분하여 운영할 수 있다.

둘째, 프로젝트 학습활동은 그 운영기간에 따라 1일 프로젝트, 주간 프로젝트, 월간 프로젝트, 학기 프로젝트, 연간 프로젝트 등으로 분류된다. 프로젝트 학습활동의 운영기간은 주로 연구주제와 학습활동량에 의해 결정되는 것이 보통이다. 프로젝트 학습의 교육적 가치는 운영기간이 아니라, 학습활동들이 얼마나 연계성 및 계열성을 갖추고 있느냐와 관계가 있다.

셋째, 프로젝트 학습활동은 학습의 주요장소가 어디냐에 따라 교실 내 프로젝트, 교실 바깥 학교 내 프로젝트, 학교 바깥 프로젝트로 구분된다.

이와 같은 프로젝트 학습단원의 운영은 일련의 절차를 통하여 이루어지는데, 이를 다음과 같이 크게 네 단계로 구분해 볼 수 있다.

가. 제1단계 : 프로젝트 학습활동의 범위 결정

프로젝트를 운영하는 방법은 다양하나, 앞에서 언급한 바와 같이 프로젝트 학습활동의 범위는 학급 내 모둠단위로부터 학급단위, 학년단위, 학교단위 등으로 그 범위가 커질 수 있는데, 교사는 이를 먼저 결정하고, 집단

편성에 대한 구체적인 계획을 구상해야 한다.

나. 제2단계 : 프로젝트 학습단원의 주제 결정 및 학습활동계획서(연구계획서)의 작성

먼저 프로젝트 학습단원의 주제를 결정하고, 그 주제망을 만든다. 고학년의 경우 소집단별로 주제망을 만드는 것이 가능하지만, 저학년의 경우는 교사가 상당한 개입을 할 필요가 있다. 물론, 교사의 도움을 받아 주제망을 제대로 만드는 것도 중요하지만, 학생들이 스스로 그것을 만들어 보도록 하는 데 의의가 있다. 이어, 주제에 대한 이해를 돕기 위하여 그 주제와 관련된 활동(경험)들을 선정하거나 다양한 방법으로 표현하고, 전체 활동과 조별 활동 및 개별 활동에 대한 학습활동계획서를 작성한다.

다. 제3단계 : 프로젝트 학습활동의 실행

프로젝트 학습활동의 실행은 해당 연구문제를 해결하기 위해 어떤 활동을 언제, 어떻게 전개할 것인가 등에 대한 사전계획에 따라 전개해 나가게 된다. 여기에서 먼저 고려해야 할 점은 운영시간의 문제인데, 교사는 활동이 진행되는 것을 보면서 시간을 융통성 있게 조정해야 한다.

라. 제4단계 : 프로젝트 학습활동의 결과 발표 및 평가

프로젝트 학습활동을 통하여 연구문제의 해결이 마무리되면 학습활동의 결과를 제시하고, 모든 학습과정을 모아서 발표를 하거나 책자로 묶어서 학습결과를 발표하고 그 결과에 대한 평가를 실시하게 된다.

06 CHAPTER 교육과정의 평가

본서의 제I부에서는 '교육과정 기초이론'이라는 주제로, 먼저 제1장(교육과정의 본질)에서는 교육과정의 의미와 성격 및 구성요소에 관하여 논의하였다. 이어, 제2장(교육과정의 이론모형)에서는 교육과정의 이론모형을 ① 접근방법에 따른 분류, ② 파이나(Pinar)의 분류, ③ 슈버트(Schubert)의 분류, ④ 아이즈너(Eisner) 등의 분류, ⑤ 크리바드(Kliebard)의 분류 등으로 구분하여 그 하위모형들에 관하여 자세하게 논의하였다. 끝으로, 제3장(교육과정의 유형)에서는 ① 교과중심 교육과정, ② 경험중심 교육과정, ③ 중핵 교육과정, ④ 학문중심 교육과정, ⑤ 인간중심 교육과정, ⑥ 영 교육과정, ⑦ 표면적 교육과정과 잠재적 교육과정 등에 관하여 살펴보았다.

제Ⅱ부에서는 '교육과정 운영'이라는 주제로, 먼저 제4장(교육과정의 개발)에서는 교육과정의 개발의 의미와 수준, 교육과정 개발모형, 교육과정 개발절차 등에 관하여 논의하였다. 이어, 제5장(교육과정의 실행)에서는 교육과정의 실행의 의미와 접근방법, 교육과정 실행의 원리와 영향요인, 교사에 의한 교육과정 재구성(통합교육과정 운영)에 관하여 살펴보았다.

이제, 제6장(교육과정의 평가)의 논의에 이르렀다. 교육과정 운영의 첫 단계인 '교육과정의 개발'에서 설계되고 계획된 교육과정을 근간으로 두 번째 단계인 '교육과정의 실행'을 통하여 실질적인 교육활동이 실천됨으로써 교육목적의 성취를 통한 학생들의 성장·발달과 사회의 발달과 혁신이라는 교육성과를 얻게 된다. 그렇다면 과연 이러한 성과는 원래 의도한 바대로 달성되었는가를 확인·반성하는 '교육과정평가'가 후속적으로 실행되어야 한다[그림

6-1]. 아울러, 여기에서는 이전의 교육과정의 '개발'과 '실행'뿐만 아니라, 교육과정의 '평가' 자체가 제대로 이루어졌는가를 확인·반성해보는 기회도 가져야 한다.

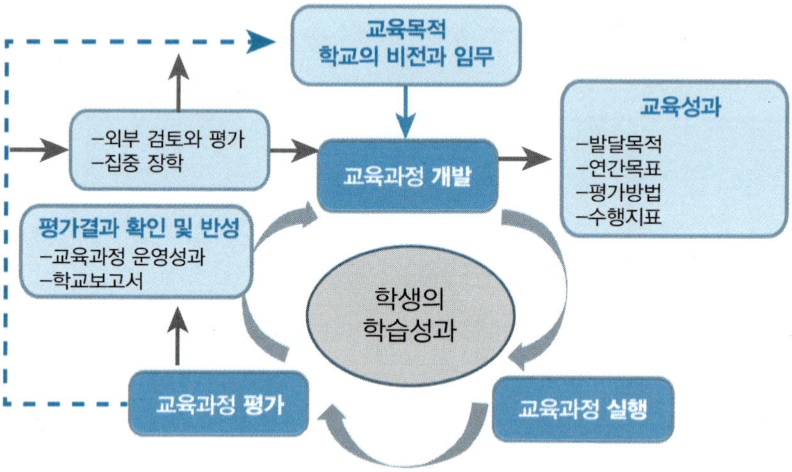

| 그림 6-1 | 교육과정 운영에서의 교육과정평가

'교육과정의 평가'에 관한 종합적인 이해와 통찰을 얻기 위해 먼저 '교육평가의 기초'로서 교육평가의 발달·의미·목적·기능·영역 등에 관하여 논의하고자 한다. 이어, '교육과정평가'에 관한 심오한 이해를 돕기 위해 교육과정평가의 의미·목적·모형 등에 대하여 체계적으로 살펴보기로 한다. 끝으로, '수업평가'에 대한 실제적 이해를 돕기 위한 내용으로 수업평가의 유형과 절차에 관하여 논의하고자 한다.

1. 교육평가의 기초

1) 교육평가의 발달

(1) '측정'과 '평가'의 의미와 차이점

고대에는 측정(평가)의 방법으로 주로 구두시험형식의 문답법과 면접법이 활용되었으며, 중세에는 여기에 주관적 필답형식이 가미되었다. 그리고 근대에 들어서는 측정의 방법을 보다 객관화시키려고 노력하였다. 이에 따라 19세기 말부터는 객관적인 측정방법들이 개발되었는데, 이때 미국의 손다이크(Thorndike)가 교육측정의 선구자적인 역할을 하였다. 그는 "존재하는 것은 모두 양(量)으로 존재한다. 그러므로 모든 것은 측정할 수 있다."라는 명제를 내세우면서 교육측정운동에 나섰다. 특히, 그는 1919년 최초로 '손다이크 필법척도'(Thorndike's hand writing scale)를 제작하였다.

그러나 1930년대에 들어와서 이러한 교육측정의 한계가 점차 지적됨으로써 반성기에 접어들게 되었다. 특히, 타일러(Tyler)는 진보주의 교육의 효과를 검증한 '8년 연구'(pp.65～66 참조)의 결과를 토대로 교육측정의 결함을 지적하였다. 이러한 가운데 1934년경부터 라이트스톤(Wrightstone)과 타일러(Tyler) 등에 의하여 '교육측정'이라는 용어 대신, '교육평가'라는 용어가 사용되기 시작하였는데, 이러한 운동은 1940년대의 진보주의 교육사상에 힘입어 적극적으로 파급되었다.

여기에서 측정(measurement)과 평가(evaluation)의 의미를 비교해 보면 측정이란 일정한 규칙에 따라 대상의 어떤 측면에 수치를 부여하는 활동, 즉 대상을 양화(量化)하는 활동을 지칭하는 반면, 평가는 측정에서 얻어진 결과를 토대로 설정된 목적이나 목표에 비추어 가치판단을 하는 활동을 말한다.

'측정'과 '평가'의 의미를 제대로 파악하기 위해 그 차이점을 구체적으로 정리해 보면 다음과 같다.

첫째, '발달과정'에서 보면 측정이 평가보다 앞선다.

둘째, '중점면'에서 보면 측정은 객관적이고 과학적인 양적(quantitative) 수치화에 중점을 두며 가치중립적인(value-free) 입장을 취하는 반면, 평가는 측정에서 얻어진 사료를 토대로 주관적이고 철학적인 질적(qualitative) 해석에 중점을 두며 가치판단을 내리는 가치지향적인(value-oriented) 입장을 취한다.

셋째, '대상면'에서 보면 측정은 지적인 능력과 기능을 확인하는 비인격적인(impersonal) 측면을 대상으로 삼는 반면, 평가는 전인적인 발달의 관점에서 판단하는 인격적(personal) 측면을 대상으로 삼는다.

넷째, '단속성–연속성 차원'에서 보면 측정은 단속적인(discontinuous) 의미를 가지나, 평가는 연속적인(continuous) 의미를 가진다.

다섯째, '수단–목적 차원'에서 보면 측정은 그 자체가 목적이 아니라 평가를 위한 수단이나, 평가는 그 자체가 목적이라고 할 수 있다. 그러므로 측정의 의미는 평가의 개념 속에 포함된다.

여섯째, '타당도-신뢰도 차원'에서 보면 측정은 주로 신뢰도와 관련되는 개념이고, 평가는 타당도와 관련되는 개념이다.

(2) 교육평가의 관점으로서의 선발적 교육관과 발달적 교육관

교육평가운동이 활발히 전개되는 가운데 교육평가의 방향과 방법에 영향을 미치는 교육관이 형성되었는데, 교육평가발달의 초기에는 '선발적 교육관'이 지배적이었다. 그러나 현대에 들어서는 평가의 관점으로서 '발달적 교육관'이 더 강하게 부각되었다. 미국의 경우 1960년대 이전에는 선발적 교육관이 지배적이었으나, 그 후에는 교육의 기회균등의 강조와 새로운 교육동향 등으로 인하여 발달적 교육관이 더욱 강조되었다.

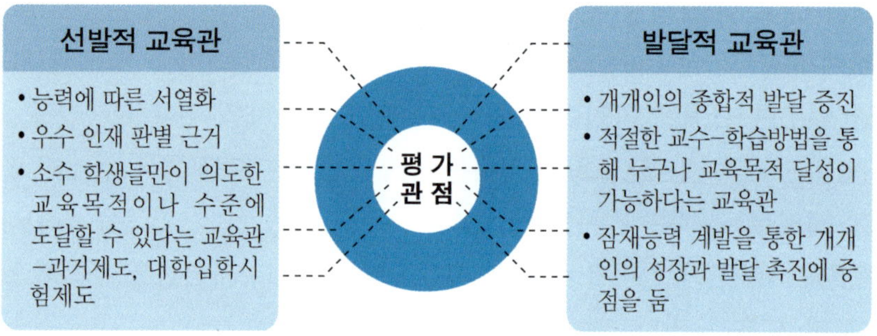

| 그림 6-2 | 교육평가의 관점

먼저, '선발적 교육관'은 교육을 통하여 달성하고자 하는 어떤 목적이나 일정한 수준에 충분히 도달할 수 있는 학생은 다수 중 일부이거나 소수에 지나지 않는다고 보는 관점을 말한다. 교육정책에 있어서 중등이나 고등교육을 받을 수 있는 집단은 소수에 지나지 않는다고 생각하고, 초·중·고 및 대학에 이르는 과정에서 계속 선별적인 선발과정을 통하여 소수의 엘리트만을 상급학교에 진학할 수 있도록 하는 피라미드식 교육제도의 실천은 바로 이러한 선발적 교육관의 한 표현이다. 그리고 학급에서 교사가 수업을 펼칠 때 제대로 따라오는 학생도 있고, 그런대로 따라오는 학생이 있는가 하면, 어차피 따라오지 못하는 학생도 있다고 믿는다면 이것 또한 선발적 교육관에 따른 교육활동이라고 할 수 있다. 이러한 선발적 교육관에서는 일정한 교육목적이나 수준에 도달할 가능성이 있는 소수의 우수자를 사전에 선발하기 위한 평가활

동과 일정한 수업활동 후에 어느 학생이 보다 더 많은 학업성취를 이루었는가 하는 개인차 변별에 더 많은 관심을 갖기 때문에 여기에서는 상대평가(규준지향평가, 규준참조평가)체계가 중시되고, '평가관'보다는 '측정관'의 입장이 강조된다.

반면, '발달적 교육관'은 모든 학생에게 각각 적절한 교수-학습활동이 제공된다면 누구나 의도한 바의 교육목적이나 수준에 만족스럽게 도달할 수 있다는 관점을 말한다. 이러한 교육관에서의 교육활동은 모든 학생에게 적절한 학습기회를 제공함으로써 가능한 한 모든 학습자가 의도하는 바의 교육목적을 달성하도록 하는 것이 교육정책이나 교육활동의 중심이 된다. 따라서 여기에서는 한 학생이 의도하는 바의 학습목표를 달성할 수 없다면, 이것은 학생의 책임이라기보다는 오히려 교육의 주체자인 교사와 학교 및 교육당국의 책임이 더 크다는 교육의 책무성(accountability)이 강조된다. 이러한 발달적 교육관에서는 학생의 서열을 정하거나 학생의 선발이나 개인차를 밝히기 위한 것보다는 학생들의 교육목표 달성도의 확인에 관심을 갖는 절대평가(준거지향평가, 준거참조평가, 목표지향평가)체계가 중시되며, '측정관'보다는 '평가관'의 입장이 강조된다.

2) 교육평가의 의미

교육과 관련한 '평가'의 의미는 매우 광범위하고 다양하나, 교육평가의 일차적인 의미는 학생들의 교육목표 달성도를 확인·반성하고, 그들의 행동특성(인지적·정의적·심리운동적 특성)을 수집·해석하며, 개인차(개인내 차 및 개인간 차)를 확인·분석하는 활동이라고 규정할 수 있다. 즉, 교육평가의 근본적인 의미는 교육목표에서 제시한 바람직한 행동을 학생들이 얼마나 성취하였는가를 확인하고 그에 대하여 반성할 뿐만 아니라, 그들의 행동특성(인지적·정의적·심리운동적 행동특성)을 수집하여 해석하며, 그들의 개인차(개인내 차 및 개인간 차)를 확인·분석하는 활동이라고 할 수 있다.

그러나 교육평가는 이처럼 학생의 교육목표 달성도 확인·반성과 행동특성의 수집·해석 및 개인차의 확인·분석에만 관심을 갖는 것은 아니다. 다시 말하면, 교육평가는 단지 '학생평가'(student evaluation)만을 의미하는 것이 아니라, 교사에 의한 교수활동의 효과성 및 효율성을 포함한 교육활동 전반을 점검하는 '교육과정평가'(curriculum evaluation), 교육활동에 직접·간접으로 영향을 미치는 환경을 조사·분석하는 '환경평가'(environment evaluation), 더 나아가 교육활동을 조장하고 촉진하는 행정 및 경영활동을 확인·반성하는 '행정 및 경영평가'(administration & management evaluation)까지의 의미를 함께 갖는다. 여기에서 얻어진 다양한 정보들은 교육활동의 개선을 위한 자료로 활용된다.

교육평가는 국가수준과 지역수준 및 학교수준의 교육 관련 운영(경영) 및 실천 전반에 관한 현상을 확인·반성하는 종합적인 활동이라고 규정할 수 있는데, 이에 대한 접근방법은 크게 '양적 접근'과 '질적 접근'으로 양분된다[그림 6-3]. 즉, 교육 관련 운영 및 실천의 전반에 관한 현상을 확인·반성하는 종합적인 활동인 '교육평가'가 제대로 이루어지기 위해서는 먼저 교육관련 운영 및 실천 전반에 관한 현상의 '기술'(description)·'설명'(explanation)·'예측'(prediction)·'통제'(control)에 관한 기초자료들이 확보되어야 하는데, 이들을 수집하는 접근방법은 크게 ① 객관적인 경험적·실증적 탐구를 통해 수집된 양적 자료들에 대한 통계분석으로 결과를 도출하는 '양적 접근', ② 주관적인 현상학적·해석학적 탐구를 통해 수집된 질적 자료들에 대한 내용분석으로 결과를 도출하는 '질적 접근'으로 구분된다.

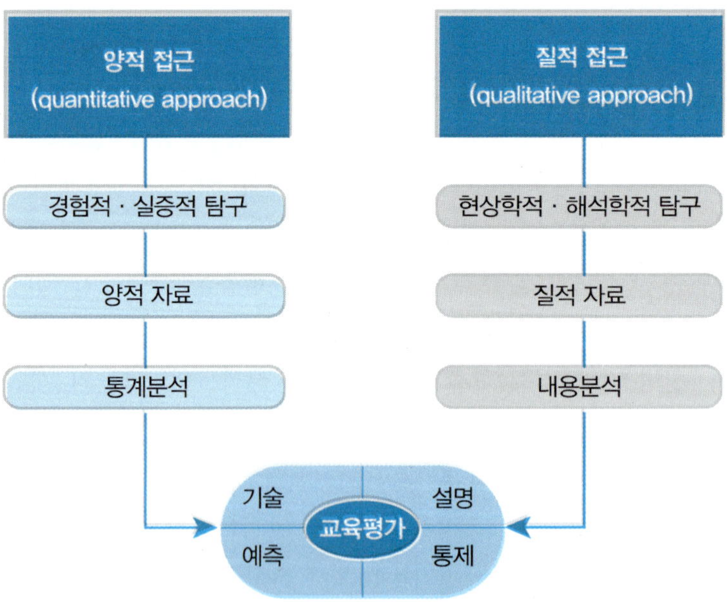

| 그림 6-3 | '교육평가'에 대한 양적 접근과 질적 접근

ONLINE RESOURCES

'교육평가에 대한 양적 접근과 질적 접근'에 관하여 논의한 자료가 필요할 경우 저자가 운영하는 웹사이트(welfare5.com)의 Online Resources 게시판을 통하여 다운을 받기 바랍니다('교육과정론'의 Online Resources 21 자료).

이미 앞에서 잠시 언급한 교육평가의 의미를 그 주된 대상에 따라 크게 네 가지로 구분하여 구체적으로 살펴보면 다음과 같다.

첫째, 교육평가는 무엇보다도 학생들의 교육목표 달성도를 확인·반성하고 행동특성들을 수집·해석하며, 개인차를 확인·분석하는 활동을 포함하는데, 이를 '학생평가'라고 명명한다.

먼저, 교육의 목적은 학생들로 하여금 바람직한 행동을 습득하도록 돕는 데 있는데, 평가는 그들의 바람직한 '행동의 변화량'을 확인·분석하는 데 많은 관심을 갖는다.

그리고 평가는 학생들의 여러 행동특성들을 수집하고 해석하는 데도 관심을 갖는다. 평가는 학생들의 행동특성들을 제대로 파악하게 함으로써 그들을 충분히 이해하여 적절한 지도활동을 펼치도록 돕는다. 평가에서는 학생들의 인지적·정의적·심리운동적 영역의 행동특성들을 수집하기 위하여 필답고사, 표준화검사, 관찰법, 면접법, 질문지법, 사례연구법, 투사법, 사회성측정법 등의 다양한 방법들을 활용한다. 여기에서 얻어진 정보들은 후속적인 교수-학습지도(교과지도)와 생활지도·상담에 적극 활용하게 된다.

끝으로, 평가는 학생 개개인의 변이를 분석하여 개인차(개인내 차·개인간 차)를 확인하는 활동이다. 여기에서 확인된 학생들의 개인차를 고려하여 그들에게 부합되는 학습경험들을 제공하여 성공적인 학습활동을 촉진시킴으로써 그들이 잠재력을 최대한으로 실현하게 하여 전인적인 인간으로 성장 발달하도록 돕는다.

둘째, 교육평가는 교사의 교수활동의 효과성 및 효율성을 포함한 교육활동 전반을 점검하는 활동의 의미를 갖는데, 이를 '교육과정평가'라고 명명한다. 평가는 학생들의 교육목표 달성도를 확인하고 제반 행동특성들을 분석하며, 개인차를 확인하기도 하지만, 학교의 전반적인 교육과정 운영의 효과성과 효율성의 정도를 확인함으로써 교육의 질을 관리한다.

셋째, 교육평가는 교육활동과 관련된 제반 환경을 조사·분석하는 활동도 포함하는데, 이를 '환경평가'라고 한다. 평가는 주요 교육환경이라고 할 수 있는 학교환경, 가정환경 및 지역사회환경 등을 조사·분석함으로써 교육적인 환경의 조성에 대한 정보를 제공해 준다.

넷째, 교육평가는 교육활동을 조장하고 촉진하는 행정 및 경영활동의 적절성과 타당성을 확인·점검하는 활동도 포함하는데, 이를 '행정 및 경영평가'라고 한다. 교육활동을 조장·촉진하는 행정 및 경영활동에는 학교제도를 포함한 교육제도의 완비, 교육조직의 정비, 입시정책을 포함한 교육정책의 수립, 교육재정의 관리, 교육법규의 정비, 교육시설·설비의 완비, 장학행정의 실천, 학교 및 학급의 경영, 교육과정의 관리, 사무의 관리, 가정 및 지역사회와의 협력 등이 포함되는데, 교육활동의 원활한 실천을 도모하기 위해서는 이들에 대한 평가활동도 이루어져야 한다.

3) 교육평가의 목적

평가의 목적은 여러 시각에서 규정할 수 있으나, 본질적인 면에서 볼 때 그 목적은 대략 네 가지로 제시될 수 있다.

첫째, 교육평가는 학생의 교육목표의 달성도를 확인·반성하는 데 그 목적을 둔다. 설정된 교육목적과 목표를 학생이 어느 정도 달성하였는가를 확인·반성하기 위하여 교육평가를 실시한다. 학생에게 바람직한 행동변화가 어느 정도 일어났는가를 알기 위해서는 평가가 필요한데, 이것은 학생의 현재상태와 진보의 과정을 알기 위해서 필수적인 활동이다. 그런데 학생의 학업성취도는 교사뿐만이 아니라, 학생 자신도 알아야 할 필요가 있으므로 그들 자신에 의한 자기평가도 강조되지 않으면 안 된다.

둘째, 교육평가는 학생의 생활지도·상담을 위한 기초자료를 수집하는 데 그 목적을 둔다. 학생의 생활지도·상담을 하기 위한 기초자료를 얻기 위해서 교육평가가 필요하다. 효과적인 생활지도·상담을 실천하기 위해서는 먼저 학생에 대한 조사활동이 이루어져야 한다. 즉, 여러 가지 방법을 통하여 생활지도·상담의 대상인 학생에 관한 자료를 수집하여야만 이를 토대로 효율적인 생활지도·상담이 이루어질 수 있다. 이러한 자료의 수집은 바로 교육평가를 통해서 이루어진다.

셋째, 교육평가는 교육활동의 효과성과 효율성을 점검하고 반성하는 데 그 목적을 둔다. 교육평가는 학교의 모든 교육활동의 효과성과 효율성에 대한 자료를 얻기 위해서도 필요한데, 이는 설정된 교육목표, 선정·조직된 교육내용 및 사용된 교재·보조교재, 교수-학습지도활동(교과지도활동) 및 생활지도·상담활동, 교육평가 자체 등이 바람직한 교육성과를 올리는 데 적절한 역할을 하였는가를 확인·반성하게 한다.

넷째, 교육평가는 교육의 향상을 위한 학교 및 학급의 경영활동에 관한 자료를 수집·분석하는 데 그 목적을 둔다. 학교에서 행해지는 조직활동은 학생들이 바람직하게 성장·발달하도록 직접 지도하는 '교육활동'과 이러한 활동을 효과적으로 뒷받침하기 위한 '행정 및 경영활동'으로 구분된다. 교육의 향상을 위한 학교 및 학급운영자의 자질, 학교의 시설 및 교육환경, 학교제도, 교육행정 등의 교육 전반에 대한 행정 및 경영활동의 적절성을 파악하기 위해서도 교육평가가 필요하다.

4) 교육평가의 기능

선술한 바와 같이, 평가는 일련의 교육활동을 마무리짓는 단계로서 교육목표의 달성도를 확인·반성하는 것뿐만 아니라, 교육활동 자체의 효율성을 점검하여 교육활동의 개선에 대한 자료를 제공한다. 평가의 기능은 여러 측면에서 생각해 볼 수 있으나, 여기에서는 대략 일곱 가지로 정리하여 살펴보기로 한다.

첫째, 교육평가는 학생의 학습 정도를 진단하고, 그에 대한 적절한 조치를 취하도록 한다. 교육장면에서는 학생에 대한 정확한 진단이 선행되어야만 효율적인 수업활동을 전개할 수 있다. 따라서 교육의 과정에서 선수학습의 정도라든가, 심신의 발달상태를 파악하고, 아울러 학습에 있어서의 문제점 등을 밝혀내, 그것을 교정해 주는 데 교육평가가 지대한 역할을 한다. 교육평가에서 얻어진 자료에 의해서 타당한 교육계획을 수립하여 효율적인 교육활동을 전개·보완·개선하게 된다.

둘째, 교육평가는 학생의 학습을 촉진시킨다. 교육평가는 학습동기를 유발시키는 기능을 갖고 있다. 평가를 통하여 학생들은 자신의 학습력을 확인하고, 이를 통해서 학습결손을 보충하여 좋은 성적을 올리려는 동기가 유발되기 때문이다.

셋째, 교육평가는 학생의 생활지도·상담에 관한 자료를 수집한다. 생활지도·상담을 위해서는 대상학생의 정서·능력·흥미·성격은 물론이고, 그 학생을 둘러싸고 있는 학교·가정·사회환경에 대한 광범위하고 정확한 이해가 필수적인데, 교육평가는 이에 관한 기초자료를 제공해 준다.

넷째, 교육평가는 학생으로 하여금 자기평가를 하게 하여 자신을 제대로 이해하게 한다. 교육평가에 있어 학습자의 자기평가를 중시하는 경향은 최근에 들어서 현저히 높아지고 있는데, 이러한 현상은 자율적인 학습체제의 확립에 의해 나타나게 되었다. 이는 성적평가를 비롯한 제반 교육평가에 있어서 학습자 자신의 자기평가가 수반되어야 한다는 점과 교육활동 가운데 학습자가 자기평가를 행하여 자기이해를 넓힐 수 있는 기회를 많이 주어야 한다는 점, 자기평가를 통해서 자기교육체제, 즉 학교교육 후에도 자율적인 학습이 계속 유지되어야 한다는 점 등에 근거하고 있다.

다섯째, 교육평가는 교육활동 전반을 점검하여 개선하게 한다. 학교교육장면에서 교육평가는 교육목적 및 목표의 설정, 교육내용의 선정·조직, 교수-학습지도 및 생활지도, 교육평가에 대한 보다 객관적이고 신뢰할 수 있는 자료를 제공하기 때문에 교육활동의 효율성을 높이는 데 도움을 준다.

여섯째, 교육평가는 교육정치(教育定置, educational placement)의 기능을 수행한다. 교육장면에서는 개인차를 존중하여 이에 맞는 최적의 교육기회와 학습환경을 부여하여야 한다. 교육정치란 학생이 지닌 능력·소질·성격·체력 등을 충분히 파악하여, 그들이 지닌 능력이나 조건에 알맞은 교과지도와 생활지도를 받도록 적절한 과정이나 위치에 배치시키는 것을 말한다. 이때 교육평가는 학생의 올바른 정치를 위한 자료를 제공한다.

일곱째, 교육평가는 학교교육에 대한 질을 관리함으로써 교육수준을 향상시킨다. 국가와 사회는 학교교육에 대하여 일정한 기대수준을 가지게 되는데, 교육성과가 그 기준에 미달할 경우 그 원인을 규명하고 적절한 사후조치를 취함으로써 교육의 질을 관리하게 한다. 이때 교육평가는 교육의 수준을 측정하고, 이에 대하여 적절한 조치를 취하게 함으로써 학교교육의 질을 향상시킨다.

5) 교육평가의 영역

평가의 영역은 그 분류기준에 따라 다양하게 구분할 수 있다. 여기에서는 평가의 영역을 크게 학생에 대한 평가, 교육활동 및 교사에 대한 평가, 환경에 대한 평가, 교육체제에 대한 평가 등으로 구분하여 설명하기로 한다.

첫째, 교육평가의 주요영역 중의 하나는 학생에 대한 평가인데, 여기에는 학력평가, 지능평가, 적성평가, 인성평가(성격평가), 신체 및 체력평가 등이 포함된다. 먼저, 학력평가는 학생평가에 있어서 중요한 평가영역으로 대부분의 평가가 학력을 중심으로 행해지고 있다. 그리고 지능평가는 학업성취의 기초가 되는 지능의 정도를 측정하고자 하는 평가영역인데, 이의 측정을 위하여 여러 가지 측정도구(지능검사)가 개발되어 있다. 또한, 학생에 대한 평가에는 적성평가도 포함된다. 적성은 지능의 영역과 밀접한 관계가 있으나, 지능이 인간의 일반적이고 기본적인 능력을 지칭하는데 반해, 적성은 특수능력, 즉 과학이나 어학에 대한 소질 등과 같은 분화된 능력을 지칭하는데, 이러한 특정 영역의 능력을 측정하는 것이 적성평가이다. 또한, 교육평가는 인성평가를 통하여 학생을 이해하고 그의 문제행동을 진단하여 효율적인 생활지도를 펼치는 데 있어 필요한 자료를 제공한다. 끝으로, 신체 및 체력평가도 학생에 대한 평가의 중요한 영역에 해당된다. 모든 학생들에게 전인교육을 실천하기 위해서는 이러한 평가에도 많은 관심을 가져야 한다.

한편, 학생에 대한 평가에서는 목적이나 의도에 따라 '인지적 특성'의 진전 상황은 어떤가, '정의적 특성'의 변화는 어떻게 나타났는가, '심리운동적 특성'의 발달은 어떻게 나타났는가 등을 확인·반성하는 데 관심을 갖는다. 또한, 학생에 대한 평가는 그 시점에 따라 특정의 선행학습 정도나 출발점행동 수준을 확인하느냐(진단평가), 학습의 진전 정도와 장애·곤란 정도를 확인하여 적절한 조치를 취하기 위한 것이냐(형성평가), 일련의 교수-학습지도를 마무리한 후 학생들이 교육목적(목표)을 어느 정도 성취했는가(총합평가) 등을 확인·반성하는 데 관심을 갖기도 한다.

둘째, 교육평가의 중요한 또 하나의 영역은 교육활동 및 교사에 대한 평가이다. 학생의 성장과 발달을 촉진하기 위하여 실천되는 교육활동 자체를 평가하는 것은 대단히 중요한 의미를 가지는데, 여기에는 교과과정, 학교행사활동, 홈룸활동, 학생회활동 등의 교육활동 전반에 대한 평가가 포함된다. 또한, 교사는 학습자의 환경 가운데서 가장 영향력이 크기 때문에 교사에 대한 평가도 이루어져야 하는데, 여기에서는 교사의 지도방법 및 지도역량 등이 평가의 대상이 되며, 나아가 교사의 인성·교육관·가치관 등의 교사역량 및 인성특성이 평가의 대상이 된다.

셋째, 교육평가의 또 다른 영역 중의 하나는 환경에 대한 평가이다. 학교 및 학급의 제반 환경은 교육의 효율적인 실천에 직접·간접으로 영향을 미치므로 이러한 환경에 대한 평가를 통하여 교육효과를 높일 수 있는 방안이 강구되어야 한다. 학교 및 학급환경을 가장 단순하게 구분하면, 심리적 환경과 물리적 환경으로 나누어 볼 수 있다. 이 중 심리적 환경은 주로 학습자집단과 교사집단의 상호작용에 의해 결정되는데, 이러한 환경은 학습자 개개인에게 커다란 영향을 미친다. 즉, 학교 및 학급집단의 성격이나 특성에 따라서 학습자의 인지적 행동특성뿐만 아니라 정의적 행동특성도 영향을 받게 된다. 흔히 심리적 환경을 사회적 풍토라고도 하는데, 학교 및 학급의 구성원들의 행동특성에 의해 결정되는 이러한 사회적 풍토는 결국 교육의 질을 결정하는 데 지대한 영향을 미치기 때문에 그에 대한 평가도 중요하다. 또한, 학교 및 학급, 가정을 포함한 지역사회의 심리적 환경뿐만 아니라, 물리적 환경도 평가의 대상이 되는데, 특히 학교의 기본시설, 교지 및 교사(校舍), 실험실습 기자재, 교재교구를 포함한 일체의 교육자원 등은 더 중요하고 직접적인 물리적 환경 요인이 된다.

넷째, 교육평가의 또 다른 영역은 교육체제에 대한 평가이다. 교육행정조직에 대한 평가와 학교교육의 기능과 역할에 대한 평가가 이에 속한다. 먼저, 교육행정조직에 대한 평가는 현행조직의 일반적인 장점과 문제점 그리고 이에 대한 대처방안, 행정적 조치의 강도와 각 학교의 자주성 정도, 행정당국과 학교의 관리직 내지 교직단체 간의 관계 등이 그 대상이 된다. 그리고 학교교육의 기능과 역할에 대한 평가는 학교교육 자체가 학생 개개인의 측면과 사회·국가의 측면에서 그 효율성을 확인하는 것이다. 이러한 평가활동을 통해서 교육의 질을 관리하게 된다.

2. 교육과정평가

1) 교육과정평가의 의미

교육장면에서 '평가'(evaluation)라는 용어는 대상범위의 관점에서 볼 때 세 가지의 의미, 즉 교육평가, 교육과정평가, 수업평가로 사용된다. 이 세 가지 용어는 상호 깊은 관련을 맺고 있으며, 보완적인 관계를 유지하지만, 가장 포괄적이고 광범위한 용어는 교육평가인데, 이는 학교와 같은 교육기관에서 이루어지는 모든 활동과 대상에 대한 평가활동을 총칭하는 표현이다. 이와는 대조적으로 수업평가는 세 가지 중에서 가장 폭이 좁은 의미로서, 학생들의 성취도를 평가하고 교사의 교수방법을 포함한 수업활동 전반을 평가하는 것을 지칭한다. 그리고 교육과정평가는 교육평가보다는 좁은 의미로 사용되지만, 수업평가보다는 더 넓은 의미를 갖는 것으로, 교육활동 전반(교육과정의 개발·실행·평가)에 대한 평가를 지칭한다(박도순, 1989).

학교교육의 목적을 달성하기 위해서는 먼저 일정한 절차에 의해 교육과정을 개발해야 하고, 이어 이를 토대로 그 운영이 일련의 과정을 통해 마무리되면 교육과정의 질적 효과를 판단하기 위하여 '의도된 교육과정'(계획된 교육과정)과 '전개된 교육과정'(실행된 교육과정) 및 '실현된 교육과정'(성취된 교육과정)의 성과를 각각 확인하여 의사결정자들이 해당 교육과정의 유지와 개정에 대한 판단을 내릴 수 있도록 정보를 수집하는 활동이 뒤따라야 한다(p.21 [그림 1-1] 참조). 이러한 전반적인 활동을 교육과정평가(curriculum evaluation)라고 하는데, 이에 대한 이해를 돕기 위한 도식을 강현석·주동범(2004)이 제시한 자료에 근거하여 나타내면 [그림 6-4]와 같다.

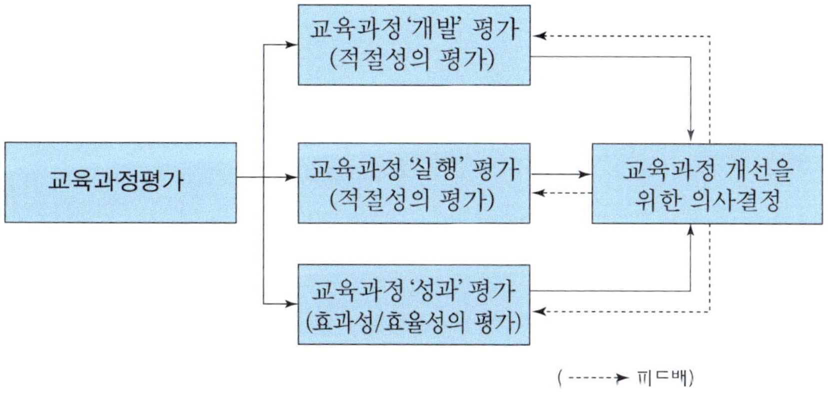

| 그림 6-4 | 교육과정평가의 개념모형

교육과정평가는 교육목적(목표) 설정에서부터 교육내용 선정·조직, 교수-학습과정(단원의 계획 및 전개), 평가에 이르기까지의 활동에 대한 적절성(타당성)을, 그리고 교육과정의 성과(효과)를 효과성/효율성의 측면에서 확인·반성하는 활동이라고 할 수 있다. 만약 교육목적(목표)이 철학적 관점, 사회적 측면, 학습자의 발달 및 필요, 교과 자체의 관점에서 보아 적절하고 타당하게 설정되지 못했다고 판단되면 이에 대한 반성과 함께 후속적인 교육활동의 성과를 높이기 위해서라도 충분한 수정·보완이 필요하다.

그러나 교육분야에서 평가라고 하면 대체로 학생의 학업성취나 수업결과를 확인(측정)하는 데 주된 관심을 가져왔다. 즉, 평가활동은 주로 학생의 판정과 선발을 위한 측정의 수준에 머물렀을 뿐, 교육활동의 개선을 위한 교육과정평가라는 차원은 별로 관심을 끌지 못했다(허숙, 1987). 이러한 배경에는 평가에 대한 잘못된 이해도 물론 한 몫을 했지만, 또 다른 측면은 그동안 평가에 대한 탐구를 지배해 온 전통적인 접근이 목표나 결과에만 지나치게 중시하고, 측정가능한 행동변인만을 강조해 온 데에서도 그 원인을 찾아볼 수 있다.

2) 교육과정평가의 목적

미래사회에서 국가경쟁력을 증진시키고 교육력을 체계적으로 강화하기 위해서는 무엇보다도 학교교육의 질적 개선과 교육효과의 증진에 최대한의 노력이 더욱 강구되어야 한다. 이를 실질적으로 달성하기 위해서는 교육활동의 요체인 '교육과정'에 대한 질 관리활동과 그 개선에 보다 많은 관심을 가져야 한다.

일반적으로 교육과정평가의 목적은 크게 ① 교육과정 개발에 대한 평가 목적, ② 교육과정 실행에 대한 평가 목적, ③ 교육과정 성과에 대한 평가 목적으로 나누어 볼 수 있다(박현주, 2005).

(1) 교육과정 개발에 대한 평가 목적

교육과정평가는 먼저 새로 개발된(계획된) 교육과정의 적절성(타당성)을 확인하기 위해 실시된다. 특히, 국가수준의 교육과정 개발센터에서 교육과정을 개발하는 경우에 새롭게 개발한 교육과정을 정당화 또는 타당화 할 필요가 있거나, 교육과정의 장점과 특성을 파악하거나, 문제점이나 보완점을 미리 파악하여 교육과정을 보급하거나 일반화하기 전에 개선할 필요가 있을 경우 이러한 평가가 필요하다.

(2) 교육과정 실행에 대한 평가 목적

교육과정평가는 학교현장에 실제로 적용하여 실행되는 교육과정에 중점을 두고서, 그 효율화를 기하거나 개선하기 위하여 실시된다. 또한, 교육과정이 의도한 대로 운영·실천되고 있는가를 모니터링하거나, 운영담당자가 충실하게 그것을 운영하고 있는가를 파악함으로써 교육과정의 질 관리를 기하는 동시에, 담당자의 책무성을 제고시키기 위한 목적으로 실시된다.

(3) 교육과정 성과에 대한 평가 목적

종래의 교육과정평가는 거의 전적으로 교육과정의 목적달성만을 확인하는 데 중점을 두었다. 그러나 최근의 교육과정평가는 그 성과(효과)를 다각도로 확인하기 위해 실시된다. 특히 근래에는 교육과정이 의도하지 않고 예상하지 않았던 결과도 동시에 평가의 대상으로 삼는 경향이 나타나고 있다.

3) 교육과정평가의 모형

교육과정(교육프로그램)에 대한 평가모형은 분류기준에 따라 여러 가지로 구분될 수 있다.

① '목적'에 따라 기술적 모형(descriptive model)과 처방적 모형(prescriptive model)

② '대상'에 따라 참여자 평가(evaluation of participants; 학생평가)모형과 교직원평가(evaluation of personnel; 직원평가)모형 및 프로그램평가(evaluation of program; 교육과정평가)모형

③ '기능'에 따라 목표달성중심 모형, 내재적 준거중심 모형, 외재적 준거중심 모형(상급학교 진학률, 취업률 등에 의한 평가), 의사결정촉진중심 모형

④ '발달과정'에 따라 전통적 평가모형(traditional evaluation model)과 그 문제점을 보완하기 위해 개발된 대안적 평가모형(alternativeevaluation model; 수행평가모형)

여기에서는 첫째, '목표지향 평가모형'으로서 타일러(Tyler)의 목표성취지향 평가모형과 하몬드(Hammond)의 3차원적 평가모형에 대하여 살펴보고자 한다.

둘째, '의사결정지향 평가모형'(관리지향 평가모형)으로서 스터플빔(Stufflebeam)의 CIPP 평가모형, 알킨(Alkin)의 의사결정촉진 평가모형, 프로버스(Provus)의 불일치 평가모형에 대하여 살펴보기로 한다.

셋째, '소비자지향 평가모형'(고객중심 평가모형, 수혜자지향 평가모형)으로서 스크리븐(Scriven)의 판단 평가모형에 대하여 알아본다.

넷째, '전문성지향 평가모형'(expertise-oriented evaluation model; 판단중심 평가모형)으로서 아이즈너(Eisner)의 예술비평 평가모형, 워센과 샌더스(Worthen & Sanders)의 전문적 심의 평가모형, 인증평가모형에 대하여 논의하고자 한다.

다섯째, '반론지향 평가모형'으로서 월프(Wolf)의 준법정변호 평가모형(quasi-legal evaluation model)에 대하여 살펴보고자 한다.

여섯째, '참여자지향 평가모형'(참여-반응지향 평가모형)으로서 스테이크(Stake)의 안면 평가모형 및 반응적 평가모형, 파렛과 해밀턴(Parlett & Hamilton)의 조명적 평가모형, 리페이(Rippey)의 상호교류적 평가모형, 구바와 린코른(Guba & Lincoln)의 제4세대 평가모형(자연주의적 평가모형) 등에 대하여 논의하기로 한다.

(1) 목표지향 평가모형

목표지향 평가모형(objective-oriented evaluation model; 전통적 평가모형)은 가장 많이 알려지고, 널리 활용되는 고전적 평가모형(classical evaluation model)이라고 할 수 있는데, 이는 타일러(Tyler)에 의해 체계화 되었다. 여기에서는 타일러의 목표성취지향 평가모형(Tylerian 평가모형)과 하몬드(Hammond)의 3차원적 평가모형에 대하여 논의하기로 한다.

1 타일러의 목표성취지향 평가모형

타일러(Tyler, 1949)는 평가란 교육목표(학습목표)와 학생의 실제 성취수준(교육목표 달성도)을 비교하는 활동이라고 규정하면서, 이러한 비교를 보다 명확하고 객관적으로 실행하기 위해서는 무엇보다도 교육목표의 세분화와 행동적 목표 진술이 사전에 이루어져야 한다고 주장하면서, 특히 교육목표를 세분화하는 방법으로 '교육목표의 이원분류'를 제안하였다.

먼저, 교육목표를 제대로 설정하기 위해서는 학습자에 대한 연구, 동시대 생활에 대한 연구, 교과전문가로부터의 제안 등의 세 가지를 고려하여 잠정적인 교육목표를 상정한 다음, 철학의 활용 및 학습심리학의 활용을 통하여 최종적으로 의미있고 타당한 교육목표를 이원분류형식의 관찰·측정 가능한 행동적 목표로 제시해야 한다(p.100 [그림 4-1] 참조). 이어, 이를 성취하기 위한 학습경험(교육내용)의 선정 및 조직을 실행하여 적절한 교수-학습활동을 전개할 준비를 해야 한다. 끝으로, 교수-학습활동의 성과로서 학생들이 실제로 달성한 목표성취수준(이는 결국 교육과정의 가치와 성과를 판단하는 기준이 됨)을 확인하기 위한 평가활동이 뒤따라야 한다. 이와 같은 의미에서 타일러의 접근모형을 목표성취지향 평가모형이라고 부른다.

타일러는 평가가 그 자체를 위해 존재하는 것이 아니라, 교육과정(특히 교육목표의 달성도)에 대한 합리적인 판단을 하기 위해 존재한다고 전제하고, 이와 같은 맥락에서의 평가의 역할과 기능을 강조하면서, 교육목표의 달성도를 측정·평가하는 전반적인 절차를 일곱 단계, 즉 ① 교육목표의 설정, ② 설정된 교육목표의 분류, ③ 분류된 교육목표의 행동적 용어로의 정의(이원분류형식의 행동목표 설정·진술), ④ 교육목표의 달성을 측정할 수 있는 평가장면의 선정, ⑤ 평가방법 및 도구의 개발·선택, ⑥ 사전검사를 통한 평가방법 및 도구의 개선, ⑦ 평가의 실시와 결과처리 및 해석 등으로 분류하였다.

목표성취지향 평가모형에서는 교육목표 자체가 평가에서 핵심적인 역할을 하고 있기 때문에 교육목표의 행동적 정의와 진술은 측정 및 평가를 용이하게 함으로써 평가의 효율성을 증진시키는 데 기여한다. 그리고 이러한 평가모형을 활용하면 교육목표와 학생들의 성취 간 합치여부의 체계적인 검증이 가능하므로 학교현장에서 실천이 용이하다.

그러나 타일러의 모형은 ① 목표의거 평가(goal-based evaluation)에 중점을 두기 때문에 의도하지 않은 부수적 교육효과에 대한 평가, 즉 탈목표 평가(goal-free evaluation)에 소홀하다는 점, ② 교육성과에만 주된 관심을 갖기 때문에 본질적이고 전반적인 교육과정의 개선에 한계가 있다는 점, ③ 기술적인 합리성만 강조하기 때문에 교육활동의 정치·사회적 역할이나 윤리·도덕적 역할과 같은 복합적인 측면을 평가할 수 없다는 점, ④ 행동으로 표현되지 않고, 또 측정하기 어려운 경험이나 태도 및 감정변화 등과 같은 중요한 교육성과와 학습과정을 평가하기 어렵다는 점 등으로 인하여 많은 비판을 받고 있다.

2 하몬드의 3차원적 평가모형

하몬드(Hammond, 1967)는 타일러의 목표성취지향 평가모형을 토대로 3차원적 평가모형을 제안하였다. 이는 교육목표(수업목표)가 달성될 수 있는지 여부를 결정하는 것뿐만 아니라, 특정 교육혁신의 성패원인을 규명하는 것에 관심을 가지며 교육활동의 성패에 영향을 주는 요소를 평가자가 용이하게 파악할 수 있도록 하는 데 중점을 두었다.

여기에서 말하는 3차원은 행동차원·수업차원·기관차원(제도차원)인데, 교육목표의 달성도를 평가하기 위해서는 이러한 세 차원을 종합적으로 고려해야 한다. 먼저, 행동차원은 평가대상 프로그램의 인지적·정의적·심리운동적 목표로서 행동적 용어로 진술된 행동목표를 의미한다. 그리고 수업차원은 평가대상이 되는 교수활동을 말하는데, 여기에는 ① 조직(매일 및 매주별 일정 등의 '시간적 조직', 집단중심 조직·내용별 조직·협동교수팀별 조직 등을 포함한 '공간적 조직'), ② 내용(영역별 지식, 탐구방식별 지식 및 주제 등), ③ 방법(다양한 수업형태와 상호작용형태), ④ 시설(공간, 설비 및 자료), ⑤ 비용(시설확충·설비유지·직원 보수 등) 등이 포함된다. 마지막으로, 기관차원은 평가대상이 되는 교육활동(교육프로그램)에 관련되는 학생·교사·행정가·교육전문가·가정·지역사회 등의 하위변인들 간의 결합 및 관련성에 대한 측면이다[그림 6-5].

| 그림 6-5 | 하몬드(Hammond)의 3차원적 평가모형

하몬드는 평가가 제대로 이루어지기 위해서는 다음과 같은 다섯 단계의

활동이 필요하다고 주장하였다. 즉, 첫째는 관련된 자원을 확인하여 구체적인 교육목표(교과별·교육과정 수준별)를 명료화하고, 둘째는 수업차원과 기관차원의 관련변인들을 규정하고, 셋째는 교육목표를 행동적 용어로 진술(성취수준의 구체화·행동의 발생가능한 조건·수락할 성취수준의 제시)하고, 넷째는 교육프로그램에 의해 산출된 결과를 사정하고, 다섯째는 그 결과를 분석하여 바람직한 수준에 도달했는지를 확인하여 프로그램의 효과를 판단하는 순서로 평가활동이 실행되어야 한다는 것이다.

(2) 의사결정지향 평가모형

전술한 목표지향 평가모형은 오랫동안 비교적 많이 활용되고 있는 전통적 평가모형으로서, 여기에서의 '평가'는 교육목표의 달성도(학습결과)를 확인하는 것으로만 국한되고 있다.

이러한 한계점을 극복하고 평가를 보다 광범위한 의미로 파악하고자 하는 대안적인 평가모형들이 계속 개발되어 왔는데, 그 대표적인 평가모형이 바로 의사결정지향 평가모형(decision making-oriented evaluation model), 즉 관리지향 평가모형(management-oriented evaluation model)이다. 여기에서 평가란 의사결정자에게 필요한 정보를 제공함으로써 교육과정(교육프로그램)의 계획과 실행 및 개선에 관하여 합리적인 의사결정을 돕기 위해 유용한 정보를 수집·제공하는 활동으로 개념화된다.

1 스터플빔의 CIPP 평가모형

먼저, CIPP란 네 가지 형식의 평가를 지칭하는데, 그것은 상황평가(맥락평가; context evaluation)·투입평가(input evaluation)·과정평가(process evaluation)·산출평가(product evaluation)이다.

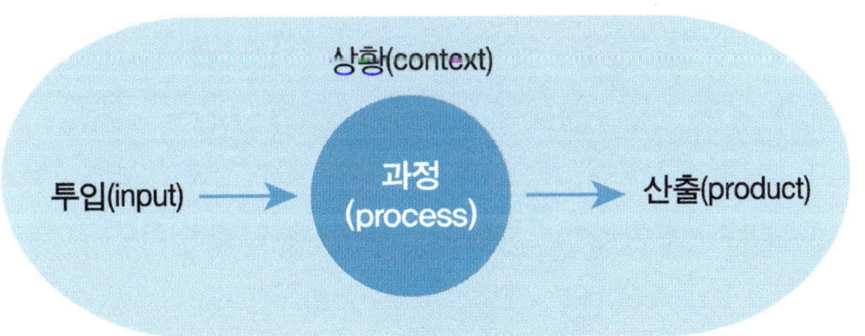

| 그림 6-6 | 의사결정의 순서

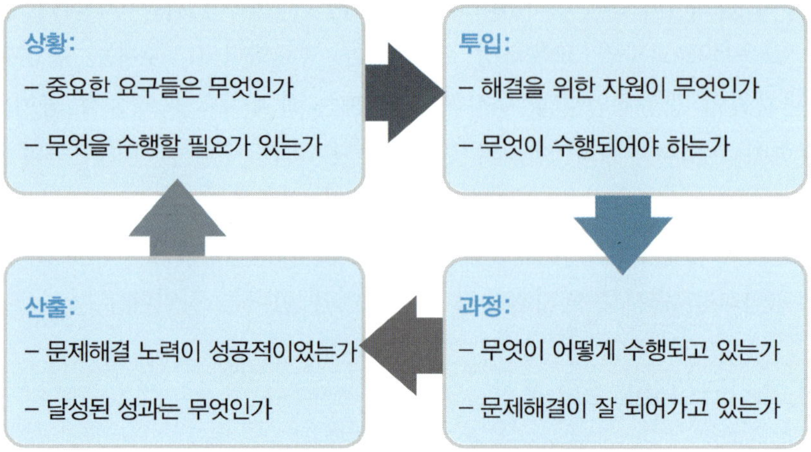

| 그림 6-7 | 의사결정의 순서와 주요결정사항

스터플빔(Stufflebeam, 1971)은 평가란 의사결정에 필요한 유용한 정보를 기술·수집·제공하는 과정이라고 정의하였다. 그는 또한 의사결정의 내용과 성격에 초점을 두는 평가의 역할을 강조하면서, 의사결정의 유형은 의사결정장면에 따라 달라져야 한다고 주장하였다. 그에 의하면 의사결정의 유형은 ① 의도한 목표를 선정·결정하는 데 관련된 '계획적 의사결정'(planning decisions), ② 설정한 목표를 달성하기 위한 적절한 전략과 절차의 설계를 위한 '구조적 의사결정'(structuring decisions; 전략적 의사결정), ③ 계획된 절차·전략·방법을 실행에 옮기는 '수행적 의사결정'(implementing decisions), ④ 실제로 달성된 목표를 판단·반영하고, 교육프로그램의 유지·변경 또는 중지를 결정하는 '재순환적 의사결정'(recycling decisions; 재투입적 의사결정) 등으로 나누어질 수 있다.

CIPP 평가모형에 의하면 평가활동은 프로그램 활동에 대해 의사결정자에게 도움을 주기 위한 것이기 때문에 평가자 자신에 대해서도 평가하고, 목표가 얼마나 달성되었는지를 확인하기도 하지만, 무엇보다도 중요한 역할은 의사결정자의 의사결정을 돕는 데 있다. 따라서 이 모형은 전술한 '목표지향 평가모형'이나 후술할 '판단지향 평가모형' 등과 여러 면에서 일치하는 점이 많다. 그러나 중요한 차이는 이 모형에서는 평가자가 프로그램의 가치에 대한 '개인적인' 평가를 하지 않는다는 데 있다. 이 가치를 판단할 사람은 평가자가 아닌 다른 사람(교육과정에 관한 의사결정자)이고, 평가자는 다만 이 의사결정자가 필요로 하는 정보를 수집하여 제시해 주는 역할을 한다. 따라서 이 모형에서는 가치를 판단하는 자는 의사결정자이지, 평가자가 아니라는 입장을 취하고 있다.

먼저, CIPP인 상황평가·투입평가·과정평가·산출평가는 그 핵심가치(core values)를 갖고 있는데, 평가유형별로 그 주된 내용을 도식화 하면 [그림 6-8]과 같다.

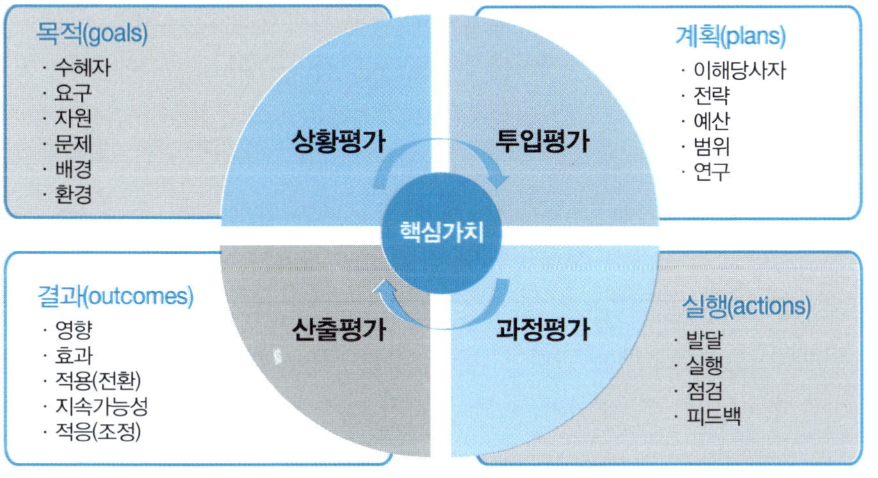

| 그림 6-8 | 상황평가 · 투입평가 · 과정평가 · 산출평가의 핵심가치

이어, 상황평가·투입평가·과정평가·산출평가의 주요기능과 관련 의사결정에 기여하는 바에 관하여 논의하면 다음과 같다.

첫째, 상황평가는 가장 기본적인 유형의 평가로서, 그 목적은 주어진 상황에 대한 면밀한 분석을 통해 교육목적(목표)을 결정하는 합리적 토대나 이론적 근거(rationale)를 제공하는 데 있다. 상황평가는 프로그램 교육상황에서 무엇이 문제인가, 무엇이 충족되어야 할 것인가를 확인하는 것에 중점을 둔다. 뿐만 아니라 적절한 교육환경의 요소를 개념화하고 그 맥락 속에 현존하는 문제·욕구·기회를 확인하는 데 도움을 줄 수 있는 경험적 자료를 수집하는 데도 강조점을 둔다. 그렇기 때문에 상황평가에서는 기술적이며 비교적인 방법을 주로 사용한다. 결론적으로 말하면 이러한 상황평가는 교육목적(목표)을 결정하는 '계획적 의사결정'에 필요한 정보를 제공한다.

둘째, 투입평가는 목표를 달성하기 위해 투입되어야 할 인적·물적 자원은 물론, 목표달성을 위한 절차·전략·방법에 관한 정보를 제공하는 평가이다. 투입평가의 과제는 수업체제의 성질과 그 가능성을 확인하는 일, 상황평가에서 확인한 목적성취에 필요한 잠재적 전략을 정하는 것이다. 투입평가자가 해야 할 과제는 여러 가지 대안이 되는 전략을 평가하는 데 필요한 정보를 사전에 미리 제공하는 것이다. 이러한 투입평가는 설정된 목적 달성을 위한 절차를 설계하는 '구조적 의사결정'에 필요한 정보를 제공한다.

셋째, 과정평가는 목표를 달성하기 위해 실천되고 있는 제반 활동의 적절성에 관한 정보를 의사결정자에게 제공하는 것이 주된 과제이다. 이는 교육프로그램의 절차·전략·방법을 활용하고 개선하는 등의 '수행적 의사결정'에 필요한 정보를 제공한다.

넷째, 산출평가는 교육프로그램에 의해 성취된 결과를 측정하여 해석하는 것이다. 이점에서 본다면 산출평가는 목표지향 평가모형이나 판단지향 평가모형과 별로 다를 바 없다. 그러나 중요한 차이는 CIPP의 산출평가는 언제나 그 프로그램에 관하여 의사결정을 하는 사람에게 필요한 정보를 기술하여 제공할 뿐, 평가자 자신이 직접 의사결정을 하지는 않는다는 점이다. 산출평가는 실제로 달성된 목표를 확인·반성하여, 그 결과를 후속 교육프로그램에 반영하는 '재순환적 의사결정'을 하는 데 필요한 정보를 제공한다.

이상과 같이 스터플빔은 의사결정(4가지 유형의 의사결정)의 성격과 목적을 중시하는 평가형식으로서, 상황–투입–과정–산출평가를 개념화하였는데, 의사결정과 평가형식 간의 관계를 의도성과 실제성(intention-actuality), 목적과 수단(ends-means)이라는 두 차원으로 구분하여 정리하면 [그림 6-9]와 같다.

	의 도 성	실 제 성
목 적	계획적 의사결정에 대응한 **'상황평가'**	재순환적 의사결정에 대응한 **'산출평가'**
수 단	구조적 의사결정에 대응한 **'투입평가'**	수행적 의사결정에 대응한 **'과정평가'**

| 그림 6–9 | **의사결정과 평가형식 간의 관계**

지금까지 논의한 상황평가·투입평가·과정평가·산출평가를 목적, 방법, 변화과정 관련 의사결정의 관점에서 상호 비교하면 <표 6-1>과 같다.

| 표 6-1 | 상황평가·투입평가·과정평가·산출평가 비교

	상황평가	투입평가	과정평가	산출평가
목표	상황을 조작적으로 정의하고 규정하여 요구와 기회 평가하기, 요구와 기회의 기초를 이루는 문제 진단하기	시스템의 유용성을 평가하고 규정하기, 전략을 실행하기 위한 설계와 가능한 전략 투입하기	과정 안에서 절차적 설계 또는 그 실행에서 결점을 규정하거나 예견하기, 프로그램의 결정을 위한 정보를 제공하고 절차적 사건과 활동의 기록 유지하기	상황, 투입 그리고 과정의 정보와 산출 정보 관련짓기
방법	상황 기술하기, 교육과정 실행의 관련 성과 가능성 및 경제성을 확인하기 위해 이용 가능한 인적·물적 자원, 해결 전략, 절차설계 분석·기술하기	실제 투입과 의도된 투입을 비교하고 가능한 체계를 비교하고 실제와 의도 사이의 불일치의 원인 분석하기	실행에서 있을 수 있는 장애를 검토하고 프로그램 의사결정과 활동과정을 기술하기 위한 구체적 정보를 획득하여 예기치 않았던 사태에 대해 경계하기	목표와 관련된 기준을 측정하고 조작적으로 정의하고 사전에 결정된 기준 또는 비교기준에 의해 측정치를 비교하여 상황평가, 투입평가, 과정평가에서 얻은 정보 해석하기
변화 과정 관련 의사 결정	제시된 상황을 결정하기 위해 요구와 관련된 목표 또는 기회와 문제해결 활용하기	변화활동을 구조화하기 위해 지원된 자원, 해결전략, 절차설계 등 선택하기	효과적인 과정 통제를 위해 프로그램을 고안하고 절차를 정의하고 실행하기	변화활동의 재순환을 위해 변화과정의 다른 현상을 활동과 연결짓기, 변화활동에 초점을 맞추거나 프로그램의 계속·중단, 수정에 대해 결정하기

한편, 이상과 같은 상황평가·투입평가·과정평가·산출평가가 실행되는 시점과 교육과정 운영과정 간의 상호 관계를 쉽게 이해하도록 도식화 하면 [그림 6-10]과 같다. 교육과정 운영과정 중 '교육과정 개발'에서는 상황평가 및 투입평가를 통하여 소정의 교육과정에 대한 계획을 합리적으로 수립하고, 이어 '교육과정 실행'에서는 과정평가를 수시로 실시하여 교육과정의 효율적인 전개를 꾀하여야 하며, '교육과정평가'에서는 산출평가를 통하여 그 성과를 확인해야 한다.

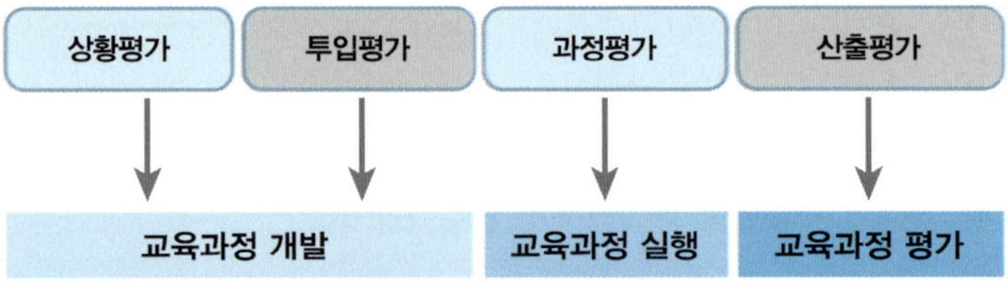

| 그림 6-10 | 상황·투입·과정·산출평가의 시점과 교육과정 운영과정 간의 관계

끝으로, 이러한 CIPP 평가모형은 몇 가지 제한점으로 인하여 비판을 받기도 하는데, ① 평가자 자신이 가치판단을 하지 않고, 주요 가치판단을 의사결정자에게 위임한다는 점, ② 의사결정형식과 변화형태 등의 개념과 그와 관련된 평가개념들을 조작적으로 표현하기 어렵다는 점, ③ 의사결정과정에 관한 방법론적 형상화와 구체적인 안내가 부족하다는 점 등이 주요비판의 내용들이다.

2 알킨의 의사결정촉진 평가모형

알킨(Alkin, 1969)의 의사결정촉진 평가모형은 그가 UCLA의 CSE(Center for the Study of Evaluation)의 소장으로 재직 중인 1969년에 개발되었기 때문에 CES 모형 또는 UCLA 모형이라고도 불린다. 그런데 이 모형은 스터플빔의 CIPP 평가모형과 유사한 배경을 가지고 개발되었다.

알킨은 평가란 '의사결정자의 의사결정을 위해 필요한 정보를 선택·수집·분석하여 제공하는 과정'이라고 규정하였다. 따라서 알킨의 평가모형에서 평가의 주목적은 의사결정자로 하여금 여러 대안 중에서 합리적인 선택을 할 수 있도록 유용한 정보를 제공하는 데 있는데, 이를 위해서는 ① 요구사정(need assessment; 요구평가), ② 계획평가(plan evaluation), ③ 실행평가(implementation evaluation), ④ 진전평가(progress evaluation), ⑤ 산출평가(outcomes evaluation) 등이 순서적으로 이루어져야 한다고 본다. 이는 스터플빔의 CIPP 평가모형과 유사하나, 특히 CIPP 평가모형에서의 '과정평가'를 '실행평가'와 '진전평가'로 세분화한 점이 다르다. 여기에서 실행평가는 프로그램계획에 따라 실제로 시행되고 있는지에 관한 정보를 제공하는 평가이며, 진전평가는 계획된 프로그램이 목표를 어느 정도 달성하고 있는지에 관한 정보를 수집하여 프로그램의 개선에 필요한 사항을 제공하는 평가이다. 이 단계에서 평가자의 역할은 개입(intervention)이다.

3 프로버스의 불일치 평가모형

프로버스(Provus, 1971)는 실질적인 프로그램을 평가하기 위한 독특한 모형을 개발하였는데, 그것이 바로 불일치 평가모형(discrepancy evaluation model)이다. 그는 앞서 언급한 타일러(Tyler), 스터플빔(Stufflebeam), 알킨(Alkin), 그리고 후에 언급할 스크리븐(Scriven), 스테이크(Stake) 등의 영향을 받았는데, 그들의 견해 중에서 바람직한 것을 선정하여 나름의 평가모형을 구안했기 때문에 그 성격은 혼합적이라 할 수 있다. 즉, 타일러의 모형으로부터는 프로그램의 목표를 중시하는 것을, 스터플빔의 모형과 알킨의 모형으로부터는 프로그램에 관한 의사결정과 그 개선을, 스크리븐의 모형으로부터는 불일치를 발견하여 평가기준과 프로그램을 개선해 나가는 형성평가의 기능을, 스테이크의 모형으로부터는 평가기준의 설정 및 활용을 차용하여 불일치 평가모형을 개발하였다.

프로버스에 의하면, 평가는 첫째, 프로그램의 기준(standard)을 설정하고, 둘째, 그 기준과 수행(performance) 간의 불일치 정도를 확인하고, 셋째, 이러한 불일치에 관한 정보를 활용하여 기준이나 수행을 변경시키는 과정이다[그림 6-11]. 따라서 불일치 평가모형은 계속적인 피드백 과정을 통해 프로그램 운영자와 평가자 사이에 지속적인 의사소통을 촉진시키고, 계속적인 평가를 가능하게 함으로써 프로그램의 개선에 도움을 준다.

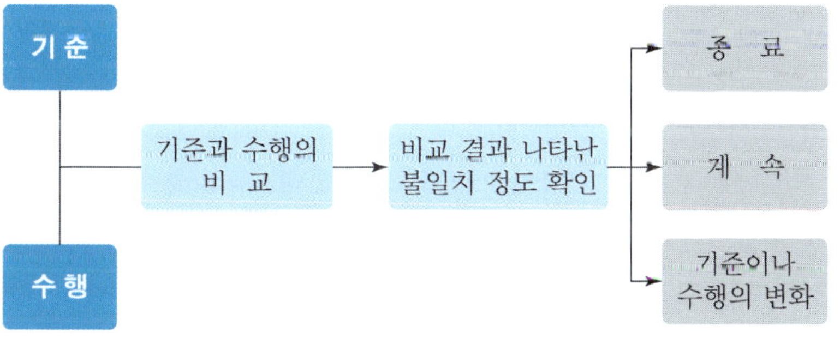

| 그림 6-11 | 프로버스의 불일치 평가모형

이 모형의 특징은 ① 진행 중인 프로그램의 개선에 초점을 두고 프로그램에 관한 의사결정을 보조하기 위한 평가적 기능을 강조한다는 점, ② 프

로그램 개발과 시행담당팀과 평가담당팀 간의 지속적인 의사소통을 가능하게 한다는 점, ③ 프로그램을 사정하는 동시에 프로그램의 개선에 직접적으로 기여할 수 있는 평가모형이라는 점 등이다.

그러나 이 모형은 제한점을 가지고 있기도 하는데, ① 대규모의 인적자원과 전문가가 필요하고, 프로그램 개발팀이나 평가담당팀이 오랫동안 관여해야 하기 때문에 시간과 비용이 많이 소요된다는 점, ② 전반적인 평가만 전제하기 때문에 프로그램의 요소에 관한 평가가 용납되지 않는다는 점, ③ 평가준거 및 기준이 참여자들의 특성에 따라 순간적으로 이루어진다는 점 등이 그 문제점으로 지적될 수 있다.

(3) 소비자지향 평가모형

소비자지향 평가모형(consumer-oriented evaluation model; 고객지향 평가모형, 수혜자지향 평가모형)을 체계화한 스크리븐(Scriven, 1972)은 평가란 중립적인 입장에서 교육과정의 질이나 장점 등에 대한 정보를 수집·사정·확인하여 소비자인 학생, 학부모, 교사들이 그것을 현명하게 선택·구입하도록 조력하기 위한 목적을 가진 활동이라고 정의하였다. 따라서 평가자는 ① 단순히 대상을 측정하거나 그 목적의 달성여부만을 확인하는 것이 아니라, 대상에 대한 가치판단을 해야 한다. ② 프로그램을 포함한 교육과정의 목표를 그 개발자가 제시하는 대로 받아들이기보다는 그것이 소비자(특히, 학생)들의 복지향상에 기여하고 있는지의 여부를 판단해야 한다. ③ 평가자는 교육과정의 목표와는 관계없이 소비자의 요구를 토대로 그 실제적인 결과와 가치를 평가하기 위해서 선각자적인 소비자 대리인(enlightened surrogate consumer)으로서 역할을 해야 하며, 유용한 정보를 제공하는 사회적 양심으로서 그리고 평가윤리의 초석으로서 봉사할 필요가 있다. ④ 실제적으로 소비자의 욕구를 고려한 프로그램 활동을 파악하여 소비자 보고서(consumer reports) 형식으로 프로그램 활동들의 효율성 정도를 확인하여 제공해 줄 필요가 있다.

소비자지향 평가모형의 장점으로는 첫째, 교사들로 하여금 프로그램을 포함한 교육과정에 대한 평가결과를 쉽게 접할 수 있게 하고, 그 활용효과를 증대시킬 수 있게 한다. 둘째, 교육과정과 자료를 선택할 때 중시할 준거가 무엇인가에 대한 구체적인 안내 및 지침을 교사들에게 제공해 준다. 셋째, 교육과정에 대한 심의목적으로 제작한 점검목록표는 일반적으로 교육과정을 포함한 교수-학습자료에 대한 간편하고 유용한 평가도구로 활용될 수 있다.

반면, 소비자지향 평가모형도 한계점을 갖는데, 첫째, 교육과정과 자료의 사전심의 및 평가를 위해서 투입된 시간과 비용이 소비자 및 이용자들에게 전가되어 결국 소비자들의 비용부담이 증가될 수 있다. 둘째, 교육과정 개발시 또는 구입시에 엄격한 기준에 의한 심의를 강조하게 되면 교육과정 실패 관련 위험성이 증가하고, 그에 따라 창의성이 감소될 수 있다. 셋째, 소비자들의 입장만을 강조하여 교육과정을 개발하게 되면 점차로 교사나 교육과정 및 자료의 개발자들이 그에 관련된 자료 및 서비스에만 의존하기 때문에 교사중심의 지역단위 교육과정 개발에 대한 의욕을 저하시킬 가능성이 크다.

1 스크리븐의 판단 평가모형

스크리븐(Scriven, 1972)의 판단 평가모형은 전문적 판단에 주된 관심을 두는데, 여기에서는 평가란 프로그램의 가치(merit)를 판단하는 활동으로 규정되며, 평가자는 프로그램의 목표달성도만 확인하는 것(목표의거 평가)이 아니라, 그 부수적인 효과(성과)까지를 평가하는 데에도 관심을 가져야 하는 것(탈목표 평가)으로 인식한다. 따라서 특정 프로그램이 목표의 달성에는 실패했지만, 부수적인 효과가 클 경우 그 프로그램의 가치는 높이 평가되어 계속 채택될 수도 있다. 한편, 이 모형에서는 평가의 성질과 평가 그 자체가 얼마나 적절한가에 대한 평가전문가의 판단도 중시된다.

스크리븐은 전문적 판단을 평가자의 주요역할로 규정하면서, 평가유형을 ① 판단준거, ② 평가기능, ③ 평가방법, ④ 목표의거 여부 등에 의해 분류하였다. 이러한 여러 유형의 평가활동에 의한 전문적 판단을 통해 교육소비자들에게 유용한 정보를 제공할 수 있다.

첫째, 평가유형은 '판단준거'에 따라 내재적 준거(intrinsic criteria)에 의한 평가(내재적 평가)와 외재적 준거(extrinsic criteria)에 의한 평가(외재적 평가)로 분류된다. 먼저, 내재적 평가는 계획된 교육과정(교육프로그램) 자체에 보다 중점을 두는 것으로, 사전에 설정된 교육목적(목표), 교육내용, 수업절차와 자료 등을 포함한 교수-학습지도활동 등 내적인 조건을 판단준거로 삼아 평가를 실행하는 것을 말한다. 반면, 외재적 평가는 계획된 교육과정(교육프로그램) 이외의 측면에 중점을 두는 것으로, 계획 또는 의도하지 않았거나 부차적인 교육목적(목표), 특히 상급학교 진학율이나 취업율 등 외적인 조건을 판단준거로 삼아 평가하는 것을 지칭한다.

둘째, 평가유형은 '평가기능'에 따라 형성평가(formative evaluation)와 총합평가(summative evaluation)로 분류된다. 즉, 실행되고 있는 교육과정이나 교육정책의 개선을 목적으로 필요한 정보들을 확보하는 평가와 이미 일단락된 교육과정이나 교육정책의 효과(성과)와 가치를 종합적으로 확인하는 평가로 구별된다. 스크리븐은 특히 평가가 최종결과의 확인에만 중점을 두기보다는 진행 중인 교육프로그램의 개선에 오히려 더 많은 관심을 두어야 함을 강조하면서, 형성평가의 필요성과 중요성을 한층 강조하였다.

셋째, 평가유형은 '평가방법'에 따라 비교평가(comparative evaluation)와 비비교평가(non-comparative evaluation)로 분류된다. 먼저, 평가는 교육과정이나 교육정책에 관한 여러 대안들 사이에 어느 것이 보다 우수하며, 각각의 장·단점은 무엇인지, 효과(성과)는 서로 어떻게 다른지 등을 상호 비교하거나, 학생들의 학업성취나 발달정도를 개인 간·집단 간·지역 간·국가 간 차이를 확인하는데, 이를 비교평가라고 한다. 반면, 교육과정이나 교육정책, 학생의 행동특성 등을 다각도로 분석함으로써 그 자체에 대한 심층적 이해를 돕는 평가도 필요한데, 이를 비비교평가라고 한다.

넷째, 평가유형은 '목표의거 여부'에 따라 목표의거 평가(goal-based)와 탈목표 평가(goal-free evaluation)로 분류된다. 먼저, 교육과정이나 교육정책을 평가할 때 대개의 경우 "이 목표는 이러합니다"라고 미리 사전지식과 정보를 갖고 평가에 임하기 마련이다. 따라서 평가자나 평가자 집단이 그 평가대상의 효과나 가치를 확인할 때는 자연히 의식적이든 무의식적이든 모든 평가의 결과를 그 목표에 근거해서 판단하기 마련이고, 여기에서는 목표의 설정이 제대로 되었다는 단정을 전제하지 않으면 안 된다. 이를 '목표의거 평가'라고 한다. 반면, 평가는 처음부터 교육과정이나 교육정책이 어떤 목표를 가지고 시작되었는지에 관한 지식과 정보를 토대로 그 목표의 달성도를 확인하기보다는 사전에 명시된 목표에 대한 정보나 참조 없이 여러 자료들을 수집하여 프로그램의 효과(성과)는 무엇이며, 그것이 얼마나 성취되었는지, 가치는 무엇인지 등을 판단해야 할 필요도 있는데, 이를 '탈목표 평가'라고 지칭하는데, 스크리븐은 이러한 평가의 필요성을 역설하였다.

한편, 스크리븐은 목표의 질에 관한 평가를 강조하였다. 그는 평가를 다만 목표의 성취수준과 질만을 확인하는 것이라고 생각하지 않고, 목표 그 자체의 타당성과 가치를 평가할 필요도 있음을 강조하였다. 평가자는 목표가 얼마나 성취되었느냐의 문제뿐만 아니라, 목표 그 자체의 타당성과 가치에 대해서도 관심을 기울여야 한다. 이는 곧 평가자가 교육과정이나 교육정책의 목표를 수동적으로 받아들일 것이 아니라, 그것들이 가치 없는 것으로 판단되었을 때는 거부하는 태도도 가져야 한다는 것을 함축하고 있다. 예컨대, 전제적인 관리자가 비민주적이고 비합리적인 목표를 요구했을 때 그것이 평가자의 가치판단에 의해 부적절하다고 판단되면 거부할 수 있는데, 이것을 그는 평가자의 중요한 역할로 간주하였다.

(4) 전문성지향 평가모형

전문성지향 평가모형(판단중심 평가모형)은 평가란 본질적으로 전문가에 의한 전문적인 지식과 기능을 바탕으로 하여 대상 또는 내용의 가치를 체계적으로 판단하는 활동이라고 단정하면서, 특정분야 전문가의 전문적 식견을 바탕으로 교육과정의 장점이나 가치를 판단·감정·감상하는 접근방법을 강조한다.

1 아이즈너의 예술비평 평가모형(감정·비평 평가모형)

아이즈너(Eisner, 1985)는 앞에서 언급한 바와 같이 교육과정이 '표면적 교육과정'뿐만 아니라 '잠재적 교육과정'과 '영 교육과정'(null curriculum)의 세 가지 형태로 존재한다고 주장하였고, 예술적 교육과정 개발모형을 제안한 학자로 유명하다. 그는 교육평가에 관해서도 자신의 전공분야인 미술교육을 바탕으로 종래 교육평가의 관점에 대하여 비판적인 입장을 취하면서, 교육평가의 과학적·기술적 접근의 한계점을 보완하기 위한 목적으로 예술활동에서 많이 사용하는 '감성'(鑑定; connoisseurship; 감식안[鑑識眼])과 '비평'(criticism)을 교육과정평가에 적용하였다. 특히, 그는 교육목표를 행동적 용어로 진술하는 것과 그 목표를 중심으로 교육활동을 실천하고 평가하는 것에 대해 비판적인 입장을 취하면서, 과학적·공학적인 패러다임에 근거한 목표중심의 교육평가에 반대하며, 새로운 대안적인 평가방안을 제안하였는데, 이것이 바로 예술비평 평가모형이다.

아이즈너(1976)에 의하면, 교육(교수)은 과학적 기교(science)뿐만 아니라 예술적 기교(art)가 요청되는 일종의 예술활동이므로 평가활동에서도 예술적 기교를 활용하여 질적인 평가를 실시하는 것이 바람직하다. 예술비평 평가모형은 인간의 폭넓은 경험과 지식에 의해 내면화된 '감정'의 감상양식과 '비평'의 표현양식을 측정도구로 활용하는 것이 특징이다.

첫째, 예술적 평가가 이루어지기 위해서는 먼저 '감정'이 제대로 이루어져야 하는데, 이는 '감식안'이라고도 명명된다. 감정은 해박한 경험과 지식을 토대로 특정 대상에 대하여 갖는 평가능력으로, 곧 인식 및 감상의 기교(art of recognizing & appreciation)를 말한다. 이러한 감정을 통해 대상에 대한 속성을 제대로 파악할 수 있게 된다.

아이즈너(1998)는 학교와 학급의 교육장면(educational settings), 즉 학교교육의 생태(schooling ecology)를 5가지 차원으로 분류하였는데, 의도 차원(intentional dimension)·구조 차원(structural dimension)·교육과정 차원(curricular dimension)·교육학 차원(pedagogical dimension; 교수학 차원)·평가 차원(evaluative dimension)이 그것이다. 먼저, 의도 차원이란 학교와 학급에서 명시적·공식적으로 표방한 목적과 목표를, 구조 차원이란 학교와 교사가 학생들을 가르치기 위해 활용하는 시간·공간·사물·에너지·사상(事象; event) 등의 구조화 방안을, 이어 교육과정 차원이란 목적과 목표를 달성하기 위해 계획·전개되는 교육내용 및 제시전략을, 또한 교육학(교수학) 차원이란 교사가 학생들에게 제공하는 동기유발과 보상 및 격려기법 등을 포함한 수업형태와 스타일 및 모형을, 끝으로 평가 차원이란 교사가 학생들의 학습정도를 효율적으로 평가하고 적절한 피드백을 제공하는 기법들을 지칭한다. 감정에서는 위와 같은 5가지 차원과 관련된 현상들을 관찰·확인하고, 구성원들과의 심층적인 면접 등을 통해 그 실상을 심층적으로 파악해야 한다.

둘째, 이러한 감정의 결과를 토대로 예술적 '비평'을 이어나가야 하는데, 이는 곧 재구성 및 폭로의 기교(art of reconstructing & revelation)로서 특정 대상을 비판적으로 재구성하고 파헤침으로써 그 질적 속성을 생생하게 확인하는 것을 말한다. 여기에서 중요한 것은 대상의 속성을 얼마나 언어적으로 명료하게 조명해 주느냐 하는 점이다. 비평은 본질적으로 질적인 활동으로, 특정 대상(프로그램이나 예술작품)의 질이나 가치를 다른 사람이 더 깊은 인식과 이해를 할 수 있도록 언어로 표현하는 어려운 활동이다. 이러한 비평은 특정 대상에 대한 부정적 평가라기보다는 그 질(quality)에 대해 분석·확인하여 가치(value)를 평가하는 것인데, 이러한 방법이 적용되면 평가가 좀 더 깊은 인식과 이해수준, 예컨대 감상의 수준에까지 승화될 수 있다.

이러한 비평은 세 가지 측면으로 구분된다. ① '기술적(記述的; 서술적) 비평'은 우선 교육현상을 사실 그대로 묘사하고 표현하는 데서 출발한다. 여기에서는 교육현상의 질적 속성을 정확하게 기술·묘사하는 데 중점을 두는데, 이는 비평을 가할 대상자료를 수집하는 것과 같다. ② '해석적 비평'은 교육현상에 대한 기술내용을 토대로 사회적 맥락에서 수행된 다양한 형태의 행동이 지닌 의미와 중요성을 밝히고, 그 인과관계를 밝히는 데 중점을 둔다. ③ '평가적 비평'은 교육적 준거에 입각하여 기술·해석한 현상에 대하여 감식을 하는 활동으로서, 교육적 가치를 발견하고 판단하는 데 중점을 둔다. 여기에서 평가자는 교육현상에 대한 기술과 해석을 바탕으로 교육실제의 성격과 개선에 관한 결론을 추출하게 된다.

끝으로, 예술비평 평가는 대체로 다섯 단계로 진행되는데, ① 대상(교육 관련 특정 상태나 사건·현상·사상 등)에 대한 감정, ② 기술적 비평, ③ 해석적 비평, ④ 평가적 비평, ⑤ 결론 도출과 제언의 순서로 이루어진다.

2 워센과 샌더스의 전문적 심의 평가모형

워센과 샌더스(Worthen & Sanders, 1973)에 의하면 전문적 심의 평가모형은 프로그램에 대한 전문가의 판단 자체를 평가결과로 간주하는 접근방법이다. 전문가의 심의 및 고찰을 이용한 특정대상에 대한 가치판단은 전문가의 전문성에 대한 권위와 신뢰성을 인정하는 동시에, 그 절차방법이 실용적이라는 이유 때문에 널리 활용되고 있다.

전문적 심의체제는 ① 공식적인 전문적 심의체제, ② 비공식적인 전문적 심의체제, ③ 특별전문위원회 심의체제, ④ 특별전단 개인적 심의체제 등으로 구분된다.

첫째, 공식적인 전문적 심의체제는 교육활동에 대한 정기적인 심의를 행하기 위한 공식적인 구조와 조직에 의해 구체적인 심의계획을 수립함은 물론, 심의에서 사용할 명시적인 기준과 도구를 마련하여 여러 전문가들의 견해를 종합하여 전반적인 가치판단을 내리는 심의체제이다. 가장 오랫동안 유지되어 온 이와 같은 공식적인 전문적 심의체제는 인증평가모형(자격인정 평가모형)과 관계가 깊다.

둘째, 비공식적인 전문적 심의체제는 일정한 공식적 조직·정해진 심의 절차·다수의 전문가들에 의해 이루어지는 공식적인 전문적 심의체제와는 달리, 공식적 조직이나 심의절차 등을 갖추지 않고 심의가 이루어지는 체제이다.

셋째, 특별전문위원회 심의체제는 공식적·비공식적 전문적 심의체제와는 달리, 부정기적으로 상황에 따라 필요한 특별한 경우에 한하여 심의를 하는 것을 말하는데, 여기에서는 제도화되어 있거나 사전에 미리 결정된 기준을 사용하지 않으며, 대체로 일회성 평가로 이루어진다.

넷째, 특별전담 개인적 심의체제는 전문가로 인정받고 있는 특정 개인에게 프로그램을 심의·검토하도록 하는 방법을 말한다. 특정 프로그램을 개인적으로 심의·검토하도록 전문가에게 전권을 위임하고, 그를 상담자로 기용하는 방법은 교육현장에서 활용될 수 있다.

이러한 평가모형을 적용하는 평가장면에서는 무엇보다도 그 대상이나 방법 및 절차적 특징을 충분히 반영한 적절한 전문적 심의체제를 선택하여 활용함으로써 효율적인 평가활동이 이루어지도록 해야 한다.

3 인증 평가모형

인증평가모형(accreditation evaluation model)은 일찍이 플렉스너(Flexner, 1910)에 의해 '플렉스너 보고서'(Flexner Report) 형식으로 교육기관의 교육프로그램에 대한 공식적 인정(approval)의 필요성이 제안된 이래 그에 대한 관심이 꾸준히 증가하면서도, 이에 대한 논란이 끊임없이 제기되어 왔다.

인증평가란 전문가집단에 의해서 특정 학교나 그 교육프로그램이 소정의 평가준거에 합치되고 있는가를 확인하여, 인증해 주는 평가적 접근방법을 말한다. 이러한 평가모형은 교육과정의 목적·구성(설계)·실행·효과(성과)를 체계적이고 지속적으로 점검함으로써 그 미비점을 보완·개선하도록 유도하고 교육과정의 질을 인정·승인하여 일반인들에게 공시하는 것을 목적으로 한다. 예를 들면, 중등학교나 대학들이 결성한 협의체가 중심이 되어 선발된 전문가집단이 해당 학교를 직접 방문하여, 그 학교가 자체적으로 개발하여 실행하는 교육프로그램을 포함하여 전반적인 운영·관리활동이 협의체에서 사전에 설정된 평가준거에 도달하였거나 또는 적합한가를 종합적으로 판정하여, 신속한 피드백을 제공함으로써 그 운영·관리활동을 계속적으로 개선하도록 하는 평가적 접근방법이 이에 해당한다.

여기에서 인증(accredit; 자격인정)이란 '특정 조직이나 프로그램을 전문가집단이 이미 동의한 평가준거(항목)에 합치하거나 도달하고 있음을 인정하는 과정'이라고 정의할 수 있다. 미국의 경우는 19세기 중반부터 이러한 평가적 노력을 전개해 오다가 1895년에 공식적으로 NCA(National Council for Accreditation)를 설립하여 보다 체계적으로 이를 활용해 오고 있다. 특히, 미국 중북부 지역의 인증평가협의회(North Central Association of Colleges and Secondary Schools)는 대학과 중등학교를 대상으로 부단하게 인증평가활동을 전개해 오고 있다. 이로 인하여 전국교사교육 인증협의회(NCATE; National Council for Accreditation of Teacher Education)와 미국교육대학 인증협의회(AACTE; American Association of Colleges for Teacher Education) 등은 대표적인 인증평가협의체로서 체계적인 활동을 전개해 오고 있다.

인증평가의 일반적 절차를 간략하게 정리하면 첫째, 협의체에 가입한 기관(학교)들이 사전에 협의하여 평가준거(기준)를 설정한다.

둘째, 그 준거에 입각하여 각 기관들이 자체적으로 교육의 질적 향상을 도모하기 위한 연구·개발에 노력을 경주하도록 한다.

셋째, 협의체에서는 전문가들을 선발·구성하여 평가팀을 구성한다.

넷째, 선발된 전문가집단은 직접 현지를 방문해 해당 기관의 교육현장과 실천과정을 세밀하게 관찰하고 확인하여 평가준거별로 판정한다.

다섯째, 평가팀은 현지방문 평가결과를 기관대표자 및 구성원들과 협의하고 피드백을 제공한다.

여섯째, 기관은 그 피드백에 따라서 교육활동을 수정·보완해 나간다.

이상과 같은 절차를 간략하게 요약하면, 표준설정(특정 목적을 가진 기관이 갖추어야 할 표준적 조건을 설정함), 자체평가(기관이 자체적으로 평가를 실시하여 표준의 충족 정도를 확인함), 현장평가(전문가들의 기관에 대한 현장방문평가를 통해 자체평가 보고서의 내용을 검토하고 실상을 관찰·확인함), 최종평가(자체평가와 현장방문평가를 종합하여 최종적으로 기관의 교육과정에 대한 인정 또는 허가 여부를 확인함) 등이다.

여기에서는 각 기관이 교육활동에 관련된 문제점을 자체적으로 파악하여, 이를 개선하도록 하는 데 중점을 두며, 전문가집단의 현지방문 평가결과에 의해 대상기관의 전반적인 수준을 평가하여, 협의체에서 요구하는 최저수준에 도달했다고 판단되면 그 기관을 인증해 주는 반면, 그 기관이 치명적인 문제점을 가지고 있다든가, 또는 최저수준에 미치지 못했다고 판단되면 그 기관에 대한 협의체의 인증을 철회하게 된다. 이 과정에서 중요한 것은 인증평가의 대상인 기관이 설립목적, 사명 및 역할을 제대로 수행하고 있는가에 초점을 둔 평가준거를 설정한다는 점, 각 기관의 자체적인 연구·발전에 대한 노력을 전제로 하여 그 과정을 평가대상으로 한다는 점, 평가결과를 신속하게 해당 기관에 피드백을 해준다는 점 등이다.

요약컨대, 인증평가의 일반적인 특징은 ① 기관 및 그 프로그램의 자체적 개선을 격려하는 자체 연구방법을 적용한다는 점(기관의 자율성), ② 인정과정이 비교적 용이하고 간편하다는 점(비용·시간·노력의 경제성), ③ 현지방문과 평가결과 보고 간의 간격이 짧다는 점(신속한 피드백과 그에 따른 교육활동의 개선) 등이다.

한편, 인증평가의 한계점으로는 첫째, 전문적 판단을 통하여 설정된 평가준거와 효과적인 교육실제가 타당성 있게 연결된다는 근거가 빈약하다는 점을 들 수 있는데, 이는 평가준거가 전문가들의 피상적인 경험에 입각한 합의에 의해 결정되는 경우가 많기 때문이다. 둘째, 평가과정을 반복하기 어렵다는 점을 들 수 있다. 평가팀에 따라서 주관적 판단이 각기 다르기 때문에 평가활동의 타당성과 객관성을 보장하기 어렵다. 즉, 평가팀의 자질과 공정성이 문제인 동시에, 다른 평가팀이 동일한 결과를 얻을 수 있느냐에 대한 논란이 있을 수 있다. 셋째, 교육진행과정에 중점을 두고 평가하기 때문에 교육성과에는 거의 무관심하다는 점을 들 수 있다. 넷째, 사전에 설정한 평가준거에서 최소한의 기준에만 충족되면 인증을 받기 때문에 기준 이상의 수준에 대해서는 거의 무관심하다는 점을 들 수 있다.

끝으로, 인증평가모형을 적용할 경우에 있어서의 유의점들을 제시하면 다음과 같다. 첫째, 전문가집단의 체계적인 평가준거설정에 대한 노력이 필요하다. 평가대상 기관과 그 프로그램의 목적, 기능 및 내용을 중시하여 체계적이고 실질적인 평가준거체제를 연구·개발할 필요가 있다. 둘째, 평가과정과 판단에 대한 합리화 노력이 요청된다. 교육진행과정뿐만 아니라 결과에 관한 근거까지도 확인하고 점검하여 타당한 평가를 할 수 있는 체제를 구축할 필요가 있다. 셋째, 현지방문평가의 기간을 연장하거나, 재방문 및 확인방문을 하여 해당 기관이 실질적으로 개선활동을 계속 펼치고 있는가를 파악하는 체제가 구축되어야 한다. 넷째, 평가준거별 기준을 보다 체계화하여 최저수준부터 이상적인 수준까지 다양한 기준을 설정하고, 해당 기관이 개선지향적이고 발전지향적인 변화를 계속 추구하도록 유도하는 평가체제의 운영이 필요하다. 다섯째, 자체 연구팀이나 전문가 평가팀에 대한 사전교육과 체계적인 준비작업이 필요하다.

(5) 반론지향 평가모형

1970년대 초 다양한 평가모형이 개발되었는데, 반론지향 평가모형(adversary-oriented evaluation model)도 이때 함께 등장하였다. 이 모형은 교육적 의사결정을 위하여 사법적 심리절차(재판 패러다임)를 적용하여 반대 입장의 의견까지를 청문회의 형식으로 파악하여, 교육과정 전반을 포함하여 교육정책이나 교육제도 등의 적합성이나 효율성을 평가하여, 그 가치나 장점을 합리적으로 판단하는 평가적 접근방법을 말한다. 따라서 여기에서는 법정에서 이루어지는 사법적 심리절차, 의회에서 중시하는 청문활동, 구조화된 논쟁방법 등을 통합하여 활용하는 것이 그 특징이다. 이는 부정적인 입장에 대한 반론을 중시하고, 이를 통하여 프로그램의 단점이나 문제점 등을 파악하여 프로그램의 전반적인 장·단점을 보다 정확하게 평가하게 한다.

1 월프의 준법정변호 평가모형

평가과정이나 정책결정과정을 법정의 변호과정과 같은 활동으로 보는 접근을 준법정변호 평가모형(quasi-legal evaluation model)이라고 한다. 월프(Wolf, 1974)에 의하면 평가는 준법정적 절차를 이용하여 그 효력을 높일 수 있다. 법정의 변호과정을 강조하는 준법정적 접근은 법적인 절차와 방법을 이용하여 교육과정이나 교육정책의 채택에 대한 찬반의 의견을 발표하고, 참고인의 출석상태에서 자신의 입장을 옹호하면서 확실하고 충분한 증거를 제시하여 다각적으로 검토한 후 배심원(평가자)의 의사결정에 따르는 방법이다. 여기에서는 평가에 있어 공정성과 객관성 그리고 공개성을 매우 중시한다. 월프는 이러한 평가활동은 네 단계를 걸쳐 이루어져야 한다고 보았다.

- **문제생성 단계** : 마지막 단계인 청문심리 단계에서 관련인사들에 의하여 거론될 가능성이 있는 프로그램과 관련된 광범한 문제들을 파악하

고 개발하는 활동이 이루어진다. 이 문제들은 프로그램의 목표와 무관한 것도 포함하고 있으며, 여기에서는 관련 인사들과의 면접방법을 통하여 중요하다고 인식되는 것들을 주로 파악하게 된다.

- **문제선정 단계**: 앞에서 파악된 문제들 중에서 논의되지 않은 것은 제외시키고, 청문심리 단계에서 다룰 만한 정도의 문제들만을 선정한다. 프로그램 관련인사들은 이들 문제의 중요도를 근거로 순서를 정하고, 그 적절성을 기준 삼아 점검하고 수정하여 서면으로 작성한다.

- **논쟁준비 단계**: 찬성 및 반대 입장을 담당할 두 평가팀은 각 입장에서 논쟁 및 심의에 대비하게 되는데, 근거자료를 수집하거나 선행평가의 결과를 참고하는 등 종합적인 관점에서 필요한 근거자료를 준비한다. 이 경우에는 프로그램의 장점과 단점을 중심으로 한 근거자료를 수집하는 데 중점을 두는데, 청문심리 단계에서 활용할 가능성이 있는 근거자료를 수집하기 위하여 프로그램 참여자의 증언을 청취하거나 프로그램의 영향을 받은 관련자들의 견해를 수집하는 등의 활동과 기존의 관련자료와 형성평가 보고서 등을 검토하는 등의 활동이 이루어진다.

- **청문심리 단계**: 예비청문 단계(prehearing)와 본격적인 청문심리 단계로 나누어 진행된다. 먼저, 예비청문 단계에서는 청문담당관(hearing officer)과 청문심리절차 및 원칙을 정하고 찬성 및 반대 입장에서 주된 논쟁문제를 합의하여 결정한다. 특히, 참석시킬 증인의 숫자, 반대심문(cross-examination)의 범위, 근거의 허용준거 등에 관하여 합의하는 노력을 기울인다. 그리고 위원회에서 다루게 될 구체적인 질문들의 윤곽을 정한다. 이어, 본격적인 청문심리 단계에서는 평가의 내용에 따라서 한 번 이상의 심리가 이루어질 수 있다. 여기서는 찬반 양측의 입장에서 논의하고 그에 대한 반대심문(대질질문)이 이루어지며, 그를 바탕으로 배심원의 기능을 하는 위원회(panel)의 심의활동이 이루어진다. 위원회에게 최종적인 결정권이 주어진 경우에는 심의결과에 기초하여 프로그램에 관한 결정을 내리게 되나, 그렇지 않은 경우에는 최종 결정권자에게 제언함으로써 심리과정이 종료된다.

(6) 참여자지향 평가모형

전통적 평가모형은 ① 평가자들이 현장에 직접 참여하지 않아 실제로 현장에서 일어나는 여러 현상을 제대로 이해하고 있지 못하고, ② 평가대상을 기계적이고 무감각하게 기술하고 분류하며, ③ 평가방안을 지나치게 정교하게 설계하고, ④ 대규모 평가연구를 수행하며, ⑤ 반론을 방어할 수 있는 객관적 도구를 기술적으로 개발하고, ⑥ 평가의 내용 자체보다는 절차방법에 관한 보고서(technical report)를 작성하는 등의 문제점으로 인하여 교육현장에서 실제로 발생하는 사상(事象)을 간과하였다는 비판을 받고 있다. 종합하면, 전통적 평가모형은 일상생활 속의 복잡한 인간적 요인과 교육에 대한 다양한 시각 등을 간과하고 있다는 한계점을 갖는다.

전통적 평가모형이 갖는 이러한 결함들을 극복하기 위한 대안으로 제안된 '참여자지향 평가모형'(participant-oriented evaluation model)은 평가자의 불필요한 간섭효과를 없애기 위하여 평가자가 연구대상들 속에 합류하여 평가를 실시하며, 자연주의적·직관주의적·다원주의적 철학을 바탕으로 교육활동에 관련된 다양한 관심, 문제, 결과 등을 총체적으로 밝히는 일에 중점을 둔다. 이처럼 평가관련자들이 평가에 자연스럽게 참여하고 반응하게 하는 것에 중점을 두기 때문에 이를 간단히 '자연주의적 평가모형'이라고 명명한다. 평가자는 여러 집단의 다양한 판단과 준거를 조화시켜 교육과정이나 교육프로그램에 직·간접으로 관련되어 있는 개인이나 집단의 다양한 요구와 가치를 직관적 형태로 기술하며, 평가활동에 핵심적인 관련자들을 참여시킴으로써 더욱 효과적으로 산출된 정보를 교육자에게 알려주는 중요한 교육적 기능을 수행한다.

또한, 평가방법으로서 자연주의적 접근방식을 취하는데, 그 특징은 ① 현상학적·총체적·역동적 관점의 중시, ② 가치의 다양성과 개별성 인정 및 신장, ③ 다양한 관점과 견해의 수용 및 융통성 있는 유연한 평가, ④ 다양한 소스의 자료 활용, ⑤ 표준계획, 평가설계에 맞춘 인위적인 조작과 실험적인 장면의 배제, ⑥ 현장의 실제상황에서의 평가 실시, ⑦ 사례연구형태로서 자료수집·분석, ⑧ 평가결과를 수량화하기보다는 질적으로 표현, ⑨ 관찰과 발견을 통한 자료에 근거한 귀납적 추론에 의한 평가 실시 등이다.

끝으로, 참여자지향 평가모형이 갖는 장점과 단점을 보면, 먼저 장점은 ① 평가에 대한 새로운 통찰과 유용한 이론 제공, ② 평가에 있어 유연성과 융통성 부여, ③ 평가관련자(이해당사자)들의 역량 인정, ④ 평가관련자들의 의견수렴과 활동을 부여함으로써 능동주의 촉진 등이며, 반면 단점은 ① 개인적 관찰과 관점 및 판단에 의존하여 주관성이 강함으로써 평가자의 객관성 상실, ② 많은 시간과 비용의 소요, ③ 노동집약적임 등이다.

1 스테이크의 안면 평가모형 및 반응적 평가모형

가. 안면 평가모형

스테이크(Stake, 1967)는 평가란 교육과정(프로그램)의 실체(안면, 모습)를 기술하고, 그 가치를 판단하는 활동이라고 규정하면서, 평가대상인 교육과정의 여러 측면에 대한 '기술'(description)과 '판단'(judgement)에 중점을 두는 평가모형을 개발하였는데, 이를 안면 평가모형(countenance evaluation model)이라고 한다. 그에 의하면, 평가는 의뢰인의 요구에 답하는 데 중점을 두어야 하는데, 여기에서는 평가대상인 '교육과정'의 ① 선행조건(선행측면), ② 진행과정(상호작용측면), ③ 산출(결과측면)에 대한 평가자의 기술행위(descriptive act)와 판단행위(judgemental act)가 중시된다. 또한, 평가는 교육과정에 있어 계획된 '의도'와 실제 확인된 '관찰' 그리고 사전에 설정된 '표준'(평가의 기준)과 실제의 '판단'을 각각 대비시켜 이루어져야 한다([그림 6-12] 및 [그림 6-13]).

평가자는 이러한 활동을 통하여 확인한 사실을 바탕으로 독자적으로 결론을 내리기보다는 평가대상인 '교육과정'의 관련자들의 판단을 종합하여 최종적인 결론을 내려야 하며, 표준화검사나 실험법의 활용이 부적절할 경우도 간혹 있으므로 주관적인 방법에 의한 자료를 활용할 필요가 있다.

여기에서는 먼저 위에서 언급한 교육과정평가의 세 측면인 선행조건·진행과정·산출의 의미를 규명하고, 아울러 이러한 세 측면과 관련지어 기술행위와 판단행위에 대하여 살펴보기로 한다.

먼저, 선행조건은 산출과 관련하여 교육과정(프로그램)의 실시 이전의 제반 조건들에 대한 것을 말하며, 진행과정은 교육과정의 실시과정에서의 상호작용을 말하고, 산출은 교육과정에 의해서 달성된 효과를 지칭한다.

그리고 이러한 세 가지 측면에 대한 「기술행위」는 '의도'한 것(계획)과 실제 '관찰'한 것(실제)으로 구분할 수 있고, 「판단행위」는 그 판단에 이르기 위해 사용한 '표준'(standard; 기준)과 실제의 '판단'으로 구분할 수 있다. 이를 도식으로 나타내 보면 [그림 6-12] 및 [그림 6-13]과 같다.

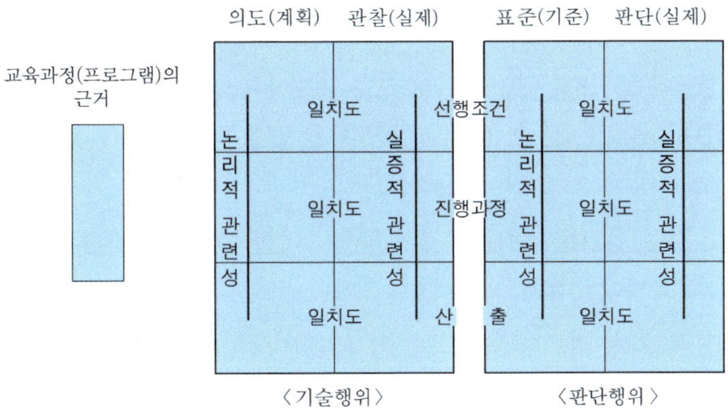

| 그림 6-12 | 안면 평가모형(판단 평가모형)을 이해하기 위한 도식 (1)

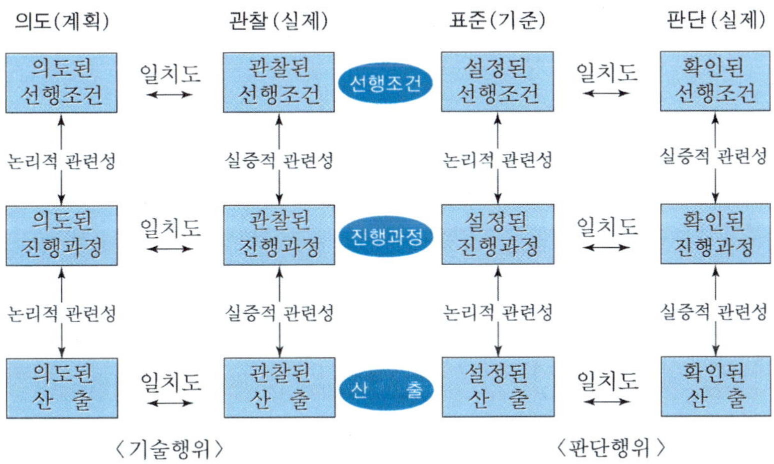

| 그림 6-13 | 안면 평가모형(판단 평가모형)을 이해하기 위한 도식 (2)

먼저, 평가자는 교육과정에 대한 「기술행위」를 구사해야 하는데, 교육과정의 근거(합리적 이유)에 토대를 두고 '의도'한 것(계획)과 '관찰'한 것(실제) 간의 일치도(합치도)를 선행조건·진행과정·산출의 세 측면 각각을 확인하여 기술함과 동시에, '의도'한 것과 '관찰'한 것 각각에 있어 선행조건·진행과정·산출 간의 논리적 관련성 및 실증적 관련성을 확인하여 기술해야 한다. 즉, 교육과정에 대한 「기술행위」로서 먼저 일치도(합치도)에 대한 평가에서는 ① 의도된 선행조건과 관찰된 선행조건 간, ② 의도된 진행과정과 관찰된 진행과정 간, ③ 의도된 산출과 관찰된 산출 간의 일치도를 기술해야 하는데, 그러기 위해서는 선행조건·진행과정·산출의 세 측면이 의도된 바와 같이 교육과정이 실행되었는가의 일치정도를 정확하게 확인·분석하여 기술하여야 하고, 이어 관련성에 대한 평가에서는 의도된 선행조건과 진행과정 및 산출 간의 '논리적 관련성'(logical contingency) 및 관찰된 선행조건과 진행과정 및 산출 간의 '실증적 관련성'(empirical contingency)을 정확하게 확인하여 기술해야 한다.

한편, 위와 같은 「기술행위」가 완료되면, 이를 토대로 교육과정에 대한 「판단행위」가 뒤따라야 한다. 여기에서는 판단의 기준이 되는 표준(standard)이 중요한 기능을 하는데, 스테이크는 이 기준이 명확할수록 합리적인 판단이 가능하다고 주장하였다. 그런데 기준은 절대적 표준(absolute standard)과 상대적 표준(relative standard)으로 분류된다. 먼저, 절대적 표준을 설정하기 위해서는 전문가와 이해관련집단이 참여해야 하는데, 이는 이상적인 수준에 입각하여 설정된다. 그리고 상대적 표준은 평가대상의 교육과정과 유사한 교육과정의 특성 및 산출결과 등을 토대로 설정된다. 평가자는 이러한 표준(절대적 표준·상대적 표준)과 앞의 기술단계에서 확인된 자료들을 근거로 최종적으로 '판단'(평가)을 해야 한다. 스테이크에 의하면, 판단이란 일련의 표준에 비중이나 중요성을 부과하는 일인 동시에, 성취결과 및 자료가 표준에 부합되는가의 여부를 주의 깊게 파악하는 활동이다. 이상과 같은 평가활동을 통해 교육과정의 성과와 질에 대한 종합적인 판단을 내릴 수 있다.

나. 반응적 평가모형

스테이크(Stake, 1975)는 논문을 통해 교육과정평가가 '반응적 평가'(responsive evaluation)를 지향해야 한다는 점을 주장함으로써, 그는 안면 평가모형보다 반응적 평가모형(responsive evaluation model)으로 더 유명해지게 되었다. 즉, 스테이크는 1967년에 자신이 제안한 '안면 평가모형'을 보다 확장하여 자연주의적 참여중심의 평가모형인 반응적 평가모형을 제안하였다. 여기에서는 교육과정(프로그램)의 사회적 다원성과 독특성 및 활동성에 초점을 두며 평가관련자의 관심과 문제를 기술하는 데 중점을 두는데, 교육과정이 실행되는 현장에서 관련자들이 직접 인식하고 있는 핵심 문제에 적극적인 반응(대응)을 하도록 한다는 점이 본질적인 특징이다. 따라서 이는 교육과정 내 참가자의 다양한 반응과 관심 그리고 문제 등에 반응하는 것을 중요시하는 평가적 접근의 한 시도라고 할 수 있다.

그런데 반응적 평가의 목적과 틀 및 초점 등은 사전에 결정되어 있는 것이 아니라 교육과정 관련 구성원들 간의 상호작용을 통해서 파악되고, 그 상호작용과 관찰을 통해서만 핵심문제에 대하여 초점을 맞추게 되므로 평가자는 다양한 이해관계자집단의 구성원들이 원하는 정보가 무엇인지, 그런 정보를 어떤 형태로 보고받기를 원하는지를 확인하기 위해서 부단히 핵심관계자집단과 상호작용을 한다.

스테이크가 제시하는 평가자의 역할은 다음과 같다. 첫째, 관찰과 협상 계획을 수립해야 하며, 관찰대상자를 결정하고 그들의 도움을 받아 간단한 대사, 인물묘사, 전시물, 도표 등을 준비해야 한다. 둘째, 평가관계자의 가치를 파악하고 그 가치에 대한 다양한 표현방식을 조사한다. 셋째, 관찰결과를 기술하고 그 기술내용의 정확성 및 타당성을 확인하는 동시에, 관계자들과의 의사소통 증진방안을 강구한다. 넷째, 평가의뢰자가 동의하는 형식의 평가보고서를 준비한다.

평가자는 평가대상 교육과정의 핵심문제를 파악하는 등 그에 대해서 친숙해지기 위해 그 활동을 관찰하고 핵심관계자들과 면담하고 적절한 기록물을 검토할 필요가 있다. 이러한 활동들이 초기의 평가계획 단계에서 요청되고, 본격적인 단계에서는 다양한 질적·양적 자료를 수집하여 조직화하고, 이를 토대로 종합적인 판단을 내리며, 그 결과를 보고하는 일에 몰두하게 된다. 따라서 반응적 평가에서 강조되는 것은 관찰과 판단이라는 '방법론', 주관주의와 다원주의라는 '기본가정' 그리고 조직하기와 보고하기를 포함한 '평가산물'이다.

반응적 평가모형도 역시 교육과정의 장점이나 단점을 확인하는 데 중점을 두고 있으며, 평가자는 여러 집단이 가진 다수의 상충되는 기준에 주의를 기울이며, 관계자들이 교육과정에 대한 가치를 스스로 판단할 수 있도록 돕는 기술자료와 판단자료를 제공하거나 교육과정의 가치에 관한 요약된 진술문을 제공하게 된다. 이 경우에 '지금-여기'(now & here)를 중시하며, 관찰을 바탕으로 판단하는 접근방법을 취한다. 반응적 평가모형에서는 주관적인 자료에 의존하며, 그 자료의 신뢰성을 확보하기 위하여 여러 출처로부터 여러 증인의 시각과 견해를 중시하여 다각적인 관점에서의 다양한 자료를 수집하고, 그를 바탕으로 주관적으로 판단한다. 여기에서 평가자는 다양한 가치가 작용하는 다원적인 출처로부터 자료를 수집하여 교육과정의 가치나 장점을 주관적으로 밝혀낸다.

그리고 평가결과는 다양한 평가관계자들에게 매력적이고 이해 가능한 언어와 형태로 보고한다. 평가결과를 조직하고 보고하는 데는 평가자의 직관이나 예술비평정신 또는 감식안이 요구되기도 한다. 여기에서 평가핵심관계자들의 문제, 언어, 맥락, 기준을 강조한다는 점에서 여타의 평가모형과는 근본적으로 다르다.

반응적 평가모형이 실행되는 단계는 다음과 같이 정리될 수 있는데, 이 단계들 간에는 시계방향과 같은 계열성은 있지만 반드시 순서대로 평가가 진행될 필요는 없으며, 어느 단계에서라도 시작될 수 있고, 심지어는 시계방향의 반대로 진행될 수도 있는 융통성이 있다. 그 단계를 나열하면 ① 평가의뢰인·교육과정관리자·평가관계자 간 대화를 통한 관심사의 확인, ② 교육과정 운영에 관한 자료의 확인·분석, ③ 관찰자·판정자 및 도구의 선정, ④ 지정된 선행조건·수행과정·결과의 관찰을 통한 문제점 확인, ⑤ 사례연구 및 사실 묘사의 준비, ⑥ 타당화·확인·반증의 시도, ⑦ 수집된 자료의 선별 및 정리, ⑧ 결과의 종합 및 보고서 제출 등이다.

2 파렛과 해밀턴의 조명적 평가모형

1960년대 후반 객관성을 강조하고 수량화를 지향하는 실험중심의 평가적 접근에 대한 비판적 견해가 교육평가분야를 중심으로 일기 시작하였다. 미리 설정해 놓은 설계방안, 목표 상세화, 변인 조작화, 수량적 자료 수집, 통계적 방법을 이용한 분석 등을 그 특징으로 하는 종래의 평가적 접근은 농업적-식물학적 패러다임에 비유된다. 이러한 패러다임의 교육평가모형에서는 학생을 농작물에 비유하고 그 특성을 사전에 측정한 다음, 미리 결정해 놓은 목표 및 방식에 의거하여 변인들을 통제·조작·처치하고, 일정 기간이 지난 후 결과를 측정하여 이를 사전에 측정한 결과와 비교하고 그 차이를 일종의 수확물로 간주한다. 그래서 점차 이와 같은 농업적-식물학적 패러다임의 교육평가모형에 대한 거센 비판이 일기 시작하였다.

조명적 평가모형(illuminative evaluation model)을 제안한 파렛과 해밀턴(Parlett & Hamilton, 1976)에 의하면, 평가란 현상학적 관점에서 교육프로그램의 광범한 맥락을 중심으로 프로그램의 근거, 실천과정, 성취결과 및 문제점 등을 총체적으로 심도 있게 확인하여 밝히는 것(조명)으로, 여기에서는 전체성을 중시하고 변인 간의 역동적이고 총체적인 상호관계를 규명하는 데 중점을 두며, 역사적·문화적·사회적 요인까지를 고려하게 된다. 조명적 평가는 혁신적인 교육프로그램을 평가(연구)하는 새로운 방법인 바, 그 주요목적은 ① 프로그램이 어떻게 작동하고 있는가, 학교의 다양한 상황의 영향을 어떻게 받는가, 그 상황의 불리한 점이나 유리한 점은 무엇인가 그리고 학생들의 지적 성취와 경험은 어떤 영향을 받는가 등을 파악하는 데 있다. ② 프로그램의 계획과 실천에 있어 교사와 학생들이 어떻게 참여하고 있는가를 밝히는 데 있다. ③ 프로그램의 혁신에 있어 가장 중요한 속성을 변별해 내고, 그에 대하여 토의하는 데 있다.

이러한 목적을 달성하기 위한 조명적 평가는 세 단계의 과정을 통하여 이루어진다. 첫째는 관찰 단계인데, 교육프로그램을 탐색하여 교육과정의 실행맥락과 영향요인(교과목, 수업유형, 학습양식, 활용교재, 평가방법유형 등)에 관한 자료를 수집하는 등의 운영 전반을 확인한다. 둘째는 탐구 단계인데, 확인된 문제에 대한 체계적인 탐구를 통해 그 원인과 쟁점에 대한 분석을 통해 해결방안을 모색한다. 셋째는 설명 단계인데, 프로그램에 대한 가치판단보다는 관찰된 패턴을 설명하고 인과관계를 밝혀낸다.

조명적 평가과정에서는 관련정보를 수집하는 일에 집중하게 되는데, 여기에서는 직접 의사결정을 내리지는 않으며, 다양한 시각을 가진 사람들이 자기 나름대로 의사결정을 하도록 도와주는 활동에 주안점을 둔다. 평가자는 자신이 판단(평가)을 내리고 이를 보고하기보다는 변화(혁신)가 내포하고 있는 사실들을 발견하고 이를 문서화하며, 토론하는 데 주된 관심을 갖는다.

3 리페이의 상호교류적 평가모형

상호교류적 평가모형(transaction evaluation model; 수행과정평가모형)이란 프로그램의 산출결과에 주된 관심을 두는 전통적인 평가모형으로부터 탈피하여, 프로그램의 수행 및 실천과정과 프로그램에 의한 산출결과에 중점을 두는 접근방법을 말한다. 여기에서 상호교류란 상호작용, 대체과정, 진행과정, 변화과정에 초점을 둔 개념으로서, 새로운 프로그램이 특정기관에서 어떻게 투입되어 수행되고 실천되는지 그리고 그로 인해 기관이나 그 구성원들이 프로그램의 운영과정에서 보이는 의견 차이 또는 갈등을 갖게 되고, 그들이 어떻게 변화하는가에 관심을 갖는다는 의미를 내포하고 있다.

리페이(Rippey, 1973)는 상호교류적 평가모형이 기존의 평가모형과 네 가지 관점(의도·방법·평가자 역할·평가팀 구성)에서 차이점이 있다고 주장하였다.

첫째, 상호교류적 평가모형의 의도(목적)는 변화를 저해하는 사회적·개인적 요인을 포함한 자료를 수집한다는 점에서 기존의 평가모형과 차이가 있다. 둘째, 상호교류적 평가모형의 방법은 자료수집용 질문지의 문항을 평가전문가뿐만 아니라 프로그램 실시자 및 그에 대한 비판자들의 주장까지를 반영하여 작성하고, 그를 토대로 자료를 수집한다는 점에서 기존의 평가모형과 다르다. 셋째, 상호교류적 평가모형에서 평가자 역할은 프로그램에 대하여 실질적으로 관여하고 담당자들과 친밀한 관계를 유지하는 일까지 포괄한다는 점에서 기존의 평가모형과 다르다. 넷째, 상호교류적 평가모형에서의 평가팀 구성은 사전에 배제된 평가의뢰인이나 반대자까지 포함한다는 점에서 기존의 평가모형과 차이가 있다.

일반적으로 상호교류적 평가과정은 일반적으로 다음과 같은 다섯 단계로 이루어지게 된다. 첫째, 관찰 단계인데, 여기에서는 중립적인 입장에서 관찰을 통하여 프로그램 운영상의 문제점들을 탐색한다. 둘째, 도구선정 및 개발 단계인데, 여기에서는 프로그램 관련 당사자들의 다양한 요구들에 관한 자료를 수집할 수 있는 도구를 선정하거나 개발한다. 셋째, 프로그램 개발 단계인데, 여기에서는 집단의 합의에 의한 목표와 가치를 반영한 새로운 프로그램을 개발한다. 넷째, 프로그램 모니터링 단계인데, 새로운 프로그램의 실행과정에서 발생하는 관련자들 간의 갈등, 문제점, 쟁점 등을 지속적으로 확인·조정한다. 다섯째, 재순환 단계인데, 새로운 문제나 갈등이 발생하는 경우에 이러한 과정을 재순환한다.

4 구바와 린코른의 제4세대 평가모형

구바와 린코른(Guba & Lincoln)은 참여자지향 평가모형(참여-반응지향 평가모형)을 지지하면서, 자신들 나름대로 이를 체계화하여 제4세대 평가모형(fourth generation evaluation model)을 제안하였다. 그들에 의하면 제4세대 평가모형이란 기존의 과학적 패러다임에 입각하여 이루어지는 전통적인 평가모형들인 제1, 2, 3세대 평가모형을 대체할 만한 새로운 평가모형을 총괄적으로 지칭한다.

여기에서 제1세대 평가모형이란 전통적으로 20세기 초반까지 활용되던 표준화검사를 통하여 교육목표의 달성정도를 '측정'(measurement)하는 데 중점을 둔 평가접근을 지칭한다. 그리고 제2세대 평가모형은 학생에 대한 측정으로부터 평가대상을 확대하여, 학생뿐만 아니라 교육프로그램(교육과정)까지를 평가대상으로 삼아 장·단점을 확인하고, 이를 바탕으로 프로그램을 개선하는 형성적 기능까지를 '기술'(description)하는 데 중점을 둔 평가접근을 말한다. 이어, 제3세대 평가모형은 '판단(judgment)'을 중시하는 평가방법으로, 국가수준의 교육과정 개발과정에서 평가가 필수적인 부분으로 자리잡게 된 것을 계기로 평가대상인 교육프로그램에 관한 체계적인 기술을 바탕으로 판단하는 데 중점을 둔 평가접근을 지칭한다[그림 6-14].

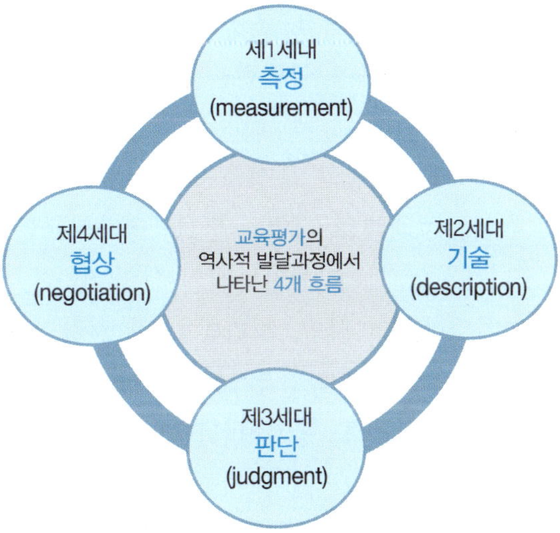

| 그림 6-14 | 교육평가의 발달과정에서 나타난 4개 흐름

구바와 린코른에 의하면, 이상과 같은 제3세대까지의 평가모형들에서는 평가가 지나치게 평가의뢰자 및 후원자를 포함한 관리자 중심으로 수행되기 때문에 평가관련자들이 소외당하고 있으며, 가치의 다원주의가 수용되지 않을 뿐만 아니라 비현실적인 가치중립적 입장을 취한다. 또한, 과학적 패러다임에 지나치게 몰입하여 평가맥락을 경시하고, 도구중심의 양적 측정에 지나치게 의존하며 과학적 산물이라는 이유로 평가결과에 대한 논의를 거절하는 등 여하의 대안적 사고를 용납하지 않고, 가치중립이라는 미명 아래 평가자의 도덕적 책임을 면제해 준다.

이와 같은 문제점을 해결하기 위하여 새로운 대안적인 평가적 접근이 요청되는데, 그에 부응하기 위하여 구바와 린코른은 제4세대 평가모형이 필요하다고 주장하였다. 이러한 평가모형은 '반응적인 구성주의적 평가모형'이라고 할 수 있는데, 이는 스테이크가 주장한 '반응적 평가논리'와 '구성주의적 방법론'을 결합한 새로운 평가적 접근방법을 말한다. 먼저, 반응적 평가논리란 평가대상을 사전에 미리 결정하는 과학주의에 입각한 종래의 목표중심의 평가방법(Tylerian계열의 평가모형)과는 달리, 평가의뢰자(요구자)와 '협상'(negotiation)을 통하여 평가근거와 영역을 정하는 등의 융통성 있는 평가적 접근을 말한다. 그리고 구성주의적 방법론이란 사전에 특정방법을 미리 정하는 것이 아니라 평가수행 중에 필요한 적절한 방법을 융통성 있게 구성하는 것을 말한다. 이는 종래의 과학적 패러다임의 대안인 참여–관찰중심의 자연주의적·조명적·기술적·해석학적·변증법적 접근방법에 의거한 협상을 통하여 합의점을 도출해 내는 방법이 그 중심을 이루고 있다.

이러한 제4세대 평가모형의 특성을 살리는 평가절차는 열두 단계로 정리할 수 있다. 이를 차례대로 나열하면 ① 평가의뢰인이나 후원자와의 평가계약 체결(평가대상의 확인, 평가목적의 확인 및 진술, 평가의뢰인 및 후원자의 동의, 평가관련자의 확인, 평가방법 및 전략의 수립 등), ② 평가활동 조직(평가팀의 구성 및 훈련, 평가일정 수립, 투입변인의 정리, 사회적·정치적 요인의 사정 등), ③ 평가핵심관련자의 요구 확인(관련자의 주장, 관심 및 쟁점의 확인 등), ④ 관련자 집단대상의 협력체 구성, ⑤ 새로운 자료에 의한 검증과 정교화를 위한 협력체 확대, ⑥ 관련자의 해결된 주장·관심 및 쟁점과 미해결된 주장·관심 및 쟁점 선별, ⑦ 미해결된 주장과 관심 및 쟁점의 우선순위결정, ⑧ 미해결된 주장과 관심 및 쟁점을 해결하기 위한 정보수집, ⑨ 협상안의 준비, ⑩ 협상의 실시, ⑪ 사례연구방식을 통한 결과보고, ⑫ 재순환 등이다.

ONLINE RESOURCES

'기타 교육과정평가모형으로서 브래드레이(Bradley), 커크패트릭(Kirkpatrick), 필립스(Phillips), 카우프만(Kaufman)의 평가모형'에 관하여 논의한 자료가 필요할 경우 저자가 운영하는 웹사이트(welfare5.com)의 Online Resources 게시판을 통하여 다운을 받기 바랍니다('교육과정론'의 Online Resources 22 자료).

3. 수업평가

1) 수업평가의 유형

수업평가의 유형은 준거에 따라 다양하게 분류될 수 있다. 즉, ① 평가기준에 따라 상대평가(규준지향평가·규준참조평가)와 절대평가(준거지향평가·준거참조평가·목표지향평가)로, ② 참조기준에 따라 능력참조평가와 성장참조평가로, ③ 평가기능에 따라 진단평가와 형성평가 및 총합평가(총괄평가)로, ④ 평가대상에 따라 정책평가, 학교평가, 교육과정평가, 교사평가, 학생평가로, ⑤ 평가영역에 따라 인지적 영역평가, 정의적 영역평가, 심리운동적 영역평가로, ⑥ 시간제한 여부에 따라 속도평가(speed evaluation)와 역량평가(power evaluation)로, ⑦ 비교 여부에 따라 비교평가와 비비교평가로, ⑧ 형식성에 따라 형식적 평가와 비형식적 평가로, ⑨ 시점에 따라 사전평가와 사후평가로, ⑩ 평가접근방식에 따라 양적 평가와 질적 평가로, ⑪ 평가주체에 따라 내부평가(자체평가)와 외부평가로, ⑫ 발달역사에 따라 전통적 평가(실제세계의 과제와 별개적인 학습을 평가함)와 실제적 평가(대안적 평가 : 실제세계의 과제를 해결하는 능력을 평가함)로 분류된다.

이처럼 수업평가는 접근시각에 따라 여러 유형으로 개념화 할 수 있다. 먼저, 교육현장에서 중요하게 다루어지고 있는 평가준거에 따른 유형으로서 상대평가(규준지향평가·규준참조평가)와 절대평가(준거지향평가·준거참조평가·목표지향평가)를 대비시켜 논의하고, 이어 참조기준에 따른 유형으로서 능력참조평가와 성장참조평가에 관하여 살펴보기로 한다. 또한, 평가기능에 따른 유형으로서 진단평가, 형성평가, 총합평가의 세 가지 유형에 대해서도 살펴보기로 한다. 끝으로, 전통적 평가방법의 문제점을 보완하기 위해 나타난 대안적 평가방법으로서의 '수행평가'에 대하여 논의하기로 한다.

(1) 평가기준에 따른 유형

일반적으로 평가의 기준으로 삼는 변인은 규준(상대적 서열)과 준거(교육목표 달성정도)이다. 전자를 평가기준으로 삼는 경우를 상대평가(규준지향평가·규준참조평가)라고 명명하며, 후자를 평가기준으로 삼는 경우를 절대평가(준거지향평가·준거참조평가·목표지향평가)라고 지칭한다.

1 상대평가

상대평가는 규준지향평가 또는 규준참조평가라고도 하는데, 이는 학생을 그가 속해 있는 집단구성원들의 점수결과에 비추어 상대적 서열로 나타내는 방법을 말한다. 따라서 상대평가에서는 주어진 교육목표의 달성도와는 상관없이, 각 학생이 다른 학생보다 점수가 높은가, 낮은가에 따라서 그의 위치(서열·석차)를 결정하게 된다. 그러므로 한 학생의 점수가 높다고 하더라도 그 집단의 다른 학생의 점수가 높으면 상대적으로 그 학생의 위치는 낮아지게 되며, 반대로 그의 점수가 상당히 낮다고 하더라도 다른 학생의 점수가 낮으면 상대적으로 그 학생의 위치는 높아지게 된다. 그렇기 때문에 여기에서의 평가기준은 집단의 내부에서 결정된다.

상대평가는 학습자의 능력이나 학업성취가 정규분포(정상분포; normal distribution)를 이룬다는 전제 하에서 출발한다. 그러므로 교사는 자신이 아무리 효과적인 교수활동을 전개한다 하더라도 거기에는 우수한 학습자와 열등한 학습자가 존재하기 마련이라고 믿는다. 즉, 교사는 학습장면에서 충분한 학습을 하는 학생도 있고 불충분한 학습을 하는 학생도 있으며, 또한 실패하는 학생도 당연히 있기 마련이라고 기대한다. 상대평가의 기준은 전술한 바와 같이 학생집단의 내부에서 결정되는데, 학생들이 획득한 점수들이 바로 그것이다. 각 학생이 획득한 점수가 다른 학생들의 점수보다 높은가 또는 낮은가에 따라 그의 상대적 위치가 달라진다. 따라서 수치(석차)는 교육목표의 성취도라기보다는 같은 학생집단에서의 위치·서열을 의미하는 것이며, 그 이상의 의미를 주지는 못한다. 상대평가체제는 학생들의 개인차를 밝혀내는 데 초점을 두기 때문에 '선발적 교육관'의 입장을 취한다.

끝으로, 상대평가의 장점을 살펴보면 첫째, 학생들의 개인차의 변별이 용이하다는 점이다. 상대평가는 여러 개인의 상대적인 비교를 기초로 하여 이루어지는데, 이러한 비교는 근본적으로 각 개인이 가진 개인차를 인정함으로써 가능하다. 둘째, 교사의 편견을 배제할 수 있다. 상대평가는 객관성 있는 개인차 변별을 강조하며 검사의 제작기술과 엄밀한 성적표시방법을 채택하고 있기 때문에 교사의 편견이 개입될 가능성이 적다. 셋째, 외발적인 동기유발에 도움이 된다. 학교에서 실시하는 모든 시험은 그 결과로 얻어지는 자료수집에 목적이 있기도 하지만, 학생 상호 간의 경쟁을 통하여 더욱더 열심히 공부하게 하는 자극제가 되기도 한다.

반면, 상대평가의 단점은 첫째, 교육목표의 달성도에 상관없이 학생들의 등급을 매기고 서열을 정함으로써 지적 계급주의를 발생시킨다. 둘째, 평가의 기준은 그 집단 내부에서만 통하기 때문에 다른 집단과의 비교가 불가능하다. 셋째, 참다운 학력평가가 불가능하다. 넷째, 학생들 간의 경쟁의식을 지나치게 조장할 우려가 있어 학생의 정신건강에 좋지 않은 영향을 미친다. 다섯째, 인간의 발전가능성에 대한 신념이나 교육의 효과에 대한 신념을 흐리게 한다. 여섯째, 현대학습이론에 부합되지 않는다. 현대학습이론은 외발적 동기가 아니라 내발적 동기유발을 권장하고 있을 뿐만 아니라, 적절한 교수활동에 의해 거의 모든 학생에게 만족스러운 성취를 가능하게 할 수 있다는 입장을 취하고 있는데, 상대평가는 이를 인정하고 있지 않다.

2 절대평가

절대평가는 준거지향평가, 준거참조평가 또는 목표지향평가라고도 명명하는데, 이 평가체제는 학생을 그가 속해 있는 집단구성원들의 점수결과에 비추어 나타내는 것이 아니라, 주어진 교육목표를 실질적으로 어느 정도 달성하였는가, 즉 교육목표의 달성도에 의하여 평가하는 방법이다. 따라서 절대평가체제에서는 평가기준이 되는 구체적인 교육목표가 사전에 반드시 설정되어야 하고, 학습 후의 학생의 학업성취도는 이 교육목표를 직접적으로 반영하여 평가되지 않으면 안 된다.

오랜 기간 상대평가체제가 학교교육장면에서 채택된 것은 공교육제도가 '선발적 교육관'에 기초를 두었기 때문으로, 이는 선발적인 교육체제의 맥락 속에서 발전되고 정당화되었다. 그러나 학교교육의 목적이 높은 수준의 교육을 받기에 알맞은 소수 학생만을 선발·예언하는 데 있는 것이 아니라 모든 학생들의 능력을 최대한으로 개발시키는 것인 만큼 '발달적 교육관'에 부합되는 대안적인 평가체제로서 절대평가체제가 필요하게 되었다. 따라서 선발적 교육관에서 발달적 교육관으로의 변화는 절대평가체제 출현의 원동력이 되었다. 또한, 교육의 질적 관리에 대한 관심의 증대도 절대평가체제의 필요성을 더욱 높였다. 일정한 교육기간 동안 투입된 물적·인적 자원이 올바르고 효과적·효율적으로 활용되었는가에 대한 판단은 학습자가 교육목표를 얼마만큼 달성했는가를 평가하지 않고서는 불가능하다.

또한, 교육과정 설계에 있어서의 새로운 동향도 절대평가체제의 강화에 영향을 미쳤다. 즉, 교육효과를 높이기 위한 교육목표의 구체화, 교육내용의 적절화, 교수활동의 효율화 그리고 이에 입각한 평가 및 평가결과의 활용이 강조됨으로써 절대평가가 더욱 필요하게 되었다.

절대평가의 대표적인 특징은 검사의 타당도를 강조하는 데 있다. 상대평가체제에서는 검사도구의 신뢰도가 강조되는 반면, 절대평가체제에서는 타당도, 즉 원래 측정하려고 의도했던 교육목표를 얼마나 충실하게 측정하고 있느냐를 강조한다. 또한, 절대평가체제는 효과적인 교수활동에 의하여 대부분 학생이 교육목표를 달성할 수 있다고 믿기 때문에 검사점수의 분포는 부적 편포(負的 偏布), 즉 오른쪽으로 치우친 분포곡선을 이룬다고 전제한다[그림 6-15].

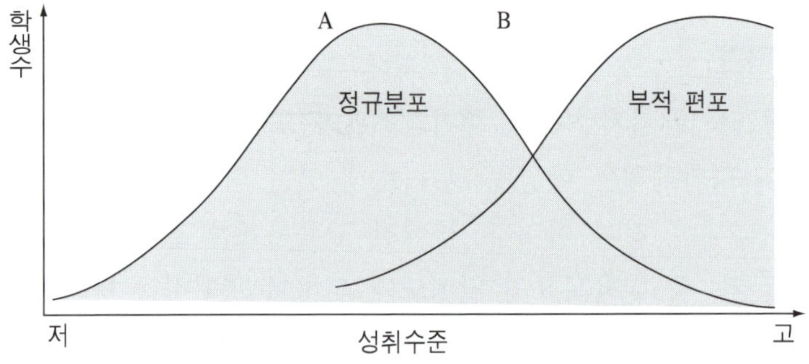

| 그림 6-15 | 정규분포와 부적 편포

여기에서 정규분포(normal distribution)와 부적 편포(negatively skewed distribution) 및 정적 편포(positively skewed distribution)에 관한 이해를 돕기 위한 도식을 제시하면 [그림 6-16]과 같다. 이처럼 분포의 모양은 평균치(mean), 중앙치(median), 최빈치(mode)의 위치가 달라진다.

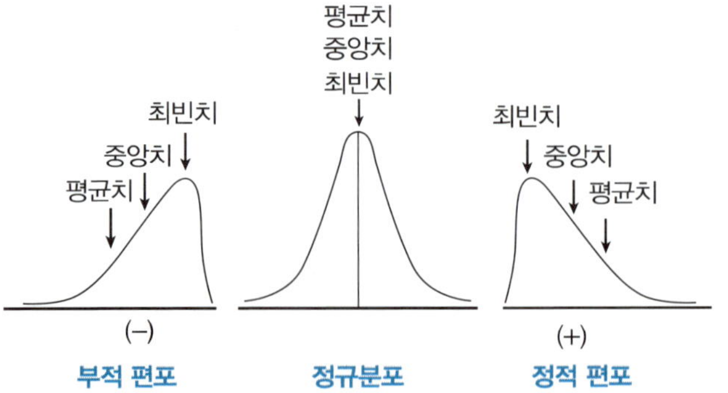

| 그림 6-16 | 정규분포와 부적 편포 및 정적 편포

한편, 절대평가체제는 인간의 무한한 가능성과 교육의 효과에 대한 신념을 믿는다. 반면, 상대평가체제에서는 어느 집단이든 성공적인 학생과 실패적인 학생들이 섞여 있기 마련이며, 그것은 극히 자연스러운 현상이라고 믿고 있으나, 절대평가체제에서는 인간이 노력하기에 따라서 무한히 발전될 수 있으며, 또한 학습자는 누구나 그에게 알맞은 학습기회가 제공된다면 주어진 교육목표에 도달할 수 있는 가능성이 있다는 신념을 강조한다. 이처럼 절대평가체제는 인간의 무한한 가능성과 교육의 효과에 대한 신념을 기초로, 교육을 통해 모든 학생들이 기대했던 목표에 도달할 수 있다는 기본철학을 신봉한다.

끝으로, 지금까지 논의한 절대평가체제가 갖는 장점과 단점에 대해서 살펴보기로 한다.

먼저, 절대평가의 장점을 보면 첫째, 교육개선을 위한 실질적인 자료를 제공한다. 여기에서는 평가의 결과를 누가적으로 비교·검토하게 함으로써 교육의 질적 향상을 도모할 수 있다.

둘째, 교수-학습활동의 개선에 도움을 준다. 학습자가 성취하고 있는 학습부분과 실패하고 있는 학습부분을 발견하기가 매우 쉬우며, 교수-학습활동에서 보충 또는 개선되어야 할 부분이 무엇인가를 쉽게 알 수 있게 해준다. 따라서 학습자 개개인의 학습진전상황을 밝혀 적절한 지도를 실시하는 데에도 유리하다.

셋째, 학생들에게 성공감과 성취감을 맛보게 한다. 절대평가는 목표지향적인 평가이기 때문에 설정된 교육목표가 달성되었을 때 학습자에게 보다 많은 성취감 또는 성공감을 갖게 해준다. 그럼으로써 학생들의 긍정적인 자아개념과 정서발달을 가능하게 하여, 정신건강에도 도움을 준다. 또한, 이러한 요소들은 학습에 대한 내발적인 동기유발의 요인으로 작용하게 된다.

넷째, 의미 있는 점수를 제공해 준다. 절대평가에서 얻어진 점수결과는 그 점수 자체가 중요한 의미를 갖는다. 즉, 점수가 높을 때에는 그만큼 설정된 교육목표에 가깝게 도달되었음을 의미하고 반대로, 낮을 때에는 목표에 그만큼 미달하고 있음을 의미한다.

다섯째, 협동학습을 조장한다. 학습장면에서 학생들 간의 경쟁보다는 협동을 강조함으로써 협동학습을 촉진시킬 수 있다.

여섯째, 불필요한 지적 능력의 구분을 배제한다. 학생들의 등급과 서열을 매겨 학생들의 능력을 구분하는 지적 계급주의를 배격한다.

반면, 절대평가의 단점을 보면 첫째, 학생들의 개인차 변별이 어렵다. 학습자들 간의 능력비교는 어렵고, 우열을 판정하기도 쉽지 않다.

둘째, 학습활동에 대한 외발적인 동기유발에 부적절하다. 학습장면에서는 외발적인 동기유발방법도 중요하게 작용하는데, 학생들의 상호 경쟁을 통한 외발적 동기유발에는 미흡하다.

셋째, 통계적 활용에 난점이 있다. 통계처리는 정규분포이론 하에서만 가능하기 때문에 이러한 정규분포를 인정하지 않는 절대평가체제에서는 통계처리가 불가능하며, 통계처리를 한다 해도 아무런 의미가 없다.

넷째, 절대기준의 설정에 어려움이 있다. 가장 큰 문제는 절대기준을 설정하는 일인데, 이는 매우 어렵다. 절대기준을 설정하기 위해서는 각 교과의 학문구조에 대한 분석과 학습과제의 위계적 분석이 필수적으로 요구되는데, 그 작업이 고도의 전문성을 요구하기 때문이다. 교육에 있어서 절대기준은 교육목표이지만, 이러한 교육목표를 누가 정하고 어떻게 정하느냐 하는 것은 결코 쉬운 일이 아니다.

지금까지 살펴본 상대평가체제와 절대평가체제를 개념, 이론적 근거, 교육관, 측정에서의 강조점, 원점수 해석기준, 평가기준, 검사도구의 실례, 이론모형의 실례, 장점, 단점 등으로 구분하여 상호 비교해 보면 <표 6-2>와 같다.

| 표 6-2 | 상대평가와 절대평가 비교

평가유형 / 비교기준	상 대 평 가 (규준지향평가·규준참조평가)	절 대 평 가 (준거지향평가·준거참조평가·목표지향평가)
(1) 개 념	학생을 그가 속해 있는 집단구성원들의 점수결과에 비추어 그의 등급을 상대적 서열(석차·등수)로 나타내는 방법을 말함. 따라서 학생들이 무엇을 얼마만큼 알고 있는가에 관심이 있는 것이 아니라, 학생들의 상대적 서열을 밝히는 데 관심을 가짐. *우리나라의 경우 1950년부터 1976년까지의 초·중등학교에서 상대평가가 주로 실시되었는데, 한 학급을 단위로 하여 성적이 좋은 순서에 따라 수 – 10%, 우 – 20%, 미 – 40%, 양	학생을 그가 속해 있는 집단구성원들의 점수결과에 비추어 등급으로 나타내는 것이 아니라, 주어진 교육목표를 실질적으로 어느 정도 달성했는가(교육목표의 달성도)에 의해 그의 성적을 나타내는 방법을 말함. 따라서 학생들이 무엇을 얼마만큼 알고 있는가를 밝히는 데 관심을 가짐. *우리나라–1976년 문교부 훈령 286호로 절대평가로 전환함

평가유형 비교기준	상 대 평 가 (규준지향평가·규준참조평가)	절 대 평 가 (준거지향평가·준거참조평가·목표지향평가)
	−20%, 가 −10%로 평가하는 방법 *현재 대학입시 내신성적은 상대평가체제를 적용하고 있음	
(2) 이론적 근 거	정규분포(학생들의 능력이나 학업성취는 정상분포를 이룬다는 이론적 근거)	부적 편포(학습자들은 효과적인 교육활동에 의해 교육목표를 성공적으로 달성할 수 있다는 이론적 근거)
(3) 교육관	선발적 교육관(학생들의 개인차를 밝혀내고 능력의 판정을 위주로 함)	발달적 교육관(인간의 무한한 발달가능성과 교육효과에 대한 신념을 강조함)
(4) 측정에서의 강조점	신뢰도(대상을 얼마나 오차 없이 정확하게 측정하느냐에 관심) 변별도(학생들의 능력 차이를 얼마나 잘 변별하느냐에 관심을 둠)	타당도(측정하려고 의도했던 교육목표를 얼마나 충실하게 측정하느냐에 관심을 둠)
(5) 원점수 해석기준	규준지향(평가의 기준이 집단의 내부에서 결정됨. 한 집단 속의 여러 개인이 보여 주는 점수들의 평균치를 기준으로 삼고, 이 기준으로부터 각 개인의 점수가 얼마나 이탈되었느냐에 따라 새로운 점수, 즉 등위점수나 석차점수를 부여함)	준거지향(주어진 학습목표를 학생이 어느 정도 달성하였는가 하는 교육목표의 달성도에 의해 평가가 이루어짐)
(6) 평가기준	규준(상대적 서열)	준거(교육목표 달성정도)
(7) 검사도구의 실례	표준화검사	자격시험
(8) 이론모형의 실례	심리검사모형	학업성취모형
(9) 장 점	① 개인차의 변별이 용이함 ② 교사의 편견 배제 ③ 외발적 동기유발에 도움	① 교육개선을 위한 자료 제공 ② 교수–학습활동의 개선에 도움 ③ 성공감과 성취감의 경험 ④ 의미 있는 점수 제공 ⑤ 협동학습 조장 ⑥ 불필요한 지적 능력의 구분 배제
(10) 단 점	① 지적 계급주의의 발생 ② 다른 집단과의 비교 불가능 ③ 참다운 학력평가 불가능 ④ 경쟁의식을 지나치게 조장 ⑤ 인간의 발전가능성과 교육의 효과에 대한 신념을 흐리게 함 ⑥ 현대학습이론에 부합되지 않음	① 개인차의 변별이 어려움 ② 외발적 동기유발에 부적절 ③ 통계적 활용이 불가능 ④ 절대기준의 설정이 어려움

그러나 절대평가와 상대평가는 실제 적용상에 있어서 상호배타적이라기보다는 상호보완적인 관계에 있다. 절대평가체제의 중요성이 강조된다고 해서 상대평가의 원리와 필요성이 배제되고 부정되는 것은 아니다. 학생을 선발·분류·판정하는 것도 학교교육의 중요한 활동이라고 본다면, 이러한 기능을 잘 수행하는 상대평가는 나름의 장점과 가치를 가지고 있다. 장학생을 선발하거나 학급이나 소집단을 편성하고, 합격과 불합격을 결정할 때 상대평가는 불가피하다.

학기말에 학생들의 최종성적을 산출할 때 절대기준에 의하여 각 학생의 교육목표 달성도를 밝히는 것도 중요하지만, 전체 학생 중에서 특정학생이 어느 정도의 위치를 차지하고 있는지를 아는 것도 중요한 정보가 된다. 이렇게 보면 절대평가와 상대평가는 어느 방법이 더 옳으냐의 관계가 아니라, 어떤 목적으로 평가를 활용하느냐에 따라 선택되어야 한다. 즉, 학생선발과 분류를 위한 입시장면과 상대적인 비교를 필요로 하는 장면에서는 표준점수로 검사결과를 해석하여 비교하는 상대평가가 바람직하다.

반면, 교육효과의 확인을 통하여 교육 자체의 개선을 목적으로 하는 평가장면에서는 절대평가가 바람직하다. 절대평가의 강조가 상대평가의 부정이나 소홀을 의미하는 것이 아니다. 오히려 상대평가원리를 포함한 심리측정의 이론과 방법은 계속 발전되어야 하며, 아울러 절대평가체제의 이론도 보다 정교화되어야 한다.

(2) 참조기준에 따른 유형

평가유형은 참조기준이 무엇이냐에 따라서도 분류될 수 있다. 일반적으로 평가의 참조기준으로는 '능력'과 '성장'(변화)을 고려하게 되는데, 전자의 경우를 '능력참조평가', 후자의 경우를 '성장참조평가'라고 명명한다.

1 능력참조평가

능력참조평가(ability-referenced evaluation)는 학생들이 지니고 있는 능력수준에 비추어 얼마나 최선을 다하였는가에 초점을 두어 평가를 실시하는 것을 말한다. 이는 교육이란 교수-학습을 극대화시켜 학생들의 인지적·정의적·신체운동적(기능적) 영역의 행동을 긍정적으로 발달(변화)시키는 활동이라는 관점에서 자신이 가진 능력수준에서 학습활동에 최선을 다한 학생에게 보다 좋은 평가결과를 부여하는 것이 바람직하다는 이론에 근거를 두고 있다(홍후조 외, 2007). 따라서 이러한 평가체제에서는 우수한 능력을 지녔음에도 불구하고 최선을 다하지 않은 학생과 능력수준이 낮더라도 최선을 다한 학생이 있을 때 후자가 비록 성취수준이 낮더라도 더 좋은 평가결과를 얻을 수 있다.

능력참조평가는 학생 개개인이 지니고 있는 능력을 최대한 발휘하였는가에 관심을 두므로 모든 학생에게 일률적인 평가기준을 적용하는 것이 아니라 각 학생의 능력과 노력에 따라 개별적으로 평가된다는 특징을 갖고 있다. 이러한 평가는 특정 기능과 관련된 능력의 정확한 측정치에 의존하게 되고 해당 능력에 제한적으로 적용되므로 학생의 수행을 해석하는 데에는 한계가 있지만, 학생 개개인의 고유한 기준을 참조하여 평가함으로써 개인에게 보다 의미 있는 개별화된 평가를 실시할 수 있다는 장점을 가진다.

2 성장참조평가

성장참조평가(growth-referenced evaluation)는 일련의 교수-학습과정을 통하여 나타난 학생의 성장과 변화정도에 관심을 두고, 얼마만큼 능력이 향상되었는가에 중점을 두어 평가를 실시하는 것을 말한다.

여기에서는 최종 성취수준에 대해 관심을 갖기보다는 초기 능력수준에 비추어 얼마만큼의 능력향상을 보였느냐에 관심을 갖는다. 즉, 사전 능력수준과 특정시점에서 관찰된(측정된) 능력수준 간의 변화(차이) 정도에 주된 관심을 둔다(성태제, 2002). 따라서 중간시험과 기말시험의 성적 차이가 많이 향상된 학생일수록 성장참조평가에서는 더 좋은 점수를 얻을 수 있다.

교육은 학생들의 성장과 변화에 주된 관심을 가지므로 평가활동에서 상대적 서열이나 준거점수에 비추어 학생을 평가하기보다는 교육활동을 통해 얼마만큼의 성장·변화를 이루었는가에 초점을 맞추어 평가하는 것이 더 바람직하다(홍후조, 2007). 그러므로 성장참조평가는 학생들에게 성장기회를 적극 부여하고, 각 학생의 개인차를 인정하는 특징을 지닌다.

지금까지 논의한 능력참조평가와 성장참조평가를 목적, 비교 대상(평가대상), 학습 관점, 개인차 인정 여부, 강조점 등의 관점에서 상호 비교해보면 <표 6-3>과 같다.

| 표 6-3 | 능력참조평가와 성장참조평가 비교

비교기준	능력참조평가	성장참조평가
목 적	능력의 최대한 발휘 조장	능력 변화 조장
비교 대상	소유능력 대비 수행정도 (얼마나 최선을 다했는가)	초기능력 대비 성장·변화정도 (얼마만큼 능력이 향상되었는가)
학습 관점	개별 학습	개별 학습
개인차 인정 여부	인정함	인정함
강 조 점	소유능력의 발휘 교수적 기능	성장(학습향상) 교수적 기능

여기에서 보는 바와 같이, 먼저 능력참조평가의 목적은 학생들이 소유한 능력을 최대한 발휘하도록 조장하는 데 있으며, 성장참조평가의 목적은 학생들이 능력을 변화(발달)시키도록 조장하는 데 있다.

또한, 능력참조평가에서의 비교 대상(평가 대상)은 학생들의 소유능력 대비 수행정도이며, 성장참조평가에서는 학생들의 초기능력 대비 성장·변화정도이다.

그런데 학습의 관점과 개인차 인정 여부에 있어서는 능력참조평가나 성장참조평가 모두 개별학습을 허용하며, 아울러 학생들의 개인차를 적극 인정한다. 끝으로, 강조점에서 보면 능력참조평가는 학생들이 소유한 능력을 잘 발휘하도록 강조하고 교사의 교수적 기능 수행에 중점을 두며, 성장참조평가는 학생들의 성장(학습향상)과 함께 교사의 교수적 기능 수행을 강조한다.

(3) 평가기능에 따른 유형

평가는 일련의 수업활동 실행과정에서 어느 시점에서 이루어지느냐에 따라 진단평가·형성평가·총합평가 등으로 분류할 수 있다. 따라서 이러한 평가분류는 수업활동과 관련하여 어떠한 기능을 수행하느냐의 관점에서 이루어지기 때문에 이를 평가기능에 따른 유형분류라고 할 수 있다.

수업활동의 전개시점과 관련한 평가분류를 도식으로 표현하면 [그림 6-17]과 같다.

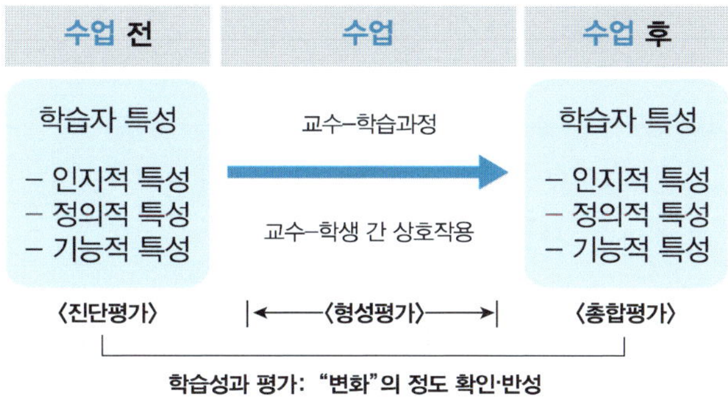

| 그림 6-17 | 수업활동의 실행과정에 따른 평가의 분류

1 진단평가

의사가 환자를 효과적으로 치료하기 위해서 필수적으로 먼저 해야 할 일이 환자의 상태에 대한 정확한 진단인 것처럼, 교육활동에 있어서도 교사가 효과적인 교수–학습지도를 하기 위해서는 학습자가 가지고 있는 출발점행동(기초학력의 정도, 선행학습의 정도, 언어능력 등의 인지적 출발점행동과 학습흥미, 학습동기, 성격특성 등의 정의적 출발점행동), 즉 학습준비도를 제대로 파악해야 한다. 이와 같이 일정한 수업에 들어가기 전에 학습자의 출발점행동을 확인하는 평가를 진단평가라고 한다.

진단평가는 교수–학습지도에서 여러 기능을 가지게 되는데, 이러한 기능을 대략 네 가지로 정리하면 다음과 같다.

첫째, 출발점행동(인지적·정의적 출발점행동)을 확인하여 적절한 후속조치를 취하게 한다. 어떤 교과나 단원의 학습을 위해서는 학습자의 출발점행동을 정확히 확인하여, 그 후속조치가 필요할 경우 해당 조치를 취해야 한다. 교수활동은 학생들이 현재 가지고 있는 능력수준과 지식·기능 및 정의적 특성을 토대로 전개될 때 보다 훌륭한 효과를 기대할 수 있다. 둘째, 학생들을 특정 하위코스나 소집단에 정치(定置; 배치)하고자 할 때 그에 대한 증거를 제공해 준다. 셋째, 학습의 중복을 피하게 해준다. 학생이 이미 알고 있는 내용을 중복해서 학습하게 하면 시간과 노력의 낭비는 물론, 학습자의 학습흥미를 잃게 할 염려가 있는데, 이를 예방하기 위해서 진단평가가 필요하다. 넷째, 학습곤란에 대한 사전대책을 포함한 교수전략의 수립에 도움을 준다. 진단평가는 학습자의 기초학력·선행학습 정도·적성 등의 인지적 특성과 흥미·태도·성격 등의 정의적 특성을 밝혀, 이를 토대로 적절한 교수전략을 세우게 하는 데 도움을 준다.

또한, 진단평가의 유형은 출발점행동 확인을 위한 진단평가, 정치를 위한 진단평가 그리고 교수전략수립을 위한 진단평가 등으로 구분되는데, 이에 대하여 차례대로 살펴보면 다음과 같다.

첫째, 출발점행동 확인을 위한 진단평가인데, 모든 학생들은 동등한 기초학력이나 특성을 갖고 있지 않으므로 이들을 동일한 출발점에서 지도한다는 것은 잘못된 것이다. 새로운 학습에 들어가기 전에 필수적으로 학습해야 할 과제의 숙달이 불충분한 학생과 충분한 학생을 함께 배치하여 수업을 진행시킨다면 만족스러운 학습결과를 기대하기 어렵다. 학생이 새로운 학습과제에 임할 때 가지고 있는 인지적·정의적 행동특성을 진단하는 데 이용되는 평가를 출발점행동 확인을 위한 진단평가라고 한다. 둘째, 정치를 위한 진단평가인데, 여기에는 학교 간 정치(배치)를 위한 진단평가와 학교 내 정치를 위한 진단평가 그리고 학급 내 정치를 위한 진단평가가 포함된다. 먼저, 학교 간 정치를 위한 진단평가는 일반계·농업계·공업계·상업계·수산해운계·가사실업계·과학계·체육계·예술계·외국어계·국제계 고등학교 등과 같이 여러 계열의 학교에 학습자들을 각각 배치하기 위한 진단평가를 말한다. 그리고 학교 내 정치를 위한 진단평가는 일반계 고등학교에 있어서 문과·이과나 취업계열·대학진학계열 등과 같이 학교 내에서 학생들을 정치하기 위하여 행해지는 진단평가를 말한다. 또한, 학급 내 정치를 위한 진단평가는 학습자를 우수반, 열등반, 보통반으로 나누거나, 혹은 진단결과에 따라 적절한 수업집단으로 학생들을 분류하는 학급 내 정치를 위한 평가를 말한다. 셋째, 교수전략수립을 위한 진단평가인데, 학습의 능력, 적성, 희망, 흥미 등의 개인차를 인정한다면 교수방법도 이 개인차에 따라 다양화되어야 한다. 이와 같이 학생들의 개인차에 부합되는 교수전략을 수립하기 위하여 행하는 평가를 교수전략수립을 위한 진단평가라고 한다.

2 형성평가

형성평가는 수업의 개선을 위한 평가로서, 교수-학습지도활동이 진행되는 도중에 학생들의 학습진전상황에 대하여 피드백을 주고, 교수-학습지도방법을 개선하기 위해서 실시하는 평가를 말한다. 따라서 형성평가는 학습이 진행되는 도중에 수시로 실시되는 평가이므로 학습의 극대화를 촉진하기 위한 것이 가장 큰 목적이라고 할 수 있다. 또한, 형성평가는 학생 개개인의 현재 위치나 진전상황을 분명히 밝혀줌으로써 개인의 능력에 맞도록 학습진도를 개별화할 수 있게 해준다. 이러한 평가는 학습의 진행과정에서 주기적으로 자주 행해지게 된다. 여기에서의 '자주'라는 말의 한계는 명확한 것은 아니지만, 일반적으로 주어진 단원에 속하는 소단원 또는 주제에 대한 지도가 끝날 때마다 실시된다는 의미이다.

이렇게 함으로써 학습곤란의 누적현상을 미리 방지하여 효율적인 학습활동이 이루어지도록 한다. 형성평가의 결과에 의해서 학습자의 상당수가 학습곤란을 겪고 있거나 학습결손을 보이는 것이 밝혀지면, 이는 단순히 학습자에게만 책임을 돌릴 수 없다. 이 경우 교사는 필요하다면 교육목표를 학습자의 수준에 맞게 조정하고 교육내용의 구성을 보다 쉽게 하거나, 혹은 교수-학습지도방법을 개선하도록 해야 한다. 형성평가는 각 문항별로 정답과 오답을 확인하여 교수의 효율성과 학습자의 학습결손 여부를 결정하는 데 활용하는 평가방식이기 때문에 절대평가체제로 행해지는 것이 좋다. 이러한 형성평가라는 용어를 처음 사용한 학자는 스크리븐(Scriven)인데, 그는 형성평가의 필요성과 중요성을 매우 강조하였다.

한편, 형성평가의 기능은 학습지도활동의 조정, 학습활동의 강화, 학습곤란의 확인과 교정, 교수전략의 개선 등으로 분류할 수 있다.

첫째, 교수-학습지도활동을 조정하게 해준다. 형성평가를 통해서 얻어진 정보를 토대로 교수-학습지도활동을 조정하여 적절한 교정 또는 보충수업의 기회를 제공하게 되면 학습결손의 누적현상을 피할 수 있게 된다. 이렇게 되면 학습자는 새로운 학습과제를 성공적으로 성취할 수 있게 된다. 둘째, 학습활동을 강화해준다. 형성평가를 통해서 교육목표달성의 진전상황을 학습자가 직접 확인하게 되면 자신감과 만족감을 얻게 되어 보다 적극적으로 후속학습에 임하게 된다. 셋째, 학습곤란을 확인하여 교정하도록 해준다. 형성평가의 결과에 의해서 학생들은 자신의 학습곤란을 스스로 확인하며, 그것을 제거해 나가는 데 힘쓰게 된다. 넷째, 교수내용과 방법을 개선하게 해준다. 형성평가의 결과에 의해서 교육과정 전반, 즉 교육목표의 조정, 교육내용의 변경, 교수-학습지도방법의 개선, 교육평가방법의 개선 등의 전반적인 교수전략을 재구성할 수 있다.

3 총합평가

총합평가는 진단평가나 형성평가와는 달리 한 학기에 1~2회 정도, 1년에 2~4회 정도 실시하는 평가로서 학기 말이나 학년 말에 종합적으로 교육목표의 달성도를 평가하는 것을 말한다. 총합평가는 대개 절대평가체제로 행해지는 것이 보통이나, 간혹 필요에 따라 상대평가체제로 행해지기도 한다. 이 결과는 학생의 성적으로 기록되고 학부형에게도 통보된다. 총합평가라는 용어를 처음으로 사용한 학자 역시 스크리븐(Scriven)이다.

총합평가의 기능은 여러 가지로 설명될 수 있으나, 여기에서는 대략 여섯 가지로 정리해 보기로 한다.

첫째, 성적을 판정하게 해준다. 종합평가의 주된 목적은 주어진 교육목표의 달성도를 전반적으로 확인하여, 그 결과를 학생의 성적으로 부여하는 데 있다. 둘째, 후속학습에 대한 성공을 예언하게 해준다. 총합평가의 결과는 학생들의 학습지도와 생활지도의 기초자료가 된다. 교과목에 따라서 어느 정도의 차이는 있으나, 총합평가에 의해서 확인된 학생의 현재 성적은 다음 학기나 학년 또는 상급학교에서 얻을 성적을 예언하는 데 도움을 준다. 셋째, 교수전략의 수립에 대한 정보를 제공해준다. 총합평가는 해당 단원의 학습지도방법의 개선에 대한 정보로 활용할 수는 없지만, 그 결과는 후속적인 교수전략을 수립하는 데 좋은 정보를 제공해준다. 넷째, 집단 간의 학습효과를 비교할 수 있게 해준다. 학교들 간 또는 학급들 간의 학업성취의 비교는 총합평가에서 얻어진 결과에 의해서 이루어진다. 다섯째, 학생의 학업성취에 대한 피드백을 제공해 준다. 학생 각자의 학습진보가 어느 정도 이루어지고 있는가 하는 정보를 학생에게 알려 주는 것이 형성평가의 주된 목적인데, 총합평가도 필요에 따라 이와 같은 목적으로 활용될 수 있다. 교과목을 학습하는 도중에 비교적 넓은 범위에 걸친 총합평가의 결과나 교과목 전반에 대한 총합평가의 결과를 학생들에게 통지하는 것, 즉 학생에게 진전상황을 알려 주는 것은 피드백의 효과를 거둘 수 있다. 여섯째, 자격을 판정하게 해준다. 총합평가는 학생이 지닌 능력이나 기능, 지식이 요구하는 정도의 자격이나 기준에 부합되는지를 판정하게 해준다. 입학시험이나 자격시험 등이 이러한 기능을 수행한다.

지금까지 살펴본 진단평가·형성평가·총합평가를 비교해 보면 <표 6-4>

와 같다.

| 표 6-4 | 진단평가·형성평가·총합평가의 비교

평가유형 / 비교기준	진 단 평 가	형 성 평 가	총 합 평 가
(1) 개 념	학생의 출발점행동(인지적 출발점행동과 정의적 출발점행동)을 진단하여 효율적인 교수전략을 수립하기 위한 평가	수업 도중에 학습 진전에 대한 피드백을 주고, 교육활동을 개선하기 위하여 실시하는 평가	설정된 교육목표의 달성도를 종합적으로 판정하기 위하여 실시하는 평가
(2) 실시목적	출발점행동의 점검을 통하여 학업정치를 함	교수전략을 개선하여 학습을 증진함	학생의 학업성취도를 판정하고 자격을 부여함
(3) 실시시기	수업 전	수업 도중	수업 후
(4) 평가방법	상대평가와 절대평가 병행	절대평가	상대평가와 절대평가 병행
(5) 강조점	인지적 행동특성과 정의적 행동특성의 평가	인지적 행동특성의 평가	일반적으로 인지적 행동특성의 평가를 강조하나, 교과에 따라 다름
(6) 기 능	① 출발점행동 확인 ② 정치(배치) ③ 학습의 중복 회피 ④ 학습곤란에 대한 사전 대책수립(교수전략수립)	① 학습활동의 조정 ② 학습활동의 강화 ③ 학습곤란의 확인·교정 ④ 교수내용과 방법의 개선(수업활동의 개선·증진)	① 성적 판정 ② 후속학습에서의 성공 예언 ③ 후속 교수전략의 수립 ④ 집단 간 학습효과 비교 ⑤ 학생의 학업성취에 대한 피드백 ⑥ 자격 판정

이상에서 보는 바와 같이, 수업과정에 따라 실시되어야 하는 진단평가와 형성평가 및 총합평가는 각각 수업활동의 효과성 및 효율성을 높이는 데 기여하므로 그에 대한 계획을 잘 수립하여 실시하고, 그 결과를 활용하여 수업활동의 질을 적극 높여야 한다.

(4) 대안적 평가로서의 수행평가

전통적인 수업체제에 대한 대안으로 출현한 구성주의적 수업체제(인지적 도제모델, 앵커드 수업모델, 인지적 융통성모델, 문제중심 학습모델 등)에서의 평가는 '학습자 중심'이라는 전제로부터 출발한다. 전통적인 평가에서는 학습자의 참여가 거의 도외시되고, 학습의 마지막 단계에 이르러서 그 결과를 중심으로 평가가 이루어지는 것이 일반적이다. 또한, 평가방법에 있어서도 대부분 객관성 확보라는 이유로 선택형이나 단답형 문항이 주류를 이룬다.

수업에 대한 객관주의적 접근과 구성주의적 접근에서 규정하는 '학습'의 관점은 서로 다르다. 그렇다면 구성주의 수업환경에서의 학습평가는 전통적인 방식과는 다르게 이루어져야 한다. 즉, 구성주의 수업환경에서 강조되는 학습 현상을 제대로 평가하기 위해서는 그에 부합되는 수행위주의 평가체제가 활용되어야 한다. 평가체제가 개혁되기 위해서는 평가의 관점, 평가의 내용, 평가의 형식 등이 근본적으로 변화되어야 한다.

구성주의 수업에서의 평가는 선발적 교육관의 입장에서보다는 발달적 교육관의 입장에서 행해져야 한다. 여기에서의 평가의 궁극적 목적은 학생들의 개인차를 전제로 그들을 선발·구분하는 데 있는 것이 아니라, 학생들 개개인의 실질적인 성취정도를 확인하고, 그에 따라 적절한 후속조치를 취함으로써 그들의 성장·발달을 극대화하는 데 있다. 따라서 평가에서는 학생들의 개인차를 변별하거나 측정하기 쉬운 내용을 중심으로 단편적인 방법을 활용하여 확인하기보다는 학생들이 학습할 만한 가치가 있는 진정한 내용을 중심으로 실질적인 방법을 활용하여 확인해야 한다.

수업활동과 평가활동은 결코 별개적으로 생각할 수 없다. 수업과 평가는 단절되는 활동이라기보다는 상호 유기적인 관련성 하에서 실천되는 연속적 활동이라 할 수 있다. 이러한 맥락에서 볼 때 평가(시험)는 수업활동과 '절대적으로' 부합되어야만 한다. 수업활동과 평가활동을 양분하여 생각하는 이분법적 사고('수업-평가 이원론')는 불필요할 뿐만 아니라 모순이다. 논리적으로 말하면 수업은 교육과정계획의 실천이며, 평가는 수업의 진솔한 거울이어야 한다. 평가가 수업활동을 지배하는 것이 아니며, 수업의 절차·내용·성과는 평가체제 속에 그대로 반영되어야 하는데, 이를 '수업-평가 일원론'이라고 한다.

그런데 수업활동의 결과로서 나타나는 '학습'의 증거는 전통적 관점에서 보면 크게 '학업적 성취'(인지적 성취)와 '정의적 성취'의 두 가지 형태로 나타난다고 볼 수 있으나, 현대적인 관점에서 보면 학습의 이러한 두 가지 형태는 상호 분리된 실체라기보다는 이들의 통합에 의해 갖가지의 기능적 수행이 발휘되므로, 이에 대한 평가(수행평가)가 실행되어야만이 학생들의 역량을 종합적으로 확인할 수 있다. 그러므로 수행평가의 대상을 '학업적 성취(인지적 성취)'와 '정의적 성취'로 분리하여 논의하는 것은 무리가 뒤따르나, 여기서는 편의상 이를 구분하여 살펴보기로 한다.

1 학업적 성취(인지적 성취)의 평가

가. 성취검사와 수행평가

학교교육장면에서 학습결과로서의 학업성취를 확인하고자 할 때 성취검사(achievement testing) 또는 수행평가(performance assessment)를 실시하게 된다. 먼저, 성취검사는 주로 선발적 교육관의 입장에서 학생들이 성취한 지적 측면의 학습결과를 확인하여 그들을 비교·선발·배치하는 것을 목적으로 하는 평가로서, 여기에서는 주로 양적 평가가 중심이 되고 그 기준은 과제목표(task objective)가 되는데, 이는 주로 '객관주의적 수업환경'에서 많이 활용된다.

반면, 수행평가는 발달적 교육관의 입장에서 학생들의 학습과정이나 활동 또는 기록물이나 작품에 대한 교사와 학생 자신 및 동료들의 판단에 의해 이루어지는 평가로서, 여기에서는 주로 질적 평가가 중심이 되고 그 기준은 수행목표(performance objective)가 되는데, 이는 '구성주의적 수업환경'에서 주로 활용된다.

가) 성취검사

성취검사는 일련의 수업활동을 통하여 나타난 학습결과를 주로 확인한다. 전통적으로 강조되어 온 학습결과는 학습목표의 성취도인데, 이 증거를 확인하기 위한 여러 형태의 성취검사가 개발·활용되어 왔다. 그런데 이러한 전통적인 지필검사방식은 학생들의 학습결과를 온전히 밝혀내지 못한다는 점에서 최선의 평가도구라고 할 수 없다. 그럼에도 불구하고 이러한 방식은 현재도 학교현장에서 많이 활용되고 있다. 학교에서 주로 행해지고 있는 평가는 지필검사·지적 영역중심 평가·객관식평가(특히 선다형평가)·산출평가·간접평가 위주로 이루어지고 있음은 주지의 사실이다. 이러한 평가방식은 교수-학습방법을 왜곡시키고, 궁극적으로는 학교교육의 비정상화를 야기하는 근본적인 원인이 되고 있다.

이러한 방식에 의해 학교교육의 결과를 평가하는 것은 교사로 하여금 이른바 '측정유도 수업'(measurement-driven instruction)을 하지 않을 수 없게 한다. 즉, 교사가 교육과정에 의거하여 학생을 가르치고, 가르친 내용을 평가하여 그 결과를 교수-학습활동에 귀환시키는 정상적인 교육활동을 실행하기보다는 '시험에 나올 것을 대비하여 가르치는'(teaching to test), 이른바 비정상적인 수업사태를 초래하게 한다. 전체적인 교육목표와 내용에 중점을 두지 않고 목표와 내용의 일부를 간접적으로 평가하는 산출평가·간접평가 일변도의 방식은 교육의 본질추구를 저해하는 근본원인이 되고 있다. 예컨대, 과학을 가르치고 그 목표나 내용을 평가할 때 과학의 근본목표나 내용을 직접적으로 평가하지 않고 '과학에 관한 지식'을 평가하면서도 마치 근본목표나 내용을 평가한 것으로 간주하기 때문에 단편적 지식위주의 교수-학습이 이루어질 가능성이 크다. 특히, 대부분의 학습목표가 단순한 지식의 암기가 아니라 지식과 기능의 창조적인 적용능력을 요구하는 것일 때 더욱 그럴 가능성이 크다.

선택형 검사중심의 전통적 평가에서는 학생들의 인지적 구조의 변화나 이해수준에 대한 정확한 진단이 어려우며, 학습의 진전과정에 대한 확인은 더욱 어렵다. 여기에서는 이른바 구조화가 잘되고(well-structured), 무조건적이며(unconditional), 지식 의존적인(knowledge-lean) 문제에 답하는 능력만을 주로 평가한다.

그러나 학생들이 실제로 현실에서 부딪히는 문제에 대한 해결방식은 제한적이지 않을 뿐만 아니라 대부분의 문제들은 비구조적이고, 거의 모든 문제는 주어진 상황에 따라 다르게 해석된다. 따라서 전통적인 검사는 당연히 한계점을 가질 수밖에 없다. 이러한 문제점들은 결국 평가체제의 패러다임 변화에 대한 필요성을 더욱 불러일으켰다.

이러한 상황에서 인지과학에 바탕을 둔 연구자들은 전통적인 지필검사만으로는 학생들의 다양한 학습증거로서의 복잡한 인지적 능력과 수행능력을 제대로 평가하는 것이 불가능하다는 인식하에 '결과'와 함께 '과정'을 평가하는 새로운 방법을 모색하게 되었다. 이러한 과정에서 보다 직접적이고 맥락적이며 생태학적으로 타당한 여러 평가방법들이 제안되었다. 학교현장에서 이루어지는 일 중에서 가장 중요한 것이 '가르치고 배우는 일'이라면, 교육평가에서는 그 가르치고 배우는 일이 제대로 진행될 수 있도록 교수-학습의 모든 과정을 돕는 일이 강조되어야 한다. 그럼에도 불구하고 기존의 교육평가체제는 단편적인 지식이나 정보를 어느 정도 기억하고 있는지를 파악하여 학생들의 상대적인 서열을 확인하기 위한 방편으로 사용되었다고 해도 과언이 아니다.

나) 수행평가

최근 교육현장에서는 교수-학습과정의 질적인 측면을 평가하고, 그 과정의 개선을 도움으로써 교사 개개인의 자질을 향상시킬 뿐만 아니라, 학생 개개인의 실질적 성장을 돕기 위해 전통적인 교수-학습평가에 대한 새로운 대안으로 「수행평가」가 제안되어 실천되고 있다. 최근 구성주의 수업설계이론의 발전과 함께 수행평가가 관심을 끌게 된 것도 바로 이러한 이유에서이다. 전통적인 평가방법인 성취검사의 문제점을 해결하는 대안으로 제안된 수행평가는 최근 교육평가분야에서 질적 접근과 비평적 접근이 강조되면서 특히 그에 대한 논의가 크게 부각되고 있다.

수행평가는 주어진 과제에 대해 학생의 실제적인 수행을 확인하고 판단하는 평가로서, 학생 스스로가 자신의 지식이나 기능을 나타낼 수 있도록 답을 구성하여 발표하거나, 산출물을 만들어 내고 구체적인 행동으로 나타내도록 요구하는 평가방식이라고 정의할 수 있다. 따라서 수행평가는 학습자의 지식만이 아니라 그 숙달과정과 정도를 확인하고, 새로 획득한 지식과 기능을 일상적인 맥락에서 활용하는 능력까지를 평가할 수 있다. 수행평가는 전통적인 지필검사와는 달리 학생 스스로 다양한 현실상황에서 자신의 지식과 기능을 적용 또는 활용할 수 있는 실질적인 능력까지도 확인할 수 있다.

또한, 수행평가는 학생이 아는 것(지식)만을 확인하는 것이 아니라, 알고 있는 것을 바탕으로 무엇을 할 수 있는지(기능)를 확인하는 동시에 학생의 태도나 가치를 포함한 정의적 특성을 평가의 대상으로 삼는다. 그러므로 수행평가는 학생들의 지식·기능·정의적 특성을 종합적으로 평가하는 방식이라고 할 수 있는데, 진정한 의미의 수행(performance)이란 지식과 기능뿐만 아니라 정의적 특성이 통합될 때 비로소 가능하다고 할 수 있다.

수행평가는 달리 직접평가(direct assessment), 실제상황평가(authentic assessment; 참평가), 대안평가(alternative assessment) 등의 용어로도 불리고 있는데, 여기에서는 평가목표의 차별화, 평가주체의 다양화, 평가시기의 상시화, 평가대상(과제)의 다양화, 평가방법의 다양화 등을 그 전략으로 삼고 있다.

<표 6-5>는 지필검사를 통해 주로 지적 영역중심 성취결과의 확인에 집중하는 '전통적 평가체제'와 이에 대한 대안으로 나타난 '수행평가체제'를 상호 대비시켜 그 특징을 비교하여 나타낸 것이다.

| 표 6-5 | 전통적 평가체제와 수행평가체제의 비교

구 분	전통적 평가체제	수행평가체제
철학적 배경	실증주의, 합리론, 경험론 행동주의 심리학	구성주의, 현상학, 해석학, 인류학 인지주의 심리학
시대적 상황	산업화 시대 소품종 대량 생산	후기산업화(정보화) 시대 다품종 소량 생산
진리관	절대주의적 진리관	상대주의적 진리관
지식	객관적 사실과 법칙 개인과 별개적으로 존재 사실과 개념의 축적	개인에 의해 창조, 구성, 재구성 개념과 관계의 생성·정교화
학습	직선적·위계적·연속적 과정 추상적·객관적 상황 중시 학습자의 기억·재생산 중시	인지구조의 계속적 변화 구체적·주관적 상황 중시 학습자의 이해·성장 중시
학습자	수동적 존재 지식의 단순 재생산자	능동적 존재 지식의 창조자·구성자
교사	지식의 전달자	학습의 안내자·촉진자
교육의 책임	학습자에게 있음 학습자의 능력이나 특성에 따른 차이(개인차) 강조	교사에게 있음 학습자의 학습목표 달성에 필요한 수업방법 강조
교수-학습활동	고도로 구조화된 과제 교사중심 암기위주	비구조화된 과제(융통성 있는 과제) 학생중심 탐구위주(문제해결중심)
교수관점	인지적 영역 위주 기본정신능력 강조 평가를 위한 교수(teach to test)	인지적·정의적·심리운동적 영역 통합 창의성 등의 고등사고능력 강조 필요에 따른 교수(teach to needs)
평가체제	선발적 교육관 상대평가, 양적 평가 강조	발달적 교육관 절대평가, 질적 평가 강조
평가상황	인위적인 시험상황 교수-학습활동과 평가활동 분리	실제상황이나 유사 모의상황 교수-학습활동과 평가활동 연계
평가목적	선발·분류·배치 학생의 학습결과 규명	지도·조언·개선 학습자의 이해 촉진(지식의 재구성)
평가내용	암기하고 있는 지식의 양 선언적(결과적) 지식 학습결과로서의 지식 기본정신 기능(lower-level skills) 단일 속성	창의성·비판력·문제해결력·통합력 선언적(결과적) 지식과 절차적 지식 학습과정 및 학습결과로서의 지식 고등정신기능(higher-level skills) 다원적 속성

구 분	전 통 적 평 가 체 제	수 행 평 가 체 제
평 가 방 법	선택형 지필검사 위주 표준화검사 중시 간접평가(검사) 위주 양적인 평가 1회적·부분적인 평가 신뢰도·객관성·공정성 강조	다양한 평가방법 활용 개별교사 제작검사 중시 직접평가(관찰) 위주 질적인 평가 지속적·종합적인 평가 타당성·전문성·상황적합성 강조
평 가 시 기	학습활동이 종료되는 시점	학습활동의 모든 과정

나. 수행평가체제로의 전환에 영향을 미친 요인

수행평가체제로의 전환에 큰 영향을 미친 요인으로는 대체로 '교육목적'의 변화와 '수업모형'의 변화를 들 수 있는데, 이에 대하여 각각 살펴보면 다음과 같다.

첫째, 전통적인 교육목적은 최종적인 성과로서 지식의 습득이었으나, 현대의 후기산업사회에서의 중요한 교육목적은 문제해결능력의 함양이라고 할 수 있다. 고도의 정보화 사회에서는 단편적인 지식(정보)을 습득하여 축적하기보다는 폭발적인 정보를 비판적이고 구성적인 사고력을 바탕으로 효율적으로 활용하여 생활에서 직면하는 제반 문제를 합리적으로 해결할 수 있는 능력을 요구한다. 이는 그대로 구성주의 수업의 목적이기도 하는데, 이러한 능력에 대한 평가는 전통적 방식으로는 불가능하므로 이에 대한 대안으로 수행평가체제가 등장하게 되었다.

둘째, 수행평가체제로의 전환을 촉진시킨 또 하나의 요인은 수업모형의 변화이다. 지식은 외적인 환경조건이나 자극에 대한 반응으로서가 아니라 개개인이 자신의 기존 인지구조를 효율적으로 활용하고 맥락을 연계시켜 다양한 인지전략을 능동적으로 구사하여 문제를 해결하는 과정에서 구성되는 것이라고 할 수 있는데, 이러한 과정을 보장하기 위해서는 전통적인 수업모형인 객관주의적 수업모형과는 다른 새로운 수업모형으로의 전환이 필요하다. 이러한 배경에 의해서 출현한 수업모형이 바로 구성주의적 수업모형인 것이다.

이상을 종합해 본다면 '교육목적'의 변화와 '수업모형'의 변화 및 '수행평가체제'의 도입은 상호 별개적이라기보다는 유기적인 관련성이 깊다고 할 수 있다.

다. 수행평가의 특징

구성주의 수업환경에서 강조하는 수행평가의 일반적 특징은 다음과 같다.

첫째, 학생이 문제의 정답을 선택하게 하는 것이 아닌, 자기 스스로 정답을 구성하거나 행동으로 나타내도록 하는 평가방식이다.

둘째, 성취하고자 하는 교육목표를 가능한 한 실제상황하에서 달성했는지 여부를 파악하고자 한다.

셋째, 교수-학습의 결과뿐만 아니라 교수–학습의 과정도 함께 중시하는 평가방식이다.

넷째, 단편적인 영역에 대한 1회적인 평가보다는 학생 개개인의 변화·발달과정을 종합적으로 확인하기 위한 전체적이면서도 지속적으로 이루어지는 평가를 강조한다.

다섯째, 개개인을 단위로 평가하기도 하지만, 집단에 대한 평가도 중시한다.

여섯째, 학생의 학습과정을 진단하고 개별학습을 촉진하는 데 그 목적이 있다.

일곱째, 학생의 인지적 영역의 행동특성(창의성이나 문제해결력 등 고등능력 포함)뿐만 아니라, 학생 개개인의 정서발달 상황이나 흥미·태도·자아개념 등의 정의적 영역의 행동특성 그리고 기능과 체격 및 체력 등의 심리운동적(기능적) 영역의 행동특성에 대한 종합적이고 전인적인 평가를 중시한다.

라. 수행평가의 방법

수행평가의 방법에는 구성적인 반응을 요구하는 서술형 및 논술형 검사, 작문, 구술 및 발표, 토의(토론·비판)법, 면접법, 실기법, 실험·실습법, 관찰법, 자료분석 및 적용법, 문제해결법, 연구보고서법(프로젝트법), 자기평가 및 동료평가 보고법, 포트폴리오(portfolio)법, 컴퓨터 시뮬레이션 등이 포함되며, 또한 교수-학습방법으로 널리 활용되고 있는 신문활용교육(NIE; newspapers in education), 현장조사, 작품감상, 만들기, 전시회, 발표대회, 협력학습, 개념도(concept map) 구성하기 등에서도 수행평가의 방법이 적용될 수 있다.

수행평가의 방법을 네 가지 기준에 따라 정리해 보면 <표 6-6>과 같다.

| 표 6-6 | 수행평가방법의 분류

수행평가방법			
구성적 반응	산출물(products)	활동/수행 (activity/performance)	과정 (process)
서술형 문항 논술형 문항 개념도나 흐름도 작성 그래프나 표 제작	작 문 연구보고서 실험보고서 주제이야기 포트폴리오 시, 수필 과학 작품 그림·만들기·창작작품 비디오테이프 제작 오디오테이프 제작	구술·발표·토론 실험·실습 운동·움직임 표 현 연 극 연 주	관 찰 면 접 감 상 과정 표현 사고진행 표현

이들 중 특히 포트폴리오법은 한 분야나 그 이상의 분야에서 학생들의 노력이나 진전과 성취를 확인하기 위해 그들의 기록물이나 작품 또는 작업물을 수집하는 것을 말하는 것으로, 학생들이 아는 것 혹은 그들이 할 수 있는 것을 확인해 주며, 학습 및 성취의 진전과정을 잘 판단하게 해준다. 이는 학습목표에 대한 실제적인 진전을 보여주는 학생들의 구체적인 활동에 토대를 두며, 교실사태와 실생활사태를 연계시킨 과제수행에 중점을 두는데, 개개 학생들이 수행한 과제나 활동(작업·작품)에 관한 자료철을 교사와 학생 자신 및 동료가 평가를 하게 된다.

그러므로 포트폴리오법은 학생들의 계속적인 과제수행이나 활동(작업)에 대한 기록물에 의해 학습진전상황과 능력발달에 대한 광범위하고 심도 있는 근거를 다양하게 보여 준다. 여기에서는 학생의 학습평가에 있어 전통적인 방법과는 다른 방법을 사용하는데, 전통적인 성취검사가 양적으로 계산될 수 있는 산출을 확인하는 것이라면, 이는 보다 광범위한 상황에서 학생들의 학습(성취) 과정 전반을 관찰할 수 있는 기회를 제공함으로써 그들의 노력과 진보과정은 물론, 성취정도도 평가할 수 있게 해준다.

마. 수행평가의 절차

수행평가를 실시하는 절차를 차례대로 나열하면, ① 학습자들의 개인차 진단 및 적절한 배치, ② 학습자들의 적극적인 참여를 바탕으로 학습목표의 설정·제시, ③ 학습목표를 달성하는 데 필요한 다양한 과제를 선정하여 학습자들의 참여 적극 권장, ④ 수행평가계획서를 작성하여 성취수준과 평가영역 구체화 후 평가방법 선정 및 평가도구 제작, ⑤ 수행과제를 제시하여 학습활동을 전개해 나가게 하고, 수행과정 및 결과에 대한 다각적인 평가 실시, ⑥ 평가결과에 따른 수업 및 학습활동 개선, ⑦ 평가결과기록 및 후속 지도활동에의 참조 등이다[그림 6-18].

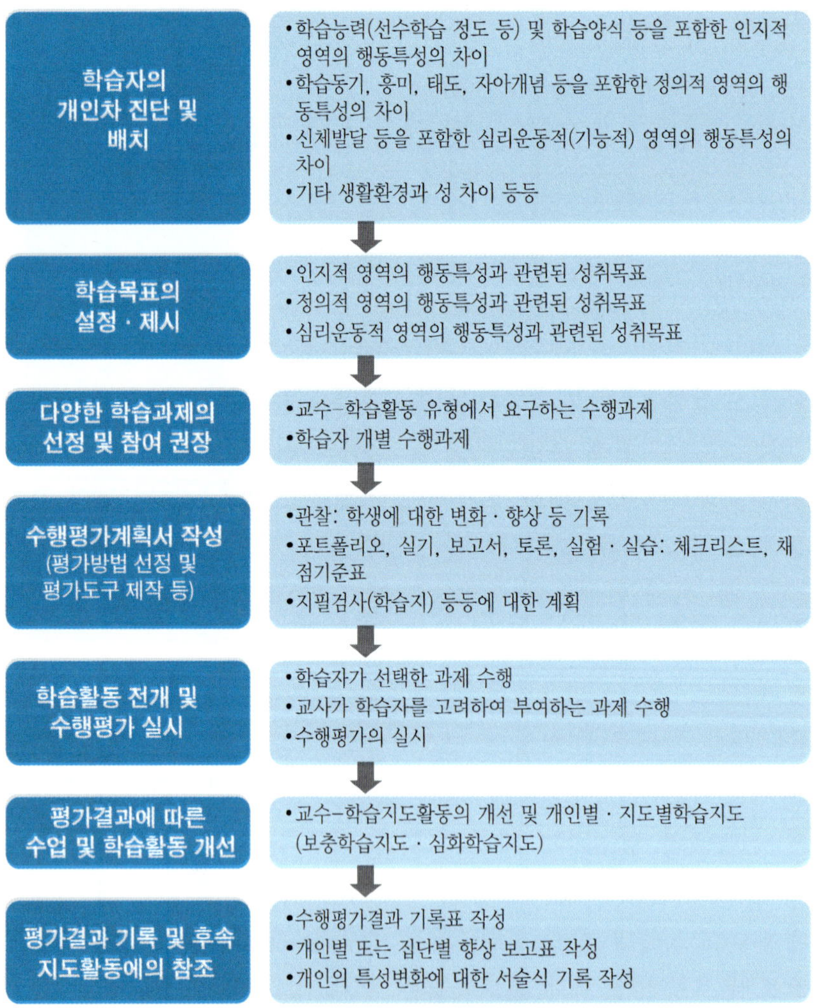

| 그림 6-18 | 수행평가의 절차

2 정의적 성취의 평가

구성주의 수업환경에서는 학습결과를 학업적 성취뿐만 아니라 정의적 성취도 함께 평가한다. 수업장면에서 학생들의 정의적 특성을 계발하는 것이 학습목표의 하나라면 일련의 수업활동과정에서 당연히 그에 대한 평가도 이루어져야 한다. 학교교육에서 인지적 영역의 교육목표뿐만 아니라 '과학적 현상에 대한 탐구심 배양', '학교규칙 준수하기', '미술작품 감상하기', '문학작품에 대한 흥미 갖기' 등과 같은 정의적 영역의 교육목표를 추구하면서도 정의적 교육목표의 달성도에 대한 평가를 도외시한다면 수업활동이 학생들에게 정의적 목표를 얼마나 성취시켰는지 알 수 없다. 학생들이 일정 시점에서 갖고 있는 특정의 정의적 특성은 이전의 교육활동의 산출변인(결과변인 : 성과)이면서, 이는 다시 후속적인 교육활동에 대한 중요한 투입변인(정의적 출발점행동)이 된다.

구성주의 수업환경에서 학생들이 소유하고 있는 특정의 정의적 특성은 인지적 특성과 함께 주어진 학습과제를 수행하는 데 유의한 영향을 미치는 중요한 변인이 된다. 이때의 정의적 특성은 바로 정의적 출발점행동(affective entry behavior)이 된다. 정의적 특성은 고정불변하는 것이 아니라 학습활동을 통하여 변화하여 학습의 결과로 나타나게 되는데, 이때의 정의적 특성은 교육적 경험의 정의적 결과라고 할 수 있다. 학생의 정의적 특성을 학교학습의 투입변인과 산출변인으로 설명한 블룸(Bloom, 1976)의 학교학습 모형에 비추어 본다면, 이는 각각 '수단'으로서의 정의적 특성과 '목적'으로서의 정의적 특성으로 개념화할 수 있다. 그런데 이러한 두 가지 특성은 유기적인 관련성을 가진다. 즉, 학교학습의 전체 과정에서 보면 이 두 가지 형태의 정의적 특성은 상호독립적인 관계가 아니라 상호의존적 관계를 유지한다. 학교학습장면에서 이 두 가지 특성은 학습자의 학습사(learning history)라는 공통분모를 가진다. 그런데 여기에서 학습사 자체가 중요한 의미를 지니고 있는 것이 아니라, 학습사에 대한 학습자의 지각이 정의적 특성의 강도와 방향을 결정하는 중심축의 역할을 한다는 점에 그 의미를 부여할 수 있다. 또한, 학습사에 대한 학습자의 지각뿐만 아니라 특정의 학습과제에 대한 학습자의 기대정도가 정의적 특성의 강도와 방향에 어느 정도 작용하고 있다고 할 수 있다.

대부분의 정의적 특성은 학습자의 학업성취에 대한 자신의 지각에 의해 직접적으로 영향을 받는다고 할 수 있다. 따라서 정의적 특성이란 '학업성취장면에 있어서의 학습자 자신의 적합성 및 유용성에 대한 태도와 지각'이라고 할 수 있다. 따라서 이러한 정의적 특성은 학생의 중요한 학습결과가 된다. 하터(Harter, 1992)는 학습자 자신의 유능감 지각과 정서 및 동기적 지향성 간의 관련성에 대한 종합모형(comprehensive model)을 제시하였는데, 이를 도식으로 나타내면 [그림 6-19]와 같다.

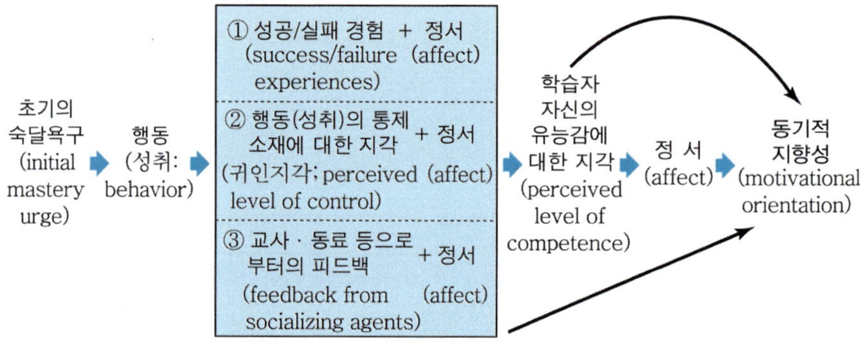

| 그림 6-19 | 유능감 지각과 정서 및 동기적 지향성 간의 관련성에 대한 종합모형

이와 같이 학습자가 주어진 학습과제에 직면하게 될 때 일정한 숙달욕구를 가지고 특정 행동을 수행함으로써 어떤 성취결과를 얻게 된다. 이로써 학습자는 ① 성공 또는 실패 경험을 하면서 특정 정서(예 : 쾌감 · 성취감, 불쾌감 · 실패감)를 갖게 되고, ② 그 행동(성취)의 통제소재에 대한 지각(귀인지각)을 하면서 특정 정서를 갖게 되고, ③ 그 행동(성취)에 대하여 교사와 동료로부터 피드백을 받으면서 역시 특정 정서를 갖게 된다.

이러한 경험들은 자신의 유능감에 대한 지각에 영향을 미치게 되고, 이는 다시 그의 정서(정의적 특성)에 영향을 주며, 이는 결국 동기적 지향성에 영향을 미치게 된다. 요약하면 학습자의 성취결과는 자신의 유능감에 대한 지각에 영향을 미침으로써 그의 정의적 특성과 동기적 특성을 결정하게 된다.

구성주의 수업환경에서 학습자는 주어진 학습문제를 해결해 나가면서 특정의 학업성취를 산출하며, 아울러 자신의 능력이나 특성에 대한 태도를 형성하게 된다. 즉, 학습자들은 주어진 학습문제와 지적인 상호작용을 하여 그 결과로서 특정의 학업성취를 이루게 되고, 이는 학습자의 정의적 경험으로 연결되어 결과적으로 특정의 정의적 특성을 형성하게 한다. 그런데 이는 다시 학습자의 후속적인 학습활동에 피드백이 된다.

이러한 과정을 쉽게 이해하도록 하기 위해서 개념적 틀을 도식으로 나타내 보면 [그림 6-20]과 같다(오만록, 2017).

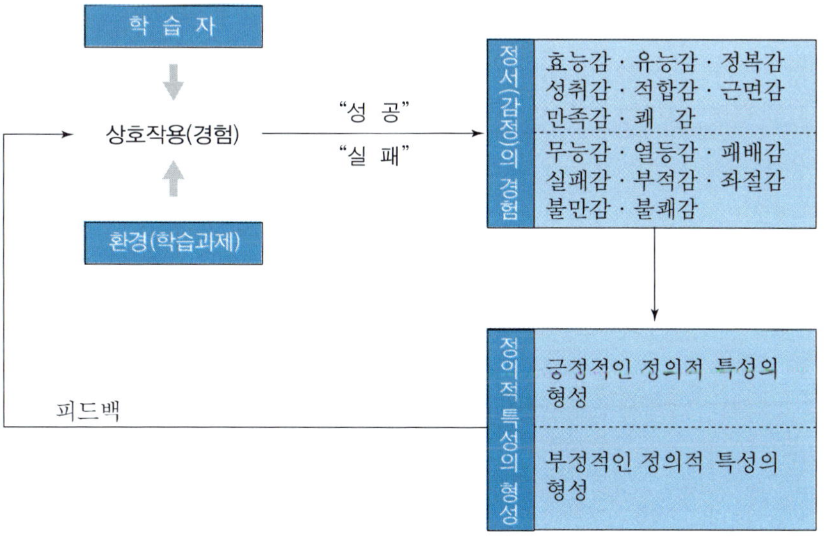

| 그림 6-20 | **정의적 특성의 형성과정에 대한 개념적 틀**

학습자가 이전의 문제해결과정에서 특정의 경험을 했다면 그와 관련된 새로운 학습문제가 주어졌을 때 그 문제에 대하여 그는 긍정적인 또는 부정적인 느낌이나 감정을 가지게 되는데, 이러한 느낌이나 감정은 새로운 학습문제에 접하게 될 때 그 문제해결에 영향을 미치게 된다. 학생의 현재 인지적 특성이 과거 인지적 행동(수행)의 누적적 결과인 것처럼, 현재의 정의적 특성은 과거 정의적 학습이 결과라고 할 수 있다. 학습자가 특정의 학습문제를 수행하고 난 후 그가 처음에 가졌던 정의적 특성은 그의 수행정도에 의해 긍정적인 또는 부정적인 방향으로 변화될 수 있다. 따라서 일정 시점에서 학습자가 갖는 정의적 특성은 그의 학교학습경험의 역사에 의해서 결정되었다고 볼 수 있다. 그런데 학생들의 학습역사는 주로 학교에서의 학습경험을 통해서 이루어진다. 학습자는 교과나 주어진 문제에 대한 학습흥미나 태도 및 교과와 학업에 관한 자아개념을 가지고 태어나는 것이 아니라 학교에서의 학업성취경험을 통해서 형성한다. 따라서 학교에서 학생에게 성공적인 학습경험의 역사를 제공할 수 있다면 후속되는 학생의 학

습역사는 긍정적이 될 것이다. 학교학습의 초기에 있어서의 정의적 특성은 비교적 미약하고 조직화되어 있지 않지만, 점차 학습역사가 길어짐에 따라 보다 구조화되고 그 효력을 갖게 되며, 일단 일정한 틀이 형성되면 그것은 단기간에 쉽사리 변하지 않는 것이 특징이다.

전술한 바와 같이 학생들의 정의적 특성에 영향을 미치는 주요요인은 학교학습에서 자신이 얼마나 유능한가에 대한 학생 스스로의 지각이다. 학생의 정의적 특성은 학업성취의 영향, 특히 학교성적에 대한 학생 자신의 지각에 의해 영향을 직접적으로 받지 않을 수 없다. 그런데 이러한 정의적 특성은 학습자의 인지적 특성과 상호작용하여 일정한 학습결과를 산출하게 되는데, 여기에서 인지적 특성이 증진되면 학교장면에 관련된 정서도 긍정적인 방향으로 변하고, 이러한 긍정적인 정서는 다시 인지적 특성의 증진을 가져오게 한다.

한 학습과제에서의 성공·실패는 다만 인지적 성취의 문제로만 그치는 것이 아니다. 학습상황에서 성공이나 실패경험은 학업성취라는 외현적 경험을 넘어서 학습자로서의 학습흥미, 학습동기, 태도, 자아개념, 정신건강 등의 정의적 특성에도 큰 영향을 미치게 된다. 특정의 학습문제에서의 계속적인 성공경험은 학습자로 하여금 그것과 동일하거나 유사한 형태의 학습문제에 직면하게 될 때 흥미를 증가시키고, 반대로 한 학습과제에서의 계속적인 실패경험은 그와 동일하거나 유사한 학습문제에서의 흥미를 감소시킨다. 그런데 이와 같은 성공 또는 실패의 경험은 교과와 학업 그리고 학교에 대한 태도에도 영향을 미치게 된다. 이러한 흥미와 태도는 그 대상이 주로 학생 자신의 밖에 존재한다. 그러나 만약 학습자가 학습문제에 대한 성공과 실패의 경험이 반복되어 자신의 적절성 또는 부적절성의 경험이 누적되게 되면 교과와 학업 또는 학교 등 외적 대상에 대한 정서로부터 자아에 대한 정서, 즉 자기 밖으로부터 자기 자신에 대한 정서로까지 확장되게 된다.

한편, 정의적 특성의 종류는 학교학습의 맥락 속에서 그 수준이 일반적이냐, 구체적이냐에 따라 거시적 수준과 미시적 수준으로 분류될 수도 있다. 먼저, 거시적 수준의 정의적 특성은 보다 일반화된 상황의 정의적 특성을 말하는데, 극단적인 거시적 수준에 이르면 학교학습과는 거의 관계없는 일반적·추상적·보편적 수준의 정의적 특성이 된다. 일반적 자아개념이 바로 그 예이다. 이러한 정의적 특성은 인간의 가장 내면적인 심층적·심리적

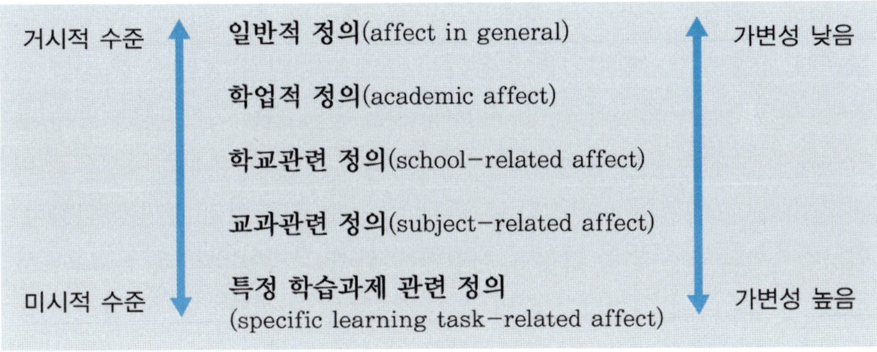

| 그림 6-21 | 정의적 특성의 하위변인 및 그 특성

특성으로서 가변성이 가장 낮다고 할 수 있다. 특히, 일반적 자아개념은 안정적이며 지속적인 속성을 가진다. 반면, 미시적 수준의 정의적 특성은 한 개의 학습과제 또는 특수한 학습과제에 관련된 정의적 특성을 지칭하는데, 특정 과제관련 태도나 흥미 등을 그 예로 들 수 있는데, 이들은 가변성이 높다. 이와 같은 관계를 도식화하면 [그림 6-21]과 같다.

이러한 정의적 특성을 수준에 따라 개념화하는 데는 몇 가지 이유가 있는데 첫째, 정의적 특성이 갖는 속성과 구인을 보다 더 심층적으로 이해하고, 그럼으로써 정의적 특성에 관한 개념을 정립하는 데 도움을 준다. 무엇보다 교사로 하여금 정의적 특성을 극히 모호하고 막연한 언어로 이해하고 있는 수준으로부터 보다 구체적이고 명확하게 이해하도록 하는 데 있어 이 같은 개념적 정립은 큰 도움을 준다.

둘째, 정의적 특성들을 논의할 때 주로 이를 거시적 수준에 놓여 있는 일반적 정의를 지칭하는 것으로 생각하는 것이 보통인데, 정의적 특성이 수준에 따른 개념화는 이와 같은 생각을 바꾸게 하는 데 도움을 준다. 우리는 동기이든 지구력이든 정의이든 그것은 대상과 상황적 조건에 따라 그것과 함수관계에 있다는 사실을 고려해야 한다. 예컨대, 일반적으로 기계적 흥미나 수리적 흥미가 긍정적이라고 해서 학교에 대한 흥미, 수학교과목에 대한 흥미, 특정 학습과제에 대한 흥미가 역시 긍정적이라고 추측할 수는 없다. 물론, 그럴 가능성이 없지는 않지만, 정의적 특성은 상황의존적인 성질이 강한 심리적 변인이라고 할 수 있다. 그러므로 정의적 특성을 수준에 따라 개념화시키는 것은 이와 같은 정의적 특성의 성질에 대한 우리의 사고를 명백히 해주고, 그것을 학교학습문제와 관련시키는 데 도움을 준다.

셋째, 정의적 특성을 수준에 따라 개념화하면 학교학습을 이해하는 데 많은 도움을 준다. 예컨대, 학업성취와 일반적 흥미의 상관은 별로 높지 않지만, 학업성취는 학업적 흥미, 학교에 대한 흥미, 교과목에 대한 흥미, 특정 학습과제에 대한 흥미 등과 같이 차츰 미시적 수준의 정의적 특성으로 이행해 갈수록 그 상관이 높아진다. 따라서 이를 토대로 어떤 흥미가 인지적 학업성취에서의 원인이며, 그것을 어떻게 변화시킬 것인지에 대한 교육프로그램 및 수업전략의 체계적인 수립이 가능해진다. 거시적 수준의 정의는 미시적 수준의 정의에 비해 안정성이 강하기 때문에 쉽게 변화되지 않는다. 그러나 미시적 수준으로 내려갈수록 쉽게 변화시킬 수 있다. 이것은 아울러 무엇이 학교학습의 정의적 목표가 되어야 할지에 대하여 시사점을 준다.

전술한 바와 같이 구성주의 수업환경에서는 관련교과나 단원의 내용에 대한 학습과 탐구기능뿐만 아니라 정의적 특성까지도 증진시키고자 한다. 학생들에게 유의미한 학습조건을 제공해 주게 되면 대부분의 학생들은 비교적 높은 성취수준에 도달할 수 있다는 견해는 블룸(Bloom, 1976)을 포함한 많은 학자들에 의해서 주장되고 있다. 학교교육장면에서 학생들의 성취수준은 향상될 수 있으며, 이는 학생 자신들의 유능성에 대한 지각을 긍정적인 방향으로 변화시키게 한다. 그리고 그들의 부정적인 정의적 특성은 학교의 부적절한 학습조건의 영향 때문이라고 할 수 있다.

학생은 자신의 학습결과에 대하여 교사로부터 질적인 판단이나 평가를 받게 되고, 또한 학생 자신은 물론, 동료로부터 그의 학습결과에 대하여 평가를 받게 된다. 이러한 평가가 누적되고 일관성을 갖게 되면 그 과제나 교과에 대한 흥미도 일관성을 띠게 된다. 만약 그의 성취에 대하여 긍정적인 평가가 내려지게 되면 그는 잘해낼 수 있다는 자신감과 확신감으로, 후속적인 과제에 대해서도 흥미와 자신감을 가지고 접근할 것이다. 반면, 부정적인 평가를 계속적으로 받게 되면 학생은 해당교과에 대하여 부정적인 정서를 형성하고, 아울러 관련교과에 대한 흥미와 자신감은 감소될 것이다. 개인이 일련의 학습과제수행에서 부적절성을 지각하게 되면 그러한 유형의 과제에 대한 의욕이나 흥미 또는 동기가 약화된다. 그런데 이러한 정서적 경험은 그대로 그 학습과제나 교과와 관련한 자신에 대한 태도, 즉 교과관련 자아개념의 형성에 대한 방향을 결정하는 데 영향을 미치게 된다. 여기에서 그 교과와 관련된 누적적인 성취결과가 긍정적이냐, 부정적이냐에 따라 이는 더욱 고착되게 된다(오만록, 2017). 단 몇 번의 성공적 또는 실패적 경험이 교과관련 자아개념에 유의한 영향을 미친다고 할 수는 없다.

한편, 정의적 특성의 평가방법은 크게 관찰에 의한 방법과 자기보고에 의한 방법(질문지법)으로 구분해 볼 수 있는데, 전자는 관찰자(교사)가 피관찰자인 학생의 행동을 관찰하여 그의 정의적 특성에 관한 정보를 수집하는 방법을 말하고, 후자는 대상학생들로 하여금 자신의 정의적 특성에 관하여 서술하게 하거나 평정 또는 구술하게 하여 이를 토대로 관련정보를 수집하는 방법을 말한다. 이러한 방법이 가지고 있는 내재적 문제와 그 해결방안을 앤더슨(Anderson, 1981)은 <표 6-7>과 같이 밝히고 있다.

| 표 6-7 | 정의적 특성에 대한 평가방법의 내재적 문제점과 그 해결방안

평가방법	내재적 문제점	해 결 방 안
관찰에 의한 방법	1) 외현적 행동으로부터 정의적 특성을 추론함	• 다양한 상황하에서 여러 번 관찰을 실시함
	2) 관련 행동을 관찰함	• 조작적 정의를 명확히 함 • 훈련된 관찰자를 활용함
	3) 관찰된 행동을 잘못 해석할 수 있음	• 훈련된 관찰자를 활용함 • 여러 관찰자들을 동시에 활용함
자기보고에 의한 방법(질문지법)	1) 사회적 바람직성 (social desirability)	1) 다음과 같은 방법을 통하여 통제를 시도한다. • 적절한 실시조건과 절차를 사용함 • 반응자들에게 익명을 사용하도록 함 2) 사회적 바람직성을 추정한다. • 평가자들로 하여금 진술문을 사회적 바람직성에 비추어 평정하도록 함 • 사회적 바람직성을 측정할 수 있는 척도를 사용함 • 정의적 척도의 경험적 타당도를 추론함
	2) 긍정지향성	1) 다음과 같은 방법을 통하여 통제한다. • 호의적 문항과 비호의적 문항의 수를 같도록 함 • 문항들을 무선적으로 배열함 • 도구를 가능한 한 짧게 제작함(간소화함) 2) 긍정지향성을 추정한다. • 반응을 바꾼 흔적이 있는 문항 수를 검토함

따라서 구성주의 수업환경에서 학생들의 정의적 특성을 관찰에 의한 방법이나 자기보고에 의한 방법을 활용하여 평가할 경우 이러한 방법들이 가지고 있는 내재적 문제점들을 충분히 인식해야 하며, 나아가 그 해결방안을 적극 활용해야 한다.

2) 수업평가의 절차

평가는 교육활동의 실천과정과 밀접한 관계를 가지고 이루어지므로 그 활동은 체계적인 절차를 밟아 이루어져야 한다. 평가유형에 따라 그 절차에는 약간의 차이가 있을 수 있으나, 평가의 일반적 절차에는 근본적인 차이는 없다.

초기 평가의 발전에 공헌한 타일러(Tyler, 1934)는 그 절차를 7단계로 구분하였는데, ① 교육목적의 설정, ② 교육목적의 이원분류, ③ 교육목적의 행동형태로의 진술, ④ 기대하는 행동이 잘 나타나는 장면(평가장면)의 결정, ⑤ 행동평가방법의 선정 및 실시, ⑥ 평가결과의 종합 및 해석, ⑦ 평가결과의 기록 및 지도 등이 그것이다. 이외에도 학자에 따라 5단계, 6단계로 교육평가의 절차를 제안하나, 그 근본적인 차이는 없다.

일반적으로 평가, 특히 절대평가(준거지향평가)는 평가기준인 교육목적(목표)을 확인하는 것으로부터 시작된다. 이어, 평가장면을 선정한 다음, 평가도구(문항; item)를 제작하거나 기존 평가도구 중에서 선정한다. 그리고 실제로 평가를 실시하고 결과를 처리한다. 끝으로, 평가결과를 해석하여 후속적인 교육활동에 적극 활용한다.

(1) 교육목적(목표)의 확인(분석·분류)

교육활동은 교육목적(목표)을 설정·진술하는 것으로부터 시작되는데, 교육목적을 설정·진술에 대해서는 제4장 교육과정의 개발('교육목적의 설정' 부분 : pp.177~234)에서 이미 상술했으므로 이에 대한 논의는 생략하기로 한다.

교육평가의 실시과정에서 보면 교육목적(목표)의 설정·진술과 이원분류표 작성(pp.270~272 참조)은 이미 완료되어 있고, 그 목적(목표)의 달성을 위한 일련의 노력(교수-학습활동)이 이루어져 왔으므로 수업평가의 첫 번째 단계에서는 그 목적(목표)을 확인(분석·분류)하여야 한다.

(2) 평가장면의 선정

교육목적(목표)의 확인(분석·분류)이 끝나면 평가장면의 선정이 이루어져야 한다. 즉, 설정·진술된 교육목적에서 제시한 행동을 측정·평가하기 위해 어떤 평가장면(검사상태)이 적절한가를 결정해야 한다. 무엇보다도 교육목적에 나타난 행동을 제대로 확인할 수 있는 장면을 선정하는 것이 중요하다.

일반적인 평가장면에는 필답검사, 질문지법, 각종 표준화검사, 면접, 투사법, 평정척도, 관찰, 기록물분석, 제작물분석, 현장실습 및 실기 등이 있다. 그러나 행동증거를 얻기 위해서 반드시 한 가지 방법만이 유일한 것이 아님을 명심해야 한다. 평가장면은 종합적인 입장에서 고려되고 선정되어야 한다.

평가장면은 크게 자연적 장면(natural situation)과 인위적 장면(artificial situation)으로 구분되는데, 먼저 자연적 장면이란 일상생활의 상태를 말한다. 자연스런 상태에서 꾸미지 않은 진솔한 행동을 하게 된다. 따라서 이는 행동을 확인하는 이상적인 평가장면이 되나, 실제적인 어려움이 뒤따른다. 즉, 교사가 평가하려는 행동증거는 우연한 기회에 어떤 장소에서든지 일어날 수도 있고, 학교교육이 끝날 때까지 일어나지 않을 수도 있다. 그러므로 필요에 따라서는 인위적 장면을 마련해야 한다. 일반적으로 인위적 장면은 자연적 장면보다 더 자주 활용된다. 그래서 평가장면이라고 하면 으레 인위적 장면을 생각할 정도이다. 그런데 이러한 평가장면을 선정할 때 가장 고려해야 할 것은 바로 학생의 행동증거가 자연상태에서 일어나는 것과 마찬가지로 생생하게 일어날 수 있는 장면을 선정해야 한다는 점이다.

(3) 평가도구(문항; item)의 제작 또는 선정

평가장면이 선정되면 이어 교육목적(목표)에 제시된 행동을 측정하기 위한 평가도구를 제작 혹은 선정해야 한다. 교육목적에 제시된 행동을 제대로 평가하기 위해서는 좋은 평가도구가 확보되어야 한다. 즉, 평가도구(문항)가 본연의 기능을 충실히 발휘하기 위해서는 양호도의 조건을 제대로 갖추어야 한다.

1 평가도구의 양호도 조건

평가도구의 양호도란 평가도구로서 갖추어야 할 조건을 얼마나 확보하고 있는가에 의해 결정되는데, 이는 좋은 측정도구가 갖추어야 할 조건으로서, ① 타당도, ② 신뢰도, ③ 객관도, ④ 실용도 등에 의해 결정된다. 평가도구는 여러 유형으로 분류될 수 있는데, 특히 필답시험을 치르는 학력평가의 경우 각각의 문항이 바로 평가도구가 된다. 좋은 평가도구가 되기 위해서는 다음과 같은 네 가지 조건에 있어 그 양호도가 높아야 한다.

가. 타당도(validity)

타당도란 검사 또는 평가도구가 측정하려는 대상 그 자체를 얼마나 충실하게 측정하고 있는가의 정도를 말한다. 따라서 타당도는 검사의 진실성 또는 검사의 정직성이라고도 부르는데, 이는 무엇(what)을 얼마만큼 충실하게 재고 있느냐의 개념으로 반드시 준거의 개념이 수반된다.

특정의 검사나 평가도구는 마땅히 측정하려고 의도한 내용이나 대상을 제대로 측정할 수 있어야 한다. 예를 들면, 참여자들의 '자아개념'을 측정하기 위한 평가도구는 다름 아닌 그들의 자아개념을 충실하게 측정할 수 있어야 한다. 평가도구가 실제로 측정하고자 하는 것이 무엇이냐, 어느 정도로 충실하게 참여자들의 능력이나 특성을 측정하고 있느냐 등의 질문은 바로 타당도와 관련된다.

이러한 타당도에는 여러 가지 종류가 있는데, 대표적인 타당도는 ① 내용타당도, ② 예언타당도, ③ 공인타당도(共因妥當度), ④ 구인타당도(構因妥當度) 등인데, 이에 대한 기본적인 이해를 돕기 위한 도식을 제시하면 [그림 6-22]와 같다.

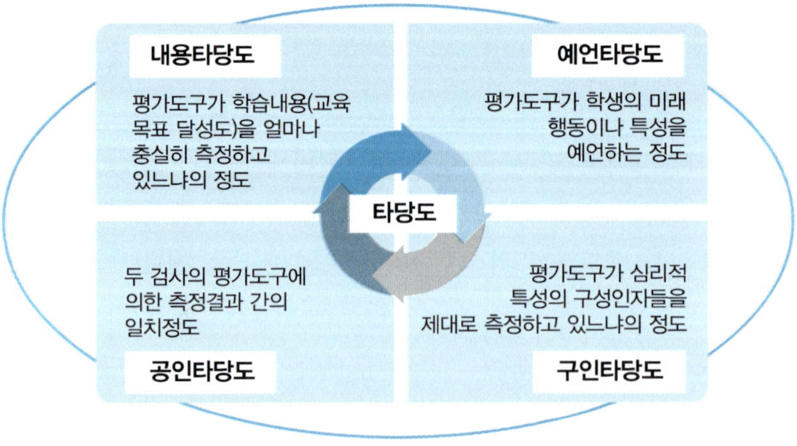

| 그림 6-22 | 타당도의 대표적인 종류

첫째, 내용타당도(content validity)란 안면타당도, 논리적 타당도, 교과타당도라고도 명명되는데, 이는 평가도구(검사)가 학생이 학습한 내용(교육목표)을 얼마나 충실히 측정하고 있는지의 정도를 말한다. 교사가 학생들의 학업성취를 평가하기 위한 문항을 개발하고자 할 때 가장 관심을 기울여야 하는 타당도가 바로 내용타당도이다. 평가에 있어서는 학습목표가 그 준거가 되기 때문에 그 목표를 보다 세분화·명료화·행동화함으로써 타당도를 높일 수 있다. 한 평가도구의 내용타당도를 검증한다는 것은 그 도구가 측정하려고 하는 능력이나 특성을 논리적으로 분석·추출하는 것을 의미한다. 여기에서는 그 평가도구가 측정하려고 하는 내용을 얼마나 잘 대표하는가, 표집되었는가 하는 등의 문제가 중요한 비중을 차지하게 된다. 그러므로 교육목표의 이원분류표와 실제의 문항을 비교하면서 누락된 문항이 없는지, 또는 쓸모없는 문항이 포함되어 있는지를 잘 확인하는 것이 바로 내용타당도를 높이는 전략이 된다.

둘째, 예언타당도(predictive validity)란 평가도구(검사문항)가 얼마나 예언능력을 가지고 있느냐의 정도를 말한다. 즉, 한 검사의 결과가 학생의 장래 성적이나 특성을 얼마나 잘 예언·예측해 낼 수 있느냐의 정도를 예언타당도라고 하는데, 이는 실제의 자료를 기초로 하여 통계적으로 밝혀진다. 예를 들면, 일정시점에 있어서의 학업성취의 결과는 근본적으로는 학생들이 교육목표를 얼마나 달성하였는가를 확인해 주기도 하지만, 한편으로는 장차의 학업적 성취를 예견하기도 한다. 예언타당도의 검증은 특정 시점에서의 특정 검사결과와, 일정한 기간이 경과한 후 측정한 특정 검사결과를 비교하는 방법을 취한다. 통계적으로 말한다면 예언타당도는 먼저 실시한 검사의 점수 X와 나중에 실시한 검사의 점수 Y(준거)와의 상관계수로 표시된다.

셋째, 공인타당도(concurrent validity)는 통계적으로는 예언타당도의 의미와 같으나, 준거가 예언타당도에서처럼 학생의 미래에 어떤 행동특성이 아니고 현재의 어떤 행동특성이 된다. 따라서 공인타당도는 시간적으로 동시에 실시한 검사점수 X와 검사점수 Y 간 상관관계정도, 즉 공통적인 인자(因子; 요인)가 존재하느냐의 정도를 말한다. 과거에 실시했던 공군적성검사의 결과와 현재의 비행조정능력과의 상관관계를 산출한다면 그것은 예언타당도를 확인해 보려는 것이 목적이지만, 동시에 실시한 지능검사의 점수와 학력검사의 점수 간의 상관관계, 또는 국어점수와 사회점수 간의 상관관계를 산출한다면 그것은 공인타당도를 확인해 보려는 것이다. 이를 좀 더 전문적인 용어를 빌어 설명하면, X의 변량(variance)과 Y의 변량이 서로 어느 정도 공통되고 있느냐를 알아보려는 것이다.

넷째, 구인타당도(construct validity)에 대하여 살펴보면, 우선 '구인'(構因)이란 물리적으로 직접적인 관찰과 확인은 불가능하지만, 이론적으로 존재를 가정하는 심리적 특성의 구성인자로서 개인의 행동에 영향을 미치는 잠재요인을 지칭한다. 즉, 인간행동의 어떤 측면을 설명하기 위해서 존재하고 있다고 가정되는 심리적 특성을 말한다. 예컨대, 지능이나 성격, 자아개념 등은 수많은 심리적 특성들로 구성되어 있다고 전제된다면 검사나 평가도구는 이러한 구인들을 측정할 수 있어야 하는데, 그러기 위해서는 이에 앞서 당연히 구인타당도에 의해 검증되어야 한다.

구인타당도란 요인분석의 통계방법을 사용하여 여러 심리적 특성들 간의 상관계수를 바탕으로 심리적 특성들 간의 공통적인 요인과, 특정의 심리적 특성만이 지니고 있는 고유한 요인을 구분하는 정도를 말한다. 인간의 여러 심리적 특성들이 하나의 구인으로 인정받기 위해서는 그들 간에 수렴타당도는 높고, 판별타당도는 낮아야 한다. 즉, 이론적으로 동일한 특성들 간에는 정적 상관(수렴타당도)을 보이며, 이론적으로 상이한 경우에는 부적 상관 또는 무의미한 상관(판별타당도)을 보여야 한다. 요인분석에서 이러한 결과가 확보되면 다른 심리적 특성과 확실하게 구분되는 특정의 독립적인 구인(예 : 언어적 지능요인, 음악적 지능요인, 공간적 지능요인, 논리-수학적 지능요인, 신체-운동적 지능요인, 내성적 지능요인, 대인관계적 지능요인, 자연관찰적 지능요인, 실존적 지능요인)이 확인되는 셈이다.

나. 신뢰도(reliability)

신뢰도란 검사 또는 평가도구가 측정대상을 얼마나 정확하게 오차 없이 측정하느냐의 정도를 말한다. 즉, 특정의 검사 또는 평가도구가 측정하고자 하는 대상을 일관성 있게 측정하고 있느냐의 정도를 말한다. 특정 검사의 타당도가 높다고 해서 반드시 그 신뢰도가 높은 것은 아니며, 반대로 신뢰도가 높다고 해서 반드시 그 타당도가 높은 것도 아니다. 그렇기 때문에 타당도가 낮은 검사라고 할지라도 신뢰도는 높을 수 있다. 타당도가 무엇(what)을 측정하느냐와 관련된다면, 신뢰도는 어떻게(how) 측정하느냐와 관련된다.

신뢰도는 그 개념에 비추어 보면 검사점수가 측정의 오차로부터 자유로운 정도라고도 정의할 수 있다. 일반적으로 개인이 얻은 관찰점수(observed score)는 측정변인에 대한 진점수(true score)와 우연적이고 무선적인 변산인 오차점수(error score)의 합으로 이루어진 것으로 가정된다. 이를 수식으로 표현하면 다음과 같다.

$$\text{관찰점수}(X) = \text{진점수}(T) + \text{오차점수}(E)$$

신뢰도는 전체 점수변량(진점수 변량 + 오차 변량)에 대한 진점수 변량의 비율 또는 오차부분이 제거된 변량의 비율이라고 개념화할 수 있다. 이는 다음과 같은 수식으로 나타낼 수 있다.

$$\text{신뢰도} = \frac{\text{진점수 변량}}{\text{진점수 변량} + \text{오차 변량}}$$

여기에서 진점수는 측정변인에 대한 진정한 값의 반영으로서 안정적인 점수이다. 어떤 변인을 여러 번 측정하면 각기 다른 점수가 나올 수 있다. 그러나 어떤 점수가 진점수일지는 확인하기 어렵다. 따라서 우리는 획득한 점수 중에 오차점수에 더 관심을 갖게 된다. 가능하면 측정오차가 생기는 근원을 알아봄으로써 이로 인한 변산을 감소시켜 신뢰도를 높이도록 해야 한다.

측정오차의 근원은 일반적으로 ① 검사실시 및 채점과정에서 생기는 오차, ② 검사대상에 의한 오차, ③ 측정도구에 기인한 오차 등으로 구분해 볼 수 있다.

첫째, 측정오차의 근원으로서 '검사실시 및 채점과정에서 생기는 오차'는 검사를 실행할 때 검사자가 그 실시지침(지시나 시간배정)을 제대로 준수하지 않았다든가, 검사 도중에 뜻하지 않은 방해요소가 발생하여 검사가 표준화된 조건에서 실시되지 않았을 때 주로 발생한다. 개별검사의 경우는 검사자가 피검사자와 라포(rapport)를 형성하지 못하면 피검사자는 자신의 특성이나 능력을 제대로 발휘하지 못할 수도 있다. 또한, 채점과정에서의 오차는 검사자의 주관성이 많이 개입되는 경우나 응답에 따른 채점기준이 달라지는 등의 채점자의 비일관적인 기준이나 오류에 의해 발생하는 경우가 많다.

둘째, 측정오차의 근원으로서 '검사대상에 의한 오차'를 들 수 있는데, 이는 검사를 받는 대상의 내적 상태나 경험, 상황적인 요인들에 의한 영향을 의미한다. 예를 들어, 검사대상의 건강상태나 검사과정에서 느끼는 피로감, 잘하려고 하는 동기, 정서적 불안이나 긴장 등이 영향을 미칠 수 있다. 또한, 대상이 과거에 비슷한 검사를 받아본 경험이나 특정 내용에 대한 훈련 때문에 보다 쉽게 응답할 수 있다. 특히, 검사받는 기술(test-taking skill)에 대한 지나친 훈련은 개인의 수행능력을 과장시킬 수 있다.

셋째, 측정오차의 근원으로서 '측정도구에 기인한 오차'를 들 수 있는데, 이는 검사 자체를 개발하는 과정에서 그에 대한 충분한 검토가 부족하거나 예비검사를 통한 수정·보완이 제대로 이루어지지 않았을 때 발생하는 경우가 많다. 예를 들어, 검사의 문항 중 명료성이 부족한, 즉 모호한 서술내용이 포함되거나, 문항내용이 특정 영역에 편중될 때 오차가 발생할 수 있다. 또한, 검사대상의 능력이나 경험내용과 차이가 크거나 제한시간을 너무 짧게 주는 경우 추측으로 응답할 가능성이 높아진다. 일반적으로 검사가 개발되고 표준화될 때의 대상과 실제 검사대상의 능력수준이나 사회문화적 배경에 차이가 크게 되면 검사 자체는 양호할지라도 오차가 생기기 마련이다.

이상에서 측정오차의 근원에 대하여 살펴보았는데, 그 오차가 클수록 신뢰도는 낮아진다. 따라서 신뢰도 자체가 높은 측정도구를 선정함과 동시에, 검사자는 검사실시 및 채점과정에서도 오차를 최소화시킬 수 있도록 노력해야 한다. 신뢰도를 증진시킬 수 있는 방안을 제시하면 다음과 같다(Salkind, 2003).

① 문항 수 또는 관찰항목을 증가시킨다. 문항은 행동의 표본이므로 양호한 문항표본이 커지면 검사의 대표성 및 신뢰도가 높아질 가능성이 있다.
② 명료하지 않은 문항이나 다양하게 해석되는 문항을 제거한다.
③ 검사실시에 사용될 지시와 상황을 표준화한다. 검사자가 한 명 이상일 경우 이를 위해 훈련을 실시한다.
④ 외부의 방해요소나 사건이 영향을 미치지 않도록 검사시기와 장소를

선택한다.

⑤ 일관성 있는 채점 및 분석절차를 유지한다. 주관성이 개입된 분석 및 채점에서는 채점자 간 신뢰도를 확인한 후 실시하고, 주기적으로 점검한다.

한편, 신뢰도를 추정하는 방법은 크게 ① 재검사 신뢰도(test-retest reliability), ② 동형검사 신뢰도(parallel form reliability), ③ 내적 합치도 (internal consistency), ④ 채점자 간 신뢰도(inter-scorer reliability) 등의 네 가지로 구분되는데, 이는 상관계수 또는 검사자들이 고안한 특정 계수로 제시된다. 그러나 계수를 산출하는 방법, 신뢰도 계수의 의미 그리고 오차의 근원에서 각각 차이가 있다.

첫째, 재검사 신뢰도는 동일한 검사를 한 집단의 학생들에게 일정한 시간간격을 두고 두 번 실시한 후 이 두 세트의 점수들 간 상관계수를 산출함으로써 확인할 수 있다. 이때의 상관계수는 시간에 따른 안정성(stability)을 뜻한다. 재검사 신뢰도의 추정에서 가장 큰 영향을 미치는 요인은 두 번 실시 간의 시간간격인데, 이는 짧게는 며칠 사이에서 길게는 6개월 정도에 이른다. 따라서 이 기간 사이에 대상의 성장효과나 학습효과 등이 개입되어 기간이 길수록 상관계수는 낮게 나온다. 또한, 두 번 실시할 때의 여러 가지 상황요인, 예컨대 피검사자의 건강이나 동기, 검사자, 장소 등이 동일할 수 없으므로 이에 따라 점수의 변동이 생길 수 있다.

재검사 신뢰도는 동일한 검사를 두 번 실시해야 하므로 검사대상에게 부담을 줄 수 있고, 창의성 검사나 추리력 검사 등은 검사내용 자체가 두 번 실시에 의해 다르게 받아들여질 수 있어서 어려움이 있다. 그러나 시간에 따른 안정성 측면에서 신뢰도를 추정할 수 있는 종류는 재검사 신뢰도가 유일하다는 점은 유의해야 한다.

둘째, 동형검사 신뢰도는 동질적인 문항(평가도구)으로 구성된 두 개의 검사를 제작하고 각각을 동일한 피검사자에게 실시하여, 이 두 세트의 점수들 간의 상관관계를 산출하는 것을 말한다. 여기에서 중요한 것은 구체적 문항들만 다를 뿐, 기타의 조건(측정내용, 문항종류, 문항곤란도 등)은 동일해야 한다는 점이다. 예를 들어, 동일한 집단에게 첫 번째는 '가형'으로, 두 번째는 '나형'으로 검사를 실시하여, 이 두 세트의 점수들 간의 상관관계를 산출하여 추정한다. 동형검사란 문항 자체는 다르지만, 검사의 측정

내용, 문항종류, 문항곤란도 등의 문항특성이 동질적인 검사를 말한다. 동형검사 신뢰도의 산출에서 제일 중요한 요소는 두 개의 동형검사가 얼마나 동질적이고 동등성이 있는가이다.

동형검사를 개발하는 이유는 짧은 기간 내에 동일한 검사를 두 번 실시함으로써 나타나는 기억효과를 배제하기 위해서이다. 예를 들어, 어휘력검사를 1일 간격으로 실시할 경우 동일한 검사문항을 사용한다면 전날의 기억, 즉 학습효과로 인하여 둘째 날의 검사에서는 점수가 더 높게 나오게 된다.

셋째, 내적 합치도는 검사의 문항들이 하나의 구인을 측정하는 데 얼마나 동질적인가 또는 일관되는가를 의미한다. 이는 하나의 검사를 한 집단에 한번만 실시한 후 산출할 수 있기 때문에 검사를 두 번 실시해야 하는 번거로움이 없다. 내적 합치도를 산출하는 방법은 크게 두 가지로 나눌 수 있는데, 검사의 문항을 두 부분으로 나눈 후 그들 간의 상관관계를 산출하는 반분 신뢰도(split-half reliability)와 검사의 전체 문항들 간의 상관관계를 종합하여 산출하는 문항내적 합치도가 그것이다.

먼저, 반분 신뢰도는 1회 검사를 실시한 후 검사 자체를 두 문항군으로 나누어, 각 문항군을 독립된 검사로 생각하여 그 두 문항군 간의 상관계수를 내는 방법이다. 한 검사를 두 문항군으로 나누는 방법에는 전후 반분법, 기우 반분법(奇偶半分法)이 있는데, 전자는 예컨대, 문항이 50개이면 문항번호 '1～25'와 '26～50'으로 나누는 방법이며, 후자는 문항의 번호를 기준으로 '1, 3, 5……', '2, 4, 6……'으로 나누는 방법이다. 그런데 기우 반분법이 일반적으로 더 많이 사용된다. 반분신뢰도의 산출공식은 스피어맨-브라운(Spearman-Brown)공식($r' = \frac{2r}{1+r}$)을 사용한다(r' : 교정된 신뢰도, r : 부분신뢰도).

그리고 문항내적 합치도는 한 검사 속에 있는 문항 하나하나를 한 개의 독립된 검사로 간주하여 각 문항 간의 상관계수를 산출하여, 그것을 종합하는 방법이다. 문항내적 합치도를 산출하는 데는 쿠더-리처드슨(Kuder-Richardson)공식이 적용되거나, 크론바흐(Cronbach) 알파(α)계수공식이 적용된다.

먼저, 쿠더-리처드슨공식은 K-R 20과 K-R 21이 있는데, 그 차이는 K-R 21이 모든 문항의 난이도가 동일하다는 가정에 기초하고 있다는 점이다. K-R 21은 각 문항의 정답률과 오답률을 계산하지 않고 전체 검사점수의 평균과 표준편차만 알면 추정할 수 있기 때문에 더 많이 쓰인다.

$$K-R\ 20:\ r_{xx}=\frac{n}{n-1}\left[\frac{1-\sum pq}{Sx^2}\right]$$

$$K-R\ 21:\ r_{xx}=\frac{n}{n-1}\left[1-\frac{\overline{X}(n-\overline{X})}{nSx^2}\right]$$

n: 검사의 문항 수
p: 각 문항에 정답을 한 학생비율(정답률)
q: 각 문항에 오답을 한 학생비율(오답률; $q=1-p$)
Sx^2: 전체 검사점수의 변량(검사점수의 표준오차의 제곱)
$\overline{X}$: 전체 검사점수의 평균

그리고 크론바흐(Cronbach) 알파(α)계수공식을 적용하여 내적 합치도를 산출할 수도 있다. 신뢰도의 추정을 상관계수의 방법에 의존하는 것은 곧 두 번의 검사나 두 개의 검사 또는 문항을 반으로 나누는 절차 속에서 어차피 오차의 원천을 더 많이 끌어들일 가능성이 있다. 따라서 한 개의 검사를 한 집단에게 한 번 실시하여, 거기에서 오차 변량을 제외한 진점수 변량(眞點數變量)을 추정해 보려는 노력이 시도되었다. 신뢰도 계수가 회귀계수에 기초를 둔 상관계수에서 출발하고 있는 반면, 이러한 노력은 피셔(Fisher)가 개발한 변량분석에 기초를 두고 있다. 크론바흐 알파(α)계수공식을 제시하면 다음과 같다. 이 공식은 K-R 20과 닮았다. K-R 20에서 $\sum pq$가 $\sum Si^2$으로 바뀌었을 뿐이다.

$$\alpha_k=\frac{n}{n-1}\left[1-\frac{\sum Si^2}{Sx^2}\right]$$

Si^2: 각 단일 문항의 변량
Sx^2: 전체 검사점수의 변량

그런데 문항의 답지가 정답-오답으로 양분되는 경우 '쿠더-리처드슨 공식'이, 답지가 세 개 이상으로 구성된 경우 '크론바흐 알파(α)계수공식'

이 적용된다.

내적 합치도는 문항표집에 일관성이 높고 동질적일수록 높게 나타나는데, 신뢰도 산출에서 유의할 점은 검사를 구성하는 영역이 하나일 경우는 전체 문항에 대한 내적 합치도를 산출해야 하고, 하위영역별 독립성이 가정되어 하위영역별 점수위주로 해석할 때에는 하위영역별로 내적 합치도를 산출해야 한다는 점이다.

넷째, 채점자 간 신뢰도는 채점의 주관성이 개입된 검사에서 한 검사자와 다른 검사자 간의 일치성(일관성) 정도를 말한다. 예를 들어, 창의성검사나 평정법 또는 투사법 등과 같은 검사에서는 채점자의 주관성이 개입될 가능성이 높은데, 이러한 검사를 사용할 경우 두 명의 채점자가 각각 독립적으로 채점한 후 두 채점 간의 동의 정도(백분율)에 의해 채점자 간 신뢰도가 산출된다. 채점기준이 명료하고, 채점자 간에 동의하는 정도가 높을수록 채점자 간 신뢰도는 높아진다.

지금까지 신뢰도를 추정하는 방법들에 관하여 논의하였는데, 표준화검사는 물론, 대부분의 연구보고서에는 측정도구의 신뢰도 검증방법과 신뢰도 계수가 제시된다. 그런데 신뢰도가 어느 정도 수준이어야 한다는 절대적 기준은 없으나, 일반적으로 양호한 측정도구라면 .80 이상 .90 수준의 신뢰도가 확보되어야 한다. 그러나 측정도구에 따라서는 .70 정도의 수준도 인정되는 경우가 있으나, .70 이하의 신뢰도를 보이는 측정도구의 사용은 그 검사결과를 확신하기 어렵다.

다. 객관도(objectivity)

객관도란 검사(정확히 표현하면 '검사결과')에 대한 검사자의 채점이 얼마나 정확하고 일관성이 있느냐의 정도를 말한다. 그러므로 객관도는 결국 신뢰도의 일종으로, 이를 '검사자 신뢰도'(tester's reliability)라고도 하며, 따라서 검사자 간 합치도라고 할 수 있다. 이렇게 본다면 객관식 검사가 주관식 검사보다 객관도가 높다고 할 수 있다. 여기에서 검사의 객관도를 높이기 위한 방법을 제시하면 다음과 같다.

첫째, 평가도구를 객관화한다. 평가도구 자체가 비객관적이면 평가의 객관도는 낮아지기 마련이다. 필답검사에서는 일찍부터 이와 같은 문제점을 인정하고 평가도구의 객관화를 도모하는 객관식 검사를 제작하기에 이르렀다. 그러나 논문형 검사, 평정법, 질문지와 같은 평가도구도 창의적 노력에 따라서는 어느 정도 객관화시킬 수 있는 가능성이 있다.

둘째, 평가자의 소양을 높인다. 평가도구의 객관도를 높이기 위해서는 평가자가 평가하는 내용에 대한 철저한 이해, 인간행동에 대한 조작적 의미의 파악, 평가의 기술에 대한 자질 등을 갖추어야 한다.

셋째, 명확한 평가기준을 설정한다. 객관적인 평가기준을 마련하여 평가함으로써 평가자가 갖는 학생에 대한 인상, 편견, 감정, 추측, 착오 등 주관적 판단을 최소한으로 줄여야 한다. 즉, 평가에서는 가능한 한 후광효과(後光效果 : halo effect)를 최소화하여야 하는데, 그러기 위해서는 객관적·구체적·실증적 증거에 의해서 평가하는 태도가 필요하다.

넷째, 다수인의 공동참여에 의한 평가가 이루어지도록 한다. 가능하면 비객관적 평가도구는 여러 사람이 공동으로 평가해서 그 결과를 종합하는 것이 객관도를 높일 수 있다.

라. 실용도(usability)

실용도란 소기의 목적을 달성하기 위한 평가도구의 제작과 활용에 시간과 노력 그리고 비용이 얼마나 적게 소요되느냐의 정도를 말한다. 아무리 훌륭한 평가도구라 하더라도 그것을 제작하고 활용하는 데 있어 많은 시간과 노력이 투입되거나 경비의 부담이 크고, 제작과 활용(채점 포함)이 너무 복잡하면 그 평가도구는 실용성이 떨어진다고 할 수 있다.

검사의 실용도를 높이기 위해서는 ① 실시의 용이성이 보장되어야 하며, ② 평가도구를 제대로 활용하자면 이러한 평가도구를 충분히 다룰 수 있어야 하고, 가능한 한 쉽게 사용할 수 있어야 한다. ③ 채점의 용이성이 확보되어야 하는데, 채점에 많은 시간이 소요된다든지, 어려움이 있게 된다면 좋은 평가도구라고 할 수 없다. ④ 비용 또한 적게 소요되어야 한다. 이렇게 본다면 검사는 최저의 비용으로 최대의 효과를 얻을 수 있어야 한다.

2 평가도구(문항)의 일반유형

필답검사의 평가도구, 즉 문항은 관점에 따라, 분류기준에 따라 여러 가지 유형으로 나누어질 수 있지만, 일반적으로 크게 선택형 문항과 서답형 문항으로 분류된다.

가. 선택형 문항

선택형 문항은 객관식 검사라고도 하는데, 이것은 문제와 함께 주어진 답지 중에서 정답을 선택하게 하는 문항형태를 말한다. 이것은 20세기 초 측정운동이 시작될 때부터 고안되어, 처음에는 표준화검사에서 사용되었다.

가) 유 형

- **진위형** : 양자택일형이라고도 하는데, 여기에서는 진술문을 먼저 주고 그것의 진·위, 정·오를 판단하게 하는 문항형태를 말한다. 이 유형은 과거에 가장 많이 사용되었으나, 현재는 많은 문항을 출제하여 내용타당도를 높이고자 하는 목적 외에는 별로 사용되지 않는다.
- **배합형** : 일련의 '전제'와 '답지', 전제와 답지를 배합시키는 '지시문'으로 구성된 문항형태를 말한다. 전제와 답지에는 서로 배합(matching; 결합)될 수 있는 일련의 단어, 어구, 문장, 도표, 인물, 사진, 원인, 결과 등을 사용할 수 있다. 전제와 답지의 구별은 형식상 차이일 뿐 근본적인 차이는 없다.
- **선다형** : 문두(問頭)와 두 개 이상의 답지로 구성되는 문항형태를 말한다. 문두는 서술적이거나 불완전 문장으로 되어 있다. 선다형은 내재적인 결함이 적을 뿐만 아니라 판단력·추리력 등의 고등정신기능까지도 측정이 가능하고, 채점의 객관도를 높일 수 있다. 그러나 문항제작에 많은 시간과 노력이 소요되며, 검사상황에서 자발적으로 답을 구성하는 것이 아니라 재인과 비교·선택·변별 등이 강조된다.

나) 장 점

① 채점의 객관성·신뢰성이 유지된다.
② 채점이 용이하다.
③ 학습한 내용을 골고루 출제할 수 있기 때문에 내용타당도가 높다.
④ 문항분석을 통해 교육활동의 개선에 기여할 수 있다.
⑤ 채점에 정답판을 사용할 수 있고, 손쉽고 빠르게 채점할 수 있다.
⑥ 검사결과를 통계적으로 처리할 수 있다.

다) 단 점

① 고등정신기능을 제대로 평가하기 어렵다.

② 추측요인을 제거할 수 없다.
③ 자기표현과 창의의 기회가 없다.
④ 문항제작에 많은 시간과 노력이 요구된다.

나. 서답형 문항

서답형 문항은 주관식 검사 또는 논문형 검사라고도 하는데, 이는 지시와 질문에 따라 학생들이 자유로이 반응하여 그 능력을 마음껏 구사할 수 있게 하는 반응의 무제한성이 강조되는 문항형태이다. 이는 응답자의 표현이 자유롭고, 반응이 긴 문장으로 이루어지는 경우가 많으며, 같은 문항에 대하여 응답자에 따라 해답의 방향·내용·길이·세밀한 정도가 각각 다를 수 있다. 그러나 출제범위나 문제수가 제한되기 때문에 교과내용을 골고루 출제하기 어렵다. 서답형 문항은 학생들에 의해서 답이 구성되며, 정답의 정확성과 질이 주관적으로 판단될 뿐만 아니라, 학생의 자유반응도가 매우 높으며 채점이 어렵다는 것 등이 그 특징이다.

가) 유 형

- **단답형** : 재생형 또는 재인형이라고도 하는데, 가장 단순한 형태의 서답형 문항으로, 질문에 대해 간단한 답을 기입하도록 하는 문항형태를 말한다. 이는 주로 측정하는 내용은 누가, 무엇을, 어디서, 언제, 왜, 어떻게 하였는가에 대한 사실적 지식을 묻는 경우가 대부분이다. 반응은 하나이지만 몇 개의 단어 또는 구나 절로 대답하도록 되어 있다.
- **완결형** : 완성형이라고도 하는데, 일정한 통합된 사상이나 내용을 나타내는 불완전문장을 제시하여 전후의 문맥을 추리하여 답을 써넣게 하는 문항형태를 말한다. 이는 기본적인 지식이나 기능 이외에도 비교적 고도의 이해력이나 판단력도 잴 수 있다.
- **논문형** : 지시나 질문에 따라 학생들이 자유로이 반응하여 능력을 마음껏 구사하도록 하는 문항형태를 말한다. 여기에서는 반응의 무제한성, 즉 피험자들의 자유롭고 다양한 반응을 허용한다. 따라서 이러한 문항은 학생들의 고등정신기능은 물론, 특정의 사상(事象; event)에 대한 그들의 주장이나 신념 등을 확인하는 데 도움이 된다.

나) 장 점

- 반응의 자유도가 크다.
- 교과내용에 대한 전체적인 통합이 강조된다.
- 학습자의 학습내용과 방법을 개선할 수 있다.
- 문항제작이 쉽다.
- 고등정신기능을 측정하는 데 용이하다.

다) 단 점

- 채점이 비객관적이며 신뢰성이 적다.
- 문항의 표본이 제한된다. 즉, 내용타당도가 낮다.
- 채점하는 데 시간과 노력이 많이 요구된다.

3 학교현장에서 활용되는 문항유형

학교현장에서 활용되는 평가문항이나 평가방법은 그 목적에 따라 대략 세 가지로 분류될 수 있다. 즉, 인지적 영역의 행동을 평가하느냐, 흥미·동기·태도 등의 정의적 영역의 행동을 평가하느냐, 심리운동적 영역(기능적 영역)의 행동을 평가하느냐에 상관없이 동일한 평가문항형태가 적용되는 경우가 많으나, 그 형태는 약간 변형되기도 한다.

가. 인지적 영역의 행동평가문항

인지적 영역의 행동평가문항은 논문형 테스트와 객관형 테스트로 분류된다. 이 중 객관형 테스트는 다시 재생형, 완성형, 도해형, 진위형, 선택형, 선택완성형, 배합형, 분류형, 정정형, 배열형 등으로 분류될 수 있다.

가) 논문형 테스트

::예

- 핵가족과 확대가족의 장점과 단점을 비교하시오.
- 현대가족에서 발생하는 이혼문제의 원인과 그에 따르는 결과에 대하여 설명하시오.
- 체계론적 접근방법의 가정관리이론과 생태학적 접근방법의 가정관리이론 중 어떤 이론이 우리나라의 가족상황에 더 적합한가를 제시하고, 그 이유를 쓰시오.

나) 객관형 테스트

• 재생형(再生型; 단답형)

::예

다음 문제의 답을 (　　) 안에 쓰시오.

1) 가족을 구성하는 두 가지 기본적인 관계는 무엇인가?
(　　　　　　　　　)

2) 임신기간은 마지막 월경의 시작일부터 며칠간인가?
(　　　　　　　　　)

• 완성형(完成型; 완결형)

::예

다음 문장의 (　　) 안에 알맞은 말을 쓰시오.

• 수입과 지출이 (　　　　　)을(를) 이루어야 가정생활이 안정된다.
• 가족의 잠재적인 인적자원을 사용하면 (　　　　　)이(가) 증가한다.

• 도해형(圖解型)

::예

다음과 같은 본을 떠서 주머니를 만들었을 때 주머니의 가로, 세로 및 높이는?

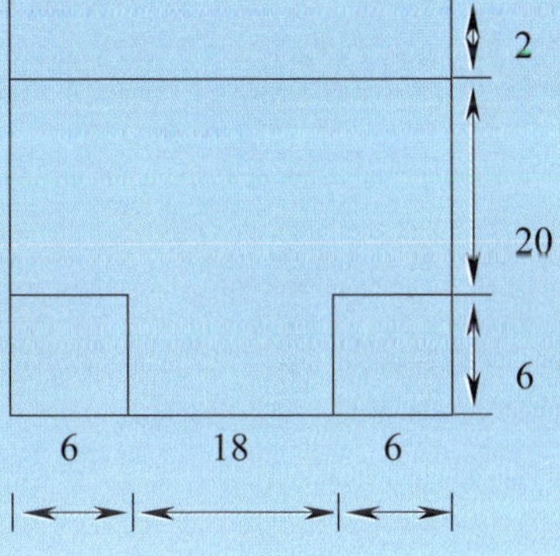

① 주머니의 가로 (　　　　)

② 주머니의 세로 (　　　　)

③ 주머니의 높이 (　　　　)

• **진위형(眞僞型; 정오형)**

::예

다음 문장들을 읽고 옳으면 T, 틀리면 F를 (　) 안에 쓰시오.

1) 자원의 효율성은 목표나 상황에 따라 달라진다. (　　)
2) 특정 목표를 달성하는 데 모든 자원이 쓸모 있다. (　　)
3) 자원의 효율성은 자원의 양이 많을 때 증가한다. (　　)
4) 현재 사용되는 자원은 미래에도 계속 가치가 있다. (　　)

• **선택형(選擇型; 선다형)**

::예

주머니 본을 뜨는 데 적당한 종이는?

① 모조지　② 미농지　③ 셀로판지　④ 원형지

다음 중 본뜨기의 용구로 볼 수 없는 것은?

① 각자　② 가위　③ 초크　④ 제도연필

• **선택완성형(選擇完成型)**

::예

다음은 속치마류에 대한 설명이다. (　) 안에 적당한 말을 〈보기〉에서 골라 넣으시오.

속치마는 겉옷과 속옷 사이에 입는 것이므로, 마찰에 의해 (　　)가(이) 생기지 않는 면이나 (　　)이 좋으며, 합성섬유일 때는 헹굴 때 (　　)를 사용한다.

<보 기>

음이온, 양이온, 정전기, 레이온, 나일론, 견, 합성세제, 중성세제, 대전방지제

• **배합형(配合型; 조합형)**

::예

다음은 비타민의 종류와 결핍증을 나열한 것이다. A 군과 B 군에서 관계있는 것을 찾아 선으로 연결하시오

<A 군>	<B 군>
비타민 A •	• 구 루 병
비타민 B •	• 야 맹 증
티 아 민 •	• 괴 혈 병
리보플라빈 •	• 각 기 병
아스코르브산 •	• 설 염

• **분류형(分類型)**

::예

다음은 식물성섬유, 동물성섬유, 재생섬유, 합성섬유 등을 나열한 것이다. 이들을 알맞게 분류하시오.

<폴리에스테르, 면, 레이온, 모, 나일론, 마, 큐프라, 견>

천연섬유
- 식물성섬유 : ____________________
- 동물성섬유 : ____________________

화학섬유
- 재 생 섬 유 : ____________________
- 합 성 섬 유 : ____________________

• **정정형(訂正型; 수정형)**

::예

다음 문장이 옳으면 ( ) 안에 ○표 하고, 옳지 않은 것은 틀린 부분에 밑줄을 긋고 ( ) 안에 옳은 답을 쓰시오.

1) 창의 위치가 높을수록 밝다. (   )
2) 위 아래로 긴 창은 옆으로 넓은 창보다 밝다. (   )

• **배열형(配列型; 서열형)**

::예

다음은 된장국을 끓이는 순서에 관한 것이다. 알맞은 순서에 따라 그 번호를 ( ) 안에 쓰시오.

(   ) 시금치를 넣어 끓인다.
(   ) 파·마늘을 넣는다.
(   ) 된장을 풀어 넣는다.
(   ) 조개에 물을 붓고 끓인다.

나. 정의적 영역의 행동평가문항

정의적 영역의 행동, 즉 흥미·동기·태도·자아개념·인성 등은 앞의 「인지적 영역의 행동평가문항」에서 제시한 '논문형 테스트', 뒤의 「심리운동적 영역의 행동평가문항」에서 제시한 '평정법', '자기평가법' 이에 면접법, 질문지법, 문제장면 테스트, 관찰법, 일화기록법에 의해서도 평가될 수 있다.

㉠ **면접법** : 교사가 학생들과의 면접을 통하여 그들의 특정대상에 대한 흥미나 관심, 동기나 요구, 태도 등을 평가하는 방법이다.

㉡ **질문지법** : 일상행동이나 지식은 물론, 흥미나 관심, 동기나 요구 및

태도나 의견을 묻는 일련의 질문들이 적힌 질문지를 제시하여 반응하게 하여 평가하는 방법을 말한다.

㉢ **문제장면 테스트** : 문제장면(문제사태)을 제시하여 사고나 문제해결 능력, 판단력, 독창력뿐만 아니라 태도 등도 평가하는 것을 말한다.

㉣ **관찰법** : 학생들의 행동을 관찰함으로써 그들의 학습활동은 물론, 태도나 동기 등의 정의적 특성을 평가하는 방법을 말한다.

㉤ **일화기록법** : 인성이나 적응상태 등을 확인하기 위해 구체적인 행동 사례를 상세하게 기록하는 방법이다. 후술할 '평정법'은 특정 행동 특성을 유목이나 숫자로 나타내고, '체크리스트법'은 특정 행동특성의 유무를 확인하는 반면, '일화기록법'은 학생의 특정 행동을 관찰하여 기록함으로써 그의 정의적 특성과 사회적 적응 등을 평가한다.

다. 심리운동적 영역(기능적 영역)의 행동평가문항

심리운동적 영역의 행동에 대한 평가는 앞의 「인지적 영역의 행동평가문항」 부분에서 언급한 '논문형 테스트'와 '객관형 테스트'에 의해서 이루어질 수도 있지만, 특히 평정법(평정척도법), 체크리스트법, 실기·실습 테스트, 1대1 비교법, 서열법, 등거리차법(等距離差法), 자기평가법, 상호평가법 등에 의해서도 이루어진다.

㉠ **평정법(평정척도법)** : 평정하려는 대상(행동, 기능·기술 조작, 제작품 특질)을 표현하는 다수(대개 3~5개)의 유목이나 숫자에 표기하는 평가방법으로, 기술 평정척도법과 숫자 평정척도법으로 구분된다.

- **기술 평정척도법** : 평정대상을 간단한 단어, 구, 문장으로 제시하여 해당 유목에 표기하는 방법을 말한다.

::예

• 주머니 본뜨기

□ 아주 잘하였다.
□ 대체로 잘하였다.
□ 보통이다.
□ 미비한 편이다.
□ 아주 미비하다.

• 카레라이스 조리실습

□ 우 수
□ 양 호
□ 보 통
□ 불 량

• **숫자 평정척도법** : 평정대상의 특성을 몇 단계의 숫자로 표기하여 평가하는 방법을 말한다.

:: 예

• 폐품 재활용 아이디어의 참신도

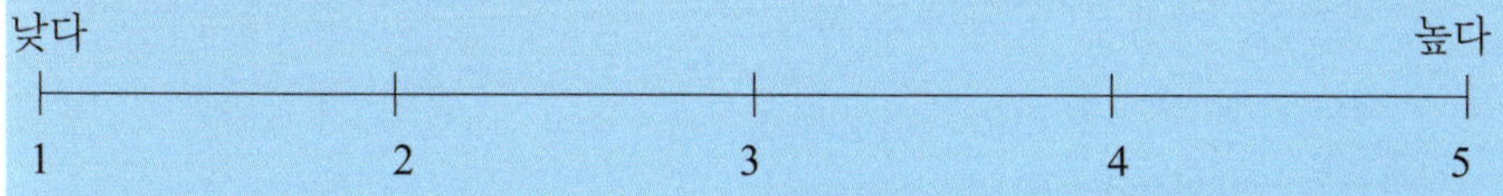

• 한복 입기

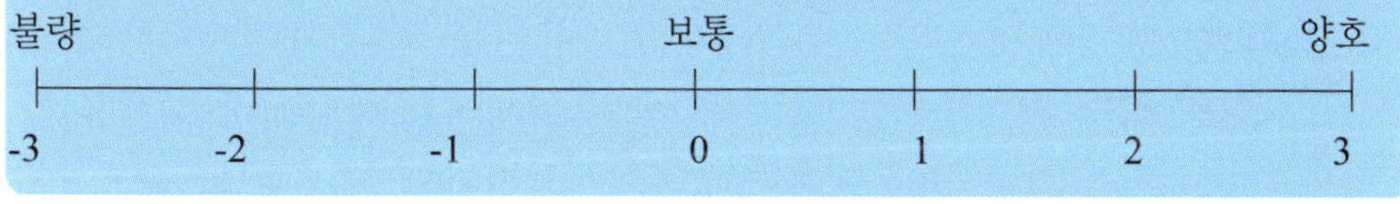

㉡ **체크리스트법** : 특정 행동특성의 일람표를 만들어 그 행동특성의 유·무를 체크하는 방법을 말한다.

• 아동의 놀잇감 제작에 대한 평가

평가항목 \ 학생이름	김철수	김홍기	나영희	변인호	오기홍	최영기	홍순이
1. 계획은 좋았는가		∨			∨		
2. 창의적인 노력이 보이는가	∨		∨	∨		∨	
3. 아동의 발달단계에 상응한가		∨	∨		∨		∨
4. 이미 배운 기술을 활용하였는가	∨		∨			∨	
5. 튼튼하고 안전한가	∨	∨		∨	∨	∨	∨
6. 배색은 아름다운가	∨	∨			∨		∨
7. 예정시간 안에 완성되었는가		∨	∨	∨	∨	∨	

㉢ **실기·실습 테스트** : 학생들에게 일정한 작업을 하도록 하여 그 과정이나 결과에 있어서의 기능을 평가하는 방법을 말한다. 교과의 성격에 따라 이러한 테스트가 필수적인 경우가 많다. 이 경우 미리 평가의 관점을 설정한 다음, 평가를 실시하는 것이 좋다.

㉣ **1대1 비교법** : 학생들이 제작한 작품을 두 개씩 비교하여 서열을 매기는 평가방법을 말한다. 여기에서는 미리 평가의 관점을 정하여 놓고, 성적이 우수한 순서대로 나열하는 것이 보통이다. 그런데 이 방법은 비교해야 하는 수가 많아지게 되면 그만큼 힘들어지게 된다.

㉤ **서열법** : 최우수 제작품과 최하위 제작품을 선정한 다음, 이것들과 나머지 제작품의 순위를 정해나가는 평가방법을 말하는데, 이 방법도 수가 많게 되면 순위를 정확하게 정하기 어렵다.

㉥ **등거리차법(等距離差法)** : 제작품 중에서 가장 우수한 작품과 가장 하위의 작품을 양극단에 두고, 그 사이에 등거리의 차이를 갖는 견본을 배열하여, 이것들을 기준으로 삼아 나머지 제작품들을 비교하면서 평가하는 방법을 말한다.

㉦ **자기평가법** : 학생들로 하여금 각자의 작업이나 제작품에 대하여 스스로 평가하게 함으로써 자주적인 사물판단력과 개선능력을 함양하도록 하는 평가방법을 말한다. 이 방법에서는 아동이나 학생들이 자신의 관점에서 자유롭게 자신들의 작업이나 제작품을 평가하기도 하지만, 교사가 제작한 질문지나 체크리스트, 평정척도 등을 활용하여 자신의 작업이나 제작품을 평가하도록 할 수도 있다.

㉧ **상호평가법** : 학생들의 상호 간에 학습한 결과나 작업 또는 제작품에 대하여 평가하도록 하는 방법을 말한다. 이는 동료의 평가를 통하여 자신의 성취나 작품의 성질이나 미비점을 지적받음으로써 자신의 시각이나 관점을 검토하면서, 아울러 타인의 입장을 이해하도록 하는 데 도움이 된다.

(4) 평가의 실시 및 결과처리

선정된 평가장면에 활용될 평가도구가 제작 또는 선정된 다음에는 교육목표에 비추어 학생의 행동이 얼마만큼의 변화를 가져왔는가의 증거를 실제로 확보하여야 한다. 따라서 실시의 시기, 횟수, 방법, 대상 등을 고려하여 실제로 평가가 실시되며, 또한 그 결과를 확인하고 필요한 통계처리를 하여 분석하고 기록하게 된다.

첫째, 평가도구(검사문항)의 질을 확인하는 작업이 우선 수행되어야 한다. 즉, 평가를 보다 더 정확하고 타당하게 하려면 본검사의 실시 전에 평가도구의 질을 미리 점검하는 예비검사(pilot test)를 실시한 후 평가도구의 양호도 조건으로서 타당도·신뢰도·객관도·실용도가 실제로 어느 정도인가를 확인해야 하고, 문항분석을 통해 문항곤란도·문항변별도·문항반응분포를 확인하여 평가도구의 질을 확보해야 한다. 이는 평가도구 자체의 개선 목적 이외에도 최종적인 평가에서 보다 효과적이고 융통성 있는 해석과 활용을 위해 필요하다. 일반적으로 교사제작검사의 경우 본검사에 들어가기 전에 양호도를 검증하는 경우는 드물지만, 표준화검사의 경우에는 이러한 검증이 실제적으로 중요하게 요청되고 있다.

둘째, 평가도구의 질을 확인한 결과, 별문제가 없다면 본검사를 실시한다. 이는 평가에 관한 사전계획에 따라 시기, 횟수, 방법, 대상 등을 고려하여 적절하게 이루어져야 한다.

셋째, 본검사(평가)를 실시한 후에는 객관적인 채점을 해야 하는데, 그러기 위해서는 문항의 종류에 따라 사전에 채점기준이나 모범답안 등을 마련해야 한다. 그리고 선택형 문항인 경우에는 추측요인을 교정해야 할 경우도 있게 된다. 아울러, 채점결과를 필요한 통계방법으로 처리해야 하고, 그 결과를 잘 기록해야 한다.

평가도구가 갖추어야 할 양호도 조건으로서 타당도·신뢰도·객관도·실용도에 관해서는 이미 앞에서 논의했기 때문에 여기에서는 문항분석(item analysis)과 추측요인의 교정에 대하여 언급하기로 한다.

1 문항분석

문항분석의 종류에는 문항곤란도·문항변별도·문항반응분포에 대한 검증이 포함되는데, 이를 차례대로 살펴보기로 한다.

첫째, 문항곤란도는 문항의 쉽고 어려운 정도를 말하는데, 이는 문항에 대한 정답률로 표시된다. 또한, 문항난이도라고도 하는데, 0~100%에 이르기까지 변산될 수 있다. 여기에서 0%는 그 문항이 너무 어려워 한 학생도 정답을 맞히지 못했다는 의미이고, 100%는 그 문항이 쉬워서 모든 학생이 정답을 맞혔다는 의미이다.

문항곤란도는 특히 문항배열의 순서를 정하는 데 사용된다. 이는 상대평가체제이냐, 절대평가체제이냐에 따라 그 관점이나 이용방법이 다르다. 즉, 상대평가에서는 대개 문항곤란도가 50% 정도일 때 가장 이상적이므로 그 범위가 30~70% 사이가 바람직하나, 절대평가에서는 문항곤란도가 전혀 문제되지 않으며, 그 지수가 클수록 교육목표의 달성도가 높은 것으로 간주된다. 절대평가에서는 문항곤란도를 통하여 교육목표의 달성도를 확인할 수 있는데, 그 지수가 100에 가까우면 교수-학습활동이 성공적이었다고 판단되며, 0에 가까우면 교수-학습활동이 성공적이지 못했다고 판단되므로 교육목표의 달성도를 더 높이기 위해 교수-학습과정을 개선할 필요가 있다.

문항곤란도는 퍼센트로 계산되는데, 일반적인 공식은 다음과 같다.

$$P = \frac{R}{N} \times 100$$

P : 곤란도 지수
R : 정답을 한 학생수
N : 사례수(학생수)

둘째, 문항변별도는 학생의 능력을 어느 정도 잘 변별해 내느냐의 정도를 말한다. 이는 문항타당도라고도 하는데, 검사에서 총점을 성적순으로 배열했을 때 그 중앙치를 중심으로 상위부분과 하위부분으로 나누어 계산하는 방식을 취한다. 이는 상위의 학생이 하위의 학생보다 각 문항에 정답을 한 확률이 높아야 의미 있는 것이 된다. 문항변별도는 변별도 지수(DI; discrimination index)로 나타내는데, 이는 ±1.00까지의 사이에 분포된다. 그런데 바람직한 변별도 지수의 범위는 +.30～+.70 사이이다.

변별도 지수는 문항곤란도가 50% 정도일 때 가장 클 수 있고, 문항곤란도가 0%나 100%의 극단에 가까울수록 줄어든다. 문항변별도는 상대평가의 타당성을 위해서 필수적인 조건임은 두말할 필요도 없다. 그리고 절대평가에서도 어떤 문항이 학습사태에서 성공자와 실패자를 어느 정도 잘 구별하느냐에 관심이 있을 때에는 유용하게 활용할 수 있다. 절대평가에서 문항변별도는 그리 문제가 되지 않으나, 단지 음수(−)인 경우에는 그 문항을 제외하거나 수정해야 한다.

변별도 지수는 대개 존슨(Johnson)공식에 의하여 계산한다.

$$DI = \frac{H^{+} - L^{+}}{\frac{N}{2}} = \frac{RU - RL}{f}$$

DI : 변별도 지수
$H^{+}(RU)$: 상위집단의 정답수
$L^{+}(RL)$: 하위집단의 정답수
N : 전체 사례수
f : 상·하위 각 집단의 사례수

위 공식을 사용하여 4간표를 작성하여 계산해 보면 다음과 같다.

	오	정	
상위집단	80	20	100
하위집단	40	60	100
	120	80	200

<문항 1>

	오	정	
상위집단	30	70	100
하위집단	80	20	100
	110	90	200

<문항 2>

<문항 1> $DI = \frac{20-60}{\frac{200}{2}} = \frac{-40}{100} = -.40$

<문항 2> $DI = \frac{70-20}{\frac{200}{2}} = \frac{50}{100} = .50$

여기서 <문항 1>은 문항변별도가 －.40이므로 양호하지 못한 문항이라고 볼 수 있으며, <문항 2>는 문항변별도가 .50이므로 양호한 문항이라고 할 수 있다.

셋째, 문항반응분포란 선다형 문항의 경우 각 답지들에 학생들의 반응이 어떻게 나타나고 있는가의 분포상태를 확인하는 것으로, 이는 답지들의 효율성을 확인하는 데 도움을 준다. 즉, 각 답지가 답지로서 제구실을 하고 있는지를 알아보기 위한 분석방법인데, 그 실례를 들어보면 다음과 같다.

다음의 <문항 1>에서는 많은 학생이 정답지에 반응하고 있으며, 나머지 오답지에도 비교적 고른 반응을 보이고 있으므로 이상적인 문항반응분포를 보이고 있다고 할 수 있다. 그러나 <문항 2>에서는 정답지가 매우 뚜렷한 반면, 오답지의 매력은 매우 낮은 형태로서 이는 양호하지 못하다. 특히, ②번 답지는 답지로서의 매력이 전혀 없어서 결국 3지선다형 문항이 되어 버렸기 때문에 그 답지는 수정되어야 한다. 이러한 예 이외에도 정답보다는 오답에 반응률이 높게 나와 반응분포가 거꾸로 나타나는 등 여러 가지 경우를 가정할 수 있는데, 각각에 대한 정확한 분석에 따라 적절한 수정이 뒤따라야 한다.

<문항 1>

답지	반응수
①	40
② (정답)	80
③	50
④	30
	200

<문항 2>

답지	반응수
①	35
②	0
③	50
④ (정답)	115
	200

상대평가체제에서는 위의 <문항 1>의 경우와 같이 많은 학생이 정답에 반응하고, 나머지는 비교적 고르게 오답지에 반응할 것을 기대한다. 이런 경우에 개인차의 변별이 극대화되기 때문이다. 반면, 절대평가체제가 채택되는 형성평가의 경우에는 오답의 편포현상 자체가 교수-학습방법의 개선에 대한 정보를 제공하게 된다.

2 추측요인의 교정

선택형 문항의 경우에는 추측요인(guessing factor)이 작용하게 된다. 이러한 추측요인이 작용하는 유형은 세 가지로 분류해 볼 수 있다. 첫째, 어느 정도의 지식에 기초를 두고 반응하는 경우인데, 이것은 검사점수에 거의 오차를 가져오지 않는다. 둘째, 의식적 추측인데, 이것은 아무런 지식이 없이 추측하는 경우이다. 셋째, 맹목적 추측(blind guessing)인데, 이것은 처음부터 아예 추측으로 일관해 버리는 경우이다.

여기서 위험한 것은 의식적 추측과 맹목적 추측인데, 이러한 추측요인을 제거하기 위한 것이 점수의 교정 또는 감점방법이다. 특히, 선택형 검사에서는 추측해서 정답을 맞힐 가능성이 있기 때문에 추측요인의 교정공식을 사용할 때가 있는데, 그 교정공식은 다음과 같다.

$$S = R - \frac{W}{n-1}$$

S : 교정된 점수
R : 교정전의 정답수
W: 오답의 수
n : 각 문항의 답지수

(5) 평가결과의 해석과 반성 및 활용

평가는 어디까지나 활용을 목적으로 실시하는 것이므로 평가결과를 가치기준에 의거하여 올바르게 해석하고 반성하여 최대한의 활용이 이루어지도록 해야 한다. 평가결과를 처리하고 기록하는 것만으로는 교육평가가 완료되는 것이 아니며, 평가의 본래기능은 이 마지막 단계에서 발휘된다. 여기에서는 특히 교육목적의 달성도 즉, 행동의 변화량을 포함한 개별적 또는 집단적 성취결과에 대한 해석과 반성을 하고, 아울러 교육과정(전체 교육활동)에 대한 해석과 반성도 뒤따라야 하며, 이 밖에도 기타 부차적인 해석과 반성이 이루어져야 한다. 특히, 평가결과에 대한 해석을 제대로 수행하기 위해서 교사는 ① 바람직한 행동에 대한 확고한 철학적 견해를 겸비하고 있어야 하며, ② 인간행동의 발달과 학습의 원리를 이해하는 심리학적 소양도 갖추어야 한다. ③ 교육과정에 대한 심층적인 이해도 있어야 하고, ④ 측정·평가이론과 통계학적인 소양도 갖추어야 한다.

만약 평가에서 기대에 어긋난 결과가 나왔다면 교육체제 전반에 대한 반성(성찰)이 필요하다. 즉, ① 교육목적의 설정에 대한 타당성, ② 교육내용의 선정 및 조직의 적절성, ③ 교과지도와 생활지도의 효율성, ④ 교육평가 자체의 타당성, ⑤ 행정적 뒷받침을 포함한 경영관리활동의 효율성 등 교육체제의 전 과정에 대한 반성이 필요하다. 그렇기 때문에 교육평가는 교육목적의 달성도를 확인하는 동시에, 보다 광범위한 교육체제의 전 영역을 평가하게 되는 것이다. 여기에서 얻어진 해석 및 반성의 결과는 교육과정을 포함한 후속적인 교육계획에 반드시 반영되어야 하며, 교육과정 전반에 환류(feedback)되어야 한다.

교육평가활동이 충실하고 신뢰롭게 수행되기 위해서는 지금까지 살펴본 바와 같은 일련의 과정이 체계적이고 조직적으로 진행되어야 한다. 그러나 교육현장에서는 실제로 이러한 과정을 제대로 밟지 않고 평가가 이루어지기도 한다. 이는 주로 평가에 대한 소양과 인식의 부족 그리고 시간과 노력의 부족 등에서 기인한다고 볼 수 있다. 교육활동에서 평가란 인간행동에 대한 어떤 결정을 내리기 위하여 유용한 정보나 자료를 체계적으로 수집·활용하는 절차이므로 그 결과를 좁게는 수업활동 전반에, 넓게는 교육과정을 포함한 모든 교육활동 및 교육체제의 개선에 적극 활용되어야 한다.

더 읽을 자료

▸ 교육통계

ONLINE RESOURCES

평가결과를 일정한 준거에 비추어 해석하기 위해서는 기술통계처리과정 또는 추리통계처리과정을 밟아야 합니다. '교육통계'에 관하여 체계적으로 논의한 자료가 필요할 경우 저자가 운영하는 웹사이트(welfare5.com)의 Online Resources 게시판을 통하여 다운을 받기 바랍니다('교육과정론'의 Online Resources 23 자료).

〈자료 목차〉

1. 통계의 의미와 측정치의 종류
   1) 통계의 의미
   2) 측정치의 종류

2. 통계의 분류
   1) 기술통계
      (1) 빈도분석
      (2) 집중경향 : 최빈치, 중앙치, 평균치
      (3) 변산 : 범위, 4분편차, 평균편차, 표준편차
      (4) 상관
      (5) 정규분포
      (6) 규준점수 : 등위점수, 백분위점수, 표준점수
   2) 추리통계
      (1) 표집 : 확률표집, 비확률표집
      (2) 가설 검정
         ① 집단비교를 위한 통계방법 : 카이자승검정, Z검정, t검정, F검정, 다변량분석(MANOVA)
         ② 관계분석을 위한 통계방법 : 상관분석, 요인분석, 회귀분석, 판별분석, 경로분석

▸ 교육연구

ONLINE RESOURCES

'교육연구'에 관하여 체계적으로 논의한 자료가 필요할 경우 저자가 운영하는 웹사이트(welfare5.com)의 Online Resources 게시판을 통하여 다운을 받기 바랍니다('교육과정론'의 Online Resources 24 자료).

〈자료 목차〉

1. 연구문제의 확인 및 연구목적의 설정
   1) 연구주제의 인식(발견)
   2) 연구쟁점의 확인
   3) 연구문제의 확인
   4) 연구목적의 설정

2. 문헌조사(문헌연구)
   1) 연구 주제어(key word) 결정
   2) 관련문헌의 찾기(검색, 발견, 수집)
   3) 관련문헌의 읽기와 요약정리
   4) 관련문헌 내용들의 조직

3. 연구가설의 설정(진술)
   1) 영가설과 대립가설
   2) 서술적 가설과 통계적 가설
   3) 등가설과 부동가설

4. 연구설계
   1) 연구의 개념모형
   2) 변인의 선정 · 통제 및 조작적 정의
   3) 연구방법의 결정
      (1) 목적에 따른 분류 : 기초연구, 응용연구, 현장연구, 평가연구
      (2) 접근형태에 따른 분류 : 양적 연구, 질적 연구
      (3) 설계에 따른 분류 : 기술연구(조사연구, 사례연구, 상관연구, 발달연구, 인과비교연구), 실험연구(준실험연구, 진실험연구)
   4) 표본 선정
   5) 변인의 측정도구 선정 또는 제작
   6) 변인 측정(자료수집)
   7) 자료의 통계분석

5. 연구결과의 해석 및 논의

6. 결론 도출

참고문헌

강현석 · 박영무 · 조영남 · 허영식 · 이종원 역(2003). 통합교육과정의 이론과 실제. 경기 : 양서원.

강현석 · 이지은(2016). 백워드 설계의 이론과 실천 : 교실혁명. 서울 : 학지사.

강현석 · 이지은(2017). 이해중심 교육과정을 위한 백워드 설계의 이론과 실천. 서울 : 학지사.

강현석 · 이지은 · 정수경 역(2016). 백워드 설계의 수업 전문성(1), (2), (3). 서울 : 학지사.

강현석 · 주동범(2004). 현대 교육과정과 교육평가. 서울 : 학지사.

곽병선(1983). 통합교육과정의 구성방법. 한국교육개발원 편, 통합교육과정의 이론과 실제. 서울 : 교육과학사. 83-95.

교육과학기술부(2008a). 초등학교 교육과정 해설(Ⅰ) 총론, 재량활동. 서울 : 미래엔 컬쳐그룹.

____________(2008b). 중학교 교육과정 해설(Ⅴ) 외국어(영어), 재량활동, 한문, 정보, 환경, 생활 외국어. 서울 : 대한교과서주식회사.

____________(2009). 유치원 교육과정 해설(Ⅰ) 총론. 서울 : 미래엔 컬쳐그룹.

____________(2009). 유치원 교육과정 해설(Ⅱ) 건강생활, 사회생활. 서울 : 미래엔 컬쳐그룹.

____________(2009). 유치원 교육과정 해설(Ⅲ) 표현생활, 언어생활, 탐구생활. 서울 : 미래엔 컬쳐그룹.

____________(2009). 중학교 교육과정 해설(Ⅰ) 총론, 특별활동. 서울 : 대한교과서주식회사.

교육부(1999). 초등학교 교육과정 해설(Ⅰ). 서울 : 대한교과서주식회사.

_____(2015). 유치원 교육과정. 교육부 고시 제2015-61호.

_____(2015). 초 · 중등학교교육과정. 교육부 고시 제2015-74호.

교육인적자원부(2001). 초등학교 교육과정 편성 · 운영자료(Ⅳ) : 재량활동교육과정 편성 · 운영의 실제. 경기 : 보진재.

구병두 · 김병준(2007). 교육과정 및 교육평가. 경기 : 공동체.

권낙원 외 3인(2012). 교사를 위한 교육과정론. 경기 : 공동체.

권대훈(2005). 교육평가. 서울 : 학지사.

김경배 · 김재건 · 이홍숙(2005). 교육과정과 교육평가. 서울 : 학지사.

김경자 외 5인(2003). 창조적 지식기반사회를 위한 학교교육과정. 서울 : 교육과학사.

김기석 역(1993). 학습과 행동. 서울 : 교육과학사.

김대현 · 김석우(2005). 교육과정 및 교육평가. 서울 : 학지사.

김민환(1992). 교육과정 탐구의 대안으로서의 재개념주의적 접근의 가능성과 한계.

건국대학교대학원 박사학위논문.
김신일(2003). 교육사회학. 서울 : 교육과학사.
김억환 · 김민환(1991). 새로운 교육과정 탐구-재개념주의적 접근. 서울 : 성원사.
김영우(1994). 현대사회와 교육. 서울 : 교육과학사.
김인식 외 7인 역(2004). 신 교육목표분류학. 서울 : 교육과학사.
김재복(2003). 통합교육과정. 서울 : 교육과학사.
김종서 · 이영덕 · 황정규 · 이홍우(1997). 교육과정과 교육평가. 서울 : 교육과학사.
김진규(2009). 교육평가 탐구이야기. 서울 : 동문사.
김천기(2003). 교육의 사회학적 이해. 서울 : 학지사.
김호권(1994). 현대 교육과정론. 서울 : 교육출판사.
박도순(1989). 교육과정평가. 중앙교육평가원, 교육평가연수자료(Ⅱ), 237-303.
박도순 · 홍후조(1999). 교육과정과 교육평가. 서울 : 문음사.
박소현 · 김문수 역(1999). 학습과 행동. 서울 : 시그마프레스.
박영만 · 송민영(2003). 통합교육과정과 전인교육 : 21세기 교육의 홀리스틱 패러다임. 서울 : 학지사.
박현주(1996). 교육과정의 재구성 과정 : 개별적 교육과정, 교육학연구, 제34권 1호, 231-249.
______(2005). 교육과정 개발의 모형과 실제. 서울 : 교육과학사.
배호순(1994). 프로그램 평가론. 서울 : 도서출판 원미사.
______(2000). 수행평가의 이론적 기초. 서울 : 학지사.
서울대학교 사회학연구회(1991). 사회계층 : 이론과 실제. 서울 : 다산출판사.
성태제(2002). 현대교육평가. 서울 : 학지사.
소경희(2005). 교육과정 개발-주요 쟁점 및 새로운 접근. 서울 : 교육과학사.
신명희 외(2003). 교육심리학의 이해. 서울 : 학지사.
연세대학교 교육학과 교육과정연구회 역(1992). 교육과정이론. 경기 : 양서원.
오만록(1984). 학업성취의 누적경험이 정의적 특성의 변화에 미치는 영향. 고려대학교 석사학위논문.
______(2002). 학교교육의 이론과 실제-유 · 초 · 중등학교교육론. 서울 : 형설출판사.
______(2005). 교육학개론. 서울 : 형설출판사.
______(2008). 교육심리학. 서울 : 교육과학사.
______(2015). 교육사회학. 경기 : 정민사.
______(2017). 교육심리탐구. 서울 : 동문사.
오만록 외 4인(2005). 프로그램 개발과 평가. 서울 : 교육과학사.
오만록 외 8인(2007). 현대교수학습의 이해. 서울 : 학지사.
오만록 외 4인(2010). 교육의 이해. 서울 : 학지사.
유광찬(2002). 통합교육의 탐구. 서울 : 교육과학사.
유광찬 · 이영준(2005). 통합교과교육. 서울 : 교육과학사.

유한구 · 김승호(2003). 초등학교 통합교과교육론. 서울 : 교육과학사.
윤광보(2000). 교육과정 실행방안에 관한 연구. 특수교육 저널 : 이론과 실천. 제1권 1호, pp.65-86.
윤덕중(1994). 현대사회학 : 격동하는 사회의 이해와 대응과학. 서울 : 형설출판사.
이관용 · 김기중 역(1999). 학습심리학 : 행동과 인지. 서울 : 교육과학사.
이영덕(1981). 교육의 과정. 서울 : 배영사.
이영만(2003). 통합교육과정. 서울 : 학지사.
이영만 · 홍영기(2006). 초등통합교육과정. 서울 : 학지사.
이원희 외 11인(2005). 교육과정과 수업. 서울 : 교육과학사.
이유훈(1999). 학습자중심의 학교교육과정 모형. 대구대학교 대학원 박사학위논문.
이정모 외(2003). 인지심리학. 서울 : 학지사.
이주한(2007). 교육의 역사와 철학의 탐구. 서울 : 창지사.
이지헌 · 김희봉(2004). 교육목적론. 서울 : 학지사.
이홍우(1999). 교육의 개념. 서울 : 문음사.
이홍우(2001). 교육의 목적과 난점. 서울 : 교육과학사.
임규혁(2004). 학교학습효과를 위한 교육심리학. 서울 : 학지사.
장원조(1994). 교육과정 실행방략의 탐색. 경북대학교 대학원 박사학위논문.
전경갑(1994). 현대사회학의 이론. 서울 : 한길사.
전태국(1994). 지식사회학. 서울 : 사회문화연구소.
진영은 · 조인진(2002). 교과교육의 이해. 서울 : 학지사.
함수곤 · 김종식 · 권응환 · 왕경순(2003). 교육과정 개발의 이론과 실제. 서울 : 교육과학사.
허 숙(1987). 교육과정의 탐구관점과 교육과정평가. 윤팔중 외 공저. 교육과정이론의 쟁점. 서울 : 교육과학사.
______(1992). 교육과정과 목적. 서울 : 교육과학사.
______(1995). 교육과정의 재개념화를 위한 이론적 탐색. 교육학연구 제33권 제5호. 217-242.
허병기(2001). 교육의 가치와 실천. 서울 : 교육과학사.
홍영기(2004). 주제중심의 통합단원 설계모형의 근거이론적 접근. 교육인류학연구. 7(2), 109-135.
홍후조 · 성태제(2007). 최신교육학개론. 서울 : 학지사.

Alberty, H. B.(1947). *Reorganizing The High School Curriculum*. NY : The Macmillan Co.
Anderson, L. W.(1981). *Assessing Affective Characteristics in the Schools*. Boston, Massachusetts : Allyn and Bacon, Inc.
Anderson, L. W., Krathwohl, D. R., Airasian, P. W., Cruikshank, K. A., Mayer,

R. E., & Pintrich, P. R., et al.(2000). *A Taxonomy for Learning, Teaching, and Assessing*: A Revisions of Bloom's Taxonomy of Educational Objectives. Boston: Allyn & Bacon.

Anderson, L. W., Krathwohl, D. R., Airasian, P. W., Mayer, R. W., Pintrich, P. R., Raths, J., & Wittrock, M. C.(2001). *A Taxonomy for Learning, Teaching and Assessing*: A Revisions of Bloom's Taxonomy of Educational Objectives. New York : Longman.

Apple, M. W.(1979). *Ideology and Curriculum*. London : Routledge & Kegan Paul.

Bandura, A.(1977). *Social Learning Theory*. NJ : Prentice-Hall.

Beauchamp, G. A.(1981). *Curriculum Theory*. IL : F. E. Peacock.

Ben-Perets, M.(1984). *The Teacher-Curriculum Encounter, Freeing Teachers from the Tyranny of Texts*. Albany : State University of New York Press.

Bernstein, B.(1973). *Class, Codes, and Control : Applied Studies towards a Sociology of Language*. London : Routledge & Kegan Paul.

Blackledge, D., and Hunt, B.(1985). *Sociological Interpretations of Education*. London : Croom Helm.

Bloom, B. S.(1976). Human Characteristics and School Learning. NY : McGraw-Hill Co.

Bloom, B. S.(ed.), Englehart, M. D., Furst, E. J., Hill, W. H., & Krathwohl, R.(1956). *Taxonomy of Educational Objectives. The Classification of Educational Goals, Handbook I : Cognitive Domain*. NY : Longmans, Green, Co.

Bobbitt, F.(1918). *The Curriculum*. Boston : Houghton-Mifflin.

________(1924). *How to Make a Curriculum*. Boston : Houghton-Mifflin.

Borich, G. D., & Tombari, M. L.(1995). *Educational Psychology*. Harper Collins College Publishers.

Bourdieu, P.(1977). Cultural Reproduction and Social Reproduction. In J. Karabel & A. H. Halsey (Eds.), *Power and Ideology in Education*. Oxford University Press.

Bourdieu, P., & Passeron, J.(1977). *Reproduction in Educational Society and Culture*, Sage Publication.

Bowles, S., & Gintis, H.(1976). *Schooling in Capitalist America*. NY : Basic Books Inc.

Bradley, L. H.(1985). Curriculum Leadership and Development Handbook. Englewood Cliffs, NJ Prentice Hall.

Brady, L.(1992). *Curriculum Development*. NY : Prentice Hall.

Brameld, T.(1956). *Toward a Reconstructed. Philosophy of Education*. NY :

Holt, Rinehart and Winston

Brookover, W. B., Beady, C., Flood, P., Schweitzer, J., & Wisenbaker, J.(1979). *School Social System and Student Achievement : School Can Make a Difference*. New York : Praeger Publishers.

Broudy, H. S.(1972). *The Real World of the Public Schools*. NY : Harcourt, Brace, and Jovanovich.

Bruner, J. S.(1960). *The Process of Education*. Cambridge, Mass. : Harvard University Press.

___________(1966). *Toward a Theory of Instruvtion*. Cambridge, MA : Harvard University Press.

Burton, J. M.(2004). The Practice of Teaching : Devices & Desires. VA : National Art Education Association.

Caswell, H. L., & Campbell, D. S.(1935) *Curriculum Development*. NY : American Book Co.

Clarke-Stewart, A., Friedman, S., & Koch, J.(1985). *Child Development : A Topical Approach*. NY : John Wiley & Sons.

Coleman, J. S., et al.(1966). *Equality of Educational Opportunity*. Washington, DC : Government Printing Office.

Cornett, J. W.(1990). Utilizing Action Research in Gradate Curriculum Courses. *Theory and Practice, 29*(3), 185-193.

Counts, G. S.(1934). *The Social Foundations of Education*. NY : Scribners.

DePoy, E., & Gilson, S. F.(2003). *Evaluation Practice*. Pacific Grove : Books/ Cole.

Dewey, J.(1902). *The Child and Curriculum*. Chicago : University of Chicago Press.

_________(1938). *Experience and Education*. NY : Macmillan.

Dozier, D. A.(1985). *Factors Affecting Implementation of a New Curriculum by Teacher*. ERIC, ED267514.

Drake, S. M. & Burns, R. C.(2004). *Meeting Standards through Integrated Curriculum*. Alexandria : ASCD(Association for Supervision and Curriculum Development).

Drake, S. M.(1993). *Planning Integrated Curriculum*. Alexandria : ASCD (Association for Supervision and Curriculum Development).

Eisner, E. W.(1976). Educational Connoisseurship and Criticism: Their Form and Functions in Educational Evaluation. Journal of Aesthetic Education, 10(3/4), 135-150.

___________(1985). The Educational Imagination.(2nd Ed.) NY : Macmillan.

___________(1994a). *Cognition and Curriculum Reconsidered.* Columbia University Teachers College Press.

___________(1994b). *The Educational Imagination* : On the Design and Evaluation of School Programs. New York : Macmillan.

___________(1998). The Enlightened Eye : Qualitative Inquiry and the Enhancement of Educational Practice. New Jersey : Prentice-Hall.

Eisner, E. W., & Vallance, E.(1974). *Conflicting Conceptions of Curriculum.* Berkeley California : McCutchan.

Eysenck, M. W., & Keane, M. T.(1990). *Cognitive Psychology : A Student's Handbook.* London : Lawrence Erlbaum Associates, Publishers.

Fogarty, R.(1991). Ten Way to Integrate Curriculum. *Educational Leadership, 49*(2), 61-65.

Franklin, B.(1975). American Curriculum Theory and Problem of Social Control. Paper Presentated at the Annual Meeting of the AERS, 1918-1938.

__________(1977). Curriculum History : Its Nature and Boundaries. *Curriculum Inquiry, 7*(1), 67-69.

Freire, P.(1973). *Education for Critical Consciousness.* NY : Seabury.

Fullan, M. G., & Pomfret, A.(1977). Research on Curriculum and Instruction. *Review of Educational Research*, Winter 47(1), pp.335-397.

Fullan, M. G.(1991). *The New Meaning of Educational Change.* New York : Teacher's College, Columbia University.

Gall, M. D.(1981). *Handbook for Evaluating and Selecting Curriculum Materials.* Boston : Allyn & Bacon.

Gardner, H.(1983). *Frames of Mind : The Theory of Multiple Intelligence.* NY : Basic Books.

__________(1993). Multiple Intelligence : the Theory in Practice. A Division of Harper Collins Publishers, Inc.

Giroux, H. A.(1981). *Ideology, Culture, and the Process of School.* Philadelphia : Temple University Press.

Giroux, H. A., Penna, A. N., & Pinar, W. F(1981). *Curriculum & Instruction : Alternatives in Education.* California : McCutchan Publishing Corporation.

Glatthorn, A. A.(1994). *Developing a Quality Curriculum Association for Supervision and Curriculum Development.* Alexandria VA : Allyn & Bacon.

Goodlad, J. I.(1963). *Planning and Organizing for Teaching.* Washington, DC : NEA.

Greene, M.(1978). *Landscapes of Learning.* NY : Teachers College Press.

Grumet, M. R.(1980). Autobiography and Reconceptualization. *The Journal of*

Curriculum Theorizing, 2(2), 155-158.

Habermas, J.(1971). *Knowledge and Human Interest.* Boston : Beacon Press.

Hall, G. S.(1906). Youth, Its Education, Regimen and Hygiene. NY : Appleton.

_________(1907). Aspects of Child Life and Education. Boston : Ginn.

Harap, H.(1928) *The Techniques of Curriculum Making.* NY : Macmillan.

Harris, D., & Bell, C.(1990). *Evaluating and Assessing for Learning.* New York: Kogan Page, London/Nichols Publishing.

Harrow, A.(1972). *Taxonomy of the Psychomotor Domain : A Guide for Developing Behavioral Objectives.* NY : David McKay Co., Inc.

Harter, S.(1992). *The Relationship between Perceived Competence, Affect and Motivational Orientation with in the Classroom.* In A. K. Boggiano & T. S. Pittman (eds.), *Achievement and Motivation,* Cambridge : Cambridge University Press.

Hass, C.(1983). *Curriculum Planning : A New Approach.* Boston : Allyn & Bacon, Inc.

Hauenstein, A. D.(1998). *A Conceptual Framework for Educational Objectives : A Holistic Approach to Traditional Taxonomies.* Lanham. MD : University Press of America.

Havighurst, R. J.(1972). *Developmental Tasks and Education.* NY : David McKay.

Hergenhahn, B. R.(1982). *An Introduction to Theories of Learning.* NJ : Prentice-Hall.

Hilgard, E. R., Atkinson, R. S., & Atkinson, R. C.(1979). *Introduction to Psychology.* New York : Harcourt Brace Jovanovich, Inc.

Hirst, P. H.(1974). *Knowledge of the Curriculum.* London : Routledge & Kegan Paul.

Holt, J.(1976). *Instead of Education.* NY : Delta.

Huebner, D.(1967). Curriculum as Concern for Man's Temporality. *Theory into Practice, 6*(4), 172-179.

Hunkins, F. P.(1980). *Curriculum Development : Program Improvement.* A Bell & Howell Co.

Hutchins, R. M.(1936). *The Higher Learning in America.* New Haven, CT : Yale University Press.

Illich, I.(1970). Deschooling Society. NY : Harper & Row.

Ingram, J. B.(1979). *Curriculum Integration and Life-long Education.* Paris : UNESCO.

Jackson, P. W.(1968). *Life in Classroom.* New York : Holt, Rinehart and

Winston.

_____________(1992). *Handbook of Research on Curriculum*. New York : Macmillan Publishing Company.

Jacobs, H. H.(1989). *Interdisciplinary Curriculum : Design and Implementation*. Alexandria : ASCD(Association for Supervision and Curriculum Development).

Johnson, M.(1977). *Intentionality in Education*. NY : Center for Curriculum Research & Sercices,

Joyce, B., & Weil, M.(1986). *Models of Teaching*. New Jersey : Prentice-Hall, Inc.

Karabel, J., & Halsey, A. H.(1977). *Power and Ideology in Education*. NY : Oxford University Press.

Kaufman, R.(1994). Levels of Evaluation: Beyond Kirkpatrick. Human Resources Quarterly, 5(4).

Kilpatrick, W. H.(1918). The Project Method. *Teachers Collegr Record, 19*(4).

Kirkpatrick, D. L.(1959). Techniques for evaluating training programs: Part 2－Learning. Journal of ASTD, 13(12), 21-26.

Kirkpatrick, D. L.(1975). *Techniques for Evaluating Training Programs*, Evaluating Training Programs. Alexandria, VA : American Society for Training and Development, pp. 1-17.

Kliebard, H. M.(1986). *The Struggle for the American Curriculum 1893-1959*. Boston : RKP.

Krathwohl, D. R., Bloom, B. S., & Masia, B. B.(1964). *Taxonomy of Educational Objectives. The Classification of Educational Goals, Handbook II : Affective Domain*. NY : David McKay Co., Inc.

Lapp, D., Bender, H., Ellenwood, S., & John, M.(1975). *Teaching & Learning : Philosophical, Psychological, Curricular Applications*. New York : Macmillan Publishing Co.

Lawton, D., Gordon, P., Ing, M., Gibby, B., Pring, R., & Moore, T.(1978). *Theory and Practice of Curriculum Studies*. Boston : Routledge & Kegan Paul.

MacDonald, J. B.(1975). Curriculum and Human Interests. In W. F. Pinar(ed.) *Curriculum Theorizing*, Berkeley California : McCutchan.

Marzano, R. J.(2000). Designing a New Taxonomy of Educational Objectives. Thousand Oaks, CA : Corwin Press.

Marzano, R. J., & Kendall, J. S.(2007). *The New Taxonomy of Educational Objectives*. Thousand Oaks, CA: Corwin Press.

McMurry, F. M.(1909). *How To Study and Teaching How To Study*. Boston, MA : Houghton Mifflin Co.

_____________(1927). Some Recollections of the Past Five Years of Education. *Peabody Journal of Education, 4*, 435-442.

McNeil, J. D.(1965). *Curriculum Administration*. New York : The Mcmillan Co.

___________(1985). *Curriculum : A Comprehensive Introduction*. Boston : Little Brown and Co.

Miller, J. P. & Seller, W.(1990). *Curriculum : Perspective and Practice. Toronto :* Copp Clark Pitman Ltd.

Miller, J. P.(1976). *Humanizing the Classroom : Models of Teaching in Affective Education*. N.Y. Praeger Publisher.

Morrison, H. C.(1924). *The Teaching Technique of the Secondary School*. ANN Arbor, MI : Edwards Brothers.

_____________(1926). *The Practice of Teaching in the Secondary School*. Chicago : The University of Chicago Press.

Neill. A. S.(1960). *Summerhill : A Redical Approach to Child Rearing*. NY : Hart.

Oliva, P. F.(1992). *Developing the Curriculum*. NY : Harper Collins.

Ornstein, A. C., & Hunkins, F. P.(1988). *Curriculum : Foundation. Principles and Issues*. New Jersey : Prentice Hall Englewood Cluffs.

Parlett, M., & Hamilton, D.(1976). Evaluation as Illumination: A New Approach to the Study of Innovatory Programs. In G. V. Glass(Ed.). *Evaluation Studies Review Annual*(Vol. 1). Bevery Hills, CA: Sage Publications.

Paulston, R.(1976). *Conflicting Theories of Educational Change*. Pittsburgh : University Center for International Studies. University of Pittsburgh.

Persell, C. H.(1977). *Education and Inequality : A Theoretical and Empirical Synthesis*. NY : The Free Press.

Peters, R. S.(1967). *The Concept of Education*. London : Routledege & Kagan Paul.

Peters, R. S., & Hirst, P. H.(1970). *The Logic of Education*. London : Routledge & Kegan.

Phenix, P. H.(1964). *Realms of Meaning*. NY : McGraw Hill.

Phillips, J. J.(1996). ROI: The Search. Training & Development, Vol. 5, No.2, pp.43.

Pinar. W.(1975). *Curriculum Theorizing : The Reconceptualists*. Berkeley, CA : McCutchan.

Posner, G. J.(1982). A Cognitive Science Conception of Curriculum and Instruction. *Journal of Curriculum Studies, 14*(4), 343-351.

Pring, R.(1971). Curriculum Integration. In R. Hooper(ed.), *The Curriculum*

Context, Design, and Development. Edinbourgh : Oliver and Boyd.

________(1978). Curriculum Integration. R. S. Peters(ed.), *The Philosophy of Education*. London : Oxford University Press.

Print, M.(1987). *Curriculum Development and Design*. Sydney : Allen & Unwin.

Reimer, E.(1971). School is Dead : Alternatives in Education. NY : Doubleday.

Richey, R.(1986). *The Theoretical and Conceptual Bases of Instructional Design*. New York : Nichols Publishing Co.

Ringness, T. A.(1975). *The Affective Domain in Education*. Boston : Little, Brown and Company.

Robertson, I.(1981). *Sociology*. NY : Worth Publishers, Inc.

Rogers, C. R.(1967). A Plan for Self-Directed Change in Educational System. *Educational Leadership*, May, 717-731.

Rosenthal, J.(1968). *Pygmalion in the Classroom*. NY : Holt, Reinhart and Winston.

Rugg, H. O.(1947). *Foundation for American Education*. NY : World Book.

Sahakian, W. S.(1976). *Introduction to the Psychology of Learning*. Chicago : Rand McNally College Publishing Company.

Salkind, N. J.(2003). Exploring Research. NJ : Prentice-Hall.

Saylor, J. G., & Alexander, W. M.(1974). *Planning Curriculum for Schools*. New York : Holt, Rinehart and Winston.

Saylor, J. G., & Alexander, W. M., & Lewis, A. J.(1981). *Curriculum Planning for Better Teaching and Learning*. Holt, Rinehart and Winston.

Schubert, W. H.(1986). *Curriculum Perspective, Paradigm and Possibility*. NY : Macmillan Publishing Co.

Schunk, D. H.(2000). *Learning Theories : An Educational Perspective*. NJ : Prentice-Hall.

Schwab, J.(1971). The Practical : Arts of Eclectic. *School Review*, 79(4), 493-542.

Scriven, M.(1972). Pros and cons about goal-free evaluation. Journal of Educational Evaluation, 3(4), 1-7.

Simpson, B. J.(1966). The Classification of Educational Objectives, Psychomotor Domain. *Illinois Teacher of Home Economics, vol. X*, no. 4.

Skillbeck, M.(1972). Forms of Curriculum Integration. *General Education, 17*, 7-13.

____________(1976). *School-based Curriculum Development and Teacher Education*. Mimeograph, OECD.

Skinner, B. F.(1953). *Science and Human Behavior*. NY : Macmillan.

Smith, B. O., Stanley, W. O., & Shores, J. H.(1957). *Fundamental of*

Curriculum Development. NY : Harcourt Brace and World.

Spencer, H.(1861). *Eduction : Intellectual, Moral, and Physical*. NY : Appleton.

Stake, R. E.(1967). The Countence of Educational Evaluation. Teachers College Record, 68, 523-540.

__________(1975). Evaluating the Arts in Education: A Responsive Approach. Columbus: Charles E. Merill Publishing Co.

Stratemeyer, F. B., Hamden, L. F., Margaret, G. M.(1947). *Developing a Curriculum for Modern Living*. NY : Bureau of Publications, Teachers College, Columbia University.

Stufflebeam, D. L.(1971). The relevance of the CIPP evaluation model for educational accountability. *Journal of Research and Development in Education*.

Taba, H.(1962). *Curriculum Development : Theory into Practice*. New York : Harcourt Brace and Word, Inc.

Tanner, D. & Tanner, L. N.(1980). *Curriculum Development : Theory into Practice*. New York : Macmillan Publishing Company.

Taylor, F. W.(1911). *The Principles of Scientific Management*. NY : Harper & Brothers.

Thorndike, E. L.(1932). *The Fundamentals of Learning*. NY : Teacher College, Columbia University.

Tyler, R. W.(1934). Techniques for Evaluating Behavior. *Educational Research Bulletin, 13*(1), 1-11.

__________(1936). Defining and Measuring Objectives of Progressive Education. *Educational Research Bulletin, 15*(3), 67-72.

__________(1949). *Basic Principle of Curriculum and Instruction*. Chicago : The University of Chicago Press.

__________(1958). Curriculum Organization In N. B. Henry (ed.), *The Integration Educational Experiences. The Fifty-seventh Yearbook of the National Society for the Study of Education*. Chicago : The University of Chicago Press.

Walker, D. F.(1971). *A Naturalistic Model for Curriculum Development, School Review, 80*(1), 51-69.

Walker, D. F., & Soltis, J. F.(1986). *Curriculum and Aims*. NY : Columbia University, Teacher College Press.

Weinstein, G., & Fantini, M. D.(1970). *Toward Humanistic Education : A Curriculum of Affect*. New York : Praeger Publishers.

West, C. K, Farmer, J. A., & Wolff, P. M.(1991). *Instructional Design : Implications from Cognitive Science*. New Jersey : Prentice Hall.

Wheeler, D. K.(1967). *Curriculum Process*. London: University of London Press.

Wiggins, G., & McTighe, J.(1998). *Understanding by Design. Alexandria*. VA: Association for Supervision and Curriculum Development.

Wiggins G., McTighe J.(2005). *Understanding by Design*(Expanded 2nd ed.). Alexandria, VA. ASCD.

Wiggins G., McTighe J.(2006). *Understanding by Design*: A Framework for Effecting Curricular Development and Assessment. Alexandria, VA. Association for Supervision and Curriculum Development.

Willis, J.(1995). A Recursive Reflective Instructional Design Model on Constructivist Interpretative Theory. *Educational Technology*, 35(6), 5-23.

Yelon, S. L. and Weinstein G. W.(1977). *A Teacher's World-Psychology in the Classroom*. Tokyo : McGraw-Hill International Book Company.

Young, M. F. D.(ED.)(1971). *Knowledge and Control : New Direction for Sociology of Education*. London : Collier-Macmillan.

Zais, R. S.(1976). *Curriculum : Principles and Foundations*. New York : Harper & Row, Publishers.

찾아보기

인명 색인

저 자 소 개

오 만 록

· website : www.welfare5.com

· e-mail : mloh6302@naver.com

[약 력]

한양대학교 사범대학 교육학과 졸업(문학사)
고려대학교 대학원 교육학과 석사과정 졸업(문학석사)
고려대학교 대학원 교육학과 박사과정 졸업(교육학박사)
고려대학교, 광주교육대학교, 조선대학교 강사
1991년~2016년, 동신대학교 교육학 교수
2017년~현재, 광주교육대학교 학부 및 대학원 외래교수

[주요 저서 및 논문]

학업성취의 누적경험이 정의적 특성의 변화에 미치는 영향(1984, 고려대학교 대학원 석사학위논문), 교육학개론(1991, 형설출판사), 교육학의 학문적 발전과정과 성격에 관한 고찰(1991), 교사교육론(1993, 학지사), 교육과정 운영의 지역화 방안(1993), 인간과 교육(1994, 형설출판사), 학교교육의 이론과 실제(1995, 형설출판사), 가정과 교육론(1998, 학지사), 구성주의에 근거한 문제중심 학습(PBL)이 학업성취와 정의적 특성에 미치는 효과(1999, 고려대학교 대학원 박사학위논문), 교육의 이해(2000, 형설출판사), 교수-학습의 이론적 탐색(2001, 원미사), 신세대를 위한 교육학개론(2001, 학지사), 프로그램 개발과 평가(2002, 교육과학사), 생활지도와 진로개발(2005, 교육과학사), 현대교수학습의 이해(2007, 학지사), 교육심리학(2008, 교육과학사), 교육사회학(2009, 동문사), 교육의 이해(2010, 학지사), 생활지도 및 상담(2011, 정민사), 교육방법 및 교육공학(2012, 문음사), 교육행정 및 교육경영(2015, 정민사), 교육사회학(2015, 정민사), 교육심리탐구(2017, 동문사), 생활지도·상담 이론과 실제(2017, 정민사) 등

제6판 교육과정론

초 판 1쇄 발행 / 2010년 2월 20일
제2판 1쇄 발행 / 2011년 2월 20일
제3판 1쇄 발행 / 2012년 7월 15일
제4판 1쇄 발행 / 2016년 8월 20일
제5판 1쇄 발행 / 2019년 8월 20일
제6판 1쇄 발행 / 2021년 2월 20일

•

저 자 / 오 만 록
발행인 / 이 중 수
발행처 / **동 문 사**

•

서울특별시 서대문구 홍제원 1길 12
(홍제동 137-8)
Tel : 02)736-3718(대), 736-3710, 3720
Fax : 02)736-3719
등록번호 : 1974.04.27. 제9-17호
가격 : 23,000원

•

ISBN : 979-11-6328-228-0 (93370)
E-mail : dong736@naver.com
www.dongmunsa.com